区块链
金融
Blockchain Finance

张军欢 ◎ 主编

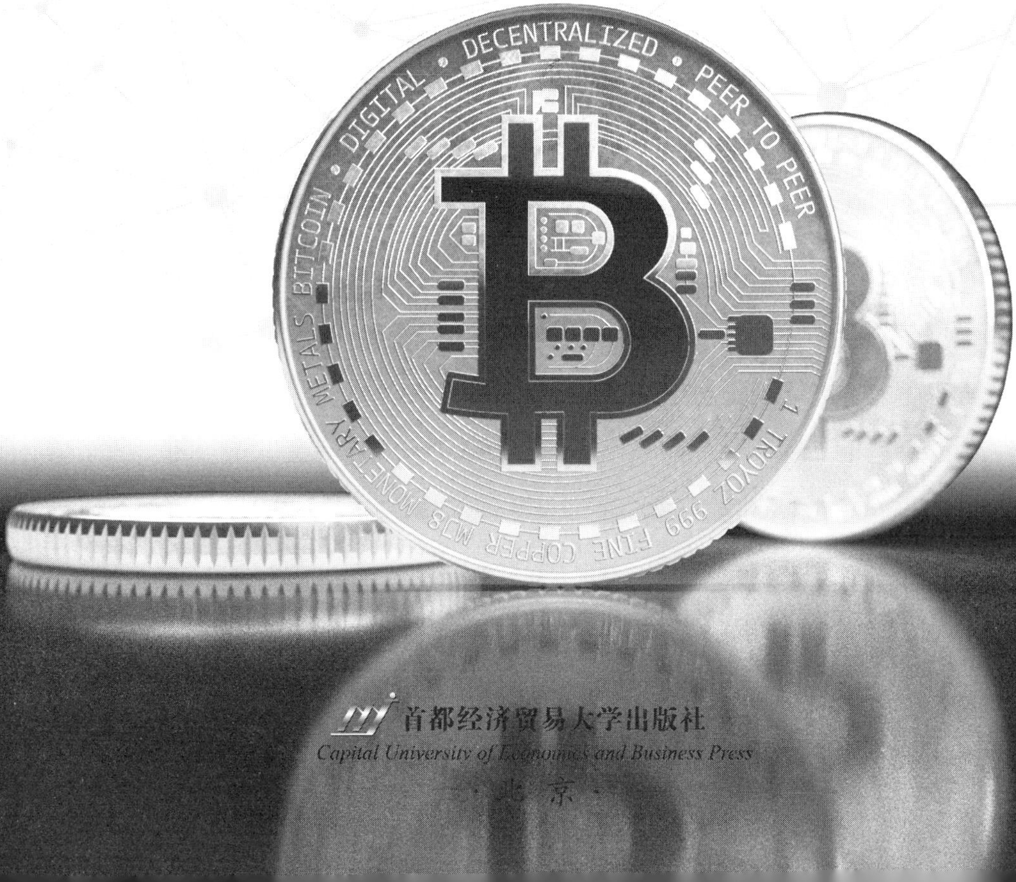

首都经济贸易大学出版社
Capital University of Economics and Business Press

图书在版编目(CIP)数据

区块链金融 / 张军欢主编. --北京:首都经济贸易大学出版社,2023.10
ISBN 978-7-5638-3571-3

Ⅰ. ①区… Ⅱ. ①张… Ⅲ. ①区块链技术-应用-金融-教材 Ⅳ. ①F830.49

中国国家版本馆 CIP 数据核字(2023)第 156388 号

区块链金融
QUKUAILIAN JINRONG
张军欢　主编

责任编辑	徐燕萍
封面设计	砚祥志远·激光照排 TEL:010-65976003
出版发行	首都经济贸易大学出版社
地　　址	北京市朝阳区红庙(邮编 100026)
电　　话	(010)65976483　65065761　65071505(传真)
网　　址	http://www.sjmcb.com
E-mail	publish@cueb.edu.cn
经　　销	全国新华书店
照　　排	北京砚祥志远激光照排技术有限公司
印　　刷	唐山玺诚印务有限公司
成品尺寸	170mm×240mm　1/16
字　　数	481 千字
印　　张	25.25
版　　次	2023 年 10 月第 1 版　2023 年 10 月第 1 次印刷
书　　号	ISBN 978-7-5638-3571-3
定　　价	75.00 元

图书印装若有质量问题,本社负责调换
版权所有　侵权必究

前　言

　　数字经济是新一代信息技术和产业变革的重大创新趋势，"十四五"规划明确指出要培育壮大人工智能、大数据、区块链、云计算、网络安全等新兴数字产业，加快推动数字产业化，打造数字经济新优势。本书内容的设计符合当前数字经济社会发展的需求。本书既是高等院校的金融学、金融科技、数据科学与大数据技术、大数据管理与应用、人工智能等本科和研究生专业的新兴前沿交叉教材，也是证券公司、基金公司、保险公司等业界实务者和政府监管部门的重要参考资料。本书可以使读者对区块链的密码学原理、数据结构、共识机制、数字货币、区块链平台、区块链监管等进行系统的学习，一方面有助于读者掌握和理解区块链技术的底层原理，并拥有区块链技术扎实的基础知识；另外一方面，又可以帮助读者了解区块链技术在数字经济领域的发展状况，更好地使用和治理区块链。本书的学习有利于为国家数字经济的发展培养优秀人才，促进数字经济和实体经济深度融合，为推动我国新时代经济社会的高质量发展提供基础教育的高质量教材。

　　本书将从区块链密码学原理、区块链数据结构、区块链网络、区块链跨链技术、区块链共识机制、数字货币、智能合约、区块链平台以及区块链治理与监管等9个方面对区块链技术方法和应用场景进行较为详细的阐述。本书各章内容概述如下。

　　第1章是区块链技术基础。本章从比特币的起源入手，介绍了数字货币的发展历程，引出了区块链技术，简要介绍了区块链技术与分布式账本，之后，阐述了区块链技术的应用，最后，梳理了对应的治理和监管的政策。

　　第2章是区块链密码学原理。区块链的数据层广泛应用了密码学的相关原理和方法，例如哈希算法、非对称加密/椭圆曲线加密算法、编码/解码算法以及零知识证明等。本章首先对哈希算法的定义、种类、属性以及常见的哈希算法进行了介绍，然后结合实例对RSA算法、椭圆曲线加密算法的数学原理进行了说明。之后本章介绍了国家密码局认定的国产密码算法，包括SM1、SM2、SM3、SM4等。在此基础上，本章对密码学中用于身份验证的零知识证明进行了详细的描述。

第3章是区块链数据结构。区块是区块链中的基本数据结构，是对区块链中交易数据进行永久性记录的数据结构。区块由区块头和区块体构成。本章以区块链的数据结构作为切入点，对区块头、区块体、时间戳、随机数、Merkle 树以及数字签名等进行了描述，并重点对 Merkle 树的结构及应用、数字签名的各种类型及原理进行了阐述。

第4章是区块链网络。区块链技术可被视为对等（Peer-to-Peer，P2P）网络的新型应用，包括网络结构、区块链节点、数据传输和验证等内容。本章从 P2P 网络的介绍入手，首先对 P2P 网络的基本模型和分类进行描述；然后对区块链的节点（全节点/轻节点等）进行介绍；之后结合相应的数学模型和实际应用，对区块链系统中的数据传输和数据验证过程进行了阐述，同时对因事务公共一致性问题导致的区块链分叉现象及其常见分类进行了描述；最后阐述了星际文件传输系统（IPFS）以及基于 IPFS 的去中心化数据储存。

第5章是区块链跨链技术。各类的区块链平台形成的区块链相互之间通常是独立的，因而链上的数据资产和交易信息等不能在不同的区块链间无障碍的流通，这也阻碍了区块链的深层次发展。而区块链跨链技术是实现不同区块链间互联互通、提升可扩展性的重要技术手段。因而本章从区块链的子链和主链的概念入手，介绍了常见的跨链技术，如公证人机制、中继机制、侧链机制以及哈希锁定机制。在此基础上，本章以瑞波币（Ripple）和博卡币（Polkadot）为例来分别对公证人机制和中继机制进行实例化的说明。

第6章是区块链共识机制。在区块链系统中，每个节点必须保证自己的账本跟其他节点的账本一致。共识算法约束每个节点都按照统一规则去确认各自的数据。本章借助两军问题和拜占庭问题，对共识机制的起源和发展以及由此衍生而来的共识模型进行了描述；之后，介绍了区块链的分布式一致性算法，如 Paxos 算法和 Raft 算法。本章重点介绍了区块链的共识算法，区块链系统中的共识算法包括工作量证明（Proof of Work，PoW）、权益证明（Proof of Stake，PoS）、委托权益证明（Delegate Proof of Stake，DPoS）、实用拜占庭容错算法（Practical Byzantine Fault Tolerance，PBFT）等。此外，本章还对区块链共识机制的攻击方式进行了介绍，包括双花攻击、女巫攻击、51%攻击、日蚀攻击和分叉攻击。

第7章是数字货币。数字货币是区块链技术最成熟的应用之一。本章通过梳理货币的发展历史和类型，对实物货币、贵金属货币、纸币以及电子货币和数字货币进行了介绍；之后重点对比特币的原理、交易逻辑以及挖矿过程进行阐述,同时对其他的加密数字货币也进行了说明,包括以太币、莱特币、零币、Libra 币等。然后,本章从法定数字货币的角度,对我国法定数字货币的研发背景、系统设计框架、运行机制进行了介绍和说明,同时对国外的一些法定数字货币(如石油币和电子克朗)的应用和发展情况进行了介绍。

第 8 章是智能合约。智能合约是一种在区块链上通过信息化方式传输验证的计算机协议,一旦满足预定义的条件,智能合约就会自动执行。智能合约由于其规则和交易数据公开透明,极大地避免了虚假以及隐藏交易的产生。智能合约对于丰富和完善区块链生态系统具有极其重要的作用。本章从智能合约的概念入手,对智能合约的架构以及特点进行了介绍。接着,介绍了智能合约的编程语言,例如常用的 Solidity 等。然后,对智能合约的审计以及智能合约的实现过程进行了描述。最后,本章结合实例对智能合约的应用场景进行了阐述,并详细介绍了智能合约在供应链金融场景中的应用。

第 9 章是区块链平台。除了比特币之外,区块链技术也在其他平台中得到了广泛应用。本章以典型的以太坊、Hyperledger 以及 FISCO BCOS 作为切入点,分别介绍了以太坊、Hyperledger 和 FISCO BCOS 的系统设计、特点以及相应的应用场景,从而对区块链平台进行较为详细的阐述。以太坊是一个具有去中心化、开源、有智能合约的公共区块链平台;Hyperledger 是由 Linux 基金会主导推广的区块链开源项目;FISCO BCOS 是金链盟开源工作组共同研发的金融级联盟底层技术平台。同时,本章也对其他区块链平台,例如 Corda、Ripple 和 BigchainDB 等进行了介绍和说明。

第 10 章是区块链监管。随着区块链技术的快速发展,其自身存在的一些弊端也逐渐显现,例如区块链技术带来的安全性问题和数据确认延迟性问题等。因此,对区块链技术进行监管具有非常重要的意义。本章从区块链监管的背景出发,对国内外主要国家的区块链监管政策进行了研究,分析了区块链监管的优势和挑战。在此基础上,本章分析和讨论了区块链技术在金融、供应链、能源市场、医疗信息、物联网等领域的监管案例。

本书由张军欢主编,负责全书整体章节结构设计和各章内容审定。本书的主要参与编写人员如下:

第 1 章(王浩东、张军欢);第 2 章(董子赫、张军欢);第 3 章(董子赫、张军欢);第 4 章(陈俊超、张军欢);第 5 章(蔡可玮、张军欢);第 6 章(蔡可玮、王浩东)、第 7 章(王浩东、于相农);第 8 章(何垚希、张军欢);

第9章(何垚希、张军欢、于相农);第10章(邹诺天来、王浩东)。

全书的统稿和校对由王浩东负责。此外,感谢曹佳航、张晏源、游朝辉对部分资料的收集和整理。

本书得到了国家自然科学基金面上项目"基于人工智能的区块链异常交易识别与控制研究"(No.72271013)的资助。

本书在编写过程中,参阅了大量的国内外文献,在正文中尽可能地标出出处,并罗列在参考文献列表中,但是,仍难免有遗漏之处,对此作者深表歉意。

由于作者水平有限,再加上区块链金融的相关理论、技术和实践还在发展中,书中难免有不足与疏漏之处,敬请各位同仁及广大读者批评指正。

编者

2023 年 8 月

目 录

1 **区块链技术基础概述** ··· 1
   1.1 数字货币概述 ·· 1
   1.2 区块链技术与分布式账本 ···································· 2
   1.3 区块链技术的发展与应用 ·································· 10
   1.4 区块链技术的监管 ·· 11
   参考文献 ·· 12
   本章习题 ·· 12

2 **区块链密码学原理** ··· 13
   2.1 哈希算法 ·· 13
   2.2 非对称加密算法 ·· 25
   2.3 椭圆曲线加密算法 ·· 27
   2.4 国密算法 ·· 33
   2.5 编码/解码算法 ·· 36
   2.6 零知识证明 ·· 40
   参考文献 ·· 45
   本章习题 ·· 45

3 **区块链数据结构** ·· 46
   3.1 区块结构 ·· 46
   3.2 时间戳 ·· 52
   3.3 随机数 ·· 54
   3.4 Merkle 树 ··· 62
   3.5 哈希函数 ·· 68

  3.6　数字签名 ……………………………………………………… 69
  参考文献 ……………………………………………………………… 86
  本章习题 ……………………………………………………………… 89

4　区块链网络 ……………………………………………………………… 90
  4.1　P2P 网络 ……………………………………………………… 90
  4.2　区块链节点 …………………………………………………… 99
  4.3　区块链数据传输 ……………………………………………… 106
  4.4　区块链数据验证 ……………………………………………… 113
  4.5　区块链分叉 …………………………………………………… 118
  参考文献 ……………………………………………………………… 122
  本章习题 ……………………………………………………………… 123

5　区块链跨链技术 ………………………………………………………… 124
  5.1　跨链的概念 …………………………………………………… 124
  5.2　跨链的划分 …………………………………………………… 126
  5.3　跨链技术 ……………………………………………………… 130
  5.4　跨链应用 ……………………………………………………… 141
  参考文献 ……………………………………………………………… 149
  本章习题 ……………………………………………………………… 150

6　共识机制 ………………………………………………………………… 151
  6.1　共识机制的起源和发展 ……………………………………… 151
  6.2　区块链分布式一致性算法 …………………………………… 165
  6.3　区块链共识算法 ……………………………………………… 174
  6.4　区块链共识攻击 ……………………………………………… 192
  参考文献 ……………………………………………………………… 204
  本章习题 ……………………………………………………………… 206

7　数字货币 ………………………………………………………………… 207
  7.1　数字货币概述 ………………………………………………… 207

- 7.2 比特币 212
- 7.3 以太币 235
- 7.4 莱特币 238
- 7.5 零币 240
- 7.6 Libra 币 242
- 7.7 法定数字货币 249
- 参考文献 267
- 本章习题 269

8 智能合约 270
- 8.1 智能合约的概念 270
- 8.2 智能合约编程语言 275
- 8.3 智能合约的审计 281
- 8.4 区块链中智能合约的实现 288
- 8.5 智能合约的应用场景 293
- 8.6 预言机 300
- 参考文献 304
- 本章习题 305

9 区块链平台 306
- 9.1 以太坊 306
- 9.2 Hyperledger 322
- 9.3 FISCO BCOS 332
- 9.4 其他平台 343
- 参考文献 347
- 本章习题 347

10 区块链监管 349
- 10.1 区块链监管背景 349
- 10.2 区块链在金融监管领域的应用 356
- 10.3 区块链在供应链监管领域的应用 366

10.4 区块链在能源监管领域的应用 ……………………………… 373
10.5 区块链在医疗信息监管领域的应用 …………………………… 378
10.6 区块链在物联网监管领域的应用 ……………………………… 383
参考文献 …………………………………………………………… 387
本章习题 …………………………………………………………… 392

1 区块链技术基础概述

学习要点和要求

- 货币发展过程(了解)
- 区块链技术的分类(考点)
- 区块链技术发展过程(考点)
- 区块链的治理与监管技术(掌握)

1.1 数字货币概述

货币是商品经济发展到一定阶段的产物。货币在不同的经济发展时期呈现出不同的形态,先后经历了商品货币、金属货币和信用货币三个阶段。随着世界全面进入数字经济时代,数字技术得到广泛应用。数字经济是继农业经济、工业经济之后的主要经济形态,其中信息通信技术与经济深度融合,成为推动经济增长和创新的重要力量。数字经济是以数据资源为关键要素,以现代信息网络为主要载体,促进公平与效率更加统一的新经济形态。在数字经济时代,货币形态也发生了变化,数字货币应运而生,并逐渐成为经济交易和支付的重要方式。

数字货币以电子形式存在,依托于密码学技术提供安全性和保护隐私的功能,同时具备便捷、快速和低成本的特点。数字货币是一种不受管制的、数字化的货币,通常由开发者发行和管理,被特定虚拟社区的成员接受和使用(张荣丰,2017)。电子信息技术和区块链技术的发展奠定了数字货币产生与发展的技术基础,与此同时,大力推进数字货币的发展也能在一定程度上促进数字经济的发展壮大。根据数字货币发行的信用基础,可以将数字货币分为三大类,即法定数字货币、可信任机构数字货币、加密数字货币。

法定数字货币是由国家央行统一发行,并由国家主权背书,受到国家法律保护的数字货币(王丹和蔡韬,2021)。法定数字货币本身没有价值,同纸币一样仅仅是价值符号,其货币价值来源于国家信用,且具有法定地位。数字人民币是我国的一种法定数字货币。2014年,我国开始筹备数字人民币。2016年1月20日,中国人民银行数字货币研讨会宣布对数字货币的研究取得阶段性成果。会议肯定了数字货币在降低传统货币发行等方面的价值,并表示央行在探索发行数字货币。2016年12月20日,数字货币联盟——中国FinTech数字货币联盟及FinTech研究院正式筹建。2019年数字人民币布局加速推进。2020年,央行数研所官宣首批试点"四地一场景",包括深圳、苏州、雄安、成都,加上冬奥会场景,目前试点均已经落地。

2021年,第二批数字人民币面向公众的试点包括上海、海南、长沙、青岛、大连、西安六地,"稳妥开展数字人民币试点测试"成为中国人民银行十大重点工作之一。

可信任机构数字货币是指由具有公信力的机构发行的数字货币。可信任机构数字货币具有以下特点:具有公众信任机构的信用背书;具有商业价值的客户规模;具有高效可靠的金融交易和支付平台;具有可审计的金融资产支撑;具有行政许可的市场准入(李礼辉,2019)。常见的可信任机构数字货币包括:2017年7月高盛推出的 SETL coin、2019年2月摩根大通推出的 JPM coin,以及2019年6月 Facebook 推出的数字货币 Libra 等。获得监管许可的 Libra 初步具有了可信任机构数字货币的全部特性。

比特币和以太币是两种典型的加密数字货币。比特币是一种数字现金,作为数字货币和在线支付系统,加密技术保证了比特币可以转移用于规范货币单位的产生和验证资金,并能够独立于中央银行进行运作(Nakamoto,2009)。比特币是一种 P2P(Peer to Peer)形式的虚拟的加密数字货币。点对点的传输是其作为去中心化支付系统的特征(蒋勇等,2017)。如今,比特币仍是数字货币的绝对主流,但数字货币呈现出百花齐放的状态,常见的有 Bitcoin(比特币)、Ether(以太币)、Litecoin(莱特币)、Dash(达世币)等。除了货币的应用之外,还有各种衍生应用,如以太坊 Ethereum、Asch 等底层应用开发平台以及 NXT、SIA、比特股、MaidSafe、Ripple 等行业应用。以太币是以太坊平台发行的加密数字货币。以太坊提供了一个可编写智能合约并发布应用的开发平台。比特币的区块确认时间平均是10分钟一次,而以太坊平均是十几秒,这意味着对于普通用户而言,使用以太坊进行交易速度会更快。然而,以太坊虽好,但是对用户而言,转账还无法达到"秒到"的转账体验,以太坊的性能仍然不足;其次,以太坊的交易手续费昂贵,尤其是以太坊拥堵的时候,需要支付非常高的手续费才有可能被及时打包确认。

Block. one 公司推出的企业操作系统(Enterprise Operating System,EOS),可以简单理解为以太坊的升级版。EOS 主网的 TPS,最高能达到每秒3 500次左右,与以太坊每秒只能处理30~40笔交易对比之下,EOS 有了很大的提升,转账速度更快。不同于以太坊转账需要手续费,EOS 转账几乎"免费"。此外,EOS 的可扩展性比以太坊更强。以太坊不提供一些常见的功能接口,而 EOS 提供,这对开发者而言更加友好。

1.2 区块链技术与分布式账本

1.2.1 区块链技术概述

区块链技术起源于比特币,是一种去中心化、分布式账本的技术。比特币是

1 区块链技术基础概述

2008年由中本聪提出的一种加密数字货币,它将交易记录存储在一个被链接在一起的区块链中。区块链的实现基于去中心化网络和共识机制,使得所有参与者能够共同维护数据的一致性和安全性。通过加密算法和不可篡改的数据结构,区块链实现了数据的透明性和安全性。区块链技术具有广泛的应用场景,包括加密数字货币和支付、供应链管理、物联网和智能设备、公共服务和政府应用、数据管理和隐私保护、智能合约和去中心化应用等。随着技术的不断发展,区块链有望在各个领域推动创新,并改变现有的商业和社会模式。

具体而言,2008年11月1日,一位自称中本聪(Satoshi Nakamoto)的人发表了一篇论文《比特币:一种点对点的电子现金系统》。文中阐述了基于P2P网络、加密、时间戳、区块链等技术的电子现金系统的构架理念,这也标志着比特币的诞生。两个月后,理论步入实践,2009年1月3日第一个序号为0的创世区块诞生。2009年1月9日出现序号为1的区块,并与序号为0的创世区块相连接形成了链,这标志着区块链的诞生(季自立和王文华,2019)。比特币是基于区块链技术的第一个应用。比特币被创造出来后,迅速受到人们的热捧,随着比特币价格的暴涨,人们开始关注比特币系统背后的底层技术,即具有去中心化和不可篡改的特性的分布式账本。在比特币形成过程中,区块是一个一个的存储单元,记录了一定时间内各个区块节点全部的交流信息。各个区块之间借助哈希算法实现链接,后一个区块包含前一个区块的哈希值。随着信息交流的扩大,一个区块与一个区块相继接续,形成的数据结构被称为区块链。

区块链本质上是一个去中心化的数据库,同时作为比特币的底层技术。区块链是一串使用密码学方法相关联产生的数据块,每一个数据块中包含了一次比特币网络交易的信息,用于验证其信息的有效性和生成下一个区块。区块链是分布式数据存储、点对点传输、共识机制、加密算法等计算机技术的新型应用模式。其中,共识机制是区块链系统中实现不同节点之间建立信任、获取权益的数学算法。狭义来讲,区块链是一种按照时间顺序将数据区块以顺序相连的方式组合成的链式数据结构,并以密码学方式保证的不可篡改和不可伪造的分布式账本。广义来讲,区块链技术是利用块链式数据结构来验证与存储数据、利用分布式节点共识算法来生成和更新数据、利用密码学的方式保证数据传输和访问的安全、利用由自动化脚本代码组成的智能合约来编程和操作数据的一种全新的分布式基础架构与计算方式。

区块链的组成包括区块链账本、共识机制、密码算法、脚本系统、网络路由等。

- 区块链账本的概念存在于生活中,如不同主体持有的会计日记账可以展现比特币中区块链数据的组成示意图。当区块链中的数据被篡改,本区块的哈希值会发生改变,无法与后续区块连接,并且不会被其他节点接受,以此来加大区块链数据篡改的成本。

- 区块链与传统的中心结构不同,没有中心服务器,在区块链系统中,每个节点都是平等的。让数据统一的方法是共识算法,通过共识算法(如工作量证明、权益证明、拜占庭容错算法等)筛选出具有代表性的节点,让这些节点打包数据并接受其他节点的验证,最终形成统一的账本数据。
- 密码算法计算出该区块的哈希值,而哈希值在区块链中充当指针的角色,指向上一个区块的地址,区块链结构类似于一个链表。因为哈希值的输入敏感性,如果本区块的数据变动,下一个区块的哈希值就不能指向本区块,以此来保证区块的不可篡改与完整性。
- 脚本系统在某些允许用户编写程序规则的系统中应用,可以扩展区块链系统的功能。脚本系统的开发与使用丰富了区块链的内涵。
- 网络路由模板说明区块链网络中节点间的相互通信与数据同步,因为没有主服务器的存在,节点往往通过向邻近节点发送数据请求获得最新数据,每个节点都是服务者与被服务者,以此形成区块链共识网络。

区块的示意图如图 1-1 所示,它表示一种特有的数据记录格式。区块就是指数据块的意思,每一个数据块之间通过哈希值连接起来,从而形成一条链,也即区块链的简单结构。以比特币为例,大约每 10 分钟产生一个区块,区块中主要包含了交易事务数据以及区块的摘要信息。比特币中区块链账本的数据在逻辑上分成了区块头和区块体,每个区块头中通过 Merkle 根关联了区块中众多的交易事务,而每个区块之间通过区块头哈希值串联起来。

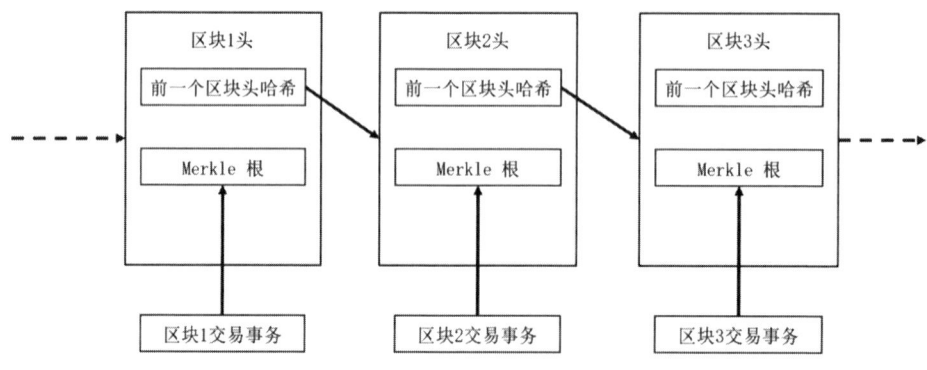

图 1-1 区块示意图

区块链中不同区块之间的连接通过哈希值来实现,而哈希值通过加密算法中的哈希算法计算得出。哈希算法通过对一段数据计算后,可以得出一段摘要字符串,这种摘要字符串与原始数据是唯一对应的。即使对原始数据进行非常微小的修改,对应的哈希值也会发生极大的变化。区块链账本对每个区块都会计算出一个哈希值,称为区块哈希,通过区块哈希来串联区块。如果有节点想要篡改某一个区块数据,那么该区块后面的区块都需要对应修改。由于后面的区块是通过区块哈希来指向的,只要前面的区块发生变动,这个区块哈希就无效了,也就无法与正确的区块相连接(蒋勇,2017)。除了整个区块会被计算哈希值外,区块中包含的每一笔事务数据也会被计算出一个哈希值,即"事务哈希"。每一个事务哈希都可以唯一地表示一个事务。对一个区块中所有的事务进行哈希计算后,可以得出一组事务哈希,再对这些事务哈希进行加工处理,最终会得出一棵哈希树的数据结构。哈希树的顶部就是树根,称为"Merkle 根"。借助 Merkle 根,可以验证整个区块中的事务,只要区块中的事务有任何改变,Merkle 根就会发生变化,利用这一点,可以确保区块数据的完整性。

区块链系统中,一个节点产生的数据或者更改的数据要发送到网络中的其他节点接受验证。由于篡改数据的区块哈希值和节点的本地区块链账本数据无法进行匹配,其他节点验证后就不会通过被篡改的数据,这样就可以实现区块链中数据的防篡改。在网络中,各个节点共同来记录数据,每个区块数据的实际记录节点通过共识机制来确定。比特币使用工作量证明(Proof of Work,PoW)的共识机制来不断发行新的比特币,奖励给打包记录区块数据的节点的比特币就是新发行的比特币。

脚本系统是区块链的一个重要功能。脚本是指一组程序规则,而脚本系统驱动着区块链系统不断进行着各种数据的收发。在区块链系统中,有些系统中的程序规则是固定的,比如在比特币系统中,只能进行比特币的发送与接收,此过程借助于部署在系统中的预先编写好的脚本程序来实现。有的区块链系统允许用户自行编写程序规则,并可以将编写好的程序部署到区块链账本中,这样就可以扩展区块链系统的功能。比如,以太坊就是通过实现一套可以自定义功能的脚本系统,进而实现了智能合约的功能。脚本系统使得在区块链中可以实现各种各样的业务功能,例如使用区块链来记录订单、供应链信息等数据(蒋勇,2017)。

区块链网络中的节点依靠网络路由来彼此进行连接通信。在分布式的网络结构中,不存在一个指定的服务器,因此节点无法通过一个服务器来直接交换彼此的身份信息,只能依靠彼此联系并传播信息。在区块链系统中,这个功能一般会定义成一种协议,称为"节点发现协议"。在发现节点后,还需要进行数据的同步。节点要保持自己的账本数据是最新的,就必须时时更新自己的数据。节点通过向邻近节点发送数据请求来获得最新的数据,所有节点彼此都充当服务者和被服务者,通过这种方式,网络中的每一个节点都会在某一个时刻达成数据上的一致。网络路由将每个节点连入网络,从而形成一个功能强大的区块链共识网络。

比特币是目前最成功的区块链应用场景之一。区块链技术是比特币的技术核心,为比特币系统解决了数字货币长期以来的技术难题。反过来,比特币的现

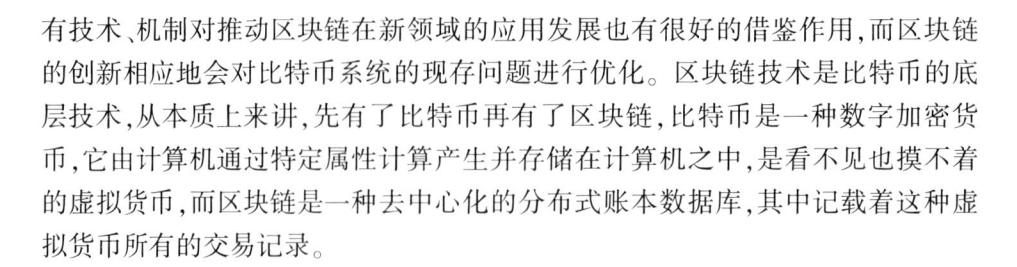

有技术、机制对推动区块链在新领域的应用发展也有很好的借鉴作用,而区块链的创新相应地会对比特币系统的现存问题进行优化。区块链技术是比特币的底层技术,从本质上来讲,先有了比特币再有了区块链,比特币是一种数字加密货币,它由计算机通过特定属性计算产生并存储在计算机之中,是看不见也摸不着的虚拟货币,而区块链是一种去中心化的分布式账本数据库,其中记载着这种虚拟货币所有的交易记录。

1.2.2 区块链分类

按照区块链的开放程度和网络范围,可以将区块链分为公有链、联盟链和私有链。

公有链的特征是系统最为开放,任何人都可以参与区块链数据的维护和读取,容易部署应用程序,完全去中心化,不受任何机构控制。公有即完全开放,公有链中没有权限的设定,也没有身份认证的约束。用户可以任意参与系统并查看产生的数据,而且产生的所有数据都完全公开透明。比特币是一个典型的公有链网络系统,在使用比特币系统的时候,只需要下载相应的软件客户端便可以进行创建钱包地址、转账交易、挖矿等操作,这些功能都可以被自由使用。

公有链系统依靠一组事先约定的规则来维护系统运行,此规则确保每个参与者在不信任的网络环境中能够发起可靠的交易事务。通常来说,凡是需要公众参与并需要最大限度保证数据公开透明的系统,都适用于公有链,比如数字货币系统、众筹系统、金融交易系统等。在公有链的环境中,节点数量是不固定的,节点的在线与否也是无法控制的,甚至节点是不是一个恶意节点也不能保证。在这种情况下要保证数据被大多数的节点写入确认,目前最合适的做法是使节点不断地去互相同步,最终网络中大多数节点都同步一致的区块数据所形成的链就是被承认的主链,这也被称为最终一致性。

联盟链是仅限联盟成员参与的区块链系统。其特征是系统半开放,需要注册许可才能访问。联盟链基于多个中心机构集体背书产生信任,因而在激励机制的约束上可以进行适当放松,这也可以进一步提高系统的性能。从使用对象来看,联盟链仅供联盟中的节点使用,只有联盟内的节点才可以共享利益和资源,区块链技术的应用可以让联盟成员间彼此更加信任。联盟规模可以大到国与国之间,也可以是不同的机构、企业之间。联盟链往往采取指定节点计算的方式,且记账节点数量相对较少。联盟链的典型案例如 R3 联盟和原本链。

私有链是指不对外开放,仅仅在组织内部使用的区块链系统,比如企业的票据管理系统等。私有链的系统最为封闭,不能够完全解决信任问题,但是可以改善可审计性。私有链是完全中心化的区块链,其信任机制由中心机构的自行背书实现,因而在私有链中不需要设置激励机制,这也使得私有链的性能可以远超公有链和联盟链。私有链的典型案例如 Multichain。私有链在使用过程中,通常有注册要求,即需要提交身份认证,而且具备一套权限管理体系。在私有链环境中,节点数量和节点的状态通常是可控的(邹杰成,2020),因此在私有链环境中一般不需要通过竞争的方式来筛选区块数据的打包者,而可以采用更加节能环保的方式,比如权益证明(Proof of Stake, PoS)、委托权益证明(Delegate Proof of Stake, DPoS)、实用拜占庭容错算法(Practical Byzantine Fault Tolerance, PBFT)等。

1.2.3 区块链架构

区块链系统一般由数据层、网络层、共识层、激励层、合约层和应用层组成(袁勇和王飞跃,2016),如图 1-2 所示。在区块链系统的分层架构中,数据层主要包括了系统底层的数据区块以及基本算法,如时间戳、数字签名、哈希函数等;网络层包括了网络中的数据传播协议、数据验证机制等;共识层包括了区块链系统的各类共识算法,例如 PoW 算法、PBFT 算法等;激励层将经济因素引入区块链系统,包括区块链中通证的发行、分配机制以及相应的激励机制等;合约层是区块链可编程特性的基础,包括了脚本代码、算法机制以及智能合约等;应用层包括了区块链的各类应用场景,可简要分为可编程货币、可编程金融、可编程社会等。在区块链的分层结构模型中,基于时间戳的链式区块结构、基于分布式节点的共识机制、基于共识算力的经济激励和灵活可编程的智能合约是区块链技术最具代表性的创新点。下面分别对各层结构进行简要描述。

图 1-2 区块链架构图

数据层：主要由区块结构、非对称签名、哈希函数、Merkel 树、时间戳、数字签名等技术组成。这些技术本身并不是区块链带来的创新，但中本聪通过数据区块和链式结构巧妙地把它们结合在了一起。

网络层：区块链网络本质是一个 P2P 网络。网络中的资源和服务都分散在各个节点上，信息的传输和服务的实现都直接在节点之间进行，而无需中间环节或中心化的服务器（第三方）介入。当一个节点创造出新的区块后便以广播的形式通知其他节点，其他节点收到信息后对该区块进行验证，并在该区块的基础上去创建新的区块，从而形成全网节点共同维护一个底层账本。

共识层：封装了共识算法和共识机制，能让高度分散的节点在去中心化的区块链网络中高效地针对区块数据的有效性达成共识。共识层能够保证在去中心化的区块链网络中高效地促进有效共识的形成，进而解决一致性的问题。主流的共识机制包括工作量证明算法、权益证明算法、委托权益证明算法、实用拜占庭容错算法等。

激励层：主要包括将来奖励的发行机制和分配机制。激励层将经济因素集成到区块链技术体系中来并设计出一套经济激励模型，鼓励节点来参与区块链的安全验证工作。例如，在比特币系统中，矿工可以通过算力竞争的方式挖出新的区块，并得到新区块中一定量的比特币奖励。因而矿工在算力竞争的过程中获得记账权，在维护交易系统的同时发行了新的通证，这些新的通证又被分配给矿工作为挖矿激励，由此实现了稳定的闭环。

合约层：包含各种脚本、代码、算法机制及智能合约，是区块链可编程并实现诸多高级功能的基础。将代码嵌入区块链系统中，进而可以实现智能合约。智能合约无需第三方就能够自动执行，这也是区块链具有去中心化特性的基础。在区块链系统中，合约算法在被部署并运行之后，就会按照预设的程序逻辑一直运行下去，且不受第三方的干预。

应用层：区块链的展示层，封装了区块链的应用场景和案例。其概念类似于应用程序，有实际展现在用户面前的应用。目前搭建在 ETH、EOS、NEO 等公有链上的各类区块链应用还是偏向于游戏、竞猜、预测等功能。区块链技术的未来，也很大程度上取决于应用层的完善程度。

区块链理论上由以上六层模型组成，但也并不是缺一不可，像激励层主要出现在公有链当中，因为公有链必须激励参与记账的节点，并且惩罚不遵守规则的节点，才能让整个系统朝着良性循环的方向发展。而在联盟链及私有链当中，则不一定需要进行激励，因为参与记账的节点，是在链外接收到指令，通过强制或自愿来参与记账。在合约层方面，以比特币为代表的区块链 1.0 本身只具有简单脚本的编写功能，只能进行交易，无法用于其他的领域或是进行其他的逻辑处理，最多只有支付功能，而没有系统操作功能。

1.2.4 分布式账本

分布式账本(Distributed ledger)是一种在网络成员之间共享、复制和同步的数据库。分布式账本中记录了网络参与者相互之间的交易信息。网络参与者通过共识原则对账本中的记录更新进行制约和协商,此过程没有第三方仲裁机构的参与。这种共享账本消除了调解不同账本的时间和开支。由于分布式账本中的每条记录都有对应的时间戳和密码签名,因而分布式账本也可被视为网络中所有交易的可审计历史记录。

在集中式账本中,只有一个实体持有账本的副本。在分布式账本中,网络的所有节点都拥有账本的相同副本。未经参与节点同意,任何单个实体都不能对账本进行更改。任何新的更改都会在几秒钟内添加到所有节点。分布式账本被描述为在分散的形式中跨多个地理定位维护的账本,并且不需要第三方(如银行或结算所)来维护其所拥有的数据的真实性,使用密码学技术安全地存储所有信息,并且只能通过使用密钥和加密签名来解锁。在账本上输入的信息是不可变的,不能被篡改。与具有多个弱目标点的集中式账本不同,分布式账本更难以被破解,因为要想破解必须同时攻击网络上的所有节点。此属性使得账本上的记录可以抵抗单个实体的更改。

区块链技术是分布式账本的一种特定实现,是把数据打包成区块,区块之间通过链状连接在一起,全网维护一个公共的最长链。但是分布式账本不一定将数据打包成块,块和块之间的连接方式也不一定采用链状的连接方式。区块链之于分布式账本,就相当于比特币之于区块链,前者都是后者的一种特定实现。在分布式账本技术中,使用者、实现者对于其到底如何最终使用和实现具有更大的控制权。原则上,他们可以决定支撑其服务的网络的结构、目的和功能。也就是说,分布式账本在技术上是去中心化的,并依赖于类似区块链的共识原则。但是,至少从意识形态的角度看,存在着一个机构对于所谓的去中心化网络有着控制权。因此,分布式账本技术可以被视为走向区块链的第一步,但是这并不意味着它一定会创建区块组成的链条。

区块链本身就是一个在去中心化网络中,基于共识算法而达成的不可篡改的账本。借助于加密签名技术,并使用"账本"将各个记录依次进行连接,可以形成记录的链条,这也是区块链技术与分布式账本技术的一个不同之处(柏乐飞,2019)。此外,用户也可以参与基于区块链技术的具体应用的运行过程,并借助去中心化自治组织(Decentralized Autonomous Organization,DAO)等组织形式在区块链社区中阐述自己的观点和看法。比特币(BTC)的硬分叉,如比特币现金(BCH)、比特币钻石(BCD)等诸多分叉币的出现,都反映了比特币社区的用户、参与者进行博弈后产生的影响。换句话说,在区块链中,技术和结构是去中心化的,其组织和发展也是去中心化的。而在分布式账本技术中,虽然技术是去中心化的,但是其组织可能并不是去中心化的,也很难被外界所影响。

分布式账本是描述共享数据库的广义术语。顾名思义,分布式账本分布在其参与者中,并分布在多个站点或组织中。这种类型的账本可以是私有的,也可以是公共的。从技术上来讲,所有区块链都属于共享数据库或分布式账本的范畴。虽然所有区块链基本上都是分布式账本,但所有分布式账本不一定是区块链。分布式账本和区块链之间有一个关键区别:分布式账本不一定由保持账本增长的交易块组成,例如 R3 的 Corda 就是一个不使用交易块的分布式账本的例子,它旨在记录和管理协议,特别关注金融服务行业;而区块链是一种特殊类型的共享数据库,由事务块组成,例如广为人知的比特币和以太网,会利用区块来更新共享数据库。

分布式账本的主要好处之一是分配和分散。即使网络上的一个或多个节点关闭,分布式账本也可以继续正常运行。而与之相对的中央账本,其缺点就是如果服务器关闭,整个网络也会停机,会给用户带来很多不便。而且,集中化的账本管理会使传统账本成为网络犯罪分子的目标,但在分布式账本中,黑客需要渗透超过 50% 的网络才能窃取或篡改数据,这在现实生活中几乎是不可能发生的。此外,分布式账本不依赖第三方来验证交易,这也节省了用户的时间和金钱;而且分布式账本为用户提供访问权限,网络参与者可以访问和控制自己的数据和事务。

分布式账本的未来将主要取决于其在金融和银行业的实际应用。世界银行认为,分布式账本技术有可能改变金融部门,使其更加可靠、高效和具有弹性。但是分布式账本仍然是一项新兴技术,完美的解决方案仍未找到。该技术只有通过研究和开展实际试点项目才能实现。分布式账本技术,特别是区块链,有可能在提升新兴市场(如非洲)金融发展方面发挥重要作用。此外,一些采用集中式账本的机构如银行和社交媒体平台,也已经组建了强大的团队来探索分布式账本。

1.3 区块链技术的发展与应用

20 世纪八九十年代,大量研究人员开始研究和探索数字货币。1997 年,亚当贝克发明哈希现金,用到了工作量证明机制,这也在后来被引入区块链的共识机制中;哈珀和斯托尼塔提出用时间戳保证数字文件安全;1998 年,戴维发明 B-money,强调点对点交易和不可更改交易记录。前人在数字货币领域的探索和经验,为比特币诞生奠定了大量的基础。2008 年,中本聪公布比特币白皮书,描述了一个新的货币体系。2009 年 1 月,比特币第一个区块——创世区块被挖出。

从区块链应用广度的角度来看,区块链的发展过程可以分为货币时代、合约时代和治理时代三个阶段,也即区块链1.0时代、2.0时代和3.0时代(Swan,2015)。区块链1.0时代以比特币为代表,主要是为了解决货币和支付手段的去中心化管理问题。初级阶段区块链系统主要承担记录交易数据、增发比特币的功能,解决了货币和支付手段的去中心化管理问题。区块链2.0时代,被称为区块链合约时代,以智能合约为代表,更宏观地为整个互联网应用市场去中心化,而不仅仅是货币的流通。只要通过智能合约开发工具开发出符合规则的合约程序,都可以部署在以太坊的区块链账本上。这意味着,不仅比特币,而且所有的金融交易(如股票、私募股权、众筹、债券、对冲基金、期货、期权等金融产品)和数字资产(如数字版权、证明、身份记录、专利等数字记录)都可以实现相同的交易记录模式,从而利用区块链技术实现更多的数字资产的转换,创造数字资产的价值。区块链3.0时代,被称为区块链治理时代,链式记账、智能合约和实体领域结合起来,实现去中心化的自治,发挥区块链的价值。在这一阶段,区块链技术将作为面向其他行业应用的一种泛解决方案。

"区块链+"的模式促使数字人民币(DC/EP)、碳追溯、碳交易等新兴应用走入大众视野。不同于移动互联网的传统意义水平化产业视图,区块链首先向与其技术特征相契合的应用领域拓展,而后通过跨链互操作,实现底层平台层之间、应用层之间的互联互通。总体上,区块链应用布局探索呈现出水平化渗透态势,区块链在供应链、能源市场、金融、健康、政务等领域都有一些落地的应用。在供应链金融领域,区块链可以从效率、成本、信任等角度解决企业融资过程中遇到的实际难题。通过为系统的不同参与方提供平等协作的平台,区块链可以实现数据实时对账,有效防止数据的伪造和篡改,解决信任难题(代闯闯等,2021)。

1.4 区块链技术的监管

从2008年比特币首次出现到如今,各类虚拟货币迅速发展扩大,国内外部分企业与个人也逐渐进入虚拟货币领域。与此同时,拥抱监管与合规化发展成为区块链发展的主流趋势。全球范围内将数字货币的底层技术"区块链"与"数字货币"进行区别对待,并相应地制定了监管政策与框架。

国家互联网信息办公室于2019年1月10日发布了《区块链信息服务管理规定》,此规定自2019年2月15日起开始实施。区块链技术作为技术创新的一个重要突破口,其安全性问题也被看作当前制约行业健康发展的一个重要因素。在区块链技术应用过程中,频频出现的各类安全事件更为行业发展敲响了警钟。合理利用区块链技术,需要加快探索建立适应区块链技术机制的安全保障体系。2019年3月,《国家互联网信息办公室关于发布第一批境内区块链信息服务备案编号的公告》中公开发布了第一批共197个区块链信息服务名称及备案编号。清单中的公司主要类型有互联网公司、金融机构、事业单位和上市公司等,其中区块链技术平台、溯源、确权、防伪、供应链金融等是重点方向。2019年10月，国家互联网信息办公室室务会议审议通过《区块链信息服务管理规定》，明确了区块链的监管对象和范围，以及较为宽松的监管原则，要求区块链信息服务提供者须在网信办备案，对区块链信息服务使用者进行真实身份信息认证等。同年10月，中共中央政治局就区块链技术发展现状和趋势进行第十八次集体学习，指出区块链技术的集成应用在新的技术革新和产业变革中起着重要作用；要把区块链作为核心技术自主创新的突破口，明确主攻方向，加大投入力度。《"十四五"规划和2035年远景目标纲要》指出要推动智能合约、共识算法、加密算法、分布式系统等区块链技术创新，以联盟链为重点发展区块链服务平台和金融科技、供应链管理、政府服务等领域应用方案，完善监管机制。

虽然区块链在未来可预期的行业发展中展现了巨大的成长空间和更为美妙的发展前景，但不可否认的是，这一技术无论是从技术成熟度还是商业落地模式上看都尚处于初期阶段，概念验证、市场教育是当前该行业的主要着力点，将来只有监管规则、法律规则和行业标准的出台才是区块链逐渐走向成熟的指标。

参考文献

[1] 柏乐飞. 区块链的核心技术分析[J]. 现代商贸工业,2019.

[2] 代闯闯,栾海晶,杨雪莹,过晓冰,陆忠华,牛北方. 区块链技术研究综述[J]. 计算机科学,2021,48(S2):500-508.

[3] 蒋勇. 白话区块链[M]. 北京:机械工业出版社,2017.

[4] 季自力,王文华. 区块链技术在军事领域的应用[J]. 军事文摘,2019,21.

[5] 李礼辉. 数字货币对全球货币体系的挑战[J]. 中国金融,2019,911(17):61-63.

[6] 王丹,蔡韬. 数字货币的理论基础与演化路径——基于马克思主义政治经济学视角[J]. 特区经济,2021(05):88-92.

[7] 袁勇,王飞跃. 区块链技术发展现状与展望[J]. 自动化学报,2016,42(04):481-494.

[8] 邹杰成. 基于区块链的电力数据存储方案研究与实现[D]. 成都:电子科技大学,2020.

[9] 张荣丰,董媛. 关于数字货币的发行与监管初探[J]. 华北金融,2017(1):3.

[10] Nakamoto,Satoshi. "Bitcoin:A peer-to-peer electronic cash system." https://bitcoin.org/bitcoin.pdf,2008.

[11] Swan,Melanie. Blockchain:Blueprint for a new economy. "O'Reilly Media,Inc.",2015.

本章习题

1. 以区块链的开放程度和网络范围为划分标准,简述区块链的各个类别及特点。
2. 简述区块链系统的架构。

2 区块链密码学原理

学习要点和要求

- 区块链密码学的基本内容与模块(掌握)
- SHA256 算法的基本逻辑及理论内容(掌握)
- 公钥与私钥的定义(考点)
- RSA 算法的数学模型及实例(掌握)
- 椭圆曲线加密算法的数学原理(熟悉)
- 国密算法的种类及其基本内容(了解)
- Base64 算法的基本内容(熟悉)
- 零知识证明(了解)

2.1 哈希算法

哈希算法在区块链系统中的应用很广泛:比特币使用哈希算法通过公钥计算出了钱包地址、区块头以及交易事务的哈希值,Merkle 树结构本身就是一棵哈希树,就连挖矿算法都是使用的哈希值难度匹配;以太坊中的挖矿计算也使用了哈希算法,其中的 Merkle Patricia 树同样也是一棵哈希树;其他的区块链系统也都会多多少少使用到各种哈希算法,因此可以说哈希算法贯穿到区块链系统的方方面面(蒋勇,2017)。

2.1.1 哈希算法的定义

哈希算法,又称为哈希函数、散列函数,是指将任意长度的数据通过算法映射为较短的、固定长度的二进制值的过程。通过这一过程得到的较短的二进制值称为哈希值(黄振东,2018)。

哈希算法最重要的特点是:它是一种单向的密码体制,也就是说,只能从数据开始,用哈希算法处理后得到哈希值,这一过程是不可逆的,没有办法从一个哈希值反向推算出原数据。所以,哈希算法相当于一个从明文到密文的不可逆加密过程(蒋勇,2017)。

密码学上的哈希计算方法一般需要具有以下的性质:

- 函数的输入可以是任意长的字符串;
- 函数的输出是固定长度的;
- 函数的计算过程是有效率的。

哈希算法可以将一段任意输入的字符串计算出一个固定长度的值。通过哈希算法计算出的结果，是无法再通过一个算法还原出原始数据的，即是单向的，因此适合用于身份验证的场合。同时，由于哈希值的作用与公民身份 ID 类似，因此也可以用于判断数据的完整性，即使数据发生微小的变化，重新计算后的哈希值都会产生区别。

一般来说，为了保证哈希函数在密码学上的安全性，必须满足以下 3 个条件：

- 抗冲突（Collision-resistance）。哈希函数抗冲突指不同的输入不能产生相同的输出。同时，抗冲突不代表不存在冲突，而是找到有冲突的两个输入的成本不可承受。
- 信息隐藏（Information-hiding）。在已知哈希函数输出的情况下，不可能逆向推导出输入。
- 可隐匿性（Puzzle-friendly）。如果希望哈希函数的输出是一个特定的值，只要输入的部分足够随机，在足够合理的时间内都将不可能破解。这个特性主要是为了对抗伪造和仿制（蒋勇，2017）。

哈希算法的输出值是固定的，而原始数据的长度却是多种多样的，这就注定了在理论上存在不同的原始数据却输出同一种哈希值的可能，这种情况在原始数据的数量极其庞大的时候就会出现。比如，邮件系统的抗垃圾邮件算法，每一个邮件地址生成一个哈希值，存储为过滤库。在邮件格式过多时会对邮件地址进行多种哈希计算，将计算出来的多个值联合起来判断是否存在某个邮件地址，这也是布隆过滤器（Bloom Filter）的基本原理，在比特币中，使用布隆过滤器可以使 SPV 节点快速检索并返回相关数据。

2.1.2 哈希算法的种类

密码学中常用的哈希算法有 MD5、SHA1、SHA2、SHA256、SHA512、SHA3、RIPEMD160 等（蒋勇，2017）。

- MD5（Message Digest Algorithm 5）。MD5 是输入不定长度信息，输出固定长度 128bits 的算法。经过程序流程，生成 4 个 32 位数据，最后联合起来成为一个 128bits 哈希值。基本方式为求余、取余、调整长度、与链接变量进行循环运算，得出结果。MD5 算法曾被广泛使用，然而目前该算法已被证明是一种不安全的算法。王晓云教授已经于 2004 年破解了 MD5 算法。
- SHA1。SHA1 在许多安全协议中广为使用，包括 TLS 和 SSL。2017 年 2 月，Google 宣布已攻破了 SHA1，并准备在其 Chrome 浏览器产品中逐渐降低 SHA1 证书的安全指数，逐步停止对使用 SHA1 哈希算法证书的支持。
- SHA2。这是 SHA 算法家族的第二代，支持了更长的摘要信息输出，主要有 SHA224、SHA256、SHA384 和 SHA512，数字后缀表示它们生成的哈希摘要结果长度。
- SHA3。SHA算法家族的第三代,名为Keccak算法。
- RIPEMD160(RACE Integrity Primitives Evaluation Message Digest 160)。RIPEMD160是一个160位加密哈希函数。它旨在替代128位哈希函数MD4、MD5和RIPEMD128。

如表2-1所示为各类哈希函数的特点对比(黄振东,2018)。

表2-1 部分哈希算法参数表

算法		输出值位数(位)	内部数据位数(位)	数据块大小(位)	最大信息容量(位)	运算方式	安全性(位)
MD5		128	128	512	无限制	与,异或,矩阵,32位求模,或	<64
SHA0		160	160	512	$2^{64}-1$	与,异或,矩阵,32位求模,或	<80
SHA1		160	160	512	$2^{64}-1$		<80
SHA2	SHA224	224	256	512	$2^{64}-1$	与,异或,矩阵,32位求模,或	112
	SHA256	256					128
	SHA384	384	512	1024	$2^{128}-1$	与,异成,矩阵,64位求模,或,移位	192
	SHA512	512					256
	SHA512/224	224					112
	SHA512/256	256					128
SHA3	SHA3-224	224	1600	1152	无限制	与,异或,矩阵,非	112
	SHA3-256	256		1088			128
	SHA3-384	384		832			192
	SHA3-512	512		576			256
	SHAKE128	d(随机)		1344			min(d/2,128)
	SHAKE256	d(随机)		1088			min(d/2,128)

哈希算法的"安全性"是对其单向特性的一种测试结果的表示,即对某个确定的哈希值,通过一次次地列举不同的输入值,来测试能否找到和原输入值相同

的内容,从而使哈希算法单向特性(不同的输入值对应不同的哈希值)不成立。如果穷举次数达到某一数量级后碰撞成功,则这个数量级就是该哈希算法的安全性指标,即当超过这个指标时,可能通过暴力穷举反向找到输入值。

2.1.3 算法的属性

(1)原像阻力属性,可以使用如下所示的简单方程来解释此属性:

$$h(x) = y \tag{2.1}$$

这里 h 是哈希函数,x 是输入,y 是哈希值。第一个安全属性要求 y 不能反向计算为 x。x 被认为是 y 的原像,因此这个性质得名原像阻力。这也称为单向属性。

(2)二次原像阻力属性,要求给定 x 和 $h(x)$,几乎不可能找到任何其他消息 m,满足 $m != x$ 且 $h(m) = h(x)$。这种特性也称为弱抗碰撞性。

(3)抗碰撞属性,要求两个不同的输入消息不应散列到相同的输出,即:$h(x) != h(z)$。这种特性也被称为强抗碰撞性。

所有这些属性如图 2-1、图 2-2 和图 2-3 所示。

由于散列函数的映射特性,总会有一些冲突,即可能会出现两个不同的消息散列到相同输出的情况。然而,这种冲突在计算上应该是不切实际的,这是因为所有散列函数都具有一个称为"雪崩效应"的概念。雪崩效应指定了一个小的变化,即使是输入文本中的单个字符变化,都会导致完全不同的哈希输出。

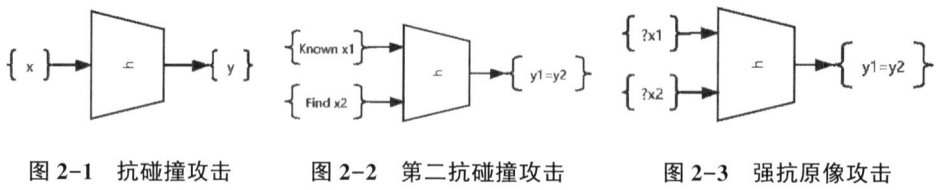

图 2-1 抗碰撞攻击   图 2-2 第二抗碰撞攻击   图 2-3 强抗原像攻击

2.1.4 SHA256 算法

2002 年 8 月,美国标准与技术局正式发布了新的安全哈希算法,也就是 SHA2 系列,其中就包括 SHA256 算法。这种算法被广泛应用于比特币及其他区块链应用中,用于挖矿、公钥和私钥加密等过程。

在美国标准与技术局公布的 FIPS 180-2 标准中,共定义了 4 种安全哈希算法:SHA1、SHA256、SHA384 和 SHA512。这 4 种算法都是迭代的、单向的哈希函数,可以用于处理信息并产生精简的"信息摘要"。这些算法可以用来验证一条信息的完整性,因为对信息的任何改变都将产生不同的信息摘要。基于这一点,在数据签名、信息认证的产生及验证等方面,安全哈希算法都具有广阔的应用前景。下面重点介绍SHA256算法。

2.1.4.1 基础定义

SHA256算法是计算机算法的一种,它的处理对象也是最基础的计算机二进制字符,因此,在SHA256算法中也适用关于二进制位的基础定义,如表2-2所示。

表2-2 SHA256算法二进制位定义表

名称	含义或用法
位(bit)	一个二进制数位,值为0或1
字节(byte)	8位(bit)组成1字节
字(word)	根据安全哈希算法,由32位(4字节)或64位(8字节)组成

2.1.4.2 参数

如表2-3所示的参数用于算法定义。

表2-3 参数定义表

参数	含义或用法
$a,b,c,\cdots,h$	在w位的"字",用于计算哈希值$H^{(i)}$时用到的工作变量
$H^{(i)}$	第i位哈希值,$H^{(0)}$是第一位哈希值,$H^{(N)}$是最后一位哈希值,决定信息摘要
$H_j^{(i)}$	第i位哈希值的第j位"字",如$H_0^{(i)}$表示哈希值i的最左边的"字"
K_t	用于哈希计算的t循环的常量
K	在填补阶段添加到信息中的0的个数
l	信息M的长度,单位为位
m	第i个信息块$M^{(i)}$的数据位数
M	用于计算哈希值的信息
$M_j^{(i)}$	第i个信息块的第j位"字",如$M_0^{(i)}$表示值息块$M_{(i)}$最左边的那个"字"
n	一个"字"在计算过程中旋转或移位的位数
N	填补后的信息中的信息块数
T	在哈希计算中临时w位的"字"
w	一个"字"的位数
W_t	在信息表的第t个w位的"字"

2.1.4.3 符号

如表2-4所示的符号用于安全哈希计算定义,运算对象都是w位的"字"。

表 2-4 符号定义表

符号	含义或用法
∧	按位与运算
∨	按位或(逻辑或)运算
⊕	按位异或(互斥或)运算
¬	按位补码运算
+	模 2^w 加法
≪	左移位运算，$x \ll n$ 表示去掉"字" x 最左边的 n 位，然后在右边用 n 个 0 补充
≫	右移位运算，$x \gg n$ 表示去掉"字" x 最右边的 n 位，然后在左边用 n 个 0 补充

2.1.4.4 记数法

一个十六进制数字是指集合 $\{0,1,2,\cdots,9,a,b,\cdots,f\}$ 中的一个元素。一个十六进制数字代表一个 4 位的字符串，例如，十六进制 7 代表 4 位字符串 0111，十六进制 a 代表 4 位字符串 1010。

一个"字"是一个 w 位的字符串，可以表示为一个十六进制数字的序列。要把"字"转换为十六进制数字，每 4 位字符串要转换为它对等的十六进制数字。

如 32 位字符串"1010 0001 0000 0011 1111 1110 0010 0011"可以表示为十六进制数字"a103fe23"；64 位字符串"1010 0001 0000 0011 1111 1110 0010 0011 0011 0010 1110 1111 0011 0000 0001 1010"可以表示为十六进制数字"a103fe2332ef301a"。

2.1.4.5 "字"运算

在 SHA256 算法中定义了以下"字"运算如表 2-5 所示。

表 2-5 "字"运算表

"字"运算及符号表达	含义或用法
按位逻辑运算：∧，∨，⊕	按位进行逻辑运算
模 2^w 加法	对于正整数 U 和 V 来说，U 模 V 计算就是取 U 除以 V 的余数。运算 $x + y$ 如下定义："字" x 和 y 代表整数 X 和 Y，其中 $0 \leq X < 2^w, 0 \leq Y < 2^w$ 计算 $Z = (X+Y) \bmod 2^w$，$0 \leq Z < 2^w$，Z 转换为一个"字" z，令 $z = x+y$
右移位运算 $SHR^n(x)$	定义如下（其中 x 是一个 w 位的"字"，$0 \leq Z < 2^w$）：$SHR^n(x) = x \gg n$
循环右移运算 $ROTR^n(x)$	x 是一个 w 位的"字"，n 是一个整数，$0 \leq n < w$，$ROTR^n(x) = (x \gg n) \vee (x \ll w-n)$。$ROTR^n(x)$ 等价于把 x 的 n 位循环移动到右边
循环左移运算 $ROTL^n(x)$	x 是一个 w 位的"字"，n 是一个整数，$0 \leq n < w$，$ROTL^n(x) = (x \ll n) \vee (x \gg w-n)$。$ROTL^n(x)$ 等价于把 x 的 n 位循环移动到左边

在上述运算中,存在以下等价关系(其中 w 是固定的):
$$ROTL^n(x) \approx ROTR^{w-n}(x) \tag{2.2}$$

2.1.4.6 函数

SHA256 算法使用如下的 6 个函数,每个函数运行在 32 位"字"(用 x、y 和 z 表示)的基础上,结果产生一个新的 32 位"字"。

$$Ch(x,y,z) = (x \wedge y) \oplus (\overline{x} \wedge z) \tag{2.3}$$

$$Maj(x,y,z) = (x \wedge y) \oplus (x \wedge z) \oplus (y \wedge z) \tag{2.4}$$

$$\Sigma_0^{\{256\}}(x) = ROTR^2(x) \oplus ROTR^{13}(x) \oplus ROTR^{22}(x) \tag{2.5}$$

$$\Sigma_1^{\{256\}}(x) = ROTR^6(x) \oplus ROTR^{11}(x) \oplus ROTR^{25}(x) \tag{2.6}$$

$$\sigma_0^{\{256\}} = ROTR^7(x) \oplus ROTR^{18}(x) \oplus SHR^3(x) \tag{2.7}$$

$$\sigma_1^{\{256\}} = ROTR^{17}(x) \oplus ROTR^{19}(x) \oplus SHR^{10}(x) \tag{2.8}$$

2.1.4.7 预处理过程

预处理发生在哈希计算开始前,由 3 步组成:填补信息、把信息 M 分割成信息块、设定初始哈希值 $H^{(0)}$。

(1) 填补信息:假定信息 M 的长度为 1 位,在末尾加上 1,以及 k 个 0,其中 k 是等式 $1 + 1 + k \equiv 448 \bmod 512$ 的最小非负解。

(2) 添加一个 64 位的块,等于把 1 用二进制表示的值。例如,(8 位 ASCII 码)信息 abc 的长度为 $8 \times 3 = 24$,所以这个信息先加上 1 位 1,再加上 $448 - (24 + 1) = 423$ 个 0,最终填补后信息的长度变成 512 位,如图 2-4 所示。

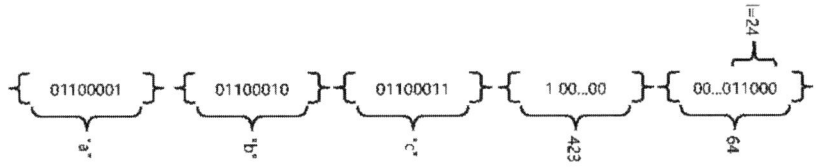

图 2-4 信息长度表

(3) 分割信息块的过程是将填补后的信息分割成 N 个 512 位的块,分别标识为 $M^{(1)}, M^{(2)}, \cdots, M^{(N)}$。由于输入块的 512 位可以表示为 16 个 32 位的"字",则信息块 i 的第 1 个 32 位"字"表示为 $M_0^{(i)}$,下一个 32 位"字"是 $M_1^{(i)}$,一直到 $M_{15}^{(i)}$。

(4) 设定初始哈希值 $H^{(0)}$。每种安全的哈希算法在开始哈希计算前,必须设定初始哈希值 $H^{(0)}$。$H^{(0)}$ 的位数和个数取决于最终的信息摘要的要求。SHA256 算法的初始哈希值由 8 个 32 位"字"组成,用十六进制表示如下:

$$H_1^{(0)} = bb67ae85$$
$$H_2^{(0)} = 3c6ef372$$
$$H_3^{(0)} = a54ff53a$$

$$H_4^{(0)} = 510e527f$$
$$H_5^{(0)} = 9b05688c$$
$$H_6^{(0)} = 1f83d9ab$$
$$H_7^{(0)} = 5be0cd19 \tag{2.9}$$

2.1.5 SHA3 算法

SHA3 的结构与 SHA1 和 SHA2 的结构有很大差异。SHA3 的关键思想是基于无键排列，而不是其他使用键排列的典型散列函数进行构造。其次，Keccak 也没有使用通常用于处理散列函数中任意长度输入消息的 Merkle-Damgard 变换，而是使用了一种称为海绵和挤压构造的新方法，它是一个随机排列模型。SHA3 的不同变体已经标准化，例如 SHA3224、SHA3256、SHA3384、SHA3512、SHAKE128 和 SHAKE256。SHAKE128 和 SHAKE256 是可扩展输出函数（Extensible Output Function, XOF）。XOF 允许将输出扩展到任何所需的长度（Bashir, 2018）。

图 2-5 显示了海绵和挤压模型，它是 SHA3 和 Keccak 的基础。数据在应用填充后首先被吸收到海绵函数中。使用 XOR 将其更改为置换状态的子集，然后将输出从表示转换状态的海绵函数中挤出。rate 是海绵函数的输入块大小，容量决定了一般的安全级别。

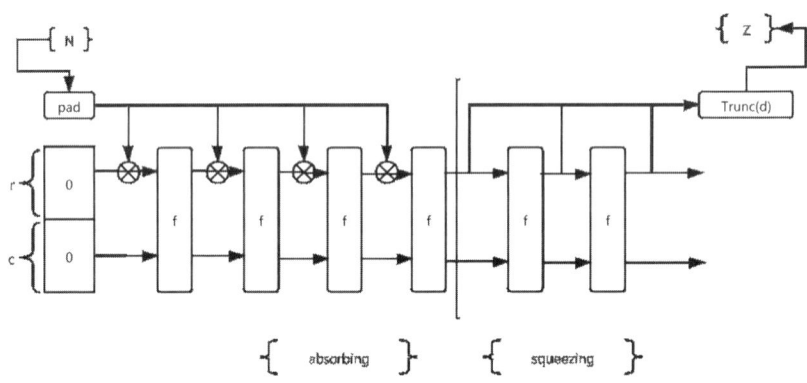

图 2-5 海绵和挤压模型

2.1.6 哈希函数的 OpenSSL 示例

以下命令将使用 SHA256 算法生成 256 位 Hello 消息的散列：
$ echo -n' Hello' |openssl dgst-sha256
(stdin)= 185f8db32271fe25f561a6fc938b2e264306ec304eda518007d1764826381969

请注意,即使文本中的微小更改,例如更改字母 H 的大小写,也会导致输出哈希发生很大变化。这被称为"雪崩效应",如前所述:

$ echo-n' hello' |openssl dgst-sha256

(stdin)= 2cf24dba5fb0a30e26e83b2ac5b9e29e1b161e5c1fa7425e73043362938b9824

两个输出完全不同:

Hello:18:5f:8d:b3:22:71:fe:25:f5:61:a6:fc:93:8b:2e:26:43:06:ec:30:4e:da:51:80:07:d1:76:48:26:38:19:69

hello:2c:f2:4d:ba:5f:b0:a3:0e:26:e8:3b:2a:c5:b9:e2:9e:1b:16:1e:5c:1f:a7:42:5e:73:04:33:62:93:8b:98:24

通常,散列函数不使用键。然而,如果它们与密钥一起使用,则它们可用于创建另一个称为 MAC 的加密结构(Bashir,2018)。

2.1.7 区块链中的哈希算法

定义 2.1 区块哈希

区块哈希是指对区块头进行哈希计算,得出某个区块的哈希值,用这个哈希值可以唯一确定某一个区块。区块与区块之间通过这个哈希值进行串联,从而形成了一个区块链的结构(蒋勇,2017)。

定义 2.2 Merkle 树(Merkle tree)

Merkle 树在不同的区块链系统中有不同的细节,但本质是一样的,以比特币中的 Merkle 树来说明。比特币中的 Merkle 树称为二叉 Merkle 树,每一个区块都有自己的 Merkle 树,是通过将区块中的交易事务哈希值两两结对计算出新的哈希值,然后哈希值再两两结对进行哈希计算,递归循环,直到计算出最后一个根哈希值,这样的一棵树也称为哈希树。Merkle 树既能用于校验区块数据的完整性,也能对 SPV 钱包进行支付验证。

举一个生活中常见的例子。当签订一份 n 页的合同时,通常都会在每页合同上盖章,由于每一页上的章都是一样的,这就给作弊留下了空间。如果稍微改变一下做法,给每一页合同盖一个数字印章,并且每一页上的数字印章是前一页数字印章和本页内容一起使用哈希算法生成的哈希值。例如:

(1)合同第一页的数字印章是本页内容的哈希值,即第一页数字印章=Hash(第一页内容)。

(2)合同第二页的数字印章是第一页的数字印章及第二页内容加在一起后再哈希的值,第二页数字印章=Hash(第一页的数字印章+第二页内容)。

(3)合同第三页的数字印章是第二页的数字印章及第三页内容加在一起后再哈希后的值,即第三页数字印章=Hash(第二页的数字印章+第三页内容)。

(4)上述过程以此类推。

这样对第一页合同的篡改必然使其哈希值和第一页上的数字印章不符,且其后的 2,3,4,5,…,n 页也是如此;对第二页合同的篡改必然使其哈希值和第二页上的数字印章不符,且其后的 3,4,5,…,n 页也是如此。

从上面的例子,可以发现 Merkle 树的优势:第一,可以知晓信息是否被篡改;第二,获得被篡改的具体位置。

为了便于理解,Merkle 树的典型架构如图 2-6 所示。

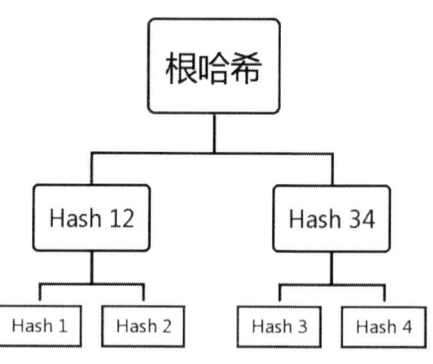

图 2-6　Merkle 树

首先,这是一个树结构,在底部有 4 个哈希值,假设某个区块中一共有 4 条交易事务,那么每条交易事务都计算一个哈希值,分别对应这里的 Hash1 到 Hash4,然后再两两结对,再次计算哈希值,以此类推,直到计算出最后一个哈希值,也就是根哈希。这样的一棵树结构就称为 Merkle 树,而这个根哈希就是 Merkle 根(Merkle root)。

图 2-7 展示了比特币中的 Merkle 树结构,每一个区块都具有一棵 Merkle 树结构,Merkle 树中的每一个节点都是一个哈希值,因此也可以称之为哈希树,而比特币中的 Merkle 树是通过交易事务的哈希值两两哈希计算而成,所以这样 Merkle 树称为二叉 Merkle 树。

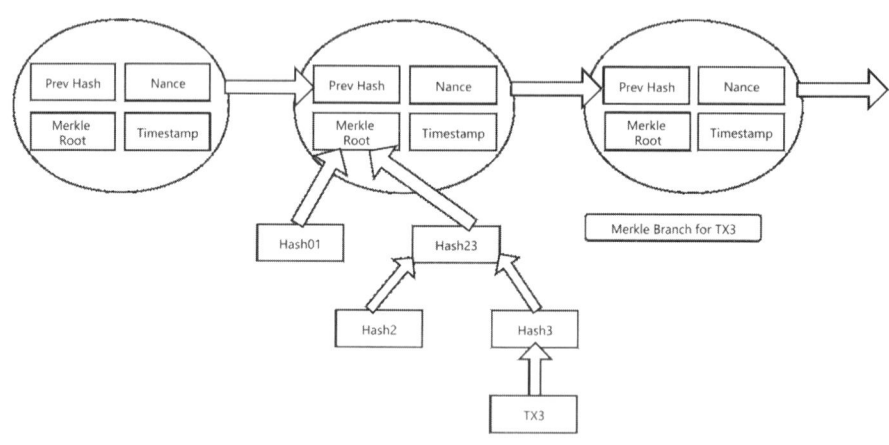

图 2-7　Merkle 树示意图

比特币是分布式的网络结构,当一个节点需要同步自己的区块链账本数据时,并没有一个明确的服务器来下载,而是通过与其他的节点之间进行通信实现的。在下载区块数据的时候,难免会有部分数据会损坏,Merkle 树可以校验数据是否存在问题。由于哈希算法的特点,只要参与计算的数据发生一点点变更,计算出的哈希值就会改变。通过 Merkle 树,可以很快找到出问题的数据块,而且本来较大的区块数据可以被切分成小块处理。

定义 2.3 Patricia 树(帕特里夏树)

特里树或数字树是用于存储数据集的有序树数据结构(Bashir,2018)。

Patricia 树是检索以母数字编码的信息的实用算法,也称为基数树。这种算法是树的紧凑表示,其中作为父节点唯一子节点的节点与其父节点合并。

Merkle-Patricia 树,基于 Patricia 和 Merkle 的定义,是一棵根节点包含整个数据结构哈希值的树。

定义 2.4 分布式哈希表(Distributed Hash Table,DHT)

哈希表是一种用于将键映射到值的数据结构。在内部使用哈希函数可以从中找到所需值的桶数组的索引。存储桶以特定的顺序使用哈希键将记录存储在其中(Bashir,2018)。

DHT 的结构可以分解为几个主要组件,其基础是抽象的密钥空间,例如 160 位字符串的集合。密钥空间分区方案是在参与节点之间分割该密钥空间的所有权。然后,一个覆盖网络将各个节点连接起来,允许它们在密钥空间中找到任何给定密钥的所有者。DHT 的主要优点是可以添加或删除节点,且网络重新分配密钥的工作量很少。键是映射到特定值的唯一标识符,值是从地址、文档到数据的任何内容。维护从键到值的映射的责任被分配到了各个节点当中,在这种方式下,节点的变化不会影响整个网络,这使得网络中节点的量可以非常多,并且可以从容应对节点的加入或离开。

DHT 有以下特点:

• 自治和去中心化(Autonomy and Decentralization):节点共同形成系统,没有任何中央协调。

• 高容错性(Fault Tolerance):即使节点不断加入、离开和失败,系统也应该是可靠的。

• 可扩展性(Scalability):即使有数千或数百万个节点,系统也应该高效运行。

DHT 可被视为一种数据结构,其中数据分布在各个节点上,节点相当于对等网络中的桶。图 2-8 显示了 DHT 的工作原理。数据通过哈希函数传递,然后生成一个压缩密钥。然后,此密钥与对等网络上的数据(值)相关联。当网络上的用户(通过文件名)请求数据时,可以再次对文件名进行散列以生成相同的密钥,然后可以请求网络上的任何节点找到相应的数据。该过程反映了 DHT 的去中心化、容错和可扩展性。

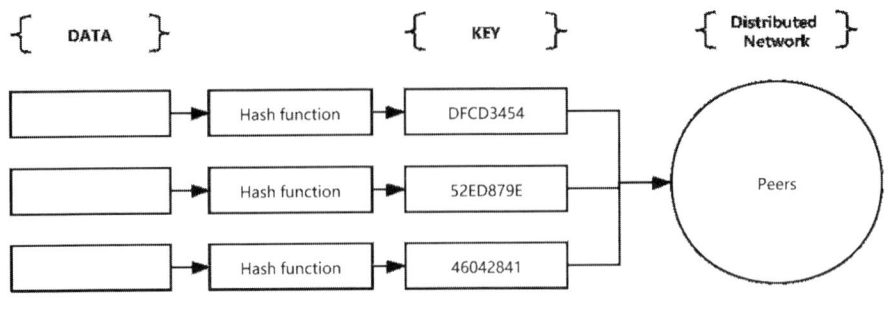

图 2-8　DHT 数据结构

- 键空间分区

大多数 DHT 使用一致哈希或集合哈希的某种变体来将键映射到节点。

一致哈希和集合哈希都具有相同的基本属性,即删除或添加一个节点仅更改具有相邻 ID 的节点拥有的密钥,而其他节点不受影响。这与传统的哈希表不同,在传统哈希表中,添加或删除一个节点会导致几乎整个密钥空间被重新映射。

定义 2.5　一致哈希(Consistent hashing)

一致哈希使用了一个函数定义了键和键之间的距离,这与节点的地理距离或网络延迟无关。每个节点被分配一个称为标识符(ID)的键,且每一个节点拥有离它最近的节点的所有键。

定义 2.6　集合哈希(Rendezvous hashing)

集合哈希,也称为最高随机权重(Highest Random Weight,HRW)哈希,所有客户端使用相同的哈希函数将密钥关联到多个可用服务器中的一个。每个客户端都有相同的标识符列表,每个服务器一个。给定某个键,客户端将该键与对应于该键的最高哈希权重的服务器相关联。哈希权重最高的服务器拥有所有密钥。

定义 2.7　局部保留哈希(Locality-preserving hashing)

局部保留哈希确保将相似的键分配给相似的对象。这可以更有效地执行查询,但是,与一致哈希相比,不再保证密钥(以及负载)均匀地随机分布在密钥空间和参与的节点上。诸如 Self-Chord 和 Oscar 等 DHT 协议解决了这些问题:Self-Chord 将键与节点的 ID 分离,并使用基于群智能范式的统计方法沿环对键进行排序,确保相邻节点存储相似的键。

- 覆盖网络

每个节点维护一组到其他节点的链接,这些链接一起构成了覆盖网络。一个节点根据某种结构选择它的相邻节点,称为网络的拓扑结构。

2.2 非对称加密算法

2.2.1 公钥与私钥

私钥,是一个随机生成的数字,由用户保密并私下持有。

私钥需要受到保护,不应授予对该密钥的未授权用户访问,否则,整个公钥加密方案都会受到威胁,因为这是用于解密消息的密钥。根据使用的算法的类型和类别,私钥可以有不同的长度。例如,在 RSA 中,通常使用 1024 位或 2048 位的密钥。1024 位的密钥大小不再被认为是安全的,建议至少使用 2048 位的密钥大小。

公钥,由私钥所有者免费提供和发布。

任何想要向公钥的发布者发送加密消息的人都可以通过使用已发布的公钥加密消息并将其发送给私钥的持有者来实现。没有其他人能够解密该消息,因为相应的私钥由预期接收者安全持有。一旦收到公钥加密的消息,接收者就可以使用私钥解密该消息。然而,关于公钥还存在一些问题,如公钥发布者的真实性和标识。

2.2.2 RSA 算法

RSA 以它的三个发明者 Ron Rivest、Adi Shamir 和 Leonard Adleman 的名字首字母命名。RSA 加密算法是最常见的非对称加密算法,它既能用于加密,也能用于数字签名,是目前最流行的公开密钥算法。RSA 安全基于大质数分解的难度,RSA 的公钥和私钥是一对大质数,从一个公钥和密文恢复明文的难度,等价于分解两个大质数之积,这是公认的数学难题(蒋勇,2017)。

RSA 的安全基于大数的因子分解,但并没有从理论上证明破译 RSA 的难度与大数分解难度等价,RSA 的重大缺陷是无法从理论上把握它的保密性能。只不过 RSA 从提出到现在 20 多年,经历了各种攻击的考验,被普遍认为是目前最优秀的公钥方案之一。RSA 的缺点是:第一,产生密钥很麻烦,受限于质数产生的技术;第二,分组长度太大,运算代价高,速度慢。

我们通过一个例子来理解 RSA 算法。假设 Alice 要与 Bob 进行加密通信,则需要生成公钥和私钥。

(1)选择两个质数。通常是随机选择两个不同的质数,我们不妨称为 p 和 q,本例中 Alice 选择了 61 和 53,在实际应用中,这两个质数越大就越难破解。

(2)计算 p 和 q 的乘积 n。Alice 把 61 和 53 相乘:$n = 61 \times 53 = 3233$。n 的长度就是密钥长度,3233 写成二进制是 110010100001,一共有 12 位,所以这个密钥就是 12 位,实际应用中,RSA 密钥一般是 1024 位,重要场合则为 2048 位。

（3）计算 n 的欧拉函数 $\Phi(n)$。根据公式：$\Phi(n) = (p-1)(q-1)$，Alice 算出 $\Phi(3233)$ 为 60×52，即 3120。

（4）选择一个整数 e。这个整数是随机选择的，条件是 $1 < e < \Phi(n)$，且 e 与 $\Phi(n)$ 互质。Alice 就在 1~3120 之间，随机选择了 17，在实际应用中，通常选择 65537。

（5）计算 e 对于 $\Phi(n)$ 的模反元素 d。所谓"模反元素"就是指有一个整数 d，可以使得 $e*d$ 被 $\Phi(n)$ 除的余数为 1，表达式如下：$e*d \equiv 1(\mod \Phi(n))$。等价于 $e*d - 1 = k\Phi(n)$。找到模反元素 d，实质上就是对这个二元一次方程求解：$e*d + \Phi(n)y = 1$，已知 $e = 17$，$\Phi(n) = 3120$，则 $17x + 3120y = 1$。这个方程可以用"扩展欧几里得算法"求解，此处省略具体过程。Alice 算出一组整数解为 $(x,y) = (2753, -15)$，即 $d = 2753$。

（6）产生公钥和私钥。将 n 和 e 封装成公钥，n 和 d 封装成私钥，在 Alice 的例子中，$n = 3233$，$e = 17$，$d = 2753$，所以公钥就是 $(3233, 17)$，私钥就是 $(3233, 2753)$。

与 RSA 算法相关的工作的关键是在密钥生成过程中。通过执行以下步骤生成 RSA 密钥对：

(1) 模数生成

- 选择 p 和 q，它们是非常大的素数；
- 将 p 和 q 相乘，$n = p \cdot q$ 生成模数 n。

(2) 生成互质

- 假设一个数字 e；
- 应满足一定条件：大于 1 且小于 $(p-1)(q-1)$。e 必须是一个数字，使得除 1 之外的任何数字都不能整除 e 和 $(p-1)(q-1)$，这称为互质，即 e 是 $(p-1)(q-1)$ 的互质。

(3) 生成公钥

步骤 1 中生成的模数和步骤 2 中生成的互质 e 是一对，即公钥。这部分是可以与任何人共享的公共部分；但是，p 和 q 需要保密。

(4) 生成私钥

此处的私钥 d 是根据 p、q 和 e 计算得出的。在等式形式中，它是这样的：$e*d = 1\mod(p-1)(q-1)$。

通常，使用扩展的欧几里得算法来计算 d。该算法采用 p、q 和 e 并计算 d。该方案的关键思想是，任何知道 p 和 q 的人都可以通过应用扩展的欧几里得算法轻松计算私钥 d。但是，不知道 p 和 q 值的人无法生成 d。这也意味着 p 和 q 应该足够大，以使模数 n 变得极其难以分解。

2.3 椭圆曲线加密算法

2.3.1 椭圆曲线加密算法简介

椭圆曲线是满足一个特殊方程的点集,注意,不要将其和标准椭圆方程混淆,以下是标准的椭圆曲线方程:

$$y^2 = x^3 + ax + b \tag{2.10}$$

在几何意义上,它通常是这样的一个图形,如图2-9所示。

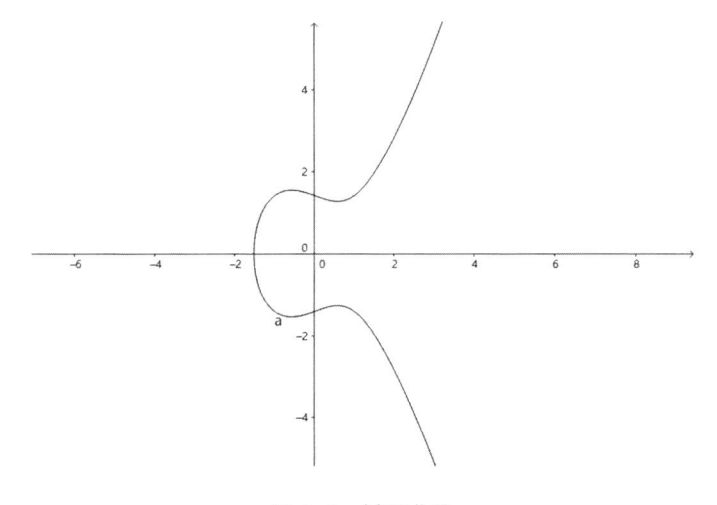

图2-9 椭圆曲线

一个椭圆曲线通常是满足一个变量为2阶,另一个变量为3阶的二元方程。按照这样的定义,椭圆曲线是有很多种的,而椭圆曲线密码算法是基于椭圆曲线数学的一种公钥密码算法,其主要的安全性在于利用了椭圆曲线离散对数问题的困难性。

在区块链中,常用的是椭圆曲线数字签名算法(ECDSA),这是利用椭圆曲线密码(ECC)对数字签名算法(DSA)的模拟。ECDSA于1999年成为ANSI标准,并于2000年成为IEEE和NIST(美国国家标准与技术研究院)标准。椭圆曲线密码算法实现了数据加解密、数字签名和身份认证等功能,该技术具有安全性高、生成公私钥方便、处理速度快和存储空间小等方面的优势。相对于RSA算法,在实际的开发使用中,椭圆曲线加密使用得更广泛,比如比特币就是使用了椭圆曲线中的SECP256k1,可以提供128位的安全保护(Bashir,2018)。

2.3.2 椭圆曲线加密算法(ECC)的数学原理

椭圆曲线基本上是一种称为Weierstrass方程的多项式方程,它在有限域上生成一条曲线。最常用的字段是所有算术运算都以素数 p 为模。椭圆曲线组由有限域曲线上的点组成。

椭圆曲线定义如下:

$$y^2 = x^3 + Ax + B \bmod P \tag{2.11}$$

在这里,A 和 B 属于有限域 Z_p 或 F_p(素数有限域)以及称为无限点的特殊值。无穷远点(∞)用于为曲线上的点提供恒等运算。此外,还需要满足一个条件,以确保前面提到的方程没有重复根。这意味着曲线是非奇异的。条件在以下等式中描述,这是需要满足的标准要求:

$$4a^3 + 27b^2 \neq 0 \bmod p \tag{2.12}$$

为了构造基于椭圆曲线的离散对数问题,需要一个足够大的循环群。首先,群元素被识别为满足前面方程的一组点。在此之后,需要在这些点上定义组操作。椭圆曲线上的群运算是点加法和点加倍。点加法是两个不同点相加的过程,点加倍就是把同一个点加到自身上。

定理 2.1 积分加成

积分加成法是椭圆曲线上点相加的几何表示。在此方法中,通过与曲线在两点 P 和 Q 处相交的曲线绘制一条直线,在曲线和直线之间产生第三个点 A。过点 A 做 y 轴的平行线与曲线交于点 B,这一点 B 即为 $P+Q$ 的结果,代表加法的结果为 B。

这在图 2-10 中显示为 $P+Q$:

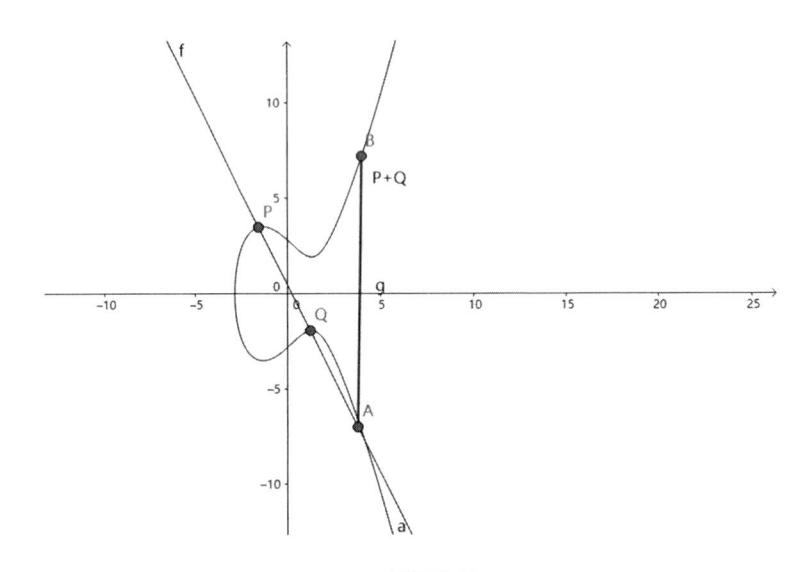

图 2-10 椭圆曲线 P+Q

由+号表示的组运算用于加法产生以下等式:

$$P + Q = B \tag{2.13}$$

在这种情况下,添加两个点来计算曲线上第三个点 B 的坐标:

$$P(x_1,y_1), Q(x_2,y_2), B(x_3,y_3) \tag{2.14}$$

更准确地说,这意味着添加了坐标,如下面的等式所示:

$$(x_1,y_1) + (x_2,y_2) = (x_3,y_3) \tag{2.15}$$

点增加的方程式如下:

$$x_3 = s^2 - x_1 - x_2 \bmod p \tag{2.16}$$

$$y_3 = s(x_1 - x_3) - y_1 \bmod p \tag{2.17}$$

如式 2.16 与 2.17 所示。

$$l = \frac{(y_2 - y_1)}{(x_2 - x_1)} \bmod p \tag{2.18}$$

式 2.18 中的 l 描述了通过 P 和 Q 的直线的斜率的模。

图 2-11 显示了点添加的示例。它是使用 Certicom 的在线计算器生成的。此示例显示了有限域 F_{23} 上方程的加法和解。这与前面显示的示例形成对比,后者是在实数上,仅显示曲线但不提供方程的解:

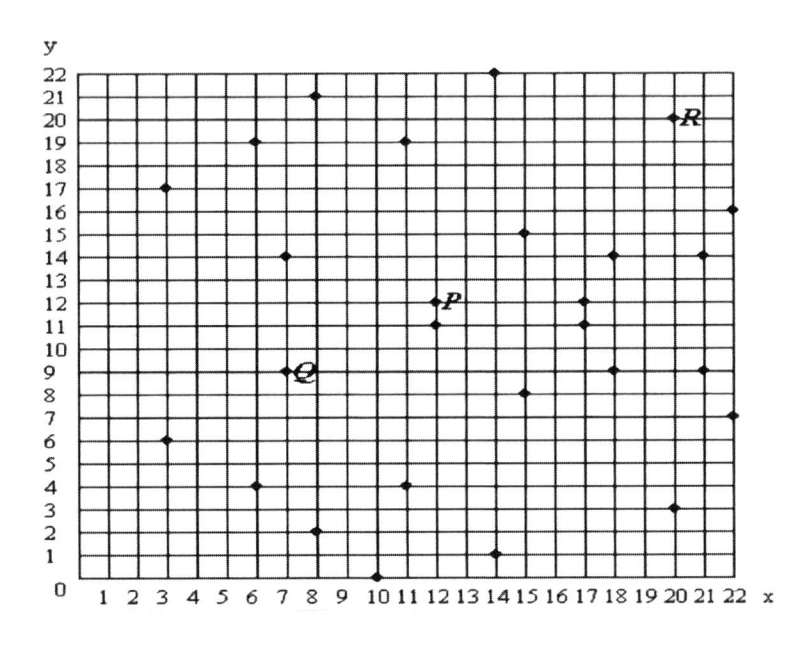

图 2-11 点添加示例

图 2-11 显示了满足这个方程的点:

$$y^2 = x^3 + 7x + 11 \, over F_{23}$$
$$27 \, solutions \tag{2.19}$$

式 2.19 反映了在有限域 F_{23} 上有 27 个解选择 P 和 Q 相加产生点 R,计算第三个点 R 的过程如下所示。

$$P(12,12); Q(7,9); R(20,20) \tag{2.20}$$

$$l = (y_P - y_Q) * (x_P - x_Q)^{-1} \bmod p$$
$$= 3 * 5^{-1} \bmod 23 \tag{2.21}$$
$$= 3 * 14 \bmod 23$$
$$= 19$$

$$x_R = l^2 - x_P - x_Q \bmod p$$
$$= 361 - 12 - 7 \bmod 23 \tag{2.22}$$
$$= 20$$

$$y_P = -y_P + l * (x_P - x_R) \bmod p$$
$$= -12 + 19 * (12 - 20) \bmod 23$$
$$= 11 + 19 * 15 \bmod 23 \tag{2.23}$$
$$= 11 + 9 \bmod 23$$
$$= 20$$

$$P + Q = R(20, 20) \tag{2.24}$$

$$y^2 = x^3 + 7x + 11 \, over F_{23}$$
$$27 \, solutions \tag{2.25}$$

注意这里，l 用于描绘通过 P 和 Q 的直线的斜率的模。

例如，为了显示图中所示的点如何满足方程，在 $x = 3$ 和 $y = 6$ 处选取了一个点 (x, y)。使用这些值显示，则：

$$y^2 \bmod 23 = x^3 + 7x + 11 \bmod 23 \tag{2.26}$$
$$6^2 \bmod 23 = 3^3 + 7(3) + 11 \bmod 23 \tag{2.27}$$
$$36 \bmod 23 = 59 \bmod 23 \tag{2.28}$$
$$13 = 13 \tag{2.29}$$

定理 2.2　点加倍

椭圆曲线上的另一组操作称为点加倍。这是一个将 P 添加到自身的过程。在此方法中，通过曲线绘制一条切线，如图 2-12 所示。获得第二个点，该点位于绘制的切线与曲线的交点处。然后将该点镜像以产生结果，显示为 $2P = P + P$：

在点加倍的情况下，方程变为：

$$x_3 = s^2 - x_1 - x_2 \bmod p \tag{2.30}$$

$$y_3 = s(x_1 - x_3) - y_1 \bmod p \tag{2.31}$$

$$S = \frac{3x_1^2 + a}{2y_1} \tag{2.32}$$

这里，S 是通过 P 的切线的斜率的模。该切线为 f。在图 2-12 中，曲线是在实数上绘制的一个简单示例，没有显示方程的解。

下面的例子显示了椭圆曲线在有限域 F_{23} 上的解和点加倍。图 2-13 左边显示了满足方程的点：

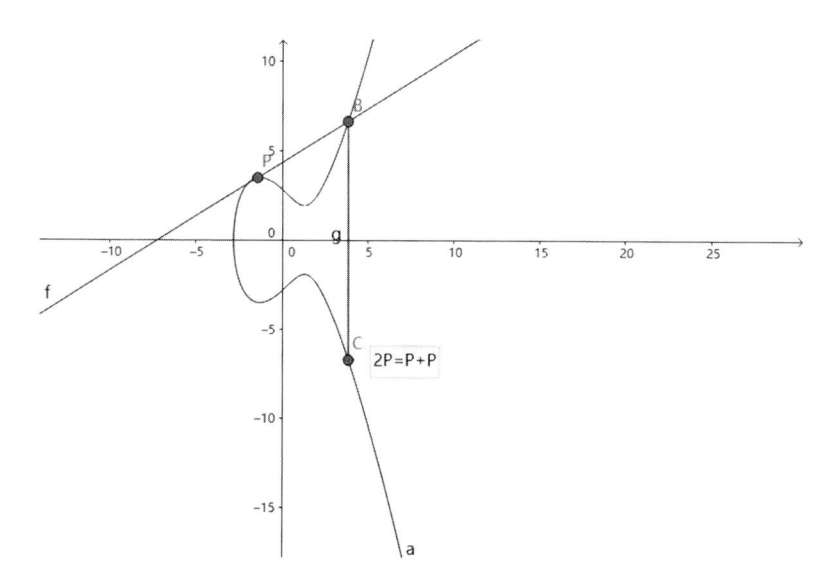

图 2-12 点加倍法椭圆曲线示例

$$y^2 = x^3 + 7x + 11 \tag{2.33}$$

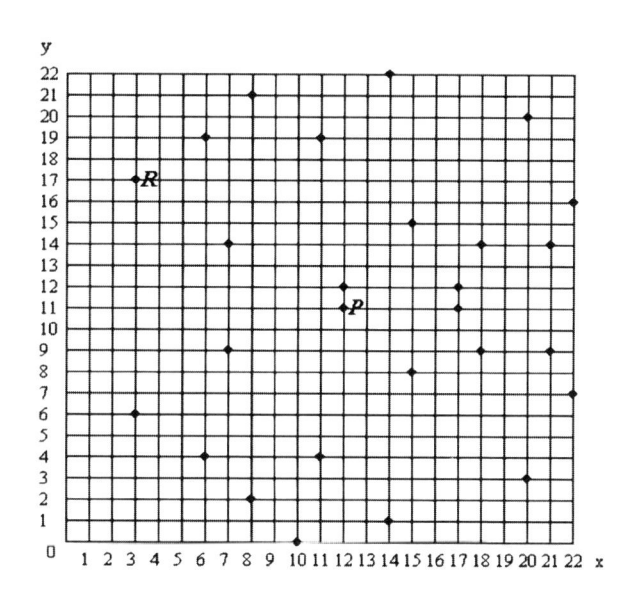

图 2-13 点加倍示例

如图右侧将 P 后求 R 的计算加到自身中(点加倍)。注意,在计算中,l 是用来描述通过 P 的切线的。

$$P(12,11); R(3,17) \tag{2.34}$$

$$l = (3x_p^2 + \alpha) * (^2y_p) - 1 \bmod p$$
$$= 439 * 22^{-1} \bmod 23 \qquad (2.35)$$
$$= 2 * 22 \bmod 23$$
$$= 21$$

$$x_R = l^2 - 2x_p \bmod p$$
$$= 441 - 24 \bmod 23 \qquad (2.36)$$
$$= 3$$

$$y_R = -y_p + l * (x_p - x_R) \bmod p$$
$$= -11 + 21 * (12 - 3) \bmod 23$$
$$= 12 + 21 * 9 \bmod 23 \qquad (2.37)$$
$$= 12 + 5 \bmod 23$$
$$= 17$$

$$2P = R = (3, 17) \qquad (2.38)$$
$$y^2 = x^3 + 7x + 11 \, over F_{23}$$
$$27 \, solutions \qquad (2.39)$$

2.3.3 椭圆曲线加密算法(ECC)的离散对数问题

ECC 中的离散对数问题基于这样一种思想,即在特定条件下,椭圆曲线上的所有点都形成一个循环群。在椭圆曲线上,公钥是生成点的随机倍数,而私钥是随机选择的整数,用于生成倍数。换句话说,私钥是一个随机选择的整数,而公钥是曲线上的一个点。离散对数问题用于找到私钥(一个整数),其中该整数落在椭圆曲线上的所有点内。下面的等式更准确地显示了这个概念。

考虑椭圆曲线 E,有两个元素 P 和 T。离散对数问题是找到整数 d,其中 $1 \leq d \leq \#E$,使得:

$$P + P + \cdots + P = dP = T \qquad (2.40)$$

这里,T 是公钥(曲线上的一个点),d 是私钥。公钥是生成器的随机倍数,而私钥是用于生成倍数的整数。$\#E$ 代表椭圆曲线的阶数,表示椭圆曲线循环群中存在的点数。循环群由椭圆曲线上的点和无穷远点组合而成。

密钥对与椭圆曲线的特定域参数相关联。域参数包括域大小、域表示、来自域 a 和 b 的两个元素、两个域元素 X_g 和 Y_g、点 G 的阶 n,计算为 $G = (X_g, Y_g)$,以及辅因子 $h = \#E(Fq)/n$。

在六元组中,所有这些值的解释如下:

P 是指定有限域大小的素数 p;

a 和 b 是椭圆曲线方程的系数;

G 是生成所需子群的基点,也称为生成元。基点可以以压缩或未压缩形式表示。在实际实现中不需要存储曲线上的所有点。压缩生成器的工作原理是基于

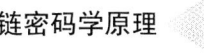

曲线上的点可以仅使用 x 坐标和 y 坐标的最低有效位来识别；

n 是子群的阶数；

h 是子群的余因子。

2.4 国密算法

2.4.1 国密算法简介

为了保障商用密码的安全性，国家商用密码管理办公室制定了一系列密码标准，包括 SM1（SCB2）、SM2、SM3、SM4、SM7、SM9、祖冲之密码算法（ZUC）等等。其中 SM1、SM4、SM7、祖冲之密码（ZUC）是对称算法；SM2、SM9 是非对称算法；SM3 是哈希算法。SM2、SM3 和 SM4 的一些相关要求如表 2-6 所示。目前，这些算法已广泛应用于各个领域中。其中 SM1、SM7 算法不公开，调用该算法时，需要通过加密芯片的接口进行调用。

表 2-6 国密算法主要种类表

种类	算法类型	密钥长度	输入数据要求	输出数据特征
SM2	非对称加密算法	公钥 64 字节，私钥 32 字节。	长度小于 $(2^{32} - 1) \times 32 = 137,438,953,440$ 字节（大约 1374 亿多）	输出长度是明文长度+96，有随机数参数，每次密文不同
SM3	摘要算法	—	无要求	固定长度，32 字节
SM4	对称加密算法	16 字节	分组长度 16 字节，需要填充到 16 字节整数倍。有 CBC 和 ECB 两种模式，CBC 需要设定初始值	长度为 16 字节整数倍

2.4.2 SM1 对称密码

SM1 算法是分组密码算法，分组长度为 128 位，密钥长度都为 128 比特，算法安全保密强度及相关软硬件实现性能与 AES 相当，算法不公开，仅以 IP 核的形式存在于芯片中。

算法已经被广泛使用于系列芯片、智能 IC 卡、智能密码钥匙、加密卡、加密机等安全产品，广泛应用于电子政务、电子商务及国民经济的各个应用领域（包括国家政务通、警务通等重要领域）。

2.4.3　SM2 椭圆曲线公钥密码算法

SM2 算法就是 ECC 椭圆曲线密码机制,但在签名、密钥交换方面不同于 ECDSA、ECDH 等国际标准,而是采取了更为安全的机制。另外,SM2 推荐了一条 256 位的曲线作为标准曲线。

SM2 标准包括总则、数字签名算法、密钥交换协议和公钥加密算法四个部分,并在每个部分的附录详细说明了实现的相关细节及示例。

SM2 算法主要考虑素域 F_p 和 F_{2m} 上的椭圆曲线,分别介绍了这两类域的表示、运算以及域上的椭圆曲线的点的表示,运算和多倍点计算算法。然后介绍了编程语言中的数据转换,包括整数和字节串、字节串和比特串、域元素和比特串、域元素和整数、点和字节串之间的数据转换规则。

该算法详细说明了有限域上椭圆曲线的参数生成以及验证,椭圆曲线的参数生成包括有限域的选取、椭圆曲线方程参数、椭圆曲线群基点的选取等,并给出了选取的标准以便于验证。最后给出椭圆曲线上密钥对的生成以及公钥的验证,用户的密钥对为 (s, s_P),其中 s 为用户的私钥,s_P 为用户的公钥,由于离散对数问题从 s_P 难以得到 s,并针对素域和二元扩域给出了密钥对生成细节和验证方式。该过程也适用于 SM9 算法。

该算法还在总则的基础上给出了数字签名算法(包括数字签名生成算法和验证算法)、密钥交换协议以及公钥加密算法(包括加密算法和解密算法),并在每个部分给出了算法描述,算法流程和相关示例。

数字签名算法,密钥交换协议以及公钥加密算法都使用了国家密码管理局批准的 SM3 密码杂凑算法和随机数发生器,根据总则来选取有限域和椭圆曲线,并生成密钥对。

SM2 算法在很多方面都优于 RSA 算法(主要在于 RSA 发展得更早,SM2 作为后来者,领先也很正常),与 RSA 安全性对比如表 2-7 所示。

表 2-7　RSA 与 SM2 安全性对比表

RSA 密钥强度/长度(比特)	SM2 密钥强度/长度(比特)	破解时间(年)
521	106	104(已破解)
768	132	108(已破解)
1024	160	1011
2048	210	1020

与 RSA 的速度对比如表 2-8 所示。

表 2-8　RSA 与 SM2 算法速度对比表

算法	签名速度（次/秒）	验签速度（次/秒）
1024RSA	2792	51224
2048RSA	455	15122
256SM2	4095	871

2.4.4　SM3 杂凑算法

SM3 密码杂凑（哈希、散列）算法给出了杂凑函数算法的计算方法和计算步骤，并给出了运算示例。此算法适用于商用密码应用中的数字签名和验证，消息认证码的生成与验证以及随机数的生成，可满足多种密码应用的安全需求。

此算法对输入长度小于 2 的 64 次方的比特消息，经过填充和迭代压缩，生成长度为 256 比特的杂凑值，其中使用了异或、模、模加、移位、与、或、非运算，由填充、迭代过程、消息扩展和压缩函数所构成。

2.4.5　SM4 对称算法

SM4 算法是一个分组算法，用于无线局域网产品。该算法的分组长度为 128 比特，密钥长度为 128 比特。加密算法与密钥扩展算法都采用 32 轮非线性迭代结构。解密算法与加密算法的结构相同，只是轮密钥的使用顺序相反，解密轮密钥是加密轮密钥的逆序。

此算法采用非线性迭代结构，每次迭代由一个轮函数给出，其中轮函数由一个非线性变换和线性变换复合而成，非线性变换由 S 盒所给出。其中 rki 为轮密钥，合成置换 T 组成轮函数。轮密钥的产生由加密密钥作为输入生成，轮函数中的线性变换不同，还有些参数的区别。

2.4.6　SM7 对称密码

SM7 算法是一种分组密码算法，分组长度为 128 比特，密钥长度为 128 比特。SM7 适用于非接触式 IC 卡，应用包括身份识别类应用（门禁卡、工作证、参赛证），票务类应用（大型赛事门票、展会门票），支付与通卡类应用（积分消费卡、校园一卡通、企业一卡通等）。

2.4.7　SM9 标识密码算法

标识密码将用户的标识（如邮件地址、手机号码、QQ 号码等）作为公钥，省略了交换数字证书和公钥过程，使得安全系统变得易于部署和管理，非常适合端对端离线安全通讯、云端数据加密、基于属性加密、基于策略加密的各种场合。2008

年，标识密码算法正式获得国家密码管理局颁发的商密算法型号：SM9（商密九号算法），为我国标识密码技术的应用奠定了坚实的基础。

SM9 算法不需要申请数字证书，适用于互联网应用的各种新兴应用的安全保障。如基于云技术的密码服务、电子邮件安全、智能终端保护、物联网安全、云存储安全等。这些安全应用可采用手机号码或邮件地址作为公钥，实现数据加密、身份认证、通话加密、通道加密等安全应用，并具有使用方便，易于部署的特点，从而开启了普及密码算法的大门。

2.4.8 ZUC 祖冲之算法

祖冲之序列密码算法是中国自主研究的流密码算法，是运用于移动通信 4G 网络中的国际标准密码算法，该算法包括祖冲之算法（ZUC）、加密算法（128-EEA3）和完整性算法（128-EIA3）三个部分。目前已有对 ZUC 算法的优化实现，有专门针对 128-EEA3 和 128-EIA3 的硬件实现与优化。

密码算法作为国家战略资源，比历史上任何时候都显得更为关键。在大数据和云计算的时代，关键信息往往可以通过数据挖掘技术在海量数据中获得，所以每一个人的信息保护都非常重要。

2.5 编码/解码算法

计算机存储和处理的都是二进制数据。为了简洁，使用最多的是十六进制。表 2-9 是 ASCII 码表的一部分。

表 2-9　ASCII 码表（部分）

DEC	OCT	HEX	BIN	Symbol	HTML Number	HTML Name Description
0	000	00	00000000	NUL	&#000	Null char
1	001	01	00000001	SOH	&#001	Start of Heading
2	002	02	00000010	STX	&#002	Start of Text
3	003	03	00000011	ETX	&#003	End of Text
4	004	04	00000100	EOT	&#004	End of Transmission
5	005	05	00000101	ENQ	&#005	Enquiry
6	006	06	00000110	ACK	&#006	Acknowledgment
7	007	07	00000111	BEL	&#007	Bell
8	010	08	00001000	BS	&#008	Back Space
9	011	09	00001001	HT	&#009	Horizontal Tab

续表

DEC	OCT	HEX	BIN	Symbol	HTML Number	HTML Name Description
10	012	0A	00001010	LF	&#010	Line Feed
11	013	0B	00001011	VT	&#011	Vertical Tab
…	…	…	…	…	…	…
47	057	2F	00101111	/	&#47	Slash or divide
48	060	30	00110000	0	&#48	Zero
49	061	31	00110001	1	&#49	One
50	062	32	00110010	2	&#50	Two
51	063	33	00110011	3	&#51	Three
52	064	34	00110100	4	&#52	Four
53	065	35	00110101	5	&#53	Five
54	066	36	00110110	6	&#54	Six
55	067	37	00110111	7	&#55	Seven
56	070	38	00111000	8	&#56	Eight
57	071	39	00111001	9	&#57	Nine
58	072	3A	00111010	:	&#58	Colon
…	…	…	…	…	…	…
70	106	46	01000110	F	&#70	Uppercase F
71	107	47	01000111	G	&#71	Uppercase G
72	110	48	01001000	H	&#72	Uppercase H
73	111	49	01001001	I	&#73	Uppercase I
74	112	4A	01001010	J	&#74	Uppercase J
75	113	4B	01001011	K	&#75	Uppercase K
76	114	4C	01001100	L	&#76	Uppercase L
77	115	4D	01001101	M	&#77	Uppercase M
78	116	4E	01001110	N	&#78	Uppercase N
79	117	4F	01001111	O	&#79	Uppercase O
80	120	50	01010000	P	&#80	Uppercase P
81	121	51	01010001	Q	&#81	Uppercase Q
82	122	52	01010010	R	&#82	Uppercase R

十六进制的 07 是一个 Bell(响铃),如果试着用计算机程序去打印,结果是不可见也不可理解的,只能听到一声铃声。但是文本字符串"07"则相对容易理解和记忆。上文提到过,比特币地址都是十六进制的数,若不做转换,则打印毫无意义,人类无法直观地辨识。假想一下查询银行账户余额场景:假如账户里有 77 块钱,查询结果打印的是大写字符 M(十进制的编码是 77)。用户不会理解这个字母 M 代表的是数字 77。相对的,如果把数字 77 转换成文本"77"(其十六进制编码是 3737)后再打印,对于显示在屏幕上的文本 77,用户就会理解。总结一下上述表述,如表 2-10 所示。

表 2-10 "7"示例

	数字 7	字符 7	数字 77	字符 77
实际储存值(十六进制)	7	37	77	3737
打印到屏幕的结果	一声铃声	7	M	77

2.5.1 Base64

这是一种用 64 个字符来表示任意二进制数据的方法,通常 exe、jpg、pdf 等文件都是二进制文件,用文本编辑器打开都是乱码,那么需要一个方法,将二进制编码成字符串的格式,这样就可以用文本编辑器打开查看这些二进制文件了。

Base64 就是通过 64 个字符来编码的,如表 2-11 所示。

表 2-11 Base64 字符表

序号	字符	序号	字符	序号	字符	序号	字符
0	A	3	D	6	G	9	J
1	B	4	E	7	H	10	K
2	C	5	F	8	I	11	L
12	M	25	Z	38	m	51	z
13	N	26	a	39	n	52	0
14	O	27	b	40	o	53	1
15	P	28	c	41	p	54	2
16	Q	29	d	42	q	55	3
17	R	30	e	43	r	56	4
18	S	31	f	44	s	57	5
19	T	32	g	45	t	58	6
20	U	33	h	46	u	59	7

续表

序号	字符	序号	字符	序号	字符	序号	字符
21	V	34	i	47	v	60	8
22	W	35	j	48	w	61	9
23	X	36	k	49	x	62	+
24	Y	37	l	50	y	63	/

Base64 编码主要用在传输、存储、表示二进制等领域，还可以用来加密，这种加密比较简单，了解对应编码规则，可以很容易地解码。当然，我们也可以通过对 Base64 的字符序列进行定制来加密，下面介绍 Base64 的编码过程。

首先，既然使用上述 64 个字符的范围来表示，那么能够表示出 64 个字符的各种组合，至少使用 6 个 bit。根据排列组合，6 个 bit 可以总共表示出 26 个组合的字符排列；针对一份需要转化的二进制文件，每 3 个字节一组，一共 24bit，然后把这个 24bit 划分成每 6bit 一组，一共分成 4 组，则对照上表查找对应的字符，这样就转换为了 Base64。

在每 3 个字节一组进行划分时，如果不是 3 的倍数，则使用\x00 字节在末尾补足，再在编码的末尾加上 1 个或 2 个=号，表示补了多少个字节。

由于标准的 Base64 编码后可能出现字符+和/，在 URL 中就不能直接作为参数，所以又有一种 urlsafe 的 Base64 编码，其实是把字符+和/分别变成-和_。

根据这个原理可以看出，这种编码是可以逆向的，以"yes"这个字符串为例，它的 Base64 编码是 eWVz。

2.5.2 Base58

Base58 是基于 58 个字母和数字组成的，Base58 实际上就是 Base64 的一个子集，相对于 Base64 来说，Base58 不包括以下 Base64 的字符：

- 数字 0
- 大写字母 O
- 大写字母 I
- 小写字母 i
- +与/

小写 o 和大写 O 很容易和数字 0 混淆，小写 l 和大写 I 很容易和数字 1 混淆，Base58 就是 Base64 去除了几个看起来容易混淆的字符，以及容易导致转义的/和+。

Base58 的编码表如下：

123456789ABCDEFGHJKLMNPQRSTUVWXYZabcdefghijkmnopqrstuvwxyz

必须注意，不同的应用实现使用的编码表内容是一样的，但是顺序可能不一

样,比如:

比特币地址:
123456789ABCDEFGHJKLMNPQRSTUVWXYZabcdefghijkmnopqrstuvwxyz;

Ripple 地址:
rpshnaf39wBUDNEGHJKLM4PQRST7VWXYZ2bcdeCg65jkm8oFqi1tuvAxyz。

接下来,我们了解一下 Base58Check,比特币使用的是改进版的 Base58 算法,是为了解决 Base58 编码的字符串没有完整性校验机制。在传播过程中,如果出现某些字符损坏或者遗漏,就无法检测了,所以使用了改进版的算法 Base58Check。

2.5.3 Base58Check

在二进制数据的传输过程中,为了防止数据传输的错误,保护数据安全,通常会加一个校验码,通过校验码的配合可以发现数据是否被破坏或者是否在发送时输入错误。Base58Check 就是 Base58 加上校验码,或者可以说是 Base58 的一种编码形式,在比特币系统中生成钱包地址的时候就使用到了这种编码形式。钱包地址是用来转账的,虽然 Base58 编码已经可以做到避免一些容易混淆的字符,但是还不能保证用户的误输入或者地址信息在传输过程中由于某种原因被损坏,这会给用户带来潜在的损失风险。

2.6 零知识证明

2.6.1 零知识证明的发展历程

零知识证明(Zero Knowledge Proof,ZKP)发源较早,早在 16 世纪的文艺复兴时期,意大利有两位数学家为竞争一元三次方程求根公式发现者的桂冠,就采用了零知识证明的方法。在漫长的历史中,零知识证明的概念逐渐清晰,应用也越来越多样化。近年来,电子计算机和网络技术高速发展,零知识证明的思想变得更加受到重视,零知识证明的应用范围也更加广泛。

Goldwasser、Micali 首次引入了零知识证明(Goldwasser,1985),用于证明断言的有效性,而不会透露有关断言的任何信息。ZKP 需要三个属性:完整性、健全性和零知识属性。

完整性确保如果某个断言为真,则验证者将被证明者说服该声明。健全性确保如果断言是假的,那么任何不诚实的证明者都无法说服验证者。零知识属性是 ZKP 的关键属性,它确保除了断言是真还是假之外,绝对不会透露任何关于断言的信息。

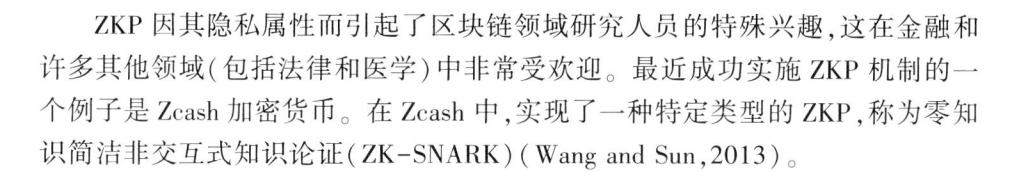

ZKP 因其隐私属性而引起了区块链领域研究人员的特殊兴趣,这在金融和许多其他领域(包括法律和医学)中非常受欢迎。最近成功实施 ZKP 机制的一个例子是 Zcash 加密货币。在 Zcash 中,实现了一种特定类型的 ZKP,称为零知识简洁非交互式知识论证(ZK-SNARK)(Wang and Sun,2013)。

2.6.2 零知识证明的定义与性质

零知识证明,指证明者能够在不向验证者提供任何有用的信息的情况下,使验证者相信某个论断是正确的。在有必要证明一个命题是否正确,又不需要提示与这个命题相关的任何信息时,零知识证明系统(也叫作最小泄露证明系统)是不可或缺的。零知识证明系统包括两部分:宣称某一命题为真的示证者(Prover)和确认该命题确实为真的验证者(Verifier)。证明是通过这两部分之间的交互来执行的,这种思想源自交互式证明系统。在零知识协议的结尾,验证者只有当命题为真时才会确认。但是,如果示证者宣称一个错误的命题,那么验证者完全可能发现这个错误(Wang and Sun,2013)。

零知识证明起源于最小泄露证明。设 P 表示掌握某些信息,并希望证实这一事实的实体,设 V 是证明这一事实的实体。假如某个协议向 V 证明 P 的确掌握某些信息,但 V 无法推断出这些信息是什么,称 V 实现了最小泄露证明。不仅如此,如果 V 除了知道 P 能够证明某一事实外,不能够得到其他任何知识,称 P 实现了零知识证明,相应的协议称作零知识协议。

在最小泄露协议中零知识证明需要满足下述三个性质:

- 正确性。P 无法欺骗 V。换言之,若 P 不知道一个定理的证明方法,则 P 使 V 相信他会证明定理的概率很低。
- 完备性。V 无法欺骗 P。若 P 知道一个定理的证明方法,则 P 使 V 以绝对优势的概率相信他能证明。
- 零知识性。V 无法获取任何额外的知识。

2.6.3 零知识证明协议主要基于的几类数学问题

通常零知识证明协议所基于的数学问题,类似于密码学中的公钥密码体制,都是主要基于如下几类数学问题的。

2.6.3.1 模 n 平方根问题

设 n 是一个正整数,若存在一个 x,使得 $x^2 \equiv y \pmod{n}$,则称 x 是 y 的模 n 平方根。其中:$1 < y < n-1, 1 < x < n-1$。

2.6.3.2 大整数分解问题

大整数分解问题是指,给定两个素数 p,q,计算乘积 $p*q=n$ 很容易;但是,反过来给定整数 n,求 n 的素因数 p,q 使得 $n=p*q$ 非常困难。大整数的分解问题至今还没有很好的快速分解的方法。在现有的条件下,若 n 足够大,并且有时间的限制,则想要破解大整数问题将是非常困难的。

2.6.3.3 离散对数问题

离散对数问题指的是整数中一种基于同余运算和原根的对数运算,也可以按照如下方式进行简单描述:任意给定一个质数 p,和有限域 Z_p 上的一个本原元 a,对于有限域 Z_p 上整数 b,可以找到唯一的一个整数 c,使 $a \wedge c \equiv (\bmod p)$ 成立。一般来说,如果选择 p 恰当,则得到该问题的解是困难的,且至今计算离散对数问题的多项式时间算法还没有找到。为了抵抗已知的攻击,p 至少应该是150位的二进制整数,且 $p-1$ 至少有一个大的素数因子(Goldwasser,1985)。

2.6.4 零知识证明的基本协议

如图2-14所示,在位置C与位置D之间有一个秘密的通道,而这个秘密通道只有知道相应咒语的人才可以通过。如果证明者 P 知道通过秘密通道的咒语,他在不泄露咒语的前提下向验证者 V 证明他知道咒语,可以按照如图2-14所示协议的步骤执行。

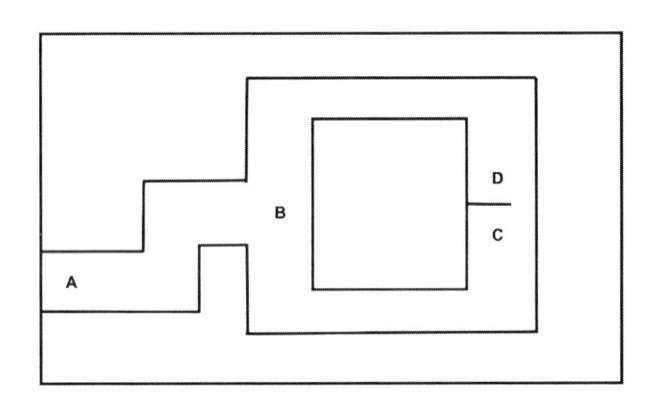

图2-14 零知识证明基本协议洞穴图

(1)首先让验证者 V 走到 A 处;
(2)接着让证明者 P 进入洞穴,走到图中的 C 处或 D 处;
(3)然后验证者 V 再走到图中的 B 处;
(4)验证者 V 要求证明者 P 或者从上侧通道出来或者从下侧通道(前提设置的 C 与 D 之间存在的秘密通道)出来;
(5)证明者 P 按照验证者 V 的要求从相应的通道出来(若有必要,可以用咒语打开通道);
(6)证明者 P 和验证者 V 可以反复执行(1)~(5) n 轮。

在上述的零知识洞穴的例子中,若 P 没有掌握秘密通道的咒语,则他只能从他原来进入通道的一侧出来。若 P 靠猜测,在整个协议执行的 n 轮过程中,P 在每一轮中均能按照 V 的要求从相应的一侧出来的概率只有 $\frac{1}{2^n}$。经过 16 轮后,P 只有 65536 分之一的机会猜中。若进过 16 轮的验证,P 在每一轮中均能按照 V 的要求从相应的一侧出来,那么 V 就可以得出结论,P 一定掌握了通过秘密通道的咒语。

2.6.5 函数根的零知识证明协议

多项式函数是数学中许多重要研究内容之一,在计算机科学中,多项式函数的研究也有着举足轻重的作用。假如 P 已经知道了某个整系数高次 $f(x)$ 的一个整数根 x_0,现在 P 想向 V 证明自己已经知道了多项式函数 $f(x)$ 的某一个根,但又不想让 V 了解有关 x_0 的任何相关信息,这个问题就是多项式函数根的零知识证明问题。

假设某整系数高次多项式函数 $f(x) = \sum_{i=0}^{n} a_i x^i$,其主要证明过程如下:

P 与 V 共同选取 p 和 $Z*p$ 的生成元 α;

P 计算 $\beta_i = \alpha^{x^i} \bmod p$,$(i = 1, 2, \cdots, n)$,并将所计算的 β_i 返回给 V;

V 要求 p 证明他拥有一个数 x_0,使得 $\beta_i \equiv \beta_{i-1}^{x_0} (\bmod p)$,$(i = 1, 2, \cdots, n)$;

P 证明自己拥有 n 个表达式 $\beta_i \equiv \beta_{i-1}^{x_0} (\bmod p)$,$(i = 1, 2, \cdots, n)$ 同时成立的解 $x = x_0$,由于 $\beta_0 = \alpha^{x_0^0} = \alpha$ 是 Z_p^* 的生成元,因而这是可行的;

V 进一步验证 $\prod_{i=0}^{n} (\beta_i)^{a_i} \equiv 1 (\bmod p)$;

(6) 重复执行 (1) ~ (5) k 轮。

2.6.6 图论中的零知识证明——图的同构的零知识证明协议

图的同构问题:有两个图 $G_0(V_0, E_0)$ 和 $G_1(V_1, E_1)$,其中这两个图的顶点数和边数相同,并且存在一个置换 π,当 $(u,v) \in E_0$ 时,$(\pi(u), \pi(v)) \in E_1$,则称图 G_0 和图 G_1 同构,记作 $G_1 = \pi G_0$。

公共输入:初始化数据:两个图 $G_0(V_0, E_0)$ 和 $G_1(V_1, E_1)$,并且 $G_0 = \varphi(G_1)$ 使用独立的随机掷币协议执行如下 (1) ~ (4) 步 m 轮。

(1) P 随机选择一个置换 π 生成图 G_0 的一个置换图 H,即:$H = \pi(G_0)$,并将 H 发送给 V;

(2) V 随机选择 $\alpha \in \{0,1\}$,并将 α 发送给 P;

(3)如果 $\alpha = 0$,P 将置换 π 发送给 V;否则,如果 $\alpha \neq 0$,P 将置换 $\pi \cdot \varphi^{-1}$ 发送给 V;

(4)V 验证 $H = \psi(G_\alpha)$(其中当 $\alpha = 0$ 时,$\psi = \pi$;当 $\alpha \neq 0$ 时,$\psi = \pi \cdot \varphi^{-1}$ 是否成立,若成立则继续,否则,拒绝 P 的声称;

(5)如果如上协议成功执行了 m 轮,V 则接受 P 的证明。

在上述协议中,若 P 确实掌握了图 G_0 和图 G_1 的同构关系 $G_1 = \varphi(G_0)$,则对所有的置换 $\pi\varphi$ 总有 $H = \pi(G_0) = \pi(\varphi(G_1))$,又因为置换 π 是随机选择的,所以整个过程中没有泄露有关置换 $\varnothing$ 的任何信息。又因为 V 要求证明 H 与图 G_0 同构或与图 G_1 同构是随机的,所以 P 只有掌握了置换 φ 才能或者证明 (H,G_0) 同构或者证明 (H,G_1) 同构。

2.6.7　身份认证中的零知识证明——F-S 身份认证协议

在密码学中,零知识证明最早是作为实体认证的一种方法进行应用的。Fiat 首先给出了这种身份认证的零知识证明方法,也就是 F-S 认证协议。F-S 认证协议一般不单独应用于现在的认证系统中,但它是当今应用的零知识证明身份认证系统的基础,像 Feige-Fiat-Shamir 和 Guillou-Quisquater 中,都用到了 F-S 认证协议(Fiat,1986)。

在 F-S 认证协议中,首先找一个证明者和验证者两方都信任的第三方,第三方选取两个大的素数 p 和 q,然后计算 $n = p \times q$,其中 n 的值是公开的,而 p 和 q 的值是不公开的。P 选取一个私钥 $s(1 \leqslant s \leqslant n - 1)$,接着计算 $v = s \bmod n$,将 v 作为公钥由可信的第三方保存。

V 可以按照如下步骤对 P 进行认证:

协议:F-S 身份认证协议

(1)P 从 0 到 $n - 1$ 中随机选取一个数 r,并计算 $x = r^2 \bmod n$;

(2)P 将 x 发送给 V;

(3)V 将 c 发送给 P,其中 c 为 0 或 1;

(4)P 计算 $y = rs^c$,其中 r 是在(1)中 P 选取的一个随机数,s 是 P 的私钥;

(5)P 将 y 再发送给 V,从而证明其知道其所声称的私钥 s;

(6)V 计算 $y^2 \bmod n$ 和 xv^c,如果 $y^2 \bmod n = xv^c$,则 P 或者知道 s 的值(P 是诚实的)或者 P 已经用其他的方法计算出了 y 的值(P 是不诚实的),因为:

$$y^2 = (rs^c)^2 = r^2 s^{2c} = r^2 (s^2)^c = xv^c \tag{2.41}$$

如上 6 步构成一轮,每一轮让 c 为 0 或 1,重复执行若干轮后,P 只有每一轮都通过验证,才能通过 V 的验证;如果在某一轮的执行过程中,P 没有通过验证,则整个认证过程终止。

参考文献

[1] 黄振东. 从零开始学区块链:数字货币与互联网金融新格局[M]. 北京:清华大学出版社. 2017.

[2] 黄振东. 区块链2.0实战:以太坊+Solidity编程从入门到精通[M]. 北京:电子工业出版社. 2018.

[3] 蒋勇. 白话区块链[M]. 北京:机械工业出版社. 2017.

[4] 赵殷豪. 基于区块链的匿名技术研究[D]. 北京交通大学. 2019.

[5] Boneh, Dan and Xavier Boyen. Short Signatures Without Random Oracles[J]. Advances in Cryptology. 2004;56-73.

[6] Bortz, Andrew and Dan Boneh. Exposing private information by timing web applications[J]. Association for Computing Machinery. 2007;621-628.

[7] David Chaum. Blind Signatures for Untraceable Payments. CRYPTO 1982;199-203

[8] Huqing, Wang and Sun Zhixin. Research on Zero-Knowledge Proof Protocol[J]. International Journal of Computer Science Issues. 2013,10(1);194-200.

[9] Imran Bashir. Mastering Blockchain. Packt Publishing. 2018.

[10] Manuel Blum, Paul Feldman, and Silvio Micali. Non-interactive zero-knowledge and its applications[C]. In Proceedings of the 20th Annual ACM symposium on Theory of computing. 1988;103-112.

[11] Paillier, Pascal. Public-Key Cryptosystems Based on Composite Degree Residuosity Classes[J]. Advances in Cryptology. 1999,5(1);223-238.

[12] Shafi Goldwasser, Silvio Micali and Charles Rackoff. The knowledge complexity of interactive proof-systems[C]. In Proceedings of the seventeenth annual ACM symposium on Theory of computing. 1985;291-304.

[13] Tiana Laurence. Blockchain For Dummies. John Wiley & Sons Inc. 2019.

本章习题

1. 哈希算法的定义是什么?常见的种类有哪些?
2. 列举出哈希算法的属性并简要阐述。
3. 哈希算法在区块链中的应用有哪些?请选择其中一种进行简要阐述。
4. 公钥和私钥的定义是什么?
5. 简述生成RSA密钥对的关键步骤。
6. 简述椭圆曲线加密算法,并简要阐述积分加成法的基本内容。
7. 国密算法有哪些常见的种类?请选择其中一种进行简要阐述。
8. 简述Base64算法的编码过程。
9. 简述零知识证明的定义。最小泄露协议中零知识证明的三个性质是什么?

3 区块链数据结构

学习要点和要求

- 区块链数据结构的基本内容(掌握)
- 区块结构的基本内容(熟悉)
- 时间戳的定义(考点)
- 随机数的基本内容(掌握)
- Merkle 树的定义及应用(掌握)
- 哈希函数的基本内容(熟悉)
- 数字签名的基本内容(了解)
- DSA 算法的数学原理及实例(掌握)

3.1 区块结构

区块链系统(Blockchain System)由数据层、网络层、共识层、激励层、合约层和应用层组成。其中,数据层封装了底层数据区块以及相关的数据加密和时间戳等技术;网络层则包括分布式组网机制、数据传播机制和数据验证机制等;共识层主要封装网络节点的各类共识算法;激励层将经济因素集成到区块链技术体系中来,主要包括经济激励的发行机制和分配机制等;合约层主要封装各类脚本、算法和智能合约,是区块链可编程特性的基础;应用层则封装了区块链的各种应用场景和案例。该模型中,基于时间戳的链式区块结构、分布式节点的共识机制、基于共识算力的经济激励和灵活可编程的智能合约是区块链技术最具代表性的创新点。

区块链是可以用无限状态机描述的分布式去中心化账本,对于一个区块链系统,我们可以使用如下五元组表示:

$$(T, B, B_0, \delta, F)$$

其中 T 是交易的集合;$B = \{B_0, B_1, \cdots, B_n\}$ 是区块的集合,区块之间以链式结构组织,我们记任意一个区块为 B_i;B_0 表示初始状态,即创世块;δ 表示状态转换函数,由共识算法实现;F 是终止状态(为空)(董祥千,2018)。

区块链系统可以被看作一个基于交易的状态机:从一个初始状态(创世块)开始,增量地执行交易来将其转变为某个最终状态。这种最终状态是指当前时刻下最新版本的区块链中记录的状态。交易是在以比特币为代表的区块链网络中传输的最基本的数据结构:区块链由区块构成,区块是交易的集合(Shorish,2018)。

记区块链网络中的地址空间为 D，交易的金额取值空间为严格正实数 $\mathbb{R}_{++}$，则由余额为 b_a 的用户 i 在 t 时刻从地址 a 发出的一个交易 T_t^i 可以表示为如下形式

$$T_t^i : (a, b_a, D_o, v_o) \tag{3.1}$$

$$b_a \geq v_o \cdot 1_{|v_o|} \tag{3.2}$$

$$a \in D, b_a \in \mathbb{R}_{++}, D_o \subset D, v_o \in \mathbb{R}_{++}^{|D_o|} \tag{3.3}$$

其中 D_o 表示交易的接收地址集合，向量 v_o 表示当前交易向每个接收者需要发送的交易金额，并且要求当前用户余额 b_a 不小于所需发送的总金额。

定义 3.1 区块（Block）

区块是区块链数据库中永久性记录加密货币区块链中交易数据的数据结构。对于一个区块 B，设其时间戳是 H_t，生成时刻为 t，区块的大小为 n_B，交易数据向量 T^{n_B}；最后还需要一个抽象的哈希函数 $H(\cdot)$，该函数使用当前区块链的主链上最后一个区块的时间戳 $\hat{H}_t$（当前已生成的区块链中最长的一条链即为主链）和区块 B 上记录的交易数据 T^{n_B} 作为输入，输出由哈希值组成的 k 维向量。至此，可以给出如下定义

$$B := (H_t, H(\hat{H}_t, T^{n_B}), T^{n_B}) \tag{3.4}$$

此处需要对哈希函数 $H(\cdot)$ 做进一步说明：其返回值为一个 k 维向量，由于该函数是一个抽象形式，返回向量的具体维度数取决于具体需求，例如在比特币系统中，该函数将会返回以下内容：

- 当前区块链上最后的区块的哈希值
- 当前区块的 Merkle 根
- 当前区块的难度目标
- 当前区块的随机数（Nonce）的哈希值

数据区块是区块链的基本元素。区块的物理储存形式可以是文件（如比特币），也可以是数据库（如以太坊）。相比之下，文件存储更方便日志形式的追加操作，而数据库存储则更便于实现查询操作。区块链系统的交易和区块等基础元素一般都用哈希值加以标识，因此还会选择键值对（Key-Value）数据库作为支撑。

现今主流的区块链平台在逻辑数据结构的具体实现细节上虽然有一定差异，但是其整体架构和基本要素几乎相同，这里以比特币系统为例展示其区块结构，如表 3-1 所示。

表 3-1 比特币系统的区块结构

数据项	数据说明	大小
Block_Size	区块大小	4 字节
Block_Header	区块头	80 字节

续表

数据项	数据说明	大小
Transaction_Counter	交易数量	1~9字节
Transactions	交易列表	可变

如图 3-1 所示，比特币系统的每个数据区块主要由区块头（Block Header）和区块体（Block Body）两部分组成，其中区块头记录当前区块的元数据，而区块体则存储封装到该区块的实际交易数据。

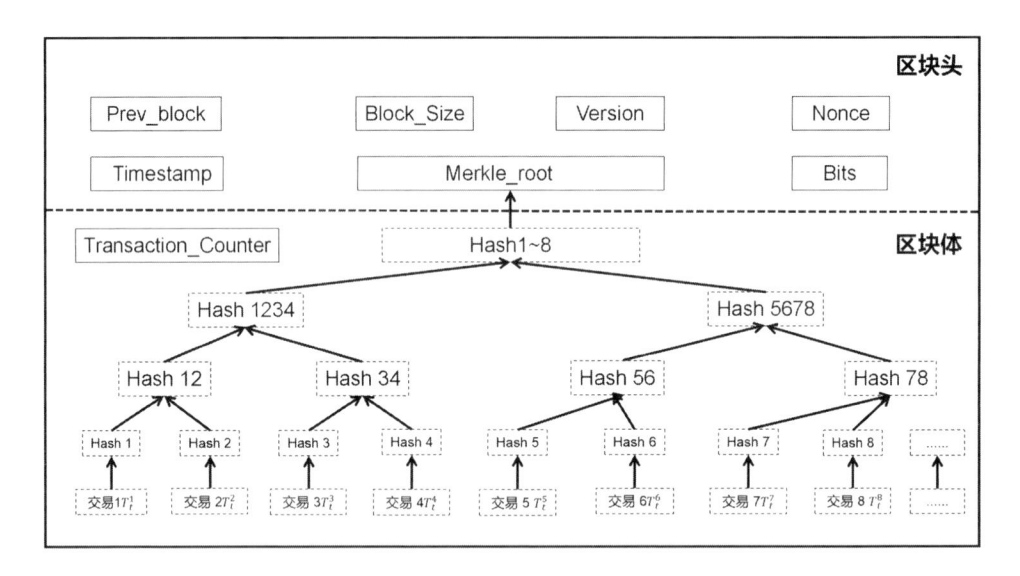

图 3-1　比特币系统的单个区块结构

3.1.1　区块头

比特币系统的区块头主要封装了当前版本号（Version）、前一个区块的地址（Prev-block）、当前区块的目标哈希值（Bits）、当前区块 PoW 共识过程的解随机数、Merkle 根（Merkle Root）以及时间戳（Time stamp）等信息，如表 3-2 所示。这些信息大体上可以分为三类：首先是引用父区块哈希值的数据 Prev-block，这组数据用于将当前区块与前一区块相连，形成一条起始于创世区块且首尾相连的区块"链条"；第二组是当前区块链所有交易经过哈希运算后得到的 Merkle 根；第三组由目标哈希值、时间戳与随机数组成，这些信息都与共识竞争相关，是决定共识难度或者达成共识之后写入区块的信息。

表 3-2　比特币系统区块头的数据项及说明

数据项	说明	更新时间	大小
Version	版本号,表示本区块遵守的验证规则	版本升级时	4 字节
Prev_block	引用区块链中父区块的哈希值	创建一个新区块时	32 字节
Bits	压缩格式的当前目标哈希值	当挖矿难度调整时	4 字节
Nonce	32 位数字(从 0 开始)	共识过程中实时更新	4 字节
Merkle_root	基于一个区块中所有交易的哈希值	交易列表发生变化时	32 字节
Time stamp	该区块产生的近似时间,精确到秒的 Unix 时间戳	构建区块时	4 字节

3.1.1.1　区块标识符

每个比特币区块的主标识符是区块头的哈希值,即通过 SHA256 哈希算法对区块头进行两次 SHA256 哈希运算之后得到的数字摘要。区块的哈希值可以唯一、明确地标识一个区块,任何节点都可以通过简单计算获得某个特定区块的哈希值。因此,区块的哈希值可以不必实际存储,而是由区块接收节点计算得到。

区块链系统通常被视为一个垂直的栈。创世区块作为栈底的首区块,之后的每个区块都被放置在前一区块之上。如果用栈来形象地表示区块依次叠加的过程,就会引申出一些术语。例如,通常使用"区块高度"来表示当前区块与创世区块之间的距离,使用"顶部"或"顶端"来表示最新添加到主链的区块。区块一般通过两种方式加以标识,即区块的哈希值或者区块高度。两者的不同之处在于,区块的哈希值可以唯一确定某个特定的区块,而区块高度并不是唯一的标识符:如果区块链发生短暂分叉时,两个或者更多区块可能有相同的高度。

3.1.1.2　创世区块

比特币的创世区块创建于 2009 年 1 月 3 日,中本聪在位于芬兰赫尔辛基的一个小型服务器上挖出了比特币的第一个区块,该区块是比特币系统中所有其他区块的共同祖先;从任意高度的区块回溯,最终都将到达该创世区块。中本聪在创世区块的 CoinBase 交易中写入了一个附加信息,即"The Times 03/Jan/2009 Chancellor on brink of second bailout forbanks"。这是比特币上线当天《泰晤士报》的头版文章标题。比特币网络中的每个完整节点(称为全节点)都会保存一份从创世区块到当前最新区块的本地完整副本。随着新区块的不断产生,完整节点将会逐渐扩展本地的区块链条。为将新区块添加到主链,比特币节点将会检查新区块的区块头并寻找该区块的"前一区块哈希值",并通过该字段将当前区块连接到父区块,实现现有区块链的扩展。

3.1.2 区块体

区块体包括当前区块的交易数量,以及经过验证的、在区块创建过程中生成的所有交易记录。交易是在以比特币为代表的区块链网络中传输的最基本的数据结构,所有有效的交易最终都会被封装到某个区块中,并保存在区块链上。表3-3所示为比特币交易的数据结构。

表3-3 比特币交易的数据结构

数据项	数据描述	大小
Version_No	版本号,目前为1,表示这笔交易参照的规则	4字节
In_counter	输入数量,正整数VI=VarInt	1~9字节
List_inputs	输入列表,每区块的第一个交易称为"Coinbase"交易	<in-counter>许多输入
Out_counter	输出数量,正整数VI=VarInt	1~9字节
List_outputs	输出列表,每区块第一个交易的输出是给矿工的奖励	<out-counter>许多输出
Lock_time	锁定时间,如果非0并且序列号小于0xFFFFFFFF,则是指块序号;如果交易已经终结,则是指时间戳	4字节

3.1.2.1 元数据

主要存放一些内部处理的信息,包含版本号、这笔交易的规模、输入的数量、输出的数量、交易锁定时间,以及作为该交易独一无二的ID的哈希值。其他区块可以通过哈希指针指向这个ID。

3.1.2.2 交易输入

每笔交易的所有输入排成一个序列,每个输入的格式相同,当交易被序列化以便在网络上传播时,输入将被编码为字节流,如表3-4所示。输入需要明确说明之前一笔交易的某个输出,因此它包括之前那笔交易的哈希值,使其成为指向那个特定交易的哈希指针。这个输入部分同时包括之前交易输出的索引和一个签名:必须有签名来证明我们有资格去支配这笔比特币。借助前一笔交易的哈希指针,所有交易构成了多条以交易为结点的链表,每笔交易都可一直向前追溯至源头的Coinbase交易(即挖矿过程中新发行的比特币),向后可延展至尚未花费的交易。如果一笔交易的输出没有任何另一笔交易的输入与之对应,则说明该输出中的比特币尚未被花费,这种未花费的交易输出称为UTXO(Unspent Transaction Outputs)。通过收集当前所有的UTXO,可以快速验证某交易中的比特币是否已被花费。

定义 3.2 未花费的交易输出(Unspent Transaction Outputs)
未花费的交易输出是指加密货币交易后剩余数字货币数量。

表 3-4 比特币交易输入的序列化格式

数据项	描述	大小
Previous_Transaction_hash	指向交易包含的未花费的 UTXO 的哈希指针	32 字节
Previous_Txout-index	未花费的 UTXO 的索引号,第一个是 0	4 字节
Txin-script_length	解锁脚本长度	1~9 字节(可变整数)
Txin-script_scriptSig	一个达到 UTXO 锁定脚本中的条件的脚本	变长
sequence_no	目前未被使用的交易替换功能,通常设成 0xFFFFFFFF	4 字节

3.1.2.3 交易输出

每笔交易的所有输出也排成一个序列,其数据格式如表 3-5 所示。每个输出的内容分成两部分,一部分是特定数量的比特币,以"聪"为单位(最小的比特币单位),另一部分是锁定脚本,即提出支付输出所必须被满足的条件以"锁住"这笔总额。需要说明的是,交易的所有输出金额之和必须小于或等于输入金额之和。当输出的总金额小于输入总金额时,二者的差额部分就作为交易费支付给为这笔交易记账的矿工。注意:一个交易中输出的币,要么在另一个交易中被完全消费掉,要么一个都不被消费,不存在只消费部分的情况。例如,如果希望花费 100 个比特币里面的 50 个,则比特币系统将创建 2 个输出,第一个输出 50 比特币发往接收方地址,第二个输出 50 比特币发往发送方的某个地址(称为"找零",即自己发送给自己的方式)。任何输入中作为交易费的比特币都不能被赎回,并且将被生成这个区块的矿工得到。

表 3-5 比特币交易输出的序列化格式

数据项	描述	大小
value	用"聪"表示的比特币值	8 字节
Txout-script_length	锁定脚本长度	1~9 字节(可变整数)
Txout-script_scriptPubKey	定义了支付输出所需条件的脚本	变长

3.2 时间戳

3.2.1 时间戳

时间戳(Timestamp)是使用数字签名技术产生的数据,签名的对象包括了原始文件信息、签名参数、签名时间等信息。

在使用时间戳服务时,所涉及的角色一般有以下几种:联合信任时间戳服务中心(UniTrust TimeStamp Authority,TSA)、申请时间戳服务的用户(Subscriber)和时间戳证书的验证者(Relying Party)。时间戳机构的主要职责是为一段数据申请时间戳证书,证明这段数据在申请时间戳证书的时间点之前真实存在,在这个时间点之后对数据的更改都是可以追查的,这样就可以防止伪造数据来进行欺骗。证书持有者把需要申请时间戳证书的数据发送给时间戳机构,时间戳机构将生成时间戳证书发送给证书申请者。在需要证明该数据未被篡改时,证书持有者展示数据所对应的时间戳证书,时间戳证书的验证者来验证它的真实性,从而确认该数据是否经过篡改。

我国唯一授权可信的时间戳服务机构是由中国科学院国家授时中心和北京联合信任技术服务有限公司共同建设的联合信任时间戳服务中心(TSA)。以TSA的运营模式为背景,简单解释可信时间戳的技术原理为:任意格式的电子文件都可以通过哈希函数计算出一个哈希值,这个计算出的哈希值通常被称为该文件的摘要数据。用户在计算出待盖戳文件的摘要数据后将其上传到联合信任在国家授时中心的服务器中,摘要数据与此刻国家授时中心中的时间信息绑定在一起,生成时间戳文件并返回给用户。这样就会生产两个文件,一个是原始文件,一个是由联合信任时间戳服务中心加上时间戳后返回的文件,这两个文件是一组证据对。当原始文件遭到破坏时,或者文件原始性遭到质疑时,可以通过指定的哈希函数再计算一遍文件的摘要数据,然后将新的摘要数据与之前由联合信任时间戳服务中心加上时间戳后返回的文件中包含的摘要数据加以比对,如果两者相吻合,则证明文件没有遭到破坏(袁亮,2017)。

简单时间戳协议的工作流程如图 3-2 所示:用户将需要认证的数据传输给联合信任时间戳服务中心,数据经过哈希运算得到 $m = Hash(M)$,时间戳机构将 m 和收到数据的时间 t 一起进行数字签名,然后将生成的时间戳证书 $Sign(m,t)$ 返还给用户。在需要验证时间戳证书时,首先验证时间戳证书 $Sign(m,t)$ 是否为联合信任时间戳服务中心签发的,其次验证 m 是否为用户数据经过哈希运算得到的结果。如果两项验证中有任何一项不通过,就证明用户的数据经过了篡改;如果都通过,说明用户的数据在时间 t 之后没有进行过任何修改。这个方法一方面通过对数据进行哈希运算,保护了用户数据的隐私;另一方面也减少了联合信任时间戳服务中心的存储容量,从而削减了成本。

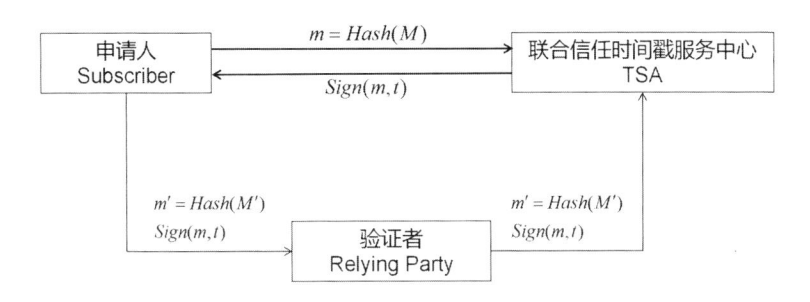

图 3-2 简单时间戳协议的工作流程

区块链中的时间戳通常使用 Unix 时间。如果当前区块的时间戳大于前 11 个区块的中位时间戳,并且小于网络调整时间+2 小时,则时间戳被视为有效。"网络调整时间"是指区块链网络中与当前节点存在连接的所有节点返回的时间戳的中值。因此,区块中的时间戳并不完全准确,但也不需要如此,它仅需在一两个小时内准确即可。

3.2.2 可信时间戳

用户终端的本地时间是可以被随意修改的,如果区块中的时间戳使用本地时间戳将会无法保证区块中信息的正确性。因此区块链中使用了可信时间戳技术。该技术本身并不复杂,但它在区块链技术中的应用是具有重要意义的创新。可信时间戳(Trusted Timestamp)可以作为区块数据的存在性证明(Proof of existence),能够证明区块中记录的交易数据必然在时间戳中记录的时间里已经存在。这有助于形成不可篡改和不可伪造的区块链数据库,使得通过区块数据和时间戳来重现历史成为可能,从而为区块链应用于公证、知识产权注册等时间敏感的领域奠定了基础。

可信时间戳是由联合信任时间戳服务中心签发的一个能证明数据电文(电子文件)在一个时间点是已经存在的、完整的、可验证的,具备法律效力的电子凭证。

可信时间戳的创建流程如图 3-3 所示。

设待盖戳区块为 B,其区块头为 B_H,联合信任时间戳服务中心 TSA,哈希函数 $Hash(\cdot)$,则区块 B 的可信时间戳的生成流程如下:

(1)用户使用哈希函数 $Hash(\cdot)$ 计算出区块头 B_H 的摘要 H_a,即当前区块的 Merkle 根 Merkle_root

$$H_a = Merkle\_root = Hash(B_H) \qquad (3.5)$$

(2)用户将 H_a 发送给联合信任时间戳服务中心 TSA,联合信任时间戳服务

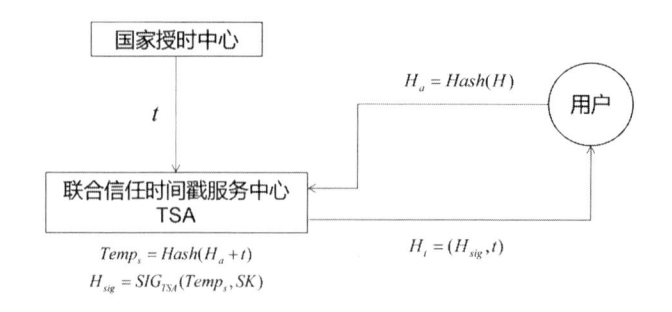

图 3-3 可信时间戳的创建流程

中心 TSA 将把从国家授时中心获取的 Unix 时间 t 和摘要 H_a 连接起来共同计算哈希值 $Temp_s$。

$$Temp_s = Hash(H_a + t) \tag{3.6}$$

（3）联合信任时间戳服务中心 TSA 使用其私钥 SK 对 $Temp_s$ 进行数字签名，此处使用函数 $SIG_{TSA}(\cdot)$ 来表示数字签名这一过程。

$$H_{sig} = SIG_{TSA}(Temp_s, SK) \tag{3.7}$$

（4）最后联合信任时间戳服务中心 TSA 将签名后得到的哈希值 H_{sig} 和时间 t 打包为 H_t 返回给用户，用户将 H_t 记录到区块 B 中。

可信时间戳可以证明区块中记录的交易在时间戳记录的时间点前就已存在，任何人都可以验证这一点。验证者对区块的验证过程如下：

（1）验证者首先使用与创建时相同的哈希函数计算区块头 B_H 的摘要 H'_a，并将 H'_a 与记录的时间 T 连接起来计算哈希值 $Temp'_s$。

$$Temp'_s = Hash(Hash(B_H) + T) \tag{3.8}$$

（2）使用联合信任时间戳服务中心 TSA 提供的公钥 PK 对可信时间戳 H_t 中包含的数字签名 H_{sig} 进行解密，得到 $Temp''_s$。此处使用 $DESIG_{TSA}(\cdot)$ 来表示解密数字签名的过程。

$$Temp''_s = DESIG_{TSA}(H_{sig}, PK) \tag{3.9}$$

（3）比较 $Temp'_s$ 与 $Temp''_s$，若两者相同，则证明时间戳和区块中记录的信息都没有被更改，反之则说明某些信息已经被篡改。

3.3 随机数

3.3.1 随机数与难度目标

区块链的安全性依赖于其创建和验证长加密数字的能力，它通常要求创建这一长加密数字是困难的而验证过程是简单的。解决这一需求有一个简单方案：要求区块的哈希值小于一个指定的目标值,即难度目标。但是区块中的区块高度、前一区块哈希值、时间戳等信息是不能随意更改的,如果想要不断调整待生成区块的哈希值以使其满足目标值,就需要引入随机数。

随机数(Nonce)是"number used only once"的缩写形式,是一个仅使用一次的任意数字,用于在含有"挖矿"过程的区块链网络中生成满足难度目标的区块哈希值。

随机数被用于与区块头中的其他信息一起计算哈希值,并要求该哈希值满足指定的难度目标。如果当前的随机数值不能使整体哈希值满足难度目标,则将随机数值加 1 并再次计算哈希值,如此反复,直至计算出的哈希值满足难度目标为止。

以比特币系统为例,该系统中使用的工作量证明(PoW)机制。该机制下的难度目标是一个 256bit 的数,因为区块链中计算区块头哈希值的算法为 SHA256,其计算出的哈希值是一个 256bit 位的数,两者恰好可以比较大小。矿工通过计算出能够使区块头哈希值小于难度目标的随机数以完成"挖矿"过程。难度目标开头包含的连续的 0 的位数(也即难度目标值的大小)代表着计算出符合条件的哈希值的难度大小。若增加开头的 0 的位数,则会提高计算难度,因为符合条件的哈希值会减少;同理,若减少开头的 0 的位数,则会降低计算难度。

一个简单的实例:使用 SHA256 算法作为哈希函数,对字符串"blockchain"和随机数的组合计算哈希值,要求计算出的哈希值以"000000"开头,即

$$SHA256("blockchain"+Nonce)=Hash, Hash 以 "000000" 开头$$

则以下是计算符合条件的 Nonce 的部分尝试过程:

$SHA256("blockchain0")=$

$0xbd4824d8ee63fc82392a6441444166d22ed84eaa6dab11d4923075975acab938$

(不符合)

$SHA256("blockchain1")=$

$0xdb0b9c1cb5e9c680dfff7482f1a8efad0e786f41b6b89a758fb26d9e223e0a10$

(不符合)

……

$SHA256("blockchain10730895")=$

$0x000000ca1415e0bec568f6f605fcc83d18cac7a4e6c219a957c10c6879d67587$

(符合)

为了计算出以"000000"开头的哈希值,总共尝试了 10730896 次 Nonce(从 0 开始,每次尝试一个值)。而如果仅仅将难度目标修改为以"0000000"开头,则需要计算 934224175 次 Nonce。

$SHA256("blockchain934224175")=$

0x0000000e2ae7e4240df80692b7e586ea7a977eacbd031819d0e603257edb3a81
（符合）

这仅仅是上文中所给出的相当简单的情况，在实际中的计算将会更为困难，而且目前还没有找到实现这一过程的捷径。尽管寻找一个符合条件的随机数如此困难，但是验证其正确性却非常简单，因为仅需要再对区块头中的数据计算一次哈希值，就可以验证生成的哈希值是否符合难度目标。

难度目标是区块链系统（特别是使用工作量证明（PoW）共识算法的公有链系统）的重要参数，由于计算资源随着时代发展在不断增加，难度目标也需要不断调整以维持区块链系统的核心安全性（Yaga，2019）。

3.3.2　共识过程中的随机数

共识机制是区块链技术的核心，在不同的区块链系统中存在各种各样的共识机制。例如在比特币系统中采取了 PoW 共识机制。在 3.3.1 节中能够了解到，在 PoW 机制中最先寻找到符合条件的随机数的矿工获得相应的记账权——这可以理解为一种随机的"领袖选举"过程：通过竞争最先计算出随机数的名额来获取发行下一个区块的资格，而在结果出现前任何人都无法预测且无法控制竞争的结果。这种做法固然保证了记账权归属的随机性和节点之间的平等性，但是其浪费掉了大量的电力资源。因为对于一个区块而言，一旦该区块的随机数被某个矿工寻找到，那么其他所有计算该区块的随机数的矿工之前所做过的计算都会失去意义。为了解决这一问题，PoS（Proof of Stake，权益证明）共识算法被提出。PoS 共识算法于 2011 年由一位用户名为 "Quantum Mechanic" 的数字货币爱好者在 Bitcointalk 论坛首次提出，随后 Sunny King 在 2012 年发布的点点币（Peercoin，PPC）中首次实现了 PoS 共识算法。与 PoW 算法不同，PoS 算法中具有最高权益的节点最有可能获得记账权。在 PoS 算法中，矿工不是投资计算资源来参与"领袖选举"过程，而是运行一个进程，根据当前区块链中记录的账本，按照每个人拥有的资金比例随机选择他们中的一个。PoS 算法更多的代表一种理念，在实际应用中有多种不同的表现方式。Kiayias（2017）指出设计 PoS 算法具体方案的关键在于如何模拟公平随机的领导节点的选举过程。显然，这种需要我们设置合理的随机数产生机制，以避免被某些恶意节点能够预测或操纵未来的随机数，进而带来操纵记账权归属、DDOS 攻击等行为。因此，如何获取到既不能够被操控，也不能够被预测的随机数成了重要问题。

在区块链中获取随机数是非常困难的。困难性源于两方面：一方面来自区块链系统的透明性，即该特性会使得一切算法的公共输入（私有信息除外）、输出以及算法本身暴露给所有的系统参与者。因此，在密码学中广泛使用的伪随机数发生器就不能以硬编码的方式或者是智能合约代码的方式应用在区块链系统中来获取安全的随机数,因为系统参与者能够根据代码预测到随机数甚至操纵随机数,从而让随机数偏向自己的喜好;另一方面,随机数获取协议作为区块链系统的一个子协议常常与该系统下的共识协议有着紧密的关系,这就意味着共识协议的设计有可能会影响到随机数获取协议的安全性。因此随机数获取协议的设计就变得非常复杂,找不到一个通用的模型来适应所有的区块链协议,所以就需要对特定的需求进行具体分析。

3.3.2.1 可验证随机函数

可验证随机函数(Verifiable Random Function,VRF)是由 Micali(1999)提出的,它由伪随机函数(Pseudo-random Function,PRF)扩展而来,是一种公钥伪随机函数,可提供其输出计算的正确性证明。

定义 3.3 伪随机函数族(Pseudorandom Function Family,PRF)

一个函数族 f_s

$$f_s: \{0,1\}^{\lambda(|s|)} \to \{0,1\}^{\lambda(|s|)} \tag{3.10}$$

若满足以下条件则称该函数族 f_s 是具有伪随机性的:

(1)给定任意 s 和 $x(|x|=\lambda(|s|))$,总存在一个多项式时间的算法来计算 $f_s(x)$;

(2)记 F_n 为函数族 f_s 的分布,s 是 $\{0,1\}^n$ 上的均匀分布,RF_n 为分布在从 $\{0,1\}^n$ 映射到 $\{0,1\}^n$ 的全部函数的集合上的均匀分布,其中 n 是安全参数。要求 F_n 和 RF_n 在计算上是不可区分的,即任意能够从 F_n 或 RF_n 中获取随机函数的攻击者都不能够显著分辨出所获取的函数来源于哪一种类别(Goldreich,2001)。

该定义中设定 PRF 的输入和输出均是以比特串的形式,输出为生成的随机比特串。其中 s 是 PRF 的密钥,函数 $\lambda(|s|)$ 则是为了将密钥转化为所需生成的比特串的长度。所谓的伪随机性就是当密钥 s 按一定的分布抽样时,对应的函数集合上的分布与全体函数集合上的均匀分布具有相同的特性(在计算意义上)。伪随机函数和全体函数上的均匀分布以黑盒方式存在不能被有效区分。因为理想中的随机函数过于复杂,不可能有效计算,而伪随机函数要求可有效计算,所以PRF 的支撑集一定远小于全体函数集合。伪随机函数由复杂性换取了可有效计算性,因此是在有效性与复杂性(安全性)之间取得平衡(雷元娜,2021)。

现在考虑这样一种情况:计算 $f_s(x_1), f_s(x_2), \cdots, f_s(x_m)$,对应的输出为 $o_1, o_2, \cdots, o_m$。在不知道密钥 s 的情况下,观察者是无法验证 $f_s(x_i)$ 确实对应于相应的输出 o_i。但若密钥 s 一旦发布出来,未来的输出值与真正的随机字符串便不再难以区分了。因为在这种情况下它们是完全可预测的,任何观察者都可以有效地计算它们。为了在不损害未来输出的不可预测性的情况下获得可验证性,就需要引入可验证随机函数的概念。

可验证随机函数要求生成的数是随机的,并且要求参与者能够验证该数的生成。这意味着一方面可验证随机函数具有随机性;另一方面它还具有可验证性,即它的输出包括一个对函数值正确性的非交互证明,任何人都可以利用该函数的公钥对这个证明进行验证。

我们可以简单描述一下可验证随机函数:Alice 让 Bob 计算某个输入为 x 的函数 f_s,因为函数的输出结果依赖于只有 Bob 知道的私钥 s,所以只有 Bob 才能够正确地计算函数 f_s,其中输出结果 $v = f_s(x)$ 是唯一的,并且与长度相同的真正随机字符串 v' 是计算不可区分的。Bob 为了向 Alice 证明自己确实提供了唯一的正确性结果,Bob 就需要输出一个证明来验证该函数值的正确性。这个证明可以在不知道密钥 s 的情况下验证 $v = f_s(x)$ 确实成立。另外,知道密钥 s 的一方只能为每个输入值构造一个唯一的可以验证输出值是有效的非交互式证明。

VRF 算法由三个函数组成:密钥生成函数 G、求值函数 F 和验证函数 V。
- G:输入为任意值,输出为密钥对 (pk, sk);
- F:$F = (F_1, F_2)$ 是确定性算法,输入为私钥 sk 及消息 x,输出为随机数 $value$ 和证明 $proof$,$value = F_1(sk, x)$,$proof = F_2(sk, x)$;
- V:输入为 $(pk, x, value, proof)$,输出为 YES 或 NO。

3.3.2.2 公开可验证秘密分享

秘密共享是由 Shamir 和 Blakley 于 1979 年独立提出的。简单描述秘密共享:一个领导者将秘密分发给 n 个参与者。这 n 个参与者中的每一个人都得到了秘密的一部分,可以称之为份额(share)。秘密份额分发之后,参与者就可以通过相互协作来重构出原始的秘密。成功恢复秘密所需最少的参与者的数量为 t,我们称之为阈值,则该秘密共享方案的参数可记为 (t, n)(雷元娜,2021)。

上文给出的秘密共享方案依赖于假设:参与者们都得到了正确的共享份额。然而这种假设在区块链系统所处的容错(甚至无信任)分布式系统环境中是不成立的。因此就产生了可公开验证的秘密共享(Publicly Verifiable Secret Sharing, PVSS)方案,记为 (t, n)—PVSS 方案。我们在此给出一些 (t, n)—PVSS 方案的性质:

(1)至少有 t 份的份额才能计算出秘密 S;

(2)小于 t 份份额不能重构出 S,即在这种情况下 S 的所有可能值都是等概率的;

(3)一个恶意的领导者(即发送不正确的份额给一些或所有的参与者)能够被检测到;

(4)在重构过程中提供无效份额的恶意参与者也能够被检测到;

(5)分配份额和提交重建份额的验证过程是非交互式的。

由 Schonenmaker 于 1999 提出的 PVSS 方案,得到了广泛应用,具体如下:
- 初始化:领导者先生成并发布方案的参数。然后参与者 p_i 发布一个公钥 pk_i,并保留对应的私钥 sk_i;

- 分配份额:领导者生成秘密 s 的共享份额 $s_1,s_2,\cdots,s_n$,然后用参与者的相应公钥 pk_i 对份额 s_i 进行加密,再将加密后的份额 $\hat{s}_i$ 发布。同时发布证据 $PROOF_D$ 证明这些份额确实是有效的加密份额;
- 验证份额:在验证阶段,任何第三方(包括参与者)通过给定的所有公共信息,进行非交互式验证,验证 $\hat{s}_i$ 确实是秘密 s 的共享份额 s_i 的有效加密;
- 重构:该过程需要按顺序执行解密份额和聚合份额两个过程;
- 解密份额:这个阶段可以由至少 t 个参与者的集合来执行。集合中的参与者 p_i 通过自己的私钥 sk_i 从密文 $\hat{s}_i$ 中解密出来对应的份额 s_i,然后将其公布,同时公布一个非交互式零知识证明 $PROOF_i$ 来证明这个值确实是 $\hat{s}_i$ 的正确解密;
- 聚合份额:这个过程是任意验证者都可以执行的。验证者首先检查 $PROOF_i$ 是否正确,如果失败则停止。否则验证者就可用至少 t 份有效份额重构出秘密 s。

3.3.2.3 Algorand 共识机制

Algorand 共识机制是由 Chen(2019)提出的一个公共分布式账本提案,它的目标是解决以前的共识机制的设计中遗留下的问题,比如高计算成本(工作量证明)或区块链分叉等问题。Algorand 共识机制采用了可验证随机函数技术生成随机数以选择共识过程中的领导者和验证者,我们在此处主要介绍该部分的内容。

随机数获取协议的核心是领导者和验证者的选择是由不可预测和不可操控的随机数来确定的。Algorand 共识机制中利用 VRF 函数和数字签名的性质来产生这种随机数。在介绍协议之前,我们先给出该部分中需要用到的符号定义,如表 3-6 所示。

表 3-6 符号说明

符号	定义
Q^r	第 r 轮共识中随机数的值
l^r	第 r 轮共识中的领导者
$SIG_p(M)$	参与者 p 对消息 M 的数字签名
$Hash(\cdot)$	256 位密码哈希函数
Q^0	初始随机数,是系统设置中的一部分

在给定前一个随机数 Q^{r-1} 的情况下,有两种方法来计算下一轮的随机数 Q^r:
- 在领导者 l^r 存在的情况下,并且该领导者在预定的时间间隔内揭示 $SIG_{l^r}(Q^{r-1})$ 及其领导凭证。那么,$Q^r = Hash(SIG_{l^r}(Q^{r-1}),r-1)$;
- 否则,$Q^r = Hash(Q^{r-1},r-1)$。

领导凭证;即能够证明 l^r 确实是第 r 轮的潜在领导者的证明。这种构造的关键在于签名方案的唯一性。这可以确保(恶意)参与者只有非常有限的选项来影响随机信标的值,即恶意的领导者只能选择是否泄露 $SIG_{l^r}(Q^{r-1})$ 来影响生成的随机数。

1. 选举验证者集合

Algorand 共识机制是使用拜占庭协议来验证提议的区块。若网络中参与者的数量变大,那么所有参与者之间都运行这样的协议是不可行的。所以为了避免这个问题,Algorand 随机选择一组委员会来执行该验证。尽管验证者的数量远远小于攻击者可能控制的节点数量,但是为了确保攻击者不能控制超过三分之一的验证者,委员会的选举必须是随机执行的。在协议中,验证者的集合是高度动态的,即在每一轮之后,甚至在单轮中的各个步骤中,集合中的参与者都会发生变化。这样的一个动态验证者集合就可以使得 Algorand 处理一个强大的对手模型(Aumann,2010)。

该集合的选举方式如下:在第 r 轮的步骤 s 中,参与者 i 是否为集合中的验证者取决于以下条件:

$$Hash(SIG_i(r,s,Q^{r-1})) \leq p \qquad (3.11)$$

其中,p 是被选中的参与者的概率。

上述方法的一个重要特性是:其他参与者(包括攻击者)不知道在特定轮中哪些节点是验证者。只有参与者 i 本身通过计算 $SIG_i(\cdot)$ 来确定自己是否在验证者集合中。然后参与者 i 通过发布验证者凭证 $SIG_i(r,s,Q^{r-1})$ 来说服其他参与者自己确实是验证者。

2. 选举领导者

领导者的选举与验证者的选举非常相似。当 $Hash(SIG_i(r,s,Q^{r-1})) \leq \dfrac{1}{n}$ 时,参与者 i 就可以称为潜在的领导者,其中 n 表示参与者的数量。当然有可能在第 r 轮中没有领导者,在这种情况下可以通过前一个随机数来自动确定随机信标下一个值。如果有领导者,但领导者没有做出回应,这种情况下随机数的产生过程和没有领导者的情况是一样的。

当存在潜在的领导时,$Hash(SIG_i(r,s,Q^{r-1}))$ 的最小值对应的参与者即为本轮的领导者。所有潜在的领导者都要完成以下任务:

- 提出一个新的区块(该区块最终被添加到区块链中);
- 对随机信标的前一个值进行签名,然后得到下一个随机信标值;
- 发表领导证明,即 $SIG_i(r,s,Q^{r-1})$。由于该协议不确保只有一个潜在的领导者,所以在有多个区块提出的情况下,验证者就需要对其中的一个区块达成共识。

3.3.2.4　Ouroboros 算法

Ouroboros 是 Cardino 项目中权益证明共识算法的名称,是由 Kiayias(2017)描述的一类基于权益证明的区块链协议。该协议描述了一种用于生成可验证随机数的多方协议。协议中获得的随机数的主要用途是用来选举下一个区块的合法提案者。本节我们主要关注随机数是如何产生的,所以下面只了解一下模拟可信随机信标的过程。Ouroboros 协议中模拟可信随机信标的协议是建立在可公开验证秘密共享(PVSS)的基础上的,前面的章节中我们已经给出了该方案的具体细节。

1. PVSS 基础

(t,n)—PVSS 方案允许领导者在 n 个参与者之间共享信息,然后这些参与者中任何一个不少于 t 个参与者的集合都可以重构该共享信息。而对于任何参与者个数少于 t 的集合都不能获得关于共享秘密的任何信息。其中参数 t 我们就称之为 (t,n)—PVSS 方案的阈值。该方案的具体过程为:领导者先为协议中的每个参与者计算一个消息份额,然后每个消息份额都使用相应参与者的公钥进行加密,这样领导者就可以将加密后的份额通过公共通信通道分发给其他参与者。PVSS 方案通过使用非交互式零知识证明(NIZK)来确保任何有权访问份额的人(不仅仅是参与者)都可以验证它们的有效性。这里使用的零知识证明是 PVSS 方案的一个基本属性,这种情况下就不要求领导者必须是可信的了,因为参与者和第三方可以自行验证领导者的行为是否符合协议规则。在重构过程中,只要汇集至少 t 个有效份额就可以成功地重构秘密。PVSS 方案为了防止参与者提交无效的份额,在验证过程中,其他参与者或第三方都可以验证该参与者提交的份额的有效性,并检测是否有操控重构的行为。

2. 基础模型

Ouroboros 协议用到的威胁和通信模型(Gennaro,2007):在协议中,模型假设是敌手控制着系统中不到 50% 的股份,这种假设与传统假设类似(在传统假设中,攻击者最多控制 $n = 2f + 1$ 个节点中的 f 个节点)。协议中通信模型是一个同步模型,该模型中的时间被分割成称为插槽的离散单元,其中插槽是与底层分布式分类账(Kiayias,2017)的块相关联的。参与者通过这个区块链来进行交换/广播消息,并且假设广播的消息是被同一插槽中的其他参与者接收。

3. Ouroboros 的随机信标协议

Ouroboros 协议的子协议——随机信标协议,由 n 个参与者 $\{P_1, P_2, \cdots, P_n\}$ 运行,分为承诺、揭示和恢复三个阶段。协议构造的安全性是建立在一个诚实参与者占大多数的假设之上的(Kiayias,2017)。

(1)承诺阶段

承诺阶段中,每个参与者为其私有多项式生成随机数,并为其他参与者计算份额,然后以领导者的角色执行 $(t,n-1)$ ——PVSS 协议的份额分发过程,这些份额和零知识正确性证明是通过区块链发布的。其中的阈值 t 可以设置为 $f+1$,这可以确保任何(诚实的)大多数参与者都能够在重构阶段重构秘密,但在没有诚实方参与的情况下,合谋的攻击者是无法重构秘密的。

(2) 揭示阶段

如果大多数参与者提供了有效的承诺,那么在一个固定的时间之后,参与者就可以开始揭示承诺。否则,协议将停止。因为 PVSS 方案是允许在不需要重构的情况下就可以揭示共享秘密的,所以如果参与者是诚实者,那么他就会以领导者的身份来揭示基于 PVSS 方案的系数 α_0,其他参与者可以通过验证 $C_0 = g^{\alpha_0}$ 是否成立来验证其正确性。

(3) 恢复阶段

在揭示阶段之后,参与者开始恢复丢失的共享秘密。即对于所有没有公开的有效承诺,参与者发布其解密的份额以及相应的份额解密证明。一旦大多数参与者完成了这一步骤,所有有效的承诺的共享秘密就能够被参与者重构出来。

(4) 聚合共享秘密

协议的三个阶段完成后,底层区块链就包含了计算随机信标的所有值和验证其正确性所需的所有信息。不失一般性,设 $\{S_1, S_2, \cdots, S_m\}$, $t \leq m \leq n$ 为共享秘密集,其中对于集合中的每个秘密 S_i,都已经在承诺阶段提交了一个有效的 PVSS 承诺(即份额及其零知识正确性证明)。那么通过聚合该共享秘密集合就可以得到随机信标的下一个随机数。

3.4 Merkle 树

Merkle 树是区块链中重要的数据结构,是大多数主流区块链系统的数据组织方式。在密码学和计算机科学中,Merkle 树是一种树形结构,其中每个"叶子"节点都用数据块的密码哈希标记,并且每个不是叶子的节点用其子节点标签的加密哈希进行标记,下面我们从数学的角度给出 Merkle 树的定义。

一个 Merkle 树是具备 $Hash(\cdot)$ 和函数 Φ 的完全二叉树。若使用 n 表示节点,则有

$$\Phi(n) \in \{0,1\}^k \tag{3.12}$$

若使用 n_{left} 和 n_{right} 表示两个子节点,n_{parent} 表示这两个节点的父节点,则 Φ 需满足下式

$$\Phi(n_{parent}) = Hash(\Phi(n_{left}) + \Phi(n_{right})) \tag{3.13}$$

对于非叶节点,其函数 Φ 的值即为根据子节点计算出的哈希值;对于叶节点 l 而言,$\Phi(l)$ 可能是可行的任意值,但在区块链系统中通常令该值为叶节点的哈

希值(Szydlo,2004)。

　　Merkle 树的结构如图 3-4 所示,最下面的大量叶节点包含基础数据,每个中间节点是它的两个子节点的哈希。根节点也是它的两个子节点的哈希,表示树的"顶部"。区块链中使用 Merkle 树的目的是为了允许区块的数据零散地传送:节点可以从一个数据源下载区块头,从其他数据源下载与其有关的树的其他部分,并且能够确认所有的数据都是正确的。之所以能够达到这种效果,是因为在 Merkle 树中哈希是向上扩散的,这意味着如果一个恶意用户尝试在树的底部加入一个伪造的交易,将会引起由下到上大量的节点变动,最终导致根节点的变动乃至区块哈希的改变,这样就会在验证过程中被检测出来(Buterin,2014)。

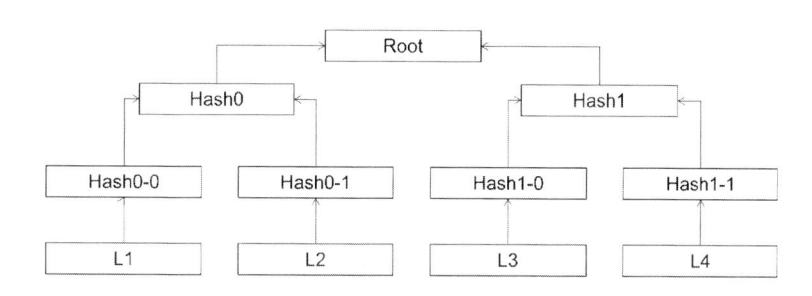

图 3-4　Merkle 树的结构

　　Merkle 树的运算过程一般是将区块体记录的交易数据进行哈希分组,并将生成的新哈希值插入到 Merkle 树中,如此递归直到只剩最后一个根哈希值(Merkle 根),并将其记录到区块头中。最常见的 Merkle 树是比特币采用的二叉树的结构,其他变种则包括以太坊的 Merkle Patricia 树、超级账本的 Bucket 树等。

　　区块中的 Merkle 树的形成过程为:

　　(1)在 Merkle 树的最底层,每个交易作为一个独立的数据块,使用指定的哈希函数计算各数据块对应的哈希值,作为叶子节点;

　　(2)叶子节点到上层树结构时,将相邻的两个哈希值合并成一个字符串,计算该字符串的哈希值;

　　(3)每一层都重复上一步骤,从叶子节点向上依此类推,最终形成 Merkle 树。到了根节点就只剩下一个根哈希值了,我们将其称为 Merkle 根。

　　Merkle 树有诸多优点,首先是极大地提高了区块链的运行效率和可扩展性,使得区块头只需包含根哈希值而不必封装所有底层数据,这使得哈希运算可以高效地运行在智能手机甚至物联网设备上;其次是 Merkle 树可支持"简化支付验证"协议,即在不运行完整区块链网络节点的情况下也能够对(交易)数据进行检验。

3.4.1 Merkle 树在区块链中的应用

在以比特币、以太坊和超级账本为代表的主流区块链系统中,在 Merkle 树上的设计与实现也有着各自的不同之处。比特币系统中使用的 Merkle 树结构与上文中我们已经介绍的传统意义上的 Merkle 树完全相同,因此下面将重点介绍以太坊和超级账本这两种区块链系统中 Merkle 树的变种形式(黄根,2020)。

3.4.1.1 Merkle 树在以太坊的应用

与比特币系统中不同,以太坊系统中使用 Merkle Patricia 树(MPT)对账户数据和交易数据进行组织管理。MPT 通过融合 Merkle 树和 Patricia 树两种数据结构的优点,形成了一种基于加密学的、自校验、防篡改的数据结构。

MPT 本质上是一种 Trie 树。Trie 树又称前缀树,是一种 k 元搜索树,用于从集合中定位特定键的数据结构(这些键通常是字符串)。Trie 树通常有三种基本性质:

- 根节点不包含字符,除根节点外的每一个子节点都只包含一个字符;
- 从根节点到某一节点,路径上经过的字符连接起来,为对应存储的字符串;
- 每个节点的所有子节点包含的字符都不相同。

在如图 3-5 所示的 Trie 树中,表示了关键字集合{"a""to""tea""ted""ten""i""in""inn"}(袁勇,2019)。

Patricia 树是一种更为节省空间的 Trie 树,其中不存在只有一个子节点的节点。如果某个节点只有一个子节点,则将该节点与其子节点合并。

以太坊中的 MPT 将 Merkle 树和 Patricia 树相结合,并进行了诸多改进:

- 相较于 Patricia 树中通常使用内存地址指针表示节点间的连接关系,MPT 中节点间通过哈希值来进行引用。其具体形式为,每个非叶节点存储在 LevelDB 关系型数据库中,以该节点的 RLP 编码的哈希值和该节点的 RLP 编码作为键值对进行存储(RLP 编码即递归长度前缀序列化,能够对任意嵌套的二进制数据数组进行编码,是以太坊底层中对象的主要编码方法)。若想获得一个非叶节点的子节点,只需要根据当前访问节点中存储的子节点哈希值访问数据库获取子节点的 RLP 编码,再进行解码即可获取子节点内容。

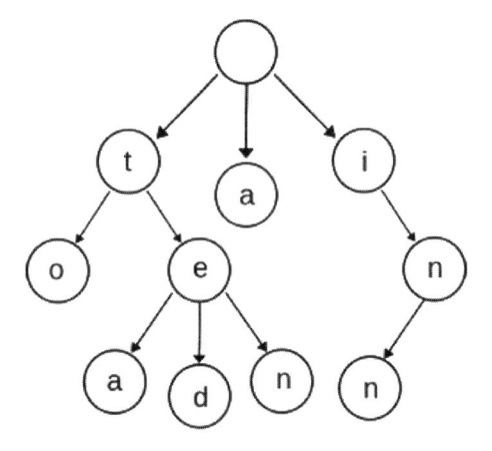

图 3-5 Trie 树

- MPT 中引入了 4 种类型的节点来提高效率:空节点、叶子节点、扩展节点、

分支节点

- 空节点(Null Node):表示空字符串;
- 叶子节点(Leaf Node):存储键值对,键为对应插入数据的十六进制前缀编码,值为对应插入数据的 RLP 编码;
- 扩展结点(Extension Node):同样存储键值对。但是这里的值与叶子节点中不同,是子节点的哈希值,用于连接到其他节点;
- 分支节点(Branch Node):MPT 中使用的键是一种特殊的十六进制前缀编码,同时有一些值可能存储在分支节点处,因此分支节点中存储的是一个长度为 17 的列表。该列表中的前 16 个元素对应着 16 个可能的十六进制编码使用的字符。如果有一个键值对在这个分支节点处终止,则列表的最后一位用于存储这个值。

以太坊中所有的 Merkle 树均使用 MPT,共有三棵树:交易树、收据树和状态树,这三棵树的根节点均存储在区块头中。每个以太坊区块都有一颗用于存储交易数据的 MPT,一旦区块生成后,该树将不再更新;每个区块同样还有一个用于存储交易收据的 MPT,同样在区块生成后,其中存储的交易树将不再更新;状态树则用于存储以太坊系统的全局状态,并且随着时间不断更新(袁勇,2019)。

3.4.1.2　Merkle 树在超级账本的应用

超级账本采用账户模型来进行数据存储,但是以太坊的 MPT 树结构复杂、性能低。超级账本则提出了用 Bucket 树进行数据存储。Bucket 树其实是糅合了 Merkle 树与哈希桶两种数据结构组合而成的,即 Bucket 树本质上是一棵建立在哈希表上的 Merkle 树(邵奇峰,2018)。

如图 3-6 所示,B1~B6 为数据的哈希桶,每个桶中储存若干被散列到该桶中的数据项,所有数据项都按序排列。每一个桶都可以用桶内所有数据项的内容计算出一个哈希值。将哈希桶的哈希值作为叶子节点,上层是一系列 Merkle 树节点(即其构建方式与构建 Merkle 树的方式相同)。一个 Merkle 树节点对应下一层的 n 个哈希桶或 Merkle 节点。Merkle 节点的哈希值是根据这 n 个子节点的哈希值计算所得。通过这种方式不断计算,与 Merkle 树类似,最顶端的值即为整棵树的根哈希值并记录在区块头中,由此可以生成完整的 Bucket 树。

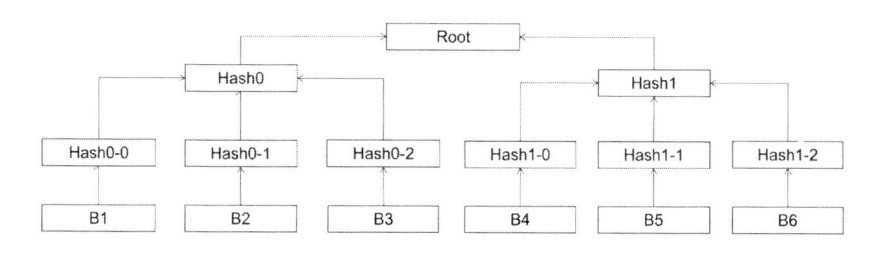

图 3-6　Bucket 树

3.4.2 支付验证

简化支付验证(Simplified Payment Verification,SPV),是基于区块链和Merkle树结构的特点而设计的一种即使没有完整交易记录,也能够方便、安全和快速地验证支付的方法(袁勇,2019)。

SPV能够使某个节点(轻型节点)不用存储完整的区块链信息也能够验证某个交易是否存在,是区块链系统能够在手机等移动端运行的关键。SPV只需要用户保存区块链主链的区块头的副本,并在需要验证交易时(需要使用SPV进行交易验证的节点称为SPV节点)从存储有完整区块链信息的节点(全节点)获取对应交易的验证路径即可。验证路径是指在记录有该交易的Merkle树中,该交易信息的哈希值所在叶节点到该Merkle树根节点的路径上所有需要参与哈希计算的节点。SPV的详细验证过程如下文所述。

(1)SPV节点根据待验证交易信息向区块链网络发起查询请求,称为Merkle区块消息(Merkle Block Message);

(2)全节点在收到查询请求后执行如下步骤:
- 确定包含该交易的区块。
- 检查该区块是否属于区块链主链。
- 若属于主链,则获取所查询交易对应的验证路径,并将验证路径返回给SPV节点。

(3)SPV节点接收到验证路径后执行如下步骤:
- 同步存储的区块链副本(仅存储区块头),确保当前存储的是最长的区块链。
- 在区块链中查找验证路径中的Merkle根,若能够查询到,则继续下一步。
- 结合已拥有的待验证交易信息、验证路径、存储的Merkle根,再进行一次Merkle哈希校验,确保验证路径上的信息全部正确,则证明交易存在。
- 根据该交易所在区块头的位置,确定该交易已经得到多少个确认。

以图3-7为背景给出一个SPV过程的实例:SPV节点若想验证交易L3的存在性,只需要向全节点获取L3的Merkle分支,即哈希1-1节点、哈希0节点和Root节点,这3个节点也就构成了L3的验证路径。假设SPV成功从区块链网络中获取了正确的验证路径,并且验证路径中包含的Merkle根存在于最长的区块链中,则只需判断以下等式是否成立

$$Hash1 = Hash(Hash1-0 + Hash1-1) \qquad (3.14)$$

$$Root = Hash(Hash0 + Hash1) \qquad (3.15)$$

若以上两式均成立,则证明该交易存在。

```
                    Root
                  ↗      ↖
            Hash0          Hash1
           ↗    ↖          ↗    ↖
      Hash0-0  Hash0-1  Hash1-0  Hash1-1
         ↑       ↑        ↑        ↑
        L1      L2       L3       L4
```

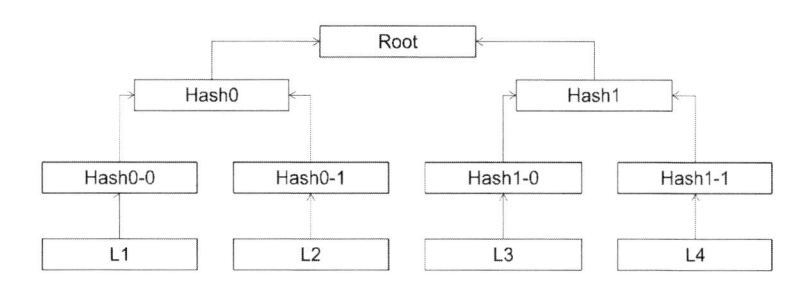

图 3-7　SPV 验证过程

在以太坊系统中同样可以使用 SPV,因为其在 MPT 中集成了 Merkle 树。并且以太坊系统中的 SPV 验证和比特币系统类似:在 SPV 节点中,也是主要存储了 Merkle 根,之后从相邻的全节点获取 Merkle 分支,通过哈希计算查询获取 Root,最后和本地存在的 Merkle 根进行比较以判断交易的存在性。对于超级账本的 Bucket 树来说,由于其叶子节点为有序的哈希桶,哈希桶中存在大量的数据。如果需要实现 SPV 验证,则不仅仅需要传输 Merkle 分支,同时需要传输哈希桶中的其他元素,会大大增加传输数据的数量,增加网络负担。因此,在超级账本中很少有提及 SPV 相关的操作。

此外需要指出的是,SPV 依赖于区块链网络是可信的这一前提。只要诚实的节点控制着网络,那么 SPV 就是可靠的。但如果网络被攻击者控制,则 SPV 会非常脆弱,因为 SPV 节点可以被攻击者编造的事务所欺骗(如提供错误的验证路径)。因此频繁收款的企业可能仍然希望自己运行一个全节点,以获得更独立的安全性和更快的验证(Nakamoto,2008)。

3.4.3　Bloom 过滤器

Bloom 过滤器(Bloom Filter)是由 Bloom(1970)提出的一种节省空间的基于概率的数据结构,用于检测一个元素是否为集合的成员。Bloom 过滤器的检测结果为"肯定不在集合中"或"可能在集合中"。这意味着假阳性匹配是可能的,而假阴性匹配是不可能的。

Bloom 过滤器的基本原理是通过一组哈希函数将特定的输入数据压缩映射并存储为向量中的一个点。如果输入数据对应的点存在,则表示该数据可能存在,反之则说明数据一定不存在。

一个 Bloom 过滤器由一个 m 位的比特向量 $\boldsymbol{BV}$ 和 k 个不同的哈希函数 $\boldsymbol{Hash}$ 组成

$$\boldsymbol{BV} = (b_1, b_2, \cdots, b_m) \tag{3.16}$$

$$\boldsymbol{Hash} = (Hash_1, Hash_2, \cdots, Hash_k) \tag{3.17}$$

其中 $b_i(1 \leq i \leq m)$ 表示一个比特位,$b_i \in \{0,1\}$,并且在初始状态下 $b_i = 0$。

每个哈希函数 $Hash_j(1 \leqslant j \leqslant k)$ 将某个集合元素 X 映射到 **BV** 中的某个位置,生成一个均匀的随机分布,即

$$\forall j \in [1,k], X: Hash_j(X) \in [1,m] \wedge Hash_j(X) \in Z \qquad (3.18)$$

若要向 ***Bloom*** 过滤器添加一个元素 X,则将 X 输入到 k 个哈希函数中,获得 k 个 **BV** 向量中的位置,并将这些位置的值均设置为 1。

若要查询一个元素 X,同样将 X 输入到 k 个哈希函数中以获得 k 个向量位置,然后检测 **BV** 中这些位置上的值。若有任何一个位置的值为 0,则说明 X 一定不存在于集合中。只有当 **BV** 中对应的 k 个位置的值全部为 1,才能说明 X 可能存在于集合当中。

在区块链系统中,Bloom 过滤器一个重要用途是保护 SPV 节点的隐私。SPV 技术可以让轻量级节点仅在本地存储少量数据,在必要时才向网络中请求获取相关数据。这样做固然提高了区块链的存储效率,但是也给 SPV 节点带来了隐私问题。例如,在比特币系统中,若用户希望查询自己钱包的余额,直接使用 SPV 技术的话,就需要向全网透露自己的钱包地址信息才能够获取相关的交易。比特币改进协议 BIP-0037 中提出采用 Bloom 过滤器解决这一问题。SPV 节点自主选择误判率并设置 Bloom 过滤器,将 Bloom 过滤器发送给远程节点,远程节点将运算后的 Bloom 过滤器及满足条件的结果一起返回给轻量级节点,从而避免在数据查询过程中隐私泄露而对于保存完整数据的全节点。在查询存储在本地 LevelDB 数据库的区块数据时,利用 Bloom 过滤器可以快速过滤不相干的数据,减少不必要的 I/O 开销,提高系统读取性能。可以看出,作为支持区块链上数据查询的基本工具,提高 Bloom 过滤器的性能对于提高链上数据查询、分析性能至关重要(袁勇,2019)。

相比于其他的数据结构,Bloom 过滤器在空间和时间方面都有巨大的优势。Bloom 过滤器存储空间和插入/查询时间都是常数。另外,哈希函数相互之间没有关系,方便由硬件并行实现。Bloom 过滤器不需要存储元素本身,在某些对保密要求非常严格的场合有优势。Bloom 过滤器可以表示全集,使用同一组散列函数的两个 Bloom 过滤器的交并运算可以使用位操作进行。

但是 Bloom 过滤器的显著缺点是假阳性率。随着存入的元素数量增加,假阳性率随之增加。但是如果元素数量太少,则使用散列表即可。另外,一般情况下不能从 Bloom 过滤器中删除元素。实现元素删除的方式,很容易想到把位数组变成整数数组,每插入一个元素相应的计数器加 1,这样删除元素时将计数器减掉就可以了。然而要保证安全地删除元素并非如此简单,因为必须保证删除的元素的确在 Bloom 过滤器里面,这一点单凭这个过滤器是无法保证的。

3.5 哈希函数

哈希函数(Hash Function)是一种确定性函数,它将任意大小的数据转换为固

定大小的数字。

哈希函数的目的是使用输出固定大小的数字来表征输入。为了有效地做到这一点,哈希函数必须尊重几个定性属性:
- 雪崩效应:这代表着输入的微小变化必然导致完全不同的结果;
- 均匀性:输出范围内的均匀性;
- 抗冲突性:不同的输入不能产生相同的输出;
- 信息隐藏性:已知哈希函数的输出,不可能逆向推导出输入。

因此,哈希函数的要点是,计算给定输入的输出值非常简单,并通过这样做来验证后者是否未被修改,而从给定输出中查找输入的代价极大。

从上面的定义中,我们可以看出哈希函数的概念相当简单:一个计算输出作为表征输入的方法的函数。但根据定性性质,构造一个"好"的哈希函数十分复杂。

最著名的哈希函数之一是SHA256,它将任何消息(字符串)转换为256位的二进制数(有时写成64位十六进制数)。为了证明雪崩效应,我们可以注意到SHA256(Blockchain)的值为:

625da44e4eaf58d61cf048d168aa6f5e492dea166d8bb54ec06c30de07db57e1

而SHA256(blockchain)的值为:

ef7797e13d3a75526946a3bcf00daec9fc9c9c4d51ddc7cc5df888f74dd434d1

3.6 数字签名

3.6.1 数字签名简介

数字签名(Digital Signature),又称公钥数字签名,是一种用于验证数字消息或文档真实性的数学方案。

在满足前提条件的情况下,有效的数字签名会使收件人非常确信消息是由已知发件人创建的(真实性),并且消息在传输过程中没有被更改(完整性)。它是一种类似写在纸上的普通的物理签名,被认为是对纸上手写签名的数字模拟,使用了公钥加密领域的技术来实现,是用于鉴别数字信息的方法。数字签名是密码学中的重要部分,该理论和哈希函数共同奠定了加密货币的基础。

使用者可以对其发出的每一封电子邮件进行数字签名,经过数字签名的文件具有不可篡改性和不可抵赖性。在中国大陆,数字签名是具法律效力的,正在被普遍使用。2000年,中华人民共和国的新《合同法》首次确认了电子合同、电子签名的法律效力。2005年4月1日起,中华人民共和国首部《电子签名法》正式实施。每个人都有一对"钥匙"(数字身份),其中一个只有本人知道(私钥),另一个公开的(公钥)。签名的时候用私钥,验证签名的时候用公钥。又因为任何人都可以落款声称他就是使用者本人,因此公钥必须向接受者信任的人(身份认证机构)来注册。注册后身份认证机构给使用者发送一份数字证书。对文件签名后,使用者把此数字证书连同文件及签名一起发给接受者,接受者向身份认证机构求证,是否真的是用使用者的密钥签发的文件。

3.6.2　数字签名原理

定理 3.1　数字签名

三元组 $(Gen, Sign, Ver)$ 是一个定义在信息空间 $\{M_n\}$ 上的数字签名方案,当该三元组满足以下条件:

Gen:一个 PPT 算法,(注:PPT 算法是指"概率多项式时间算法",其英文名为 Probabilistic Polynomial Time Algorithm,要求该算法能在多项式时间内运行),将 n 输入函数 $Gen(\cdot)$ 可以输出一个公钥 pk 和一个私钥 sk,记为

$$pk, sk \leftarrow Gen(1^n) \tag{3.19}$$

其中 n 为安全参数,1^n 表示由 1 的符号重复 n 次组成的数。(注:这种表示方法是一元数字系统(Unary numeral system),通常出现在理论计算机科学的一些问题描述中)。

$Sign$:一个 PPT 算法,输入私钥 sk 和待签名信息 m,输出签名 σ,记为

$$\sigma \leftarrow Sign_{sk}(m) \tag{3.20}$$

Ver:一个确定性 PPT 算法,输入公钥 pk、信息 m 和签名 σ,输出"同意"(验证通过)或"拒绝"(验证不通过)。若将"同意"记为 1,"拒绝"记为 0,则 $Ver(\cdot)$ 可表示为

$$Ver_{pk}(m, \sigma) = \begin{cases} 1, & \text{验证通过} \\ 0, & \text{验证不通过} \end{cases} \tag{3.21}$$

$\forall n \in \mathbb{N}, m \in M_n$,应满足

$$P(pk, sk \leftarrow Gen(1^n) : Ver_{pk}(m, Sign_{sk}(m)) = 1) = 1 \tag{3.22}$$

可以直接对消息进行签名(即使用私钥加密,此时加密的目的是为了签名,而不是保密),验证者用公钥正确解密消息,如果和原消息一致,则验证签名成功。但通常会对消息的哈希值签名,因为通常散列值的长度远小于原消息,使得签名(非对称加密)的效率大大提高。注意,计算消息的散列值不是数字签名的必要步骤。把哈希函数和公钥算法结合起来,可以在提供数据完整性的同时,也可以保证数据的真实性。完整性保证传输的数据没有被修改,而真实性则保证是由确定的合法者产生的哈希值,而不是由其他人假冒。接收方接收到数字签名后,用同样的哈希算法对报文计算哈希值,然后与用发送者的公开密钥进行解密,解开的报文摘要值相比较,如果相等,则说明报文确实来自发送者,因为

只有用发送者的签名私钥加密的信息才能用发送者的公钥解开,从而保证了数据的真实性。

3.6.3 DSA 算法

数字签名算法(DSA),是用于数字签名的联邦信息处理标准之一,基于 mod 算数和离散对数的复杂度。DSA 是 Schnorr 和 ElGamal 签名方案的变体。美国国家标准技术研究所(NIST)于 1991 年提出将 DSA 用于其数字签名标准(DSS),并于 1994 年将其作为 FIPS186 采用。已对初始规范进行了 4 次修订。DSA 已获得专利,但 NIST 已将此专利在全球范围内买断式授权。

DSA 的椭圆曲线密码学版本是 ECDSA。DSA 算法包含了 4 种操作:密钥生成、密钥分发、签名、验证密钥生成。密钥生成包含两个阶段:第一阶段是算法参数的选择,可以在系统的不同用户之间共享;第二阶段则为每个用户计算独立的密钥组合。

签名者需要通过可信任的管道发布公钥 y,并且安全地进行保护不被其他人知道。消息 m 签名流程如下:

(1)从 $\{1,\cdots\cdots,q-1\}$ 随机选择整数 k。

(2)计算 $r=(g^k mod q)mod q$,当 $r=0$ 时重新选择随机数 k。

(3)计算 $s=(k^{-1}(H(m)+xr))mod q$,当 $s=0$ 时重新选择随机数 k 签名为 (r,s) 组合。

计算 k 和 r 旨在为不同消息创建独立的密钥,计算 r 的模幂是这个算法中最耗资源的部分,但这可在不知道消息的前提下进行计算。第二耗运算资源的部分是计算 $k^{-1} mod q$ 模反元素,同样也能在不知道消息的前提下进行计算,这可以用扩展欧几里得算法或费马小定理 $k^{q-2} mod q$ 求得。

验证签名通过以下步骤可以验证 (r,s) 是消息 m 的有效签名:

(1)验证 $0<r<q$ 且 $0<s<q$

(2)计算 $w:s^{-1} mod q$

(3)计算 $u_1:H(m)\times w mod q$

(4)计算 $u_2:r\times w mod q$

(5)计算 $v:(g^{u_1}y^{u_2} mod p)mod q$ 只有在 $v=r$ 时代表签名是有效的

3.6.3.1 参数定义

p:素数模,其中 $2^{L-1}<p<2^L$,L 是 p 的位长。

q:$(p-1)$ 的素因子,其中 $2^{N-1}<q<2^N$,N 是 q 的位长。

g:$GF(p)$ 的乘法群中 q 阶子群的生成元,使得 $1<g<p$。

x:是随机或伪随机生成的整数,因此 $0<x<q$,即 x 在范围 $[1,q-1]$ 内。

y:公钥,其中 $y=g^x mod p$。

k:每封邮件唯一的密码;k是随机或伪随机生成的整数,使得$0<k<q$,即k在范围[1,q-1]内。

3.6.3.2 DSA 参数大小和哈希函数的选择

标准规定了对 L 和 N 的以下选择(L 和 N 分别为 p 和 q 的位长):

$$L=1024, N=160$$
$$L=2048, N=224$$
$$L=2048, N=256$$
$$L=3072, N=256$$

联邦政府实体应使用上述(L,N)对中的一个或多个生成数字签名,FIPS180中规定了部分经批准的哈希函数,用来生成数字签名。在生成 DSA 数字签名时,使用的哈希函数的安全强度和(L,N)对的安全强度应满足或超过 16 数字签名过程。

在生成给定时间段内的数字签名时,可根据所需的安全强度需要来选择不同的(L,N)对并进行组合,以在整个预期时间内保护签名信息。在生成数字签名的过程中,除非有特定协议规定(L,N)对的安全强度和取值,否则应当在参与实体之间使用较强的哈希函数。一般地,认证机构(CA)以外的联邦政府实体应仅使用如下三种(L,N)对:(1024,160)、(2048,224)、(2048,256)。认证机构 CA 则使用等于或大于其订阅者使用的(L,N)对。例如,如果用户正在使用(2048,224)对,则认证机构 CA 应使用(2048,224)、(2048,256)或(3072,256)对。

3.6.3.3 DSA 域参

DSA 要求在生成验证时,使用用于生成数字签名的一组特定的域参数。这些域参数可能是一组用户内部使用的,也可能是公开使用的。一组域的用户参数(即签字人和核查人)应在提交前确认并保证其有效性。虽然域参数可能是公共信息,但它们仍需进行管理,以确保给定的密钥对与其域集之间具有正确的对应关系,同时维护人需要为使用密钥对的所有方维护参数,在实际使用过程中,一组域参数可以长期保持不变。DSA 的完整域参数是 p(域参数)、q(种子)、g(计数器)。每个签名人都有一对密钥:一个在数学上相关的私钥 x 和一个公钥 y。私钥只能在私钥加密周期内使用(即私钥加密周期),在此期间私钥可以用于生成数字签名;公钥可以固定长期使用,只要使用相关联的私钥生成的数字签名进行验证即可。

3.6.3.4 密钥对管理

SP800-57 中提供了密钥对保护指南。数字签名的安全使用取决于实体数字签名密钥对的管理,如下所示:

- 在生成密钥之前,应确保域参数的有效性配对,或数字签名的验证和确认。

- 每个密钥对应与密钥对所在的域参数相关联已生成。
- 密钥对只能用于使用域生成和验证签名与该密钥对关联的参数。
- 私钥只能用于本标准规定的签名生成需要进行保密;公钥只能用于签名验证,验证可以公开。
- 预期签字人应在签字之前或之后获得私钥占有权,同时使用它生成数字签名。
- 应保护私钥,防止未经授权的访问、披露和修改。
- 应保护公钥不受未经授权的修改(包括替换)。例如,由 CA 签名的公钥证书可以提供这种保护。
- 应向验证者保证公钥与其相关域之间存在具有约束力参数和密钥对所有者。
- 验证者应以可信的方式获取公钥(例如,从由验证者签署的证书中获取公钥)实体信任的 CA,或直接来自预期或声称的签字人,前提是该实体受验证器信任,并且可以作为签名的源进行身份验证待验证的信息。
- 验证人应确保声称的签字人是密钥对所有者,且所有者拥有当时用于生成数字签名的私钥已生成用于验证数字签名的密钥。
- 签字人和核查人应保证公钥的有效性。

3.6.3.5 每封邮件的 DSA 密码

在生成每个数字签名之前,应生成一个新的秘密随机数 k 以在生成过程中使用的签名。此密码应受到保护,以防止未经授权的披露和修改。$1-k$ 是 k 相对于乘法模 q 的乘法逆,即 $0 < 1-k < q$ 和 $1 = (1-k)mod$。k 和 $1-k$ 可以是预先计算的,这是因为不需要知道要签名的消息计算。当 k 和 $1-k$ 是预先计算时,其机密性和完整性应受保护。

3.6.3.6 DSA 签名生成

设 N 为 q 的位长。设 $\min(N, outlen)$ 表示正整数 N 和 $outlen$ 的最小值,其中 $outlen$ 是哈希函数输出块的位长度。消息 M 的签名由一对数字 r 和 s 组成,这对数字 r 和 s 根据以下方程:

$$r = (g^k mod p) mod q \tag{3.23}$$

$$s = (k^{-1}(z + xr)) mod q \tag{3.24}$$

当计算 s 时从散列 (M) 中获得的字符串 z 应转换为整数。注意,只要 k, q, p, g 可用,例如,只要域参数 p, q, g 已知,且已预先计算,r 也可为预计算,因为计算不需要知道要签名的消息 r。预计算的 k、$k-1$ 和 r 值应以与专用设备相同的方式保护键 x 直到计算出 s 为止(见 SP800-57)。应检查 r 和 s 的值,以确定 $r=0$ 或 $s=0$。如果 $r=0$ 或 $s=0$,应生成新的 k 值,并重新计算签名。这是非常重要的,如果签名生成正确,则 $r=0$ 或 $s=0$ 的可能性不大。签名 (r,s) 可以与消息一起发送给验证器。

3.6.3.7 DSA 签名验证和确认

签字验证可由任何一方(即签字人、预期接收人或任何其他方)使用签字人的公钥进行。签字人可能希望在将签字的电文发送给预期收件人之前,验证计算出的签字是否正确。预期收件人(或任何其他方)验证签名以确定其真实性。

在验证已签名电文的签名之前,应以经认证的方式向验证者提供域参数以及声称的签名人的公钥和身份。公钥可以以由可信实体(例如 CA)签名的证书的形式或在与公钥所有者的面对面会议中获得。设 M'、r' 和 s' 分别是 M、r 和 s 的接收版本;让 y 表示公钥声称的签字人;设 N 为 q 的位长。同样,设 $\min(N, outlen)$ 表示正整数 N 和 outlen 的最小值,其中 outlen 是哈希的位长度函数输出块。签名验证过程如下:

(1)验证人应检查 $0 < r' < q$ 和 $0 < s' < q$;如果违反任一条件,则签字无效将被拒绝。

(2)如果满足步骤(1)中的两个条件,则验证器计算如下:

$$w = (s')^{-1} \bmod q \tag{3.25}$$

z 为散列 (M') 最左边的最小 $(N, outlen)$ 位

$$u1 = (zw) \bmod p \tag{3.26}$$

$$u2 = ((r')w) \bmod q \tag{3.27}$$

$$v = ((g^{u1})(y^{u2}) \bmod p) \bmod q \tag{3.28}$$

从散列 (M') 中获得的字符串 z 应转换为整数。

(3)如果 $v = r'$,则验证签名。

(4)如果 v 不等于 r',则消息或签名可能已被修改,其中可能是签字人生成过程中的错误,或者是冒名顶替者(未知与声称的签字人的公钥相关联的私钥)可能试图伪造签名,该签名应视为无效。如果没有推论可以确定数据有效,且只有在使用公钥进行验证时才能确定签名,则该数据的签名不正确。

(5)在接受签名为有效签名之前,验证者应获得本协议规定的保证。

3.6.4 多重签名

多重签名是由 Itakura 在 1983 年提出的,Micali 等人(2001)首次给出多重签名方案的安全模型。随着近年来的进一步研究,许多研究人员更加关注多重签名的安全性、效率和实用性,并提出了许多扩展应用方案。早期的多重签名方案是基于传统密码体制,随着用户不断地增多,证书面临着管理问题。随后,Al-Riyami 等人(2003)提出无证书的多重签名方案,但是存在最后的签名长度过大的问题。由于多重签名不适合大规模分布式应用环境,Wu 等人(1996)提出了两种多重数字签名方案:有序多重签名和广播多重签名,但是提出的方案中签名验

证需要花费大量的时间。杜红珍等人(2015)提出改进的无证书有序多重签名方案,该方案可以抵抗敌手的攻击,同时验证签名只需要2个双线性运算,提高了运算效率,但是方案仍需要用户验证签名的正确性。Boneh等人(2018)提出了基于区块链的紧密多重签名方案,方案通过聚合公钥的处理使得验证的运算得到显著的提升,但是方案未能解决有序问题。针对上述问题,基于区块链的有序多重签名方案,通过智能合约,可以使用户签名和智能合约验证同时进行。同时,由于有序多重签名的签名过程是在每个签名者之间互相传递的,一旦出现签名者拖延签名时间,必然引起整个合同的处理纠纷,因此,引入罚金机制也是必要的。

为了解决上述问题,徐朝东和王化群(2021)基于Boneh等人(2018)提出的多重签名方案,提出一种基于区块链的有序多重签名方案,方案的贡献如下:

(1)数据拥有者规定每个签名者的签名时间,保证合约的时效性,同时引入罚金机制,避免合同的纠纷。

(2)区块链作为去中心化的可信第三方,既保证签署合约各方的公平性以及不可抵赖性,同时智能合约完成签名验证,也减轻了签名者的计算消耗,由数据拥有者对合同加密后上传到区块链,保证合同的机密性。

(3)比较同类方案,方案的安全性和验证时间得到了改进。通过实验得到了每个阶段的时间消耗,证明在实际应用中是可行的。

3.6.4.1 预备知识

设 G_1 是一生成元为 P 的加法循环群,G_2 为乘法循环群,其阶都为素数 q。假设在群 G_1,G_2 中,离散对数问题是难解的,定义映射 $e: G_1 \times G_1 \to G_2$ 为双线性对,并满足下列性质。

- 双线性。对于任意的 $a,b \in Z_q^*$ 以及任意的 $P,Q \in G_1$,都有 $e(aP,bQ) = e(P,Q)^{ab}$。
- 非退化性。存在 $P,Q \in G_1$,$e(P,Q) \neq 1$。
- 可计算性。存在多项式时间算法计算 $e(P,Q)$。

3.6.4.2 有序多重签名方案

对于有序多重签名方案,签名中心应预先设定一种签名顺序,并将签名顺序发送到每一位签名者 $N_i(i \in 1,2,\cdots\cdots n)$。该签名方案包括以下算法:

- 系统参数生成算法。该算法生成系统参数 params,然后每个签名者 N_i 随机选择一个 $s_i \in Z_q^*$ 并计算相应的公钥:

$$S_i = s_i P(i \in 1,2,\cdots\cdots n) \tag{3.29}$$

- 签名算法。首先由签名中心将消息 m 发送到签名者 N_1,签名者 N_1 产生签名 σ_1。然后将签名 σ_1 发送到下一个签名者 N_2 依次签名;直到最后一位签名者 N_n 签名完成后,将最终签名发送给签名中心。

- 验证算法。每位签名者 N_i 在收到上一签名者 N_{i-1} 的签名时,首先对签名进行验证,如通过验证,则接受并生成自己的签名再发给下一个签名者,否则,拒绝签名。当生成最终签名后,最终签名能够通过验证算法。

3.6.4.3 基于罚金机制的公平交换协议

基于罚金机制的公平交换协议是搭建在区块链上确保用户公平交易的功能函数,其功能是,在签名过程中,保证接收方在指定时间间隔内释放秘密值,发送方才会将保证金返还给接收方,具体过程由以下交易构成。

(1) Deposit phase。首先由发送方生成一个 deposit 交易,设置保证金金额,其输入脚本验证为当发送方和接收方取消交易或者当接收方上传签名以及释放秘密值时,接收方才能收到保证金。接着发送方将 deposit 交易作为输入生成 refund 交易,为每个接收方设定时间间隔 $\Delta t_1, \Delta t_2, \cdots\cdots \Delta t_n$,保证在指定时间间隔内释放秘密值。然后将该交易发送给接收方,使得所有接收方都同意此交易。最后,发送方将 deposit 交易广播全网,此时所有接收方的账户已经存有保证金,存款阶段完成。

(2) Claim phase。每个接收方将 deposit 交易作为输入用于生成 claim 交易,在指定时间间隔内提供签名以及释放秘密值才能通过脚本的验证,拿回保证金,否则失去保证金。

(3) Refund phase。若在时间间隔内存在接收方没有广播有效的 claim 交易,此时当接收方为第一位签名者时,由于签名未开始,所有签名者通过广播 refund 交易拿回保证金;当接收方不为第一位签名者时,设为 $N_i (i \neq 1)$,其他签名者通过广播 refund 交易拿回保证金,接收方 N_i 将失去保证金,由前 $i-1$ 已经广播有效的 claim 交易的接收方获得 N_i 的保证金作为奖励。

在数字签名应用中,有时需要多个用户对同一个文件进行签名和认证。比如,一个公司发布的声明中涉及财务部、开发部、销售部、售后服务部等部门,需要得到这些部门签名认可,那么,就需要这些部门对这个声明文件进行签名。能够实现多个用户对同一文件进行签名的数字签名方案称作多重数字签名方案。

下面给出多重签名的相关的定义。

- 签名系统。在一个多重签名体制中,所有参与签名的相对独立而又按一定规则关联的实体的集合,我们称为一个签名系统。签名子系统就是所有签名者的一个子集合。
- 签名结构。在一个多重签名体制中,签名系统中的任何一个子系统的各成员按照特定的承接关系对某个文件进行签名,这个承接关系就称为这个签名系统的一个签名结构。可以用有向图来表示签名结构,其中顶点表示参与签名的各实体,有向边表示承接关系,即数据的流向。

3.6.4.4 系统模型

在设计的方案中,系统架构包含如下实体:数据拥有者(Data Owner)、签名者(Signer)、区块链(Blockchain),系统模型图如图 3-8 所示。首先,签名者生成用于签名的公私钥,并将公钥作为区块链上的地址;其次,数据拥有者生成一个 deposit 交易,设置保证金金额以及签名时间间隔,同时将需要签名的签名者公钥进行聚合以及生成签名者签名顺序,并公开这些消息。然后,每个签名者依次对合同签名,通过生成用于此次签名的部分公钥来保证签名安全性,签名完成后发送给智能合约以及下一签名者。当智能合约通过签名后,签名者通过 deposit 交易用于生成 claim 交易,拿回保证金,下一签名者继续签名;最后,由智能合约将最终的签名发送给数据拥有者。

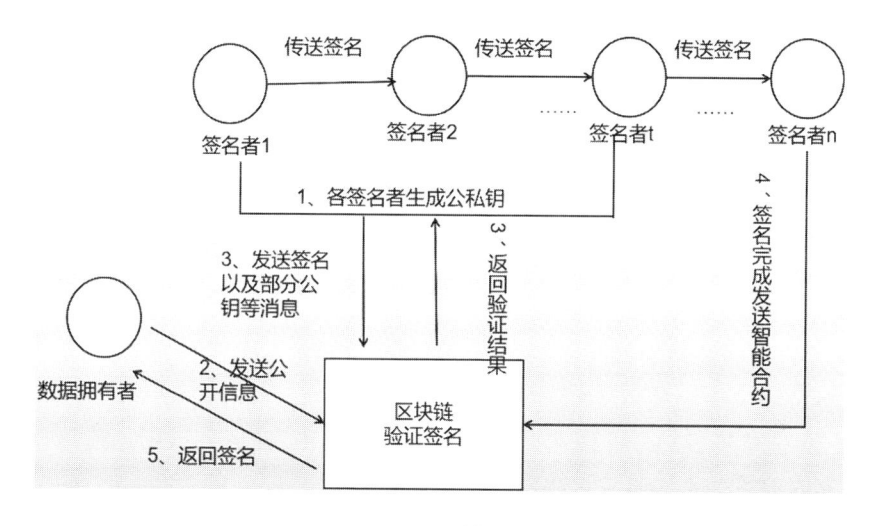

图 3-8 系统模拟图

其中每个实体的功能如下:

• 数据拥有者定制策略。计算签名者的聚合公钥、制定签名顺序以及每个签名者签名的时间,将生成的公开信息传送到区块链中,同时生成一个 deposit 交易,设置保证金金额以及秘密值,这里的秘密值为签名 σ_i,σ_i 在签名者签名之前是秘密的,当上传到区块链后,对所有用户公开。最后等待智能合约返回所有签名者完成签名后的签名。

• 签名者依次签名。首先生成各自的公私钥,同时根据数据拥有者上传的签名顺序以及签名时间间隔签名,完成签名后将签名消息发送到智能合约和下一签名者,当智能合约通过后,签名者通过 deposit 交易作为输入生成 claim 交易,拿回保证金。当智能合约未通过签名时,其他签名者生成 refund。首先,签名者生成用于签名的公私钥,并将公钥作为区块链上的地址;其次,数据拥有者生成一个

deposit 交易,设置保证金金额以及签名时间间隔,同时将需要签名的签名者公钥进行聚合以及生成签名者签名顺序,并公开这些消息。然后,每个签名者依次对合同签名,通过生成用于此次签名的部分公钥来保证签名安全性,签名完成后发送给智能合约以及下一签名者。当智能合约通过签名后,签名者通过 deposit 交易用于生成 claim 交易,拿回保证金,下一签名者继续签名;最后,由智能合约将最终的签名发送给数据拥有者交易,拿回保证金,此时签名者 N_i 将失去保证金,由前 $i-1$ 个签名者获得奖励,平分签名者 N_i 的保证金($i \in 1, 2, \cdots\cdots n$)。这里的签名者的公开参数对区块链的所有用户公开。

- 区块链。区块链具有不可篡改性、可追溯性、可自动执行一些预先定义好的规则和条款的特点,同时区块链上的交易信息对所有用户是公开的,但是用户的隐私信息是高度加密的,只有在有授权的情况下才能访问到。智能合约基于这些可信的不可篡改的信息,验证合约是否正确,如果签名验证未通过,返回未通过信息给下一签名者,停止签名;当最后一位签名者验证通过后,由智能合约直接返回签名给数据拥有者。

3.6.4.5 安全模型

在实际应用环境中,基于区块链的有序多重签名方案必须满足以下安全属性:

- 保证签名的有序。数据拥有者规定签名顺序,任何签名者改变签名顺序后无法通过智能合约的验证。签名者也可以对上传的签名进行验证,确定签名是否有效。
- 保证单签名的不可伪造性。在签名的过程中,任何人试图伪造该签名者签名,完成的签名无法通过智能合约的验证。
- 保证最后生成的签名的不可伪造性。当最后一位签名者完成签名后上传到智能合约,只有通过智能合约的签名才会返回给数据拥有者。基于以上安全目标,提出正式的安全定义。

定义 3.4　不可伪造性

假设 A 是概率多项式时间敌手,当 A 赢得接下来的交互可以忽略时,则生成的签名满足不可伪造性。

下面的交互来自 A 和挑战者 C 之间的相互作用。

(1) 初始化。创建系统参数并生成所有签名者的公私钥对 (s_i, S_i)($i \in 1, 2, \cdots\cdots n$),系统参数、所有签名者的公钥 $S_1, S_2, \cdots\cdots S_n$ 作为公共参数发送给 A。

(2) 敌手 A 和挑战者 C 之间的交互。在 A 和 C 的交互中,A 自适应地请求 C 并获取 C 的响应。请求和对应的响应如下。

- 哈希请求。A 向 C 发送哈希请求。C 收到 A 的请求后,生成相应的值,作为响应发送给 A(随机预言模型)。或者 C 访问实际的哈希函数并用实际的哈希值响应 A(标准模型)。A 可以自适应地请求哈希预言机并得到相应的响应。

• 签名请求。敌手 A 向 C 请求消息 m_i 的签名查询,得到 (m_i, δ_i),其中 (m_i, δ_i) 是消息/签名对。在这个过程中,C 创建签名 δ_i $(i \neq k)$ 并将其发送给 A。A 可以自适应地执行签名请求,并得到相应的响应。在此过程中,将请求/签名集表示为 $\{(m_i, \delta_i) \mid i \in I\}$。

(3)伪造。A 伪装成签名者生成消息 m_f 的一个有效的签名 δ_f,其中 $f \notin I$。如果 A 成功伪造的概率是不可忽略的,那么 A 赢得这场游戏;否则,称该签名方案是存在不可伪造的。

定义 3.5 智能合约的安全性

智能合约是通过矿工节点参与创建后,将合约发布到区块链中,当触发预设条件时,合约代码自动执行,并将执行后的结果返回到区块。同时由于链上执行数据公开且存储在分布式系统中以及共识机制的存在,少数矿工更改数据不会改变执行结果。从安全性、数据溯源、激励机制方面,区块链系统满足公平性以及不可伪造性。

方案基于区块链的有序多重签名方案包含 5 个步骤:系统建立、密钥生成阶段、签名生成、有序多重签名和有序多重签名验证。

(1)系统建立阶段。设 G_1, G_2 分别是阶为素数 q 的加法循环群和乘法循环群,e 为高效的双线性映射 $e: G_1 \times G_1 \to G_2$,$P$ 是 G_1 的一个生成元。3 个安全散列函数 $H_0: \{0,1\} \to G_1$,

$$H_1: \{0,1\} \to Z_q^* \tag{3.30}$$

$$H_2: \{0,1\} \to Z_q^* \tag{3.31}$$

系统参数 $(G_1, G_2, e, P, H_0, H_1, H_2)$ 存储在区块链并对所有用户公开。

(2)密钥生成阶段。签名者生成密钥以及数据拥有者指定规则,具体步骤如下:

• 签名者密钥生成。每个签名者 N_i 随机地选取一个 $s_i \in Z_q^*$ $(i \in 1, 2, \cdots\cdots n)$ 作为私钥,同时计算 $S_i = s_i P$ $(i \in 1, 2, \cdots\cdots n)$ 作为公钥,这里的公钥也被签名者用作在区块链上的地址。

• 数据拥有者制定规则。数据拥有者生成签名顺序

$$M = (M_1, M_2, \cdots, M_n) \tag{3.32}$$

到区块链上,其中 M_i 包含前 N_i 个签名者的签名顺序(如 M_1 代表 N_1,M_2 代表 $N_1 \to N_2$),同时规定每个签名者签名的时间间隔 $\Delta t_1, \Delta t_2 \cdots\cdots \Delta t_{n-1}$ (Δt_1 代表 $N_1 \to N_2$ 时间间隔,Δt_{n-1} 代表 $N_{n-1} \to N_n$ 的时间间隔),保证签名者 N_i 在指定时间间隔 $(t_{i-1}, t_{i-1} + \Delta t_{i-1})$ 内释放实际签名时间 t_i,下一签名者根据 t_i 以及 Δt_i 确定 t_{i+1} ($i \in 1, 2, \cdots\cdots n$),$t_i$ 是签名者在签名时选取的,对所有签名用户公开。然后对签名者公钥 $S_1, S_2 \cdots\cdots S_n$ 进行聚合处理,设 PK = $\{S_1, S_2 \cdots\cdots S_n\}$,计算 $\beta_i = H_1(S_i,$

PK),得到聚合公钥

$$apk_i = \sum_{j=1}^{i} \beta_j * S_j \ (i \in 1,2,\cdots\cdots n) \tag{3.33}$$

同时计算签名文件 m 得到 $h_1 = H_0(apk_n, m)$ 并将聚合公钥以及 h_1 发送到区块链中。最后生成一个 deposit 交易,设置保证金金额 cash。

(3)有序多重签名阶段。签名者依次签名,同时将签名完成的结果发送给智能合约,下一签名者收到结果后,继续签名,直到最后一位签名者完成签名后,由智能合约发送给数据拥有者,具体步骤如下:

• 每个签名者 N_i 随机地选取一个 $r_i \in Z_q^*$ 同时计算 $R_i = r_i P$ 并上传到区块链中,对所有用户公开。其次签名者执行 deposit 交易,只有账户中余额大于 cash 才能执行此协议。最后每个签名者选取一个签名时间 t_i 并计算:

$$l_i = H_2(apk_i, M_i, t_i)(i \in 1,2,\cdots\cdots n) \tag{3.34}$$

• 签名者 N_1 计算得到签名:

$$\delta_1 = (\beta_1 * s_1 + l_1 * r_1)h_1, \sigma_1 = \delta_1 \tag{3.35}$$

最后签名 N_1 完成后将签名 σ_1 发送到智能合约以及 t_1 发送到区块链,将 σ_1 发送给签名者 N_2。

• 签名者 N_2 验证签名 σ_1 是否有效,由于验证的过程在智能合约中完成,签名者 N_2 只需等待智能合约返回验证的结果,智能合约通过验证:

$$e(\sigma_1, P) = e(H_0(apk_n, m), apk_1 + l_1 R_1) \tag{3.36}$$

是否成立。当智能合约返回的结果为 σ_1 无效时,此时签名者 N_1 需重新上传 t_1 以及签名 σ_1,否则签名者 N_2 拒绝签名,签名终止,由于签名刚开始,那么所有签名者都生成 refund 交易,拿回保证金 cash。当智能合约返回的结果为 σ_1 有效时,签名者 N_1 生成 refund 交易,拿回保证金 cash,签名者 N_2 查看区块链上签名者 N_1 上传的签名时间 t_1 和数据拥有者上传的时间间隔 Δt_1,然后计算得到签名:

$$\delta_2 = (\beta_2 * s_2 + l_2 * r_2)h_2, \sigma_2 = \sigma_1 + \delta_1 \tag{3.37}$$

签名者 N_2 将 σ_2 发送到智能合约,t_2 发送到区块链并将 σ_2 传送给下一个签名者。

• 当签名者 N_i 完成签名后将签名的消息发送给智能合约和签名者 N_{i+1},签名者 N_{i+1} 等待智能合约的验证结果。智能合约通过调用算法 1,验证 t_i 是否属于 $(t_{i-1}, t_{i-1} + \Delta t_{i-1})$ 以及验证签名

$$e(\sigma_i, P) = e(H_0(apk_n, m), apk_i + \sum_{j=1}^{i} l_j R_j)(i \in 1,2,\cdots\cdots n) \tag{3.38}$$

是否成立。当智能合约返回的结果为 σ_i 无效时,签名者 N_i 需在指定时间间隔 $(t_{i-1}, t_{i-1} + \Delta t_{i-1})$ 内上传 t_i 以及签名 σ_i,否则下一位签名者拒绝签名,签名终止,此时除签名者 N_i 外生成 refund 交易,拿回保证金 cash,而签名者 N_i 由于没有广播有效的 claim 交易,失去保证金,由前 $i-1$ 个已经广播的签名者获得奖励,每

人获得奖励 $cash/(i-1)$。

• 当智能合约返回的结果为 σ_i 有效时，签名者 N_i 生成 refund 交易，拿回保证金 $cash$，签名者 N_{i+1} 根据签名者 N_i 发送的签名 σ_i、签名者 N_i 上传的 t_i 以及数据拥有者上传的 Δt_i，签名者 N_{i+1} 计算：

$$\delta_{i+1} = (\beta_{i+1}*s_{i+1} + l_{i+1}*r_{i+1})h_{i+1}, \sigma_i = \sigma_i + \delta_{i+1} = \sum_{j=1}^{i+1}\delta_j \quad (3.39)$$

最后签名者 N_n 计算：

$$\delta_n = (\beta_n*s_n + l_n*r_n)h_n, 得到 \sigma_n = \sigma_{b-1} + \delta_n = \sum_{j=1}^{n}\delta_j \quad (3.40)$$

(4) 多重签名验证阶段。签名者 N_n 完成签名后发送 σ_n 到智能合约，智能合约验证 σ_n 的有效性。智能合约通过验证式 3.41 的正确性：

$$e(\sigma_n,P) = e(H_0(apk_n,m),apk_n + \sum_{j=1}^{i}l_jR_j)(i \in 1,2,\cdots\cdots n) \quad (3.41)$$

当通过智能合约验证，由智能合约将最终的签名发送给数据拥有者，签名者 N_n 生成 refund 交易，拿回保证 $cash$。当未通过智能合约验证，需在指定时间内重新上传 t_n 以及签名 σ_n，否则前 $n-1$ 个签名者生成 refund 交易，拿回保证金 $cash$，而签名者 N_n 由于没有广播有效的 claim 交易，失去保证金，由前 $n-1$ 个已经广播的签名者获得奖励，每人获得奖励 $cash/(n-1)$。

定理 3.2 安全性分析

如果签名者 $N_i(i \in 1,2,\cdots\cdots n)$ 上传的签名是正确的，则可以通过智能合约的验证以及数据拥有者的验证。智能合约的证明：

$$e(\sigma_i,P) = e(\sum_{j=1}^{i}\delta_i,P) =$$

$$e(\sum_{j=1}^{i}(\beta_j*s_j + l_j*r_j)h_j,P) =$$

$$e(H_0(apk_n,m),\sum_{j=1}^{i}(\beta_j*s_jP + \sum_{j=1}^{i}l_j*r_jP) =$$

$$e(H_0(apk_n,m),\sum_{j=1}^{i}\beta_j*S_j + \sum_{j=1}^{i}l_j*R_j) =$$

$$e(H_0(apk_n,m),apk_i + \sum_{j=1}^{i}l_j*R_j) \quad (3.42)$$

数据拥有者的验证：

$$e(\sigma_n,P) = e(\sum_{j=1}^{n}\delta_i,P) =$$

$$e(\sum_{j=1}^{n}(\beta_j*s_j + l_j*r_j)h_j,P) =$$

$$e(H_0(apk_n,m),\sum_{j=1}^{n}(\beta_j*s_jP + \sum_{j=1}^{n}l_j*r_jP) =$$

$$e(H_0(apk_n,m), \sum_{j=1}^{n}\beta_j * S_j + \sum_{j=1}^{n}l_{j*}R_j) =$$
$$e(H_0(apk_n,m), apk_i + \sum_{j=1}^{n}l_j * R_j) \tag{3.43}$$

定理 3.3 不可伪造性

设群 G_1 为 $(t',\varepsilon')-GDH$ 群，则在随机预言机中，基于区块链的有序多重签名方案是 (t,ε) 存在不可伪造的，即敌手 A 在运行时间不超过 t 时，成功的概率不高于 ε，其中

$$\varepsilon \geqslant e(q_s + 1) \cdot \varepsilon'$$
$$t = t' + O(q_{H_0} + 2q_s + q_{H_1} + q_{H_2}) \tag{3.44}$$

式中，$q_{H_0},q_s,q_{H_1},q_{H_2}$ 分别表示对预言机 H_0，数字签名，H_1，H_2 的请求次数，e 为自然对数的底。

证明：假设 C 是 CDHP 挑战者，C 创造了模拟的攻击环境，与真实的攻击环境是计算不可区分的。挑战者 C 收到三元组 $P,U_1,U_2 \in G_1^3$，其中，设 $U_1 = aP$，挑战者 C 的目标计算 aU_2。挑战者 C 与敌手 A 的交互如下。初始化：挑战者 C 生成系统参数 params：(G_1,G_2,P,H_0,H_1,H_2) 并发送给 A，挑战者 C 发送给敌手签名者 N_i 的公钥 $U_1 + s_iP$，其中 $s_i \in Z_q^*$（$1 \leqslant i \leqslant n$），并初始化表格 L_0。

H_0 - 请求：挑战者 C 利用表格 L_0 存储元组 (v_i,w_i,b_i,c_i)。当 A 对 $v_i = (apk_n,m_i)$ 请求 H_0 时，挑战者 C 响应如下：

(1) 如果请求 v_i 已经存储在表格 L_0 中，则挑战者 C 输出 $H_0(apk_n,m_i) = w_i$。

(2) 否则，挑战者 C 随机选取一个 $c_i \in \{0,1\}$ 使得 $\Pr[c_i = 0] = 1/(q_s + 1)$，其中 q_s 表示签名请求次数。

(3) 挑战者 C 选取一个 $b_i \in Z_q^*$，并计算

$$w_i = (1 - c_i)U_2 + b_iP \tag{3.45}$$

(4) 挑战者 C 将 (v_i,w_i,b_i,c_i) 添加到表格 L_0 中，并将 w_i 发送给敌手 A。H_1 - 请求，H_2 - 请求：当 A 向 C 请求 H_1 - 预言机或 H_2 - 预言机时，C 根据实际哈希函数计算相应哈希值，并把相应哈希值返回给 A。

签名请求：敌手 A 向 C 请求消息 m_i 的签名请求，C 对该查询的请求如下：

(1) A 对 m_i 和 apk_n 请求 H_0 - 预言机，得到 w_i，设 (v_i,w_i,b_i,c_i) 为 L_0 中的元组。若 $c_i = 0$，则挑战失败并终止。

(2) 否则，$w_i = b_iP$，通过请求 H_1 - 预言机和 H_2 - 预言机获得 β_i,l_i，C 选取随机数 $r_i \in Z_q^*$ 并计算：

$$\delta_i = b_i(\beta_iS_i + l_ir_iP) \tag{3.46}$$

因为：

$$\delta_i = b_i(\beta_iS_i + l_ir_iP)$$

$$= (\beta_i(a + s_i) + l_i r_i) b_i P$$
$$= (\beta_i(a + s_i) + l_i r_i) w_i$$
$$= (\beta_i(a + s_i) + l_i r_i) H_0(apk_n, m_i) \tag{3.47}$$

所以 δ_i 是 m_i 的有效签名。挑战者 C 将签名 δ_i 发送给敌手 A。

输出:最后,假设 A 伪造了一个有效的消息签名对 (m_f, δ_f),其中 m_f 未对 C 进行签名请求。由于 H_0 是随机预言机和 A 成功攻击,A 已经对 m_f 请求了 H_0,则 (v_i, w_i, b_i, c_i) 属于 L_0,其中 $v_f = (apk_n, m_f)$。当 $c_f = 1$,则挑战者 C 报告失败并终止;

当 $c_f = 0$ 时,
$$H_0(apk_n, m_f) = U_2 + b_f P \tag{3.48}$$

此时
$$\delta_f = (\beta_f(a + s_f) + l_f d_f r_f)(U_2 + b_f P) \tag{3.49}$$

则 C 计算可得 aU_2,即
$$aU_2 = \left[\frac{\delta_f - l_f r_f(U_2 + b_f P)}{\beta_f}\right] - b_f U_1 - s_f U_2 - b_f s_f P \tag{3.50}$$

在签名请求中,当 $c = 0$ 时,签名仿真失败,失败概率为 $\frac{1}{q_s + 1}$。

由于 c 的独立性,在签名请求中挑战者 C 不会中止的概率至少为
$$\left(1 - \frac{1}{q_s + 1}\right)^{q_s} \geq \frac{1}{e} \tag{3.51}$$

当 A 伪造的消息签名对中 $c_f = 0$ 时,aU_2 才能被求出,概率为 $\frac{1}{q_s + 1}$。这样,aU_2 能够被求出的概率 ε' 满足
$$\left(1 - \frac{1}{q_s + 1}\right)^{q_s} \frac{1}{q_s + 1} \varepsilon \geq \varepsilon', \text{即 } \varepsilon \geq e(q_s + 1)\varepsilon' \tag{3.52}$$

在 A 与 C 的交互中,对于 H_0 预言机,每次请求 C 需要 1 次数乘;对于签名预言机,每次请求 C 需要 2 次数乘;对于 H_1 预言机和 H_2 - 预言机,仅作正常哈希函数计算即可。这样,上述交互的时间消耗为
$$t' + O(q_{H_0} + 2q_s + q_{H_1} + q_{H_2}) \tag{3.53}$$

根据概率分析,得到 CDHP 被破解的概率为 $\varepsilon \geq e(q_s + 1)\varepsilon'$。如果 ε 是不可忽略函数,则 ε' 也是不可忽略函数,这跟 G_1 为 (t', ε') - GDH 群矛盾。根据反证法,ε' 是一个可忽略函数,此方案满足不可伪造性。证毕。

定理 3.4 智能合约的安全性

如果签名者上传的信息是正确的,则本方案智能合约返回的结果是正确的。在安全性方面,本方案搭建在区块链中,公开信息对所有签名者共享,同时签名时采用哈希函数和数字签名的方式保证了个人信息不被泄露,这是因为无法从本方

案中得到的签名 σ_i 去破解 s_i, r_i;在数据溯源方面,由于区块链的不可篡改、节点共识以及数据加密的特点,本方案中一旦有恶意签名者试图修改数据从而改变智能合约验证结果,就会通过溯源技术找到该签名者,并进行相应惩罚;在激励机制方面,所有签名用户共同维护区块链系统,保证不被恶意用户攻击。以超级账本(Fabric)中的智能合约为例,超级账本中的智能合约也称链码,它是运行在 Docker 中,执行智能合约主要是在链码实例化后通过与背书节点建立连接通讯,再通过背书节点访问账本中合约相关数据,从而隔离了智能合约与用户直接访问,保证了安全性。

3.6.5 其他签名方案

3.6.5.1 盲签名

Chaum 在 1983 年提出了盲签名的概念,盲签名因为具有匿名性这一特点,签名者需要对消息进行签名却无法得知消息的明文,因此消息对签名者具有匿名性。对于盲签名 Chaum 举了一个非常生动的例子来说明,盲签名就好比我们需要对一封信签名,但同时又不想让签名者看到这封信的内容,因此可以将这封信放入信封内,对信封封口,这个过程就是盲化的过程;签名者只需要在信封上签字就好,这是一个特制的信封,签名者的签名会通过信封的复写功能写到信上,这就是签名的过程;对信封开封取信的过程,就好比去盲的过程。

对于给定的两个大素数 p 和 q,要求他们的乘积 $N=pq$ 是非常容易的,但是仅知道两个大素数的乘积 N,要想求出这两个大素数 p 和 q 却是极端困难的。

盲签名的具体步骤如图 3-9 及下文所述。

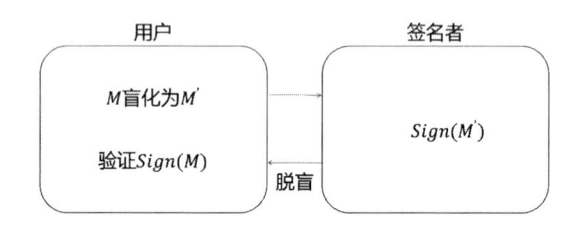

图 3-9 盲签名流程图

(1)盲化。用户将需要签名的消息 M 盲化为 M',接着将 M' 发给签名者,如银行。

(2)签名。签名者对收到的消息 M' 用手头上的私钥进行签名,得到消息 $Sign(M')$,再将消息 $Sign(M')$ 发回给用户。签名者无法通过消息 M' 得到原始消息 M。签名者需要将公钥公开,自己保存私钥。

(3)脱盲。用户对收到的消息 $Sign(M')$ 进行脱盲得到消息 $Sign(M)$。

(4)验证。用户要用公钥对签名进行验证,签名者会公布公钥,判断签名的真伪。

盲签名是一种数字签名方案,是对签名者匿名的数字签名,因此盲签名具有数字签名的一般特性,此外还应当具备如下特性:
- 盲性用户向签名者发出签名请求时,签名者不知道消息的真实内容;
- 无法伪造:只有签名者才能签名,任何人都无法伪造签名;
- 无法追踪:当签名公开后,签名者无法利用保留下来的过程信息与公开的签名追踪到用户;
- 无法抵赖:对于自己签过名的消息,签名者是无法否认的。

当然,对于一个签名方案,还需要考虑它的效率和操作的可行性,效率和操作可行性是由盲签名的长度、密钥的长度、盲签名算法和验证算法决定的。

3.6.5.2 群签名

群签名(Group Signature)的概念是由 Chaum 和 Heyst 在 1991 年联合提出的。在一个群签名体制中,群体中的成员可代表整个群体进行匿名签名。张兴兰等(2019)提出一方面,验证者只能确定签名是由群体中的某个成员产生的,但不能确定是哪个成员,即匿名性;另一方面,在必要的时候群管理者可以打开签名来揭示签名成员身份,使签名成员无法否认,即可追踪性。

匿名签名机制是隐私保护的关键技术之一,可以广泛地应用在需要鉴别身份的网络场景。群签名机制作为匿名签名技术的一种,引入群组的概念,改造了传统签名机制的签名环节和验签环节,用群组将签名者隐藏起来。这样,不但实现了签名者的匿名,而且在需要的时候又能够通过打开过程来得到真实的签名者。

王璨(2018)提出一个安全的群签名应具备以下性质:
- 防伪造性:非法的群签名者无法产生合法的签名。
- 抗联合攻击性:即便是一些群成员联合起来甚至与管理员勾结也无法冒充其他群成员进行签名。
- 正确性:群签名者按照合法的步骤产生的签名一定是正确的签名。
- 抗陷害性:群内任何成员(包括群管理员)都不能冒充其他群成员生成合法的群签名。
- 匿名性:对于群签名后,除了群管理员,其他人无法确定签名者的身份。
- 无关性:无法确定两个群签名是否出自同一个群签名者。
- 可追踪性:在需要的时候,群管理员可以将签名打开,确定真实的签名者。

3.6.5.3 环签名

Rivest、Shamir 和 Tauman 三位密码学家首次提出了环签名。环签名是一种简化的群签名,环签名中只有环成员没有管理者,不需要环成员间的合作。其他用户只知道签名是由环中的用户所签,但不知道是具体是哪个用户。

李佩丽等(2021)提出环签名除满足正确性和不可伪造性,还满足无条件匿名性,即攻击者无法确定签名是由环中哪个成员所签。即使在确认环成员私钥的情况下,攻击者成功的概率也不超过 $1/n$。后续有不少环签名方案被提出,还衍生出一类叫可链接的环签名。可链接的环签名在环签名的基础上增加了可链接(linkable)的性质,即如果一个用户用同一个私钥做了两次环签名,那么这两个签名可以被链接到此用户,即知道这两个签名是由同一个用户所签,不过也不能确定具体是哪个用户。

CryptoNote 就采用可链接的环签名实现了发送者身份的隐藏。一个要做交易的用户,选择具有相同金额的公钥地址作为环中的成员,对交易进行环签名。其他用户可以验证这笔交易,但不知道是谁对这笔交易做的签名。如果一个用户用相同的私钥做了两次签名,那么验证者可以判断这两个签名来自同一个用户,但不知道具体是谁。因此可链接的环签名隐藏了发送者的身份(这里是公钥),实现了交易的不可追踪性。另外 CryptoNote 同样采用隐身地址的方法使交易不可关联。门罗币 Monero 建立在 CryptoNote 基础上,实现了交易金额的隐藏。它用到了同态承诺来保密金额,可以实现输入输出金额一致的验证功能。

基于环签名的隐私保护方案本质上是把真实的交易隐藏在一个集合中,使得其他节点不知道实际参与者是集合中的那个节点。目前已有的不需认证机构的环签名方案中,签名的尺寸和环的大小(集合大小)相关。也有工作研究如何进一步降低环签名的尺寸。另外在实际操作中,集合选择不当可能会带来一些问题,攻击者可以通过分析获得交易的链接情况。

参考文献

[1]陈开渠. 十进制时间戳协议[J]. 中国科学院研究生院学报,2001(02):144-148.

[2]陈丽燕. Hash-RSA 盲签名的数字货币方案[J]. 计算机时代,2021(06):52-56.

[3]董祥千,郭兵,沈艳,段旭良,申云成,张洪. 一种高效安全的去中心化数据共享模型[J]. 计算机学报,2018,41(05):1021-1036.

[4]窦文,王怀民,贾焰,邹鹏. 构造基于推荐的 Peer-to-Peer 环境下的 Trust 模型[J]. 软件学报,2004(04):571-583.

[5]杜孝平,罗宪,唐世渭. 频繁项集挖掘中的两种哈希树构建方法[J]. 计算机科学,2002(12):138-140.

[6]樊星,牛保宁. 区块链应用下的新型区块链布隆过滤器[J]. 计算机科学与探索,2021,15(10):1921-1929.

[7]韩璇,袁勇,王飞跃. 区块链安全问题:研究现状与展望[J]. 自动化学报,2019,45(01):206-225.

[8]何蒲,于戈,张岩峰,鲍玉斌. 区块链技术与应用前瞻综述[J]. 计算机科学,2017,44

(04):1-715.

[9]黄根,邹一波,徐云. 区块链中 Merkle 树性能研究[J]. 计算机系统应用,2020,29(09):237-243.

[10]蒋勇. 白话区块链[M]. 北京:机械工业出版社,2017.

[11]雷元娜,徐海霞,李佩丽,张淑慧. 区块链共识机制中随机性研究[J]. 信息安全学报,2021,6(03):91-105.

[12]刘知贵,杨立春,蒲洁,张霜. 基于PKI技术的数字签名身份认证系统[J]. 计算机应用研究,2004(09):158-160.

[13]李佩丽,徐海霞,马添军. 区块链隐私保护与监管技术研究进展[J]. 信息安全学报,2021,6(03):159-168.

[14]刘海房,吴雨芯. 比特币系统综述[J]. 现代计算机,2020(19):45-51.

[15]欧海文,雷亚超,王湘南. 一种安全高效的群签名方案[J]. 计算机应用与软件,2020,37(07):309-312+328.

[16]王璨,刁振军. 群签名技术综述[J]. 数字技术与应用,2018,36(11):214-216.

[17]徐朝东,王化群. 基于区块链的有序多重签名方案[J]. 南京邮电大学学报(自然科学版),2021,41(02):85-94.

[18]袁亮. 时间戳在区块链技术中的运用研究[J]. 中国化工贸易,2017,(15):109-110.

[19]袁勇,王飞跃. 区块链理论与方法[M]. 北京:清华大学出版社,2019.

[20]袁勇,王飞跃. 区块链技术发展现状与展望[J]. 自动化学报,2016,42(04):481-494.

[21]张兴兰,崔遥. 基于群签名的属性加密方案[J]. 网络与信息安全学报,2019,5(01):15-21.

[22]Bayer Dave, Stuart Haber and Scott Stornetta. Improving the Efficiency and Reliability of Digital Time-Stamping[J]. In Sequences II: Methods in Communication, Security and Computer Science,1993:329-334.

[23]Beuchat, Jean-Luc, Jorge Enrique González-Díaz, Shigeo Mitsunari, Eiji Okamoto, Francisco Rodríguez-Henríquez and Tadanori Teruya. High-Speed Software Implementation of the Optimal Ate Pairing over Barreto-Naehrig Curves[J]. International Conference on Pairing-Based Cryptography,2010:21-39.

[24]Buterin, Vitalik. A next-generation smart contract and decentralized application platform[J]. White Paper,2014,3(37):2-1.

[25]Daley William and Raymond Kammer. Digital Signature Standard (DSS). Federal Information Processing Standards Publication. 2000.

[26]Changlu Lin, Lein Harn, Dingfeng Ye. Information-theoretically Secure Strong Verifiable Secret Sharing[C]. International Conference on Information Security and Cryptology,2009:233-238.

[27]David Lazar, Yossi Gilad, Nickolai Zeldovich. Karaoke: Distributed Private Messaging Immune to Passive Traffic Analysis[C]. Symposium on Operating Systems Design and Implementation,2018:711-725.

[28]Dodis Yevgeniy, Yampolskiy Aleksandr. A Verifiable Random Function With Short Proofs

and Keys[C]. 8th International Workshop on Theory and Practice in Public Key Cryptography. 2005: 416-431.

[29]Dolev,Danny. The Byzantine Generals Strike again[J]. Journal of Algorithms,1982,3(1): 14-30.

[30] Dwork, Cynthia and Moni Naor. Pricing via Processing or Combatting Junk Mail[C]. Advances in Cryptology,1992:139-147.

[31] Feldman, Paul and SilvioMicali. An Optimal Probabilistic Algorithm for Synchronous Byzantine Agreement[C]. International Colloquium on Automata, Languages and Programming, 1989: 341-378.

[32]Gennaro,Rosario,Stanislaw Jarecki,Hugo Krawczyk and Tal Rabin. Secure Distributed Key Generation for Discrete-Log Based Cryptosystems[J]. Journal of Cryptology,2007,20(1):51-83.

[33]Reyzin,Leonid,Dimitrios Papadopoulos,Jan Včelák and Sharon Goldberg. Verifiable Random Functions(VRFs). 2020.

[34]Goldreich,Oded. Foundations of Cryptography:Basic Tools. 2000.

[35] Haber, Stuart and ScottStornetta. How to time-stamp a digital document[C]. Journal of Cryptology 1990:99-111.

[36]Imran Bashir. Mastering Blockchain. Packt Publishing. 2018.

[37] Just, Mike. SomeTimestamping Protocol Failures [C]. Network and Distributed System Security Symposium. 1998,9(8):89-96.

[38]Kiayias, Aggelos, Alexander Russell, Bernardo Machado David and Oliynykov. Ouroboros:A provably secure proof-of-stake blockchain protocol [C]. Annual international cryptology conference. 2017:357-388.

[39]Libert,Benoît,Marc Joye and Moti Yung. Born and Raised Distributively:Fully Distributed Non-Interactive Adaptively-Secure Threshold Signatures with Short Shares[J]. Theoretical Computer Science,2016,64(5):1-24.

[40]Liu, Guanghui and Dong Cao. A Novel Quantum Coin Tossing Protocol Based on Quantum Public-Key Cryptosystem[C]. 2011 International Conference on Internet Technology and Applications, 2011:1-4.

[41]Jian-zhong,Zhang. Threshold-signature Scheme with Proxy Signers. Computer Engineering. 2009,35(21):174-175.

[42] Micali, Silvio, Michael Rabin and Salil Vadhan. Verifiable random functions[C]. 40th Annual Symposium on Foundations of Computer Science. 1999:120-130.

[43]Nakamoto,Satoshi. Bitcoin:A Peer-to-Peer Electronic Cash System. 2008.

[44]Pass,Rafael,A Course in Cryptography,retrieved 31 December 2015.

[45]RogerWattenhofer. The science of the blockchain. 2016.

[46]Shigeo Mitsunari. Barreto-Naehrig curve implementation and BLS. 2017.

[47]Saito, Kenji and Hiroyuki Yamada. What's So Different about Blockchain? — Blockchain is a Probabilistic State Machine [C]. 2016 IEEE 36th International Conference on Distributed

Computing Systems Workshops. 2016:168-175.

[48] Schoenmakers Berry. A simple publicly verifiable secret sharing scheme and its application to electronic voting[C]. Annual International Cryptology Conference. 1999:148-164.

[49] Swan, Melanie. Blockchain_ blueprint for a new economy-O'Reilly. 2015.

[50] Szydlo Michale. Merkle tree traversal in log space and time[C]. International Conference on the Theory and Applications of Cryptographic Techniques. 2004:541-554.

[51] Une, Masashi. The security evaluation of time stamping schemes:The present situation and studies[C]. IMES Discussion Papers Series. 2001.

[52] Wood, Daniel Davis. Ethereum: A secure decentralised generalised transaction ledger[J]. Ethereum Project Yellow Paper. 2014,151(2014):1-32.

[53] Yao, Andrew Chi-Chih. Theory and Application of Trapdoor Functions[J]. 23rd Annual Symposium on Foundations of Computer Science,1982:80-91.

[54] Zhai, Sheping, Yuanyuan Yang, Jing Li, Cheng Qiu and Jiangming Zhao. Research on the Application of Cryptography on the Blockchain[C]. Journal of Physics:Conference Series. 2019,1168(3):32-77.

本章习题

1. 区块的定义是什么？简述区块头和区块体。
2. 时间戳的定义是什么？简述可信时间戳的生成流程。
3. 随机数的定义是什么？简述伪随机函数的定义。
4. 简述 Merkle 树的定义。简述一种 Merkle 树在区块链中的应用实例。
5. 简述简化支付验证和 Bloom 过滤器的定义。
6. 简述数字签名定理。
7. 简述多重签名的基本内容。
8. 其他数字签名有哪些常见的种类？请选择其中一种进行简要阐述。

4 区块链网络

学习要点和要求

- 非结构化 P2P 网络(掌握)
- 结构化 P2P 网络(掌握)
- 区块链节点的类型(了解)
- 区块链数据传输方式(熟悉)
- 区块链数据验证方式(熟悉)
- 区块链分叉的类型(掌握)
- 区块链分叉概率计算(了解)

4.1 P2P 网络

区块链技术是在网络技术快速发展之后出现的产物,它不是无源之水、无根之木,而是在分布式网络的基础上发展出来的,也可以说是分布式网络的一种新型应用。了解分布式网络技术的特点有助于我们进一步了解区块链技术。

4.1.1 P2P 网络概念

区块链是在点对点的分布式网络的基础上发展而来的,这种分布式网络的架构与传统的客户端/服务器(Client/Server,C/S)式的架构不同,前者是去中心化的网络,能够提高数据传输的效率,与 C/S 架构的中心化的网络相比,具有更高的安全性。

作为区块链的底层物理网络基础,这种分布式网络又称为 P2P(Peer to peer)网络,其最主要的特点是:每个网络节点之间都是平等的,没有哪个节点处于中心地位或者对其他节点具有控制、管理权限。

在 P2P 网络中,参与到网络的各个节点(计算机)在逻辑上都处于平等的地位,各个节点拥有相同的功能,它们之间可以共享信息、计算资源(如 CPU 计算能力)、存储空间、网络等,每个节点既是网络中服务的请求者,又可以对其他节点的请求作出响应。从图 4-1 可以看出 P2P 网络与传统的中心化网络的区别:有无一个网络节点的中心。

中心化网络　　　　　　　　　分布式网络

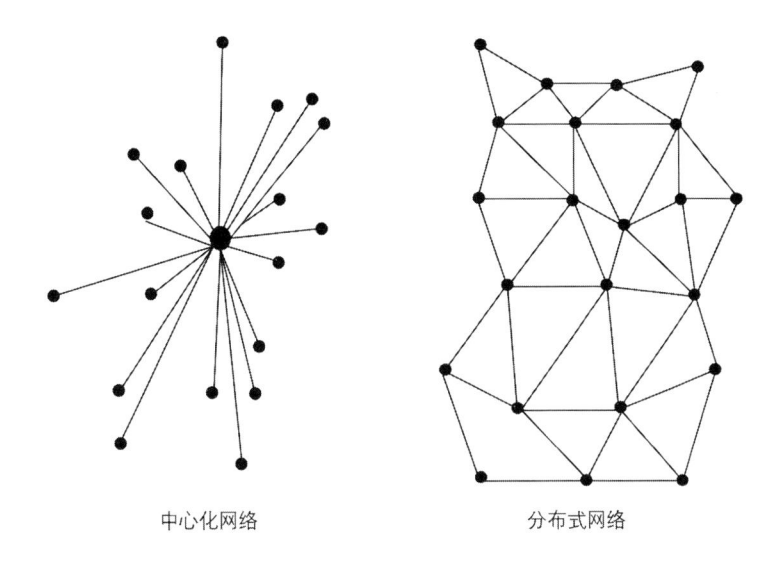

图 4-1　分布式网络和中心化网络示例

4.1.2　P2P 网络基本模型

一个 P2P 网络可以看作一个有向图 $G=(V,E)$，其中 $V(v_1,v_2,\cdots,v_n)$ 表示网络的顶点，$E(e_{12},e_{13},\cdots,e_{ij},\cdots)$ 表示有向图 G 的有向边，其中 e_{ij} 是指一条从顶点 v_i 指向顶点 v_j 的有向边(Pradhan et al.,2018)。

4.1.3　P2P 网络特点

P2P 网络的特点体现在以下几个方面：

• 去中心化(Decentralization)：在 P2P 网络中，网络上的资源分散在各个节点当中，信息传输无需借助中间环节或者服务器，而是在节点之间直接进行，所有的节点地位平等。这种去中心化的特点为 P2P 网络带来了高扩展性等优势。

• 高扩展性(Extensibility)：基于 P2P 的网络与传统的中心化网络不同，当有越来越多的计算机加入网络时不会出现性能降低的情况，因为随着用户的加入，P2P 网络的服务能力也会随之增加，让网络始终能够满足用户需求。例如，当使用 FTP 的方式进行文件下载时，随着用户的增加，网络就会变得卡顿，下载速度会变得越来越慢，但是如果我们选择基于 P2P 的下载模式，我们会发现，随着加入的用户数量越来越多，我们的下载速度反而变得越来越快。

• 高鲁棒性(Robustness)：与中心化的网络相比，基于 P2P 的网络具有耐攻击、高容错的优点。因为 P2P 网络提供服务的是分散于各地的节点，而且网络上的资源也是分散在各个节点中，而非储存在中心服务器上。因此，当网络上的部分节点损坏时，不会对整个网络造成很大的影响。一般来说，当 P2P 网络中的部分节点损坏时,P2P 网络可以自动调节整个网络的信息传输通道,以保持网络的通畅,并且 P2P 网络通常允许节点自由地加入和离开。

- 高性价比(Cost effective):随着科学技术的发展,计算机的存储需求以及计算需求高速增长,传统的基于中心化网络的服务器,通常难以满足庞大的计算和存储需求;但是 P2P 网络可以有效地利用网络中分散的节点,将计算任务以及储存任务分散到各个节点当中,利用闲置的计算以及储存能力来达到高速计算和海量存储的目的,这种性能优势是 P2P 网络被广泛关注的一个重要原因。

- 保护隐私(Privacy protection):随着互联网技术的发展,隐私问题越来越重要。目前,我们主要通过中继转发技术方法来解决网络隐私问题,这种方法的原理是将通信的参与者隐藏在众多的网络实体之中。然而,这一技术的实现十分依赖某些中继服务器节点。但是在 P2P 网络中,信息的传输是在各个节点之间进行的,信息被泄露的风险会大大降低,P2P 网络可以提高匿名通信的灵活性和可靠性,能够为用户提供更好的隐私保护。

- 负载均衡(Load balancing):在 P2P 网络中,每个节点都可以为整个网络提供计算服务,因而可以降低传统 C/S 架构下对中心服务器计算能力、存储能力的要求,使整个网络的负载更加均衡。

正是由于 P2P 网络的这些特点,能够极大地满足区块链的技术要求,因此区块链技术选择 P2P 网络作为其物理网络基础(黄振东,2018)。

4.1.4 P2P 网络的分类

根据节点连接方式及资源定位方式的不同,P2P 网络分为三种架构:非结构化 P2P 网络、结构化 P2P 网络和混合型 P2P 网络。

4.1.4.1 非结构化 P2P 网络

1. 特点

非结构化 P2P 网络是指整个网络是由节点之间随机形成连接而形成的网络,而非将某个特定的网络结构强加于整个网络。应用非结构化 P2P 网络的著名例子为 Gnutella、Gossip 和 Kazaa。

由于非结构化 P2P 网络没有强加于它的结构,且各个节点之间的地位相同,因此,在面对有大量的节点频繁加入和离开网络时,非结构化网络有非常好的稳定性,并且可以针对不同的区域进行局部优化。

然而非结构化 P2P 网络也因其结构的缺乏而存在局限性。在非结构化网络当中,如果一个节点想要在整个网络中找到所需的数据,必须通过网络泛洪(Flood)的方式尽可能多地找到共享数据的节点,这会导致网络中充斥大量的信令流量(Signaling traffic),而且会占用网络的 CPU 或储存器,并且由于网络中的各个节点中的数据没有关联,因此无法保证泛洪能够找到拥有所需数据的节点。如果一个节点正在寻找只有少数节点共享的稀有数据,那么成功的可能性很小,图 4-2 为一个非结构化 P2P 网络示意图。

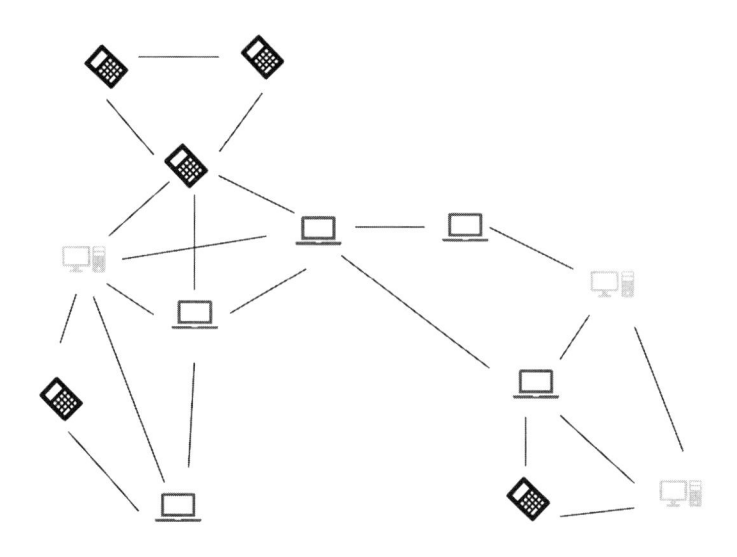

图 4-2　非结构化网络①

2. 数学模型

可以用一个无向图 $G = (V,E)$ 表示非结构化 P2P 网络,其中,节点集(即参与节点)和边集(即节点之间的链接)用 V 和 E 表示,V 中的任何节点 v 都可以通过将该节点的查询消息泛洪到周围的节点(用 $S_v(k)$ 表示)来执行搜索,其中 $S_v(k)$ 是所有以 $TTL = k$(k 是一个预定义的系统参数,TTL 是 Time-to-live,即一种限制计算机或网络中数据的生命周期的机制,TTL 可以通过附加到或嵌入到数据中的计数器或时间戳来实现)接收节点 v 发出的查询消息的节点(Hsiao et al.,2008)。

通常,消息发起者以正的 TTL 值对查询消息进行泛洪。接收端收到查询消息后,将相关的 TTL 值减 1,并将该消息转发给除发送此消息的节点之外的其他相邻节点。当 TTL 值为 0 时,节点停止转发查询消息。

通常,我们将 P2P 网络 $G = (V,E)$ 中任意两个节点 (i,j) 的平均通信延迟定义为

$$\frac{\sum_{u \in V, v \in V, u \neq v} \sum_{(i,j) \in P_{u \sim v}} d_{i,j}}{n \times (n-1)} \tag{4.1}$$

其中 $P_{u \sim v} \in G$ 是 G 中最短的路径(从任意节点 $u \in V$ 开始到任意节点 $v \in V - \{u\}$ 结束);$d_{i,j}$ 表示 $P_{u \sim v}$ 中连接两个相邻节点的延迟,其中 $n = |V|$,是 G 中

---

① 来源于 https://en.wikipedia.org/wiki/Peer-to-peer

节点的个数。

我们将节点的搜索范围定义为：

$$\frac{\sum_{u \in V}|S_u(k)|}{n} \tag{4.2}$$

3. 实际应用

P2P 网络中某个节点的"度"：可以把一个 P2P 网络看作一个随机无向图，它由若干个节点和两节点间的边组成。"度"就是到某一个节点的边的个数。

幂律(Power law)可以简单解释为网络中少数节点的"度"较高，多数节点的"度"较低。生活中可以接触到的许多网络如 Internet 网络、万维网(World wide web,WWW)等，其中的节点都具有幂律的特征。非结构化的 P2P 网络的应用之一是 Gnutella 协议，研究表明，Gnutella 网络节点的拓扑分布也具有幂律特性(Tan and Tan,2010)。

定义 4.1 聚集度 C

假设顶点 v 是根的深度为 1 的广度优先算法(Breadth first search,BFS)树，则该顶点的横向边的数目 C_v 满足以下关系：

$$\mathrm{Max}C_v = C_2^k - (k-1) \tag{4.3}$$

其中 k 为 BFS 树的顶点个数，则一个网络的聚集度 C 为其所有顶点 v 的 C_v 值的平均值，即：

$$C = Average(C_v) \tag{4.4}$$

定义 4.2 特征路径长 L

已知一个随机无向图 G，任意两节点 u，v 间最短路径的边数为 $Num(u,v)$，则其特征路径长 L 为：

$$L = Average[Num(u,v)] \tag{4.5}$$

则某随机网络的特征路径长 L 可解释为所有节点两两之间最短路径的边数的平均值。

接下来介绍 Gnutella 网络。在 Gnutella 网络中，我们假设所有的节点只知道自己所存储的资源，而不了解其他节点所存储的资源，当某一节点查询自身所需的资源时，该节点会通过分布式向前传播的方法发送查询消息。具体的方法是当一个节点收到一条查询消息时，如果自身节点无法满足查询消息的内容，则将该消息向所有相邻节点扩散。这种方式会让网络中充斥大量的信息，大大消耗整个网络的带宽。

如图 4-3 所示，当 A 接收到一个其他节点传来的查询消息，根据 Gnuella 协议，如果 A 节点无法满足查询消息的内容，则会将这一消息传递到相邻的 B、C 两个节点，如果 B、C 两个节点也没有所需的内容，那么该消息将继续被扩散。所以在 Gnutella 网络中查询消息的数量会呈指数膨胀。

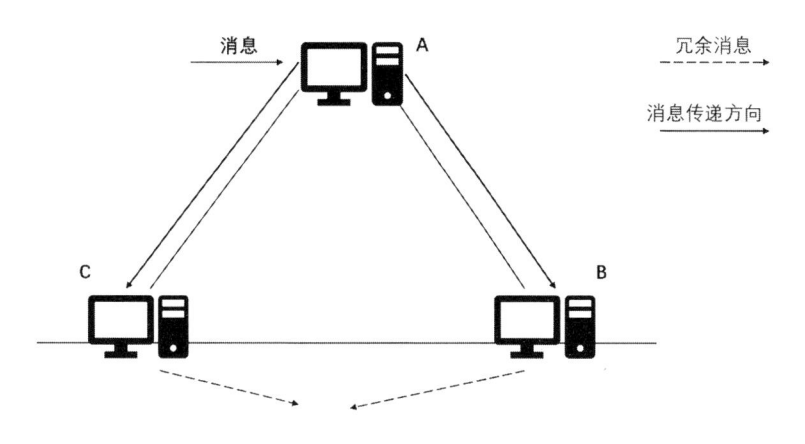

图 4-3　Gnutella 消息传递演示

Cip 公司的一项研究显示,每个节点在同一时间能够处理的消息个数是有限的,一般为 20 个左右,所以当整个网络中的节点超过 1000 个时,某些节点处理消息的极限很容易被突破,随着这部分节点的失效,将会导致 Gnutella 网络被分片,使查询只能在整个网络的一小部分进行。节点数为 n 的 Gnutella 网络中,一条消息最多可以产生 $A_2^n - (n-1)$ 条冗余消息,这些冗余消息将消耗大量的处理时间和网络带宽。

4.1.4.2　结构化 P2P 网络

1. 特点

结构化 P2P 网络与非结构化 P2P 网络相反,整个网络会被组织成特定的拓扑结构,如图 4-4 所示。

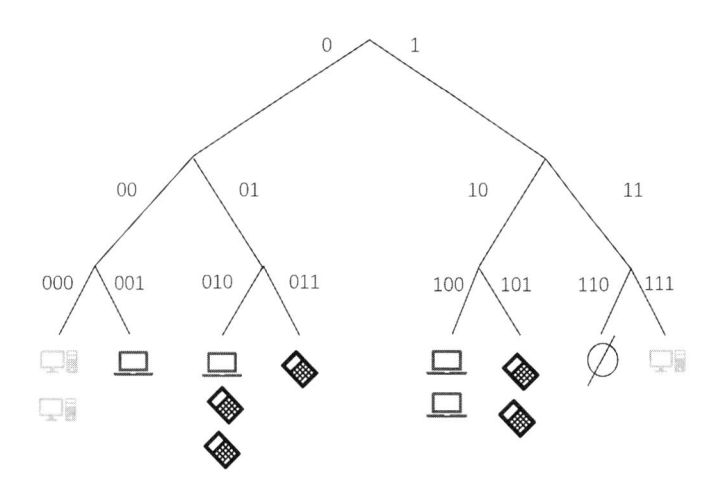

图 4-4　结构化 P2P 网络[①]

---

① 来源于 https://en.wikipedia.org/wiki/Peer-to-peer

常见的结构化P2P网络应用并实现了分布式哈希表(Distributed hash table, DHT),这使节点能够使用哈希表搜索网络上的资源,任何节点都可以有效地检索与给定键关联的值。

然而,为了使整个网络保持通畅,结构化网络中的节点必须维持满足特定标准的相邻接点的列表。这使得结构化网络在面对大量节点频繁加入和离开网络时不太稳定。同时,基于DHT的网络也存在诸多问题,例如,搜索资源时的成本过高,以及静态和动态负载不平衡等。

使用DHT结构的著名P2P网络包括Tixati(BitTorrent的替代品)、Kad网络、Storm僵尸网络、YaCy和Coral Content Distribution Network等。一些突出的研究项目包括Chord、Kademlia、PAST存储实用程序、P-Grid以及CoopNet内容分发系统等。基于DHT的网络也被广泛用于网格计算系统,因为它有助于资源管理和应用程序调度。

2. 实际应用

结构化的P2P网络应用之一是Chord。Chord是一种用于P2P网络中分布式哈希表的协议和算法。分布式哈希表通过将键分配给不同的节点来存储键值对。Chord定义了如何将键分配给节点,以及节点如何找到给定键的值。

在Chord中,节点和键被分配一个使用一致哈希的 m 位标识符。SHA1算法是一致哈希的基础哈希函数(注:在密码学中,SHA1是一种哈希函数,它接受一个输入并产生一个160位的哈希值,通常呈现为40个十六进制数字。它由美国国家安全局设计,是美国联邦信息处理标准,该算法已被破解但仍被广泛使用)。

一致哈希对于Chord的鲁棒性和性能是不可或缺的,因为键和节点(实际上是它们的IP地址)都均匀分布在相同的标识符空间中,发生冲突的可能性可以忽略不计。因此,它还允许节点在不中断的情况下加入和离开网络。在协议中,节点被用来指代节点本身和它的标识符(ID)。

在Chord协议中,节点和键被排列在一个标识符圈中,该圈最多有 2^m 个节点,从0到 $2^m - 1$ (m 应该足够大以避免冲突)。每个节点都有一个后继节点(Successor)和一个前驱节点(Predecessor)。后继节点是指顺时针方向的下一个节点,前驱节点是逆时针方向的下一个节点。如果每个可能的ID都有一个节点,则节点0的后继节点是节点1,节点0的前驱节点是节点 $2^m - 1$。然而,事实情况可能并非如此,通常在序列中会有"漏洞"存在。例如,节点153的后继节点可能是节点167(154~166的节点不存在)。在这种情况下,节点167的前驱节点将是节点153。

后继的概念也可用于键,键 k 的后续节点是标识符圈中ID等于 k 或紧跟 k 的第一个节点,用 $successor(k)$ 表示。每个键都分配给它的后继节点,因此查找键 k

是查询 $successor(k)$。

由于一个节点的后继节点(或前驱节点)可能会从网络中消失,所以每个节点都记录与其相邻的一小段弧,这种方式使得节点能够在高网络故障率的情况下依旧可以正确定位其后继节点或前驱节点。

(1) Chord 协议的细节

- 基本查询(Basic query)

Chord 协议的核心是从客户端(通常也是一个节点)查询一个键,即找到 $successor(k)$。基本方法是如果它在本地找不到键,则将查询传递给节点的后继节点。

- Finger 表(Finger table)

为了避免基本查询中的线性搜索,Chord 实现了一种更快的搜索方法,它要求每个节点保留一个 Finger 表,每个节点的 Finger 最多有 m 条,其中 m 是哈希键的位数。Finger 表的第一个 Finger 实际上是该节点的直接后继节点。每次一个节点想要查找一个键 k,它将查询传递给最近的后继节点或前驱节点(取决于 Finger 表),直到一个节点发现密钥存储在它的直接后继节点中。

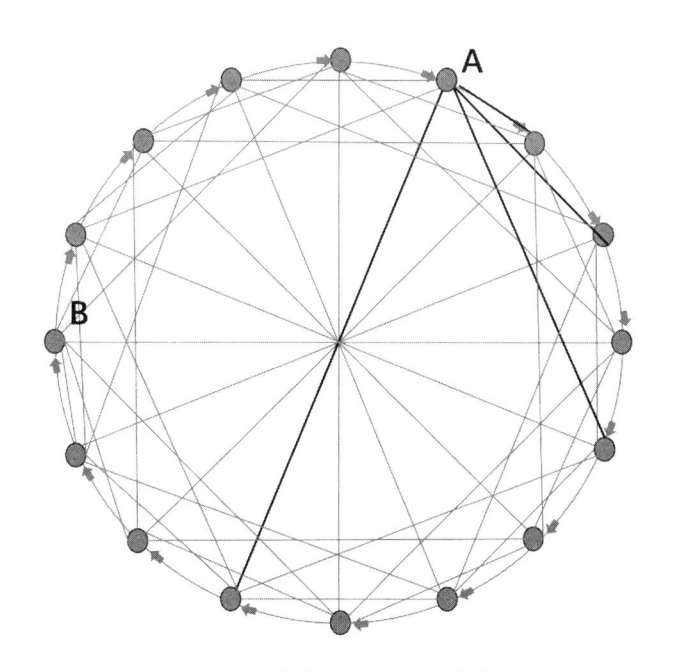

图 4-5 节点 A 的 Finger 表[①]

- 节点加入(Node join)

每当有新节点加入时,应维护三个不变量(前两个确保正确性,最后一个确保

① 来源于 https://en.wikipedia.org/wiki/Chord_(peer-to-peer)

快速查询）：
- 每个节点的后继节点正确地指向它的直接后继节点。
- 每个密钥都被正确存储。
- 每个节点的 Finger 表应该是正确的。

新加入的节点需要完成以下任务：
- 初始化节点。
- 通知其他节点更新它们的前驱节点和 Finger 表。
- 接管其负责的密钥。

（2）Chord 的潜在用途

- 协作镜像（Cooperative mirroring）：一种负载平衡机制，由本地网络承载信息，供本地网络外的计算机使用。该方案允许开发人员在多台计算机之间平衡网络负载，而不是通过中央服务器来确保产品的可用性。

- 分时存储（Time-shared storage）：在网络中，一旦一台计算机加入网络，它的可用数据就会被分发到整个网络，以便在这台计算机从网络断开后其他计算机仍可以对相关数据进行检索。同时，其他计算机的数据也会发送到这些离开网络的计算机，以便这些离线的计算机可以进行离线检索。这一功能主要用于无法全天连接到网络的节点。

- 分布式索引（Distributed indices）：通过网络在可用的数据库中检索文件。

- 大规模组合搜索（Large scale combinatorial searches）：每一个键都是问题的候选解决方案，每个键映射到节点或计算机，负责评估它们是否为解决方案。

4.1.4.3 混合式 P2P 网络

混合式 P2P 网络是 C/S 和 P2P 的结合，是早期的网络到 P2P 网络的过渡形态，混合型 P2P 网络最出名的代表是 Napster，它是一个为音乐爱好者提供 MP3 文件下载的平台，它的特点是在文件的索引与查询端提供 C/S 模式，但是内容的传输在用户的节点之间进行（文件的交换是 P2P 模式），早期的这种网络并不是完全去中心化的网络。

总的来说，P2P 网络既有优点也有缺点，在集中式网络中，网络管理员是控制共享文件可用性的唯一力量。如果管理员决定不再分发文件，他们只需将其从服务器中删除，用户将无法再使用该文件。集中式网络除了让用户无法决定在整个社区分发的内容之外，还使整个网络容易受到来自政府和其他大势力的威胁。例如，YouTube 因受到 RIAA、MPAA 和娱乐业的压力而过滤掉受版权保护的内容。然而，P2P 网络在共享冷门文件时更加不可靠，因为在 P2P 网络中共享文件需要网络中至少有一个节点拥有被请求的数据，并且该节点必须能够连接到请求数据的节点。有时很难满足此要求，因为用户可能会随时删除或停止共享数据。

从这个意义上说，P2P 网络中的用户社区完全负责决定哪些内容可用。随着越来越多的人停止共享,不受欢迎的文件最终会消失并变得不可用。然而,流行的文件将变得容易获取。P2P 网络上的流行文件实际上比集中式网络上的文件具有更高的稳定性和可用性。在集中式网络中,服务器和客户端之间简单的断连就足以导致故障,但在 P2P 网络中,每个节点之间的连接都必须全部丢失才能导致数据共享失败。在集中式网络中,管理员负责所有数据的恢复和备份,而在 P2P 网络中,每个节点都需要自己备份数据。由于 P2P 网络缺乏中央权威,RIAA、MPAA 和政府无法删除或停止 P2P 网络上的内容共享。

4.2 区块链节点

节点是连接到区块链网络的任何计算机。作为区块链去中心化、安全和透明的基石,节点负责维护和验证在区块链网络上交易的公共账本。有两种不同类型的节点:全节点和轻节点。每个节点对它们支持的网络负有不同程度的责任。

4.2.1 全节点

全节点是同步区块链所有数据的节点,包括交易列表等相关信息。由于全节点保留所有数据,用户不需要依赖中介去对全节点的数据进行验证。

4.2.2 轻节点

轻节点是区块链全节点的副本。以太坊的轻节点使用分布式哈希表来追踪前缀节点。

4.2.2.1 SPV 轻节点

中本聪在比特币白皮书中提出了 SPV(Simplified payment verification)节点模型,它不储存区块链的交易数据,只具有钱包功能,可以使系统逐渐中心化,在比特币白皮书中对 SPV 轻节点的介绍如下:

如图 4-6 所示,这个轻节点无需运行完整的网络节点就可以验证支付,用户只需要保留可以证明工作量的最长链的区块头的副本,这个副本可以通过查询网络节点来获得,SPV 轻节点虽然自身不能检查交易,但通过将其链接到区块链中的某个位置,就可以看到网络节点已经接受了该交易,并且后续的区块也可以进一步证实该信息。

因此,只要一个值得信赖的节点控制了网络,验证就是可靠的,但如果整个区块链网络被攻击者攻击,验证就会变得不再那么可靠。虽然网络节点可以自己验证交易,但只要攻击者能够对整个网络持续攻击,攻击者就能够轻易伪造交易。

目前通用的防范策略是,当网络节点检测到无效块时,会发出警报,提示用户下载整个区块链,并再次发出警报让用户确认区块链是否一致。

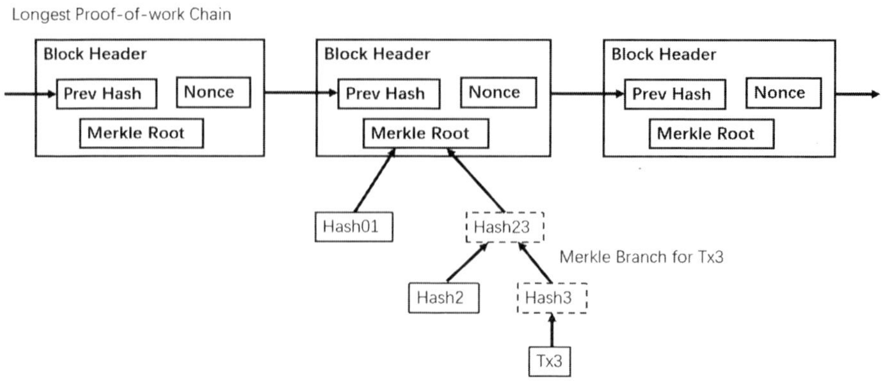

图 4-6　SPV 轻节点

4.2.2.2　改进型轻节点

由 SPV 的定义可知,SPV 轻节点在进行支付的验证时需要依赖全节点,而这与区块链不依赖第三方的特点相违背,同时由于 SPV 轻节点需要储存每个区块的区块头,它的存储上限与区块链中块的数量成正比。因此,很多学者从不同的角度对传统的轻节点作了改进(Sun et al.,2021)。

下面我们介绍由 Xu 等(2017)提出的改进型轻节点 EPBC(Efficient Public Blockchain Client),EPBC 轻节点与 SPV 轻节点不同,它不用存储所有区块的区块头,而只需存储一个确定长度的数据,并且这一数据与区块链账本的大小无关。

和基于共识机制构造的公共区块链类似,EPBC 也同样假设大多数用户都是可靠的。接下来我们介绍 EPBC 的区块验证协议、参数的初始化以及性能。

(1)区块验证协议(The block verification protocol)

EPBC 的区块链验证协议由以下 4 种算法组成:

- *Setup*:区块链的创建者执行此算法一次,该算法生成其他算法需要的参数。
- *Block and summary construction*:该算法生成当前区块链的块和摘要。任何参加构建新区块的人都有责任计算当前区块链的总和,而摘要取决于当前区块链和公共参数的内容。
- *Proof generation*:该算法生成给定块的证明。
- *Proof verification*:给定一个区块链的摘要和单个块的证明,该算法验证证明是否有效。

使用这个协议,轻量级用户可以保持区块链摘要的更新,当用户想要验证一个特定的块时,它可以要求参与交易的各方对该块进行证明,该证明是通过运行 *Proof generation* 算法生成的。然后用户执行 *Proof verification* 算法来决定是否接受该块。

下面我们将详细介绍这些算法。

- *Setup*:区块链的创建者选择两个大素数 p,q,并计算 $N = pq$, N 嵌入到第一个块中并向公众公开;创建者还需要选择一个随机值 $g \in Z_N^*$。

每个块将被标记为一个整数,"起源(Genesis)"块(即区块链上的第一个块)的标签为"1"。

- *Block and summary construction*:每个区块除了标准属性(如交易信息、工作证明时间)外,还包含一个新属性 S,即当前区块链的摘要,对于用 blk_i 表示的第 i 个区块,用 blk_i 计算并存储 S_i:

$$S_i = \begin{cases} g^{hash(blk_i \| i)} \bmod N, if\ i = 1 \\ S_{i-1}^{hash(blk_i \| i)} \bmod N, if\ i > 1 \end{cases} \quad (4.6)$$

如果当前区块链包含 n 个区块,则 S_n 是当前区块链的摘要,区块的位置信息 i 用于计算 S_i,目的是防止攻击者操纵区块的位置。

- *Proof generation*:该算法是证明区块 blk_i 是区块链上的第 i 块,其中 $i \leq n$,该算法计算 $p_i = (p_i^{(1)}, p_i^{(2)})$:

$$p_i = \begin{cases} p_i^{(1)} = hash(blk_i \| i) \\ p_i^{(2)} = g^{\prod_{k=1}^{n}(hash(blk_k \| k))/hash(blk_i \| i)} \bmod N \end{cases} \quad (4.7)$$

需要注意的是,这个证明是由保留整个区块链的用户生成的,因此可以在不知道 $\varphi(N)$ 的情况下计算 $p_i^{(2)}$,其中 φ 是欧拉函数。

- *Proof verification*:给定一个块 blk_i 和一个证明 $p = (p^{(1)}, p^{(2)})$,以及一个总区块链摘要 S_n,用户可以证明 blk_i 确实是区块链上的第 i 个区块,其中 $i \leq n$:

$$\begin{cases} p^{(1)} hash(blk_i \| i) \\ S_n (p^{(2)})^{p^{(1)}} \bmod N \end{cases} \quad (4.8)$$

如果两个方程都成立,则用户接受 p 是 blk 的有效证明,否则拒绝该区块。

(2)参数初始化(Parameter initialization)

区块链验证协议的关键步骤之一是便是参数的初始化,即选择 p 和 q 来生成 N。如果暴露 p 或 q,协议就会变得不安全,但我们可以通过使用多方协议生成 N 来解决这个问题,已经有许多协议采取这样的方法。例如,Cocks(1997)提出的协议工作原理如下:

假设一开始有 l 个用户一起工作生成第一个块。

- 每个用户 i 选择他自己的素数 p_i、q_i,其中 $1 \leq i \leq l$。
- 每个用户计算 $N = (p_1 + p_2 + \cdots + p_l)(q_1 + q_2 + \cdots + q_l)$,其中 $1 \leq i \leq l$。
- 每个用户都要测试 N 是否为两个素数的乘积。具体来说,系统随机选择

一个数 x，每个用户计算 $x^{p_i+q_i} \bmod N$。如果 $\prod x^{p_i+q_i} \bmod N \equiv x^{N+1} \bmod N$，则 N 通过测试。

• 如果 N 通过了所有测试，用户则会将 N 嵌入到生成块中；如果 N 没有通过测试，那么他们将重复这个过程，直到找到合适的 N。由于 N 只需要生成一次，所以参数初始化的成本很小。

（3）区块验证协议的安全性和性能（Security and performance of the block verification protocol）

验证协议是否正确很简单，因为任何合法的证明都将被视为有效证明。下面的定理表明，对于给定的区块链 BC 的摘要 S，在强 RSA 假设下，没有攻击者能够对不包含在区块链中的伪造块 blk' 生成有效证明（所谓强 RSA 假设，就是在密码学中，给定一个未知的模数 N、密文 C 以及密文 C 所对应的明文 M，对于任何 (M, e) 使得 $C \equiv M^e \bmod N$ 是不可行的）。

定理 4.1：给定一个区块链 BC 的总摘要 S_n，在随机预言模型（Random oracle model）中，没有任何攻击者 A 可以伪造块 blk'，否则强 RSA 假设就会被打破。

证明如下：

假设 $hash(\cdot)$ 的行为像一个随机预言。设 $r_i = hash(blk_i \| i)$，其中 blk_i 是 BC 上的第 i 块，$S_n = g^{\prod_{k=1}^{n} r_k} \bmod N$。

我们考虑两种攻击场景：

• 攻击者知道区块链的总摘要 S_n 但不知道区块链的全貌。假设攻击者选择伪造位置为 i' 的区块。那么攻击者需要计算 $y \in Z_n^*$：

$$y^{hash(blk' \| i')} \bmod N = S_n \tag{4.9}$$

这立即打破了强 RSA 假设。

• 攻击者知道区块链的全貌和总的摘要 S_n。在这种情况下，攻击者知道区块链中块的所有有效证明，即 $(r_i, S_n^{\frac{1}{r_i}} \bmod N)$，$i = 1, \cdots, n$。假设攻击者能够对伪造的区块 blk' 生成一个有效的证明 i'。让 $r' = hash(blk' \| i')$。如果 $r' \mid \prod_{i=1}^{n} r_i$，则攻击者可以成功地对 blk' 在位置 i' 进行有效证明，因为攻击者可以计算 $(r', S_n^{\prod_{i=1}^{n} r_i / r'})$。由于攻击者无法控制 $hash(\cdot)$ 的输出，所以攻击者成功的概率相当于一个随机数 r' 是另一个随机数 $R = \prod_{i=1}^{n} r_i$ 的因子的概率。根据 Erdös-Kac 定理（Erdös-Kac, 1940），随机数 R 的素因子数为 $O(\log(\log R))$。根据二项式定理，R 的因数总数为 $O(2^{\log(\log R)}) = O(\log R)$，且 $\lim_{R \to \infty} \frac{\log R}{R} = 0$。因此，当 R 足够大时，攻击者找到 r' 的概率可以忽略不计。只要攻击者找不到这样的 r'，成功的攻击

就意味着强 RSA 假设被破坏了。

总之,除非强 RSA 假设被打破,否则在随机预言模型中没有针对协议的实际攻击。

该算法的性能分析如下:

- 成本分析:与每个用户保留整个区块链的方法相比,这种方法在块构建算法中增加了一些额外的工作。这些额外的工作包括两部分:计算新区块的哈希值和计算新区块的摘要。存储的成本也是恒定的,计算摘要会生成一些非常小的通信成本。
- 证明生成算法性能分析:证明生成算法不会产生额外的存储空间。计算成本与当前区块链的长度(即链中区块的数量)和区块的位置成正比。由于证明生成算法的生成是在有足够存储容量的节点上进行的,因此该协议是实用的。
- 验证算法性能分析:验证区块证明的计算成本包括一个哈希计算和一个模指数(Modular exponentiation),模指数是常数。这就解释了为什么该协议适合只保存区块链摘要的轻量级用户。

虽然更新区块链摘要的成本和验证一个块的成本都是恒定的,但证明者生成一个证明的计算复杂度是 $O(n)$,其中 n 是区块链上当前区块的数量(即 n 不断增加)。在最坏的情况下,证明者需要遍历区块链上的所有块来计算证明,即

$$g^{\frac{\prod_{k=1}^{n} hash(blk_k)}{hash(blk_i)}} \mod N \tag{4.10}$$

为了减少由此引起的计算复杂度,Xu 等(2017)设计了一种虽然略微增加存储空间但可以提高计算效率的方案:

- 具有较小计算复杂度的证明算法(Proof generation with a smaller computational complexity):该方案的基本思想是让证明者维护一棵二叉树 T。二叉树如图 4-7 所示,二叉树用来存储中间结果,这些中间结果可以用来生成给定块的证明。

具体来说,每个叶子存储对应块的哈希值,每个内部节点存储其两个直接子节点的乘积。通过这种方式,根节点则会存储区块链上所有块的哈希值的乘积。二叉树 T 的高度是预先确定的,如果一个叶子是空的(即目前区块链上没有相应的块),那么它的值被设置为 1,这样它就不会对存储在根节点上的值有影响。

我们还需进行如下计算:

blk_i 右边所有值的乘积(区块链从左到右增长)

$$r \leftarrow \prod_{k=i+1}^{n} hash(blk_k) \tag{4.11}$$

证明者不是逐个进行乘法运算,而是利用存储在 T 中的不同乘积信息来加速计算。

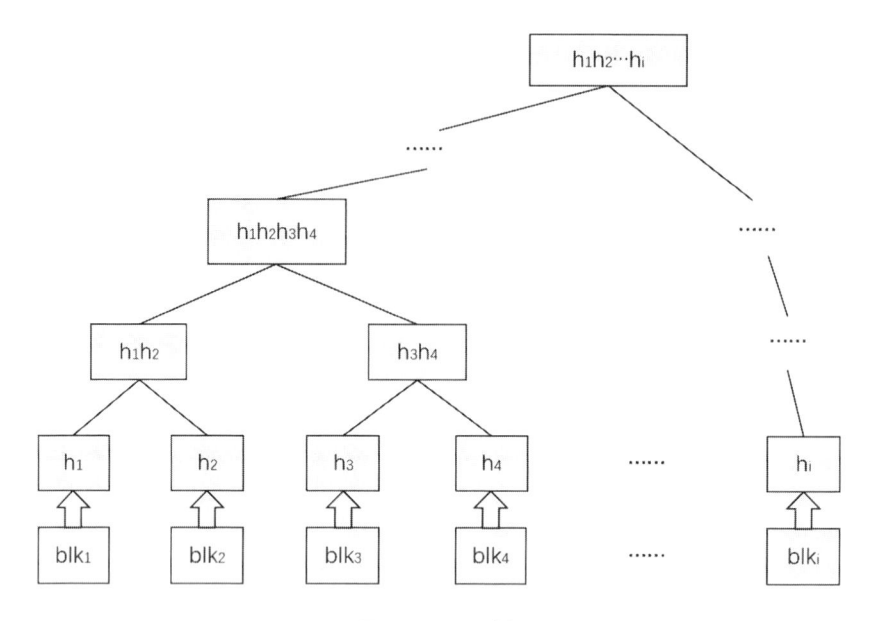

图 4-7 二叉树

注意，T 的高度决定了它可以容纳的块的数量，因此是一个预先确定的公共参数。如果 T 的高度为 h，则可容纳的块的总数为 2^{h-1}。这并没有很大的限制，因为相对较小的 h 可以容纳大量的块。例如，当 $h = 32$ 时，该结构可以容纳 4294967296 个区块，数量是 2017 年 4 月时比特币网络的区块数量的 9000 多倍。

- 改进方案分析（Analysis of the improved scheme）：改进的方案使用一个二叉树 T 来存储一些信息，这些信息可以用来生成证明。设 $height(T)=h$，即 $n=2^{h-1}$ 为叶节点数。让 $|hash(\cdot)|=l$。在叶子层（即第一层），每个节点的大小为 l。第 i 层的每个节点需要 $i \cdot l$ 位的存储空间，根节点的大小为 $h \cdot l$ 位。因此，T 的大小为

$$T = n \cdot l + \cdots + (n/2^i) \cdot (2^i l) + \cdots + (n/2^{h-1}) \cdot (2^{h-1} l)$$
$$= \sum_{i=0}^{h-1} n \cdot l = h \cdot n \cdot l = (\log_2 n + 1) \cdot n \cdot l = O(n \log n) \quad (4.12)$$

其中，$n \cdot l$ 为第一层，$(n/2^i) \cdot (2^i l)$ 为第 i 层，$(n/2^{h-1}) \cdot (2^{h-1} l)$ 为第 h 层，中间结果存储在 T 中，在这种情况下证明算法的计算复杂度将会显著降低。

一般地，如果图 4-7 中的每个内部节点都有 m 个子节点，则 T 的高度降为 $\log_m n + 1$。类似的分析表明，T 的总大小为 $(\log_m n + 1) \cdot n \cdot l$。为了计算如式（4.11）所定义的 r，在最坏的情况下，需要大约 $\log_m n + m$ 个乘法运算，其中 m 为内部节点在 T 的第二层的乘法次数。为了选取 m 的值，使整体计算复杂度最小，我们计算如下导数：

$$(\log_m n + m)' = \left(\frac{\ln n}{\ln m}\right)' = 1 - \frac{\ln n}{m \ln^2 m} \quad (4.13)$$

式(4.13)是相对于 m 单调增加的,因此,得到的最小值为:

$$1 = \frac{\ln n}{m\ln^2 m} \tag{4.14}$$

且 $m \approx \ln n$。在实际应用中,我们可以将分支数设为一个小的常数整数,以降低证明程序的计算复杂度。

1. 使用块验证协议构造 EPBC

下面基于上文描述的验证协议来构建 EPBC,我们主要关注区块链识别和交易验证。

• 区块链识别(Blockchain identification):当轻量级用户需要加入基于区块链的应用程序时,需要获取区块链的当前摘要。算法4.1就是为此目的。

算法 4.1 区块链识别

Algorithm 1 Blockchain identification
1: 轻量级用户从区块链网络中随机选择一组用户,用 G_u 表示
2: for all $u \in G_u$ do
3: 轻量级用户查询 u 以获得摘要值 $S^{(u)}$
4: 轻量级用户与 u 交互,验证 $S^{(u)}$ 相对于轻量级用户选择的随机区块集的有效性
5: end for
6: 轻量级用户计算
7: $S \leftarrow SummaryDetermination(S^{(1)}, \cdots, S^l)$, 返回由大多数用户提供的摘要,其中 S 是区块链的最终摘要

注意,只要攻击者没有控制大多数用户,协议就是安全的。轻量级用户还可以采用其他策略来确定摘要,例如,给不同的用户不同的权重。

• 交易验证(Transaction verification):当且仅当该交易所属的区块被大多数用户接受时,区块链最长分支上的交易才有效。因此,对交易的验证被简化为验证区块的有效性和验证区块的位置(即区块号)信息。与比特币系统类似,如果在区块链中添加了6个以上的区块,则该交易可以被高度保密地接受。

2. EPBC 与现有区块链系统集成

由于目前已经有许多公共区块链应用程序,因此在不修改现有数据结构和客户端的情况下为这些系统启用 EPBC 是非常有用的。为了实现这个目标,EPBC 可以作为现有区块链系统之上的一个独立服务层。

具体来说,可以将带有嵌入式参数的独立 EPBC 客户机分发给维护区块链并扮演验证者角色的用户。这里的参数是用于区块链摘要构造的值。用户可以使用现有的客户端生成新的区块,在用户决定接受一个新区块之后,EPBC 客户端根据以前的摘要和新区块生成一个新的摘要,并在本地存储新摘要。注意,摘要是由区块链本身决定的,所以 EPBC 客户端不需要运行任何算法。

4.3　区块链数据传输

近年来,基于 P2P 网络的应用程序逐渐开始流行,在这些应用程序当中,P2P 网络的最大用途之一便是文件共享。与传统的基于客户端/服务器架构的文件共享(如 FTP、WWW)模式相比,基于 P2P 网络的文件共享方式在可扩展性方面有很大的优势。传统应用程序的性能往往随着客户端数量的增加而急剧下降,而在基于 P2P 网络的文件共享系统中,节点越多,性能反而越好。

目前有很多知名的 P2P 文件共享程序,如 Kazza、Gnuttella、Donkey/overnet 和 BitTorrent 等。在这一节中,我们使用简单的模型来理解和研究 BitTorrent。

4.3.1　BitTorrent 基本概念

BitTorrent 是一个 P2P 应用程序,其目的是使用户能够快速下载文件。简单描述一下 BitTorrent 是如何运行的:当应用程序下载一个文件,BitTorrent 会将单个大文件(通常是几百 MB 大的文件)分割成许多 256KB 大小的片段。当一个节点下载文件时会同时连接到多个其他节点,从其他节点同时下载同一个文件的不同部分。

BitTorrent 区分了两种不同类型的节点:下载者(Leechers)和种子(Seeders)。下载者是只拥有一部分文件(或者没有)的节点,而种子是拥有所有文件但仍留在系统中且为其他节点提供数据下载功能的节点。因此,当下载者下载它们没有的片段并上传它们拥有的片段时,种子只执行上传。理想情况下,人们希望有一个激励机制来鼓励种子留在系统中。然而,BitTorrent 目前还没有这样的功能。

4.3.2　数据传输流体模型

数据传输流体模型(Data transmission fluid model)是 P2P 网络进行数据传输的模型之一。BitTorrent 采用的便是这种数据传输方式。

Srikant and Qiu(2004)提出了 BitTorrent 的一种简单模型,在模型中,其参数定义如下(假设文件大小为 1):

$x(t)$:在 t 时刻系统中的下载者的数量。

$y(t)$:系统中 t 时刻的种子数。

λ:新的下载请求的到达概率,我们假设这种到达概率服从泊松过程。

μ:指定节点的上传带宽,我们假设所有的节点都有相同的上传带宽。

c：给定节点的下载带宽，假设所有节点的下载带宽相同，$c \geq \mu$。
θ：下载程序中止下载的比率。
γ：种子离开系统的比率。
η：表示文件共享的有效性，$\eta \in [0,1]$。

在类似 BitTorrent 的 P2P 网络中，下载者可以将数据上传到其他节点，即使它可能只有文件的一部分。参数 η 用来表示该文件共享的有效性。在不限制下载带宽的情况下，系统的总上传速率可以表示为：$\mu(\eta x(t) + y(t))$。如果 $\eta = 0$，则下载者之间不上传数据，只从种子下载。当考虑下载带宽限制时，总上传速率为 $\min\{cx(t), \mu(\eta x(t) + y(t))\}$。为了得到系统的马尔可夫描述（Markovian description），我们假设某下载者在一个小区间 δ 内成为种子的概率为 $\min(cx, \mu(\eta x + y))\delta$。我们可以很容易地放宽这些假设，允许这些随机变量服从更一般的分布。

接着，我们讨论参数 θ 和 γ。一个下载者可能在它完全下载了文件之前不会始终停留在系统当中。有时，如果下载者觉得下载花费了太长时间，那么下载者可能会在下载完成之前离开网络。我们假设每个下载者在一定的时间后独立终止其下载，这一平均时间为 $1/\theta$，呈指数分布。θ 是下载者中止下载并离开系统的比率。在一个流动模型中，我们定义下载者的离开率为：

$$\min\{cx(t), \mu(\eta x(t) + y(t))\} + \theta x(t) \tag{4.15}$$

虽然文件下载完成之后下载者会成为种子，但下载者可能会永久离开网络。参数 γ 是种子离开网络的比率。我们假设每个种子在系统中停留的时间是指数分布的，平均为 $1/\gamma$。显然，γ 会对系统性能产生影响：γ 越低，下载时间就越少，因为这意味着系统中有更多的种子。当用户下载完文件（即成为种子）后，为用户提供留在系统中的激励措施，可以影响这个参数 γ。然而，BitTorrent 目前没有这样的动机，因此，我们简单地认为 γ 是一个固定常数。

现在，我们准备根据上面的模型来描述 x 和 y 的演化。节点的（下载者和种子）数量演化的确定性流体模型为：

$$\frac{\mathrm{d}x}{\mathrm{d}t} = \lambda - \theta x(t) - \min\{cx(t), \mu(\eta x(t) + y(t))\}$$

$$\frac{\mathrm{d}y}{\mathrm{d}t} = \min\{cx(t), \mu(\eta x(t) + y(t))\} - \gamma y(t) \tag{4.16}$$

还有一个明显的约束条件，即 $x(t)$ 和 $y(t)$ 必须是非负的。

我们使用参数 η 描述其他下载者的数据传输效率。此外，我们还引入了其他现实的场景：如下载者由于没有耐心而离开系统（用 θ 描述）和下载带宽限制 c。在后面的内容中，我们还将提出一个简单的随机流体模型来描述流体模型的变化。接下来我们使用上述流体模型来研究 P2P 系统的稳态性能。

4.3.2.1 衡量系统的稳态性能

稳态性能(Steady-state performance)是指一个 P2P 网络维持稳定状态的能力。

为了研究稳态系统,我们让

$$\frac{dx(t)}{dt} = \frac{dy(t)}{dt} = 0 \tag{4.17}$$

在式 4.16 获得

$$0 = \lambda - \theta \bar{x} - \min\{c\bar{x}, \mu(\eta\bar{x} + \bar{y})\}$$
$$0 = \min\{c\bar{x}, \mu(\eta\bar{x} + \bar{y})\} - \gamma y(t) \tag{4.18}$$

其中 $\bar{x}$ 和 $\bar{y}$ 分别是 $x(t)$ 和 $y(t)$ 的均衡值。

我们首先假设 $\eta > 0$。再以下载速度为约束条件,即 $c\bar{x} \leq \mu(\eta\bar{x} + \bar{y})$,则式 4.18 变成简单的线性方程。解这个方程,我们有

$$\bar{x} = \frac{\lambda}{c\left(1 + \frac{\theta}{c}\right)}$$

$$\bar{y} = \frac{\lambda}{\gamma\left(1 + \frac{\theta}{c}\right)} \tag{4.19}$$

现在,假设 $c\bar{x} \leq \mu(\eta\bar{x} + \bar{y})$,则相当于:

$$\frac{1}{c} \geq \frac{1}{\eta}\left(\frac{1}{\mu} - \frac{1}{\gamma}\right) \tag{4.20}$$

相反,如果我们假设上传带宽是约束,即 $c\bar{x} \geq \mu(\eta\bar{x} + \bar{y})$,我们得到

$$\bar{x} = \frac{\lambda}{v\left(1 + \frac{\theta}{v}\right)}$$

$$\bar{y} = \frac{\lambda}{\gamma\left(1 + \frac{\theta}{v}\right)} \tag{4.21}$$

其中 $\frac{1}{v} = \frac{1}{\eta}\left(\frac{1}{\mu} - \frac{1}{\gamma}\right)$。由 $c\bar{x} \geq \mu(\eta\bar{x} + \bar{y})$ 得到

$$\frac{1}{c} \leq \frac{1}{v} = \frac{1}{\eta}\left(\frac{1}{\mu} - \frac{1}{\gamma}\right) \tag{4.22}$$

定义 $\frac{1}{\beta} = \max\left\{\frac{1}{c}, \frac{1}{\eta}\left(\frac{1}{\mu} - \frac{1}{\gamma}\right)\right\}$,然后式 4.19 和式 4.21 可以组合成为:

$$\bar{x} = \frac{\lambda}{\beta\left(1 + \frac{\theta}{\beta}\right)}$$

$$\bar{y} = \frac{\lambda}{\gamma\left(1 + \frac{\theta}{\beta}\right)} \tag{4.23}$$

为了计算稳态系统中节点的平均下载时间,我们使用 Little 定律(Bertsekas and Gallager,1987),如下所示:

$$\frac{\lambda - \theta\bar{x}}{\lambda}\bar{x} = \lambda - \theta\bar{x}T \tag{4.24}$$

其中 T 是平均下载时间,$\lambda - \theta\bar{x}$ 是下载完成的平均速度,$\frac{\lambda - \theta\bar{x}}{\lambda}$ 是可以成为种子的下载者的比例。根据式 4.23,现在很容易可以得出:

$$T = \frac{1}{\theta + \beta} \tag{4.25}$$

回想一下,我们有 $\frac{1}{\beta} = \max\left\{\frac{1}{c}, \frac{1}{\eta}\left(\frac{1}{\mu} - \frac{1}{\gamma}\right)\right\}$。那么式 4.25 提供了对 BitTorrent 行为的一些见解:

- 平均下载时间 T 与请求到达率 λ 无关。因此,BitTorrent P2P 系统的扩展性非常好。
- η 增大时,T 减小。这是因为节点更有效地共享文件。
- 当 γ 增大时,T 增大,因为 γ 增大意味着系统中种子减少。
- 开始时,当 c 增加时,T 减少。但是,一旦 c 足够大 $\left(\frac{1}{c} \leq \frac{1}{\eta}\left(\frac{1}{\mu} - \frac{1}{\gamma}\right)\right)$,进一步增加 c 并不会降低 T,因为下载带宽不再是瓶颈。关于上传带宽,也可以得出类似的结论。
- 一个节点的下载带宽 c 往往比它的上传带宽高得多。出于性能分析的目的,设置 $c = \infty$ 虽然可能很诱人,但是,T 的表达式表明,平均下载时间并不总是受到节点上传带宽的限制。

我们也可以简要地讨论 $\eta = 0$ 的情况:在这种情况下,下载者不上传数据到其他节点,而只从种子节点下载数据。当 $\gamma < \mu$ 时,$\eta > 0$ 的分析仍然成立,$T = 1/c$。另一方面,如果 $\gamma > \mu$,可得:

$$\frac{\mathrm{d}y(t)}{\mathrm{d}t} \leq (\mu - \gamma) y(t) \tag{4.26}$$

这表明 $y(t)$ 至少呈指数下降。如果 $\gamma > \mu$,那么种子节点的数量将呈指数递减至零。回想一下,当 $\eta > 0$ 时,无论 γ 是什么,系统都会达到稳态。因此,对于下载者来说,上传数据是非常重要的。

即使文件共享不是有效(一个小的 η)的,它也可以在保持系统活跃方面发挥重要作用。由式 4.25 还可以看出,η 对网络性能很重要。在下一小节中,我们将推导出 η 的表达式,并论证在 BitTorrent 中 η 非常接近 1。

4.3.2.2　文件共享的有效性

文件共享的有效性是指一个 P2P 网络文件共享时的效率。我们可以通过一个简单的模型来计算 η 的值,这个参数定义的是文件共享的效率。对于某一下载者 i,我们假设它可以连接到 $k = \min\{x-1,k\}$ 个其他节点,其中 x 是系统中的下载者数量,k 是节点可以连接到的最大下载者数量。我们还假设每个下载者都有其他节点拥有哪些资源的信息。因此,如果下载者 i 发现了至少一个它需要的数据,那么下载者 i 将上传数据,则此时:

$$\eta = 1 - P\left\{\begin{array}{l}\text{downloader } i \text{ has no piece that}\\ \text{the connected peers need}\end{array}\right\} \tag{4.27}$$

我们假设不同节点之间是独立同分布的,那么有:

$$\eta = 1 - P\left\{\begin{array}{l}\text{downloader } j \text{ needs no}\\ \text{piece from downloader } i\end{array}\right\}^{k} \tag{4.28}$$

其中,j 是连接到 i 的下载者。

对于每个下载者,我们假设其拥有的数据均匀分布在 $\{0,\cdots,N-1\}$ 个片段中。我们用 n_i 表示下载者 i 所拥有的文件片段数量,我们同时假设这些数据片段所拥有的数据都是随机的。这个假设非常合理,因为 BitTorrent 在下载时采用了罕见的第一段选择策略。

在这些假设下,我们有:

$$\begin{aligned}
&P\left\{\begin{array}{l}\text{downloader } j \text{ needs no}\\ \text{piece from downloader } i\end{array}\right\}\\
&= P\{j \text{ has all pieces of downloader } i\}\\
&= \sum_{n_j=1}^{N-1}\sum_{n_i=0}^{n_j}\frac{1}{N^2}P\{j \text{ has all pieces of } i \mid n_i, n_j\}\\
&= \sum_{n_j=1}^{N-1}\sum_{n_i=0}^{n_j}\frac{1}{N^2}\frac{\binom{N-n_i}{n_j-n_i}}{\binom{N}{n_j}}\\
&= \sum_{n_j=1}^{N-1}\frac{1}{N^2}\frac{\binom{N+1}{n_j}}{\binom{N}{n_j}}\\
&= \sum_{n_j=1}^{N-1}\frac{N+1}{N^2(N+1-n_j)}\\
&= \frac{N+1}{N^2}\sum_{n_j=1}^{N-1}\frac{1}{N+1-n_j}\\
&= \frac{N+1}{N^2}\sum_{m=2}^{N}\frac{1}{m} \approx \frac{\log N}{N}
\end{aligned} \tag{4.29}$$

和

$$\eta \approx 1 - \left(\frac{\log N}{N}\right)^k \tag{4.30}$$

我们把表达式解释为文件的实际大小。在 BitTorrent 中，每个片段通常是 256KB。对于一个几百兆字节大小的文件，N 的大小大约是几百。因此，即使 $k = 1$，η 也非常接近于 1。对于 BitTorrent 来说，k 实际上更大，因为最大连接数 K 通常是 40。

因此 BitTorrent 在共享文件方面是非常高效的。当 k 增大时，η 也增大，但增幅很小，网络性能增长缓慢。由于 k 依赖于系统中其他节点的数量，而节点数量与 λ 有关。所以当 λ 增大时，网络性能增大，但速度非常缓慢。因此，我们在前面小节中观察到的网络性能本质上是独立于 λ 的。这也与真实 BitTorrent 网络十分相似。当 $k = 0$ 时，$\eta = 0$。

4.3.2.3 局部稳定性

局部稳定性是指一个 P2P 网络达到平衡时的稳定性。当推导稳态量 $\bar{x}$，$\bar{y}$ 和 T 时，我们隐含地假设系统是稳定的，并将达到平衡。在这一节中，我们研究流体模型在平衡 $\{\bar{x}, \bar{y}\}$ 附近的稳定性。

当 $\frac{1}{c} < \frac{1}{\eta}\left(\frac{1}{\mu} - \frac{1}{\gamma}\right)$ 时，上传带宽为约束条件，在 $\{\bar{x}, \bar{y}\}$ 的小邻域内，上传带宽约束条件为：

$$\frac{\mathrm{d}x(t)}{\mathrm{d}t} = \lambda - \theta x(t) - \mu(\eta x(t) + y(t)) \quad \frac{\mathrm{d}y(t)}{\mathrm{d}t} = \mu(\eta x(t) + y(t)) - \gamma y(t) \tag{4.31}$$

让

$$A_1 = \begin{bmatrix} -[\mu\eta + \theta] & -\mu \\ \mu\eta & -(\gamma - \mu) \end{bmatrix} \tag{4.32}$$

那么 A_1 的特征值决定了均衡 $\{\bar{x}, \bar{y}\}$ 的稳定性。ψ 是 A_1 的一个特征值。A 的特征值满足：

$$\psi^2 + (\mu\eta + \theta + \gamma - \mu)\psi + \mu\eta\gamma + \theta(\gamma - \mu) = 0 \tag{4.33}$$

当 $\frac{1}{c} < \frac{1}{\eta}\left(\frac{1}{\mu} - \frac{1}{\gamma}\right)$ 时，得到 $\gamma > \mu$。当 $\eta > 0$ 时，$\eta + \theta + \gamma - \theta$ 和 $\eta\gamma + \theta(\gamma - \theta)$ 均大于 0。所以特征值严格为负时系统是稳定的。

同样，当 $\frac{1}{c} > \frac{1}{\eta}\left(\frac{1}{\mu} - \frac{1}{\gamma}\right)$ 时，下载带宽为约束条件，在 $\{\bar{x}, \bar{y}\}$ 的小邻域内，我们有：

$$\frac{\mathrm{d}x(t)}{\mathrm{d}t} = \lambda - \theta x(t) - cx(t) \quad \frac{\mathrm{d}y(t)}{\mathrm{d}t} = cx(t) - \gamma y(t) \tag{4.34}$$

让

$$A_2 = \begin{bmatrix} -(\theta + c) & 0 \\ c & -\gamma \end{bmatrix} \tag{4.35}$$

那么 A_2 的特征值满足：
$$\psi^2 + (\theta + \gamma + c)\psi + (\theta + c)\gamma = 0 \tag{4.36}$$

由于 $\theta + \gamma + c$ 和 $(\theta + c)\gamma$ 都大于零，我们看到当特征值严格为负时系统是稳定的。

在 $\dfrac{1}{c} = \dfrac{1}{\eta}\left(\dfrac{1}{\mu} - \dfrac{1}{\gamma}\right)$ 的情况下比较复杂，因为系统的稳定性是由矩阵 A_1 或矩阵 A_2 决定的，至于是被哪个矩阵决定这取决于系统被扰动的方向。因此，线性分析不足以确定局部稳定性。为了避免冗长的争论，我们在这里不考虑这种特殊情况。

在 $\dfrac{1}{c} \ne \dfrac{1}{\eta}\left(\dfrac{1}{\mu} - \dfrac{1}{\gamma}\right)$ 时，由于 $cx > \mu g(\eta x + y)$ 随它本身的变化而变化，模型的全局稳定性很难分析。

4.3.2.4 系统的变化

当请求到达率很大时（这也意味着有大量的下载者和种子），模型与真实系统非常相似。然而，了解种子和下载者的数量如何围绕确定性模型所预测的数量的变化而变化是很重要的，在这个小节中，我们使用高斯近似给出了 x 和 y 在 $\bar{x}$ 和 $\bar{y}$ 周围的方差的一个简单描述。

在我们在 4.3.2.3 节讨论过的假设下，当到达率 λ 很大时，任何时间 t 的下载者和种子的数量可以用式 4.37 表示：
$$x(t) + \sqrt{\lambda}\hat{x}, y(t) + \sqrt{\lambda}\hat{y} \tag{4.37}$$

其中 $X = (\hat{x} + \hat{y})^T$ 为随机流体微分方程的解，其解为 Ornstein–Uhlenbeck 过程：
$$\mathrm{d}\hat{X}(t) = A\hat{X}(t)\mathrm{d}t + B\mathrm{d}W(t) \tag{4.38}$$

式 4.38 中，W 的分量为独立的标准维纳过程（布朗运动），A 和 B 的分量取决于瓶颈是下载带宽还是上传带宽。特别地，如果在式 4.32 中有 $\dfrac{1}{c} < \dfrac{1}{\eta}\left(\dfrac{1}{\mu} - \dfrac{1}{\gamma}\right)$ 且得到 $A = A_1$ 和在式 4.35 中有 $\dfrac{1}{c} > \dfrac{1}{\eta}\left(\dfrac{1}{\mu} - \dfrac{1}{\gamma}\right)$ 且得到 $A = A_2$，在这情况下，我们有：

$$B = \begin{bmatrix} 1 & -\sqrt{\rho} & -\sqrt{1-\rho} & 0 \\ 0 & 0 & \sqrt{1-\rho} & -\sqrt{1-\rho} \end{bmatrix} \tag{4.39}$$

其中 $\rho := \dfrac{\theta}{\theta + \beta}$。我们没有考虑更复杂的情况 $\dfrac{1}{c} = \dfrac{1}{\eta}\left(\dfrac{1}{\mu} - \dfrac{1}{\gamma}\right)$，这在实际中不太可能发生。

由式 4.38 可以很容易地计算出 $\hat{X}$ 的稳态协方差，即 $\sum = \lim_{t \to \infty} E(\hat{X}(t)^T(t))$。
$$A\sum + \sum A^T + BB^T = 0 \tag{4.40}$$

$\hat{x}$ 的稳态方差由 $\sum$ 的 $(1,1)$ 元素给出，$\hat{y}$ 的稳态方差由 $\sum$ 的 $(2,2)$ 元素给

出。上面的结果基本上说明,在稳定状态下,种子和下载者的数量分布为高斯随机变量,其方差由 $\sum$ 决定。

4.4 区块链数据验证

4.4.1 背景介绍

本节我们将介绍传统的数据存储模式、基于 P2P 网络的数据存储、传统存储方式的数据完整性验证原理以及基于区块链技术的数据完整性验证原理。

4.4.1.1 P2P 数据储存

传统的储存模式一般是云存储系统,典型的例子如谷歌文件系统(Google file system,GFS)、亚马逊的弹性云、开源的 Hadoop 分布式文件系统(Hadoop distributed file system,HDFS)等,它们都采用了类似的中心化架构,这种架构的瓶颈就在于中心服务器一旦崩溃,将会导致整个云存储服务不可用。

与传统的中心化式的储存方式相对,P2P 存储系统采用去中心化的模式,具有去中心化、高可扩展性、高性能和负载均衡等特点,它可以有效解决现有中心化储存中存在的问题(Yue et al.,2018)。

4.4.1.2 传统云存储中的数据完整性验证

传统的数据完整性验证机制主要是 PDP,即用户证明数据拥有(Provable data possession,PDP)。PDP 可以快速验证存储在云上的数据是否完整。Deswarte 等(2003)提出了基本的 PDP 认证方法:用户在上传自己的数据时首先会使用基于哈希的消息认证码(Hash-based message authentication code,HMAC)来计算数据的消息认证码(Message authentication code,MAC)值,并将这些值保存在本地,之后进行数据验证:在数据验证时,用户会先下载所需的数据,在下载数据之后计算文件的 MAC 值,并将其与之前保存在本地的 MAC 值进行比较,如果一致,则说明数据的完整性没有被破坏。

4.4.1.3 基于区块链的数据完整性验证

传统数据完整性验证会带来隐私泄露问题,因此将区块链技术融入基于云存储的数据完整性验证成为必然的趋势。但是如何在 P2P 云存储中设计一个通用的数据完整性验证框架是一个值得研究的问题,因为在 P2P 云存储和区块链的结合下,每个节点既可以是存储的提供者,也可以是存储的租用者。因此,本节接下来将介绍一种通用的基于 P2P 的云存储数据完整性验证框架。

4.4.2 数据验证模型

在本节中,我们将介绍 Yue 等(2018)的数据完整性验证框架,然后描述

Merkle 树的结构。我们会从计算成本和通信成本两个方面分析不同结构的 Merkle 树的性能。最后,我们将详细说明抽样验证的策略,并提出计算最佳样本量的方法。

4.4.2.1 数据完整性验证框架

基于区块链的 P2P 云存储下的数据存储和完整性验证框架如图 4-8 所示。在这个框架中,有三个实体:客户端(Clients)、云存储服务器(Cloud storage servers,CSS)和区块链(Blockchain,BC)。客户端上传自己的数据到云存储服务器中,使用 BC 验证数据的完整性。整个工作流程将会分为两个阶段:准备阶段和验证阶段,分别为图 4-8(a)和图 4-8(b)。

如图 4-8(a)所示。在准备阶段有五个步骤:第一步,客户端将数据分成几个片段,然后使用这些片段构建一个 Merkle 树;第二步,客户端和云存储服务器将就 Merkle 树达成一致;第三步,客户端会在区块链上存储 Merkle 树的根,这个根表示为 $root1$;第四步,客户端将数据以及 Merkle 树上传到云存储服务器;第五步,云存储服务器将存储的客户端数据的地址返回给客户端。

如图 4-8(b)所示,验证阶段也有五个步骤:第一步,客户端将发送一个信号 s_i 给云存储服务器,由云存储服务器对片段 i 进行验证;第二,云存储服务器根据 s_i 和 $shard_i$ 使用哈希函数计算哈希摘要 i';第三步,云存储服务器将摘要和相应的辅助信息发送到区块链 BC;第四步中,区块链上的智能合约将计算一个表示为 $root2$ 的新哈希根,并将 $root1$ 与 $root2$ 进行比较。如果 $root1$ 与 $root2$ 一致,则说明数据完整性得到保障,如果 $root1$ 与 $root2$ 不一致,则说明数据完整性被破坏。

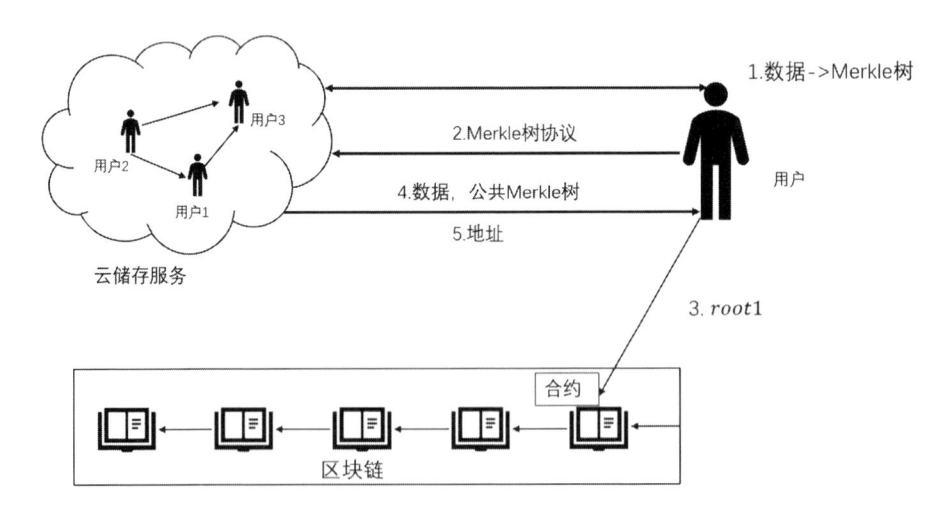

(a) 准备阶段

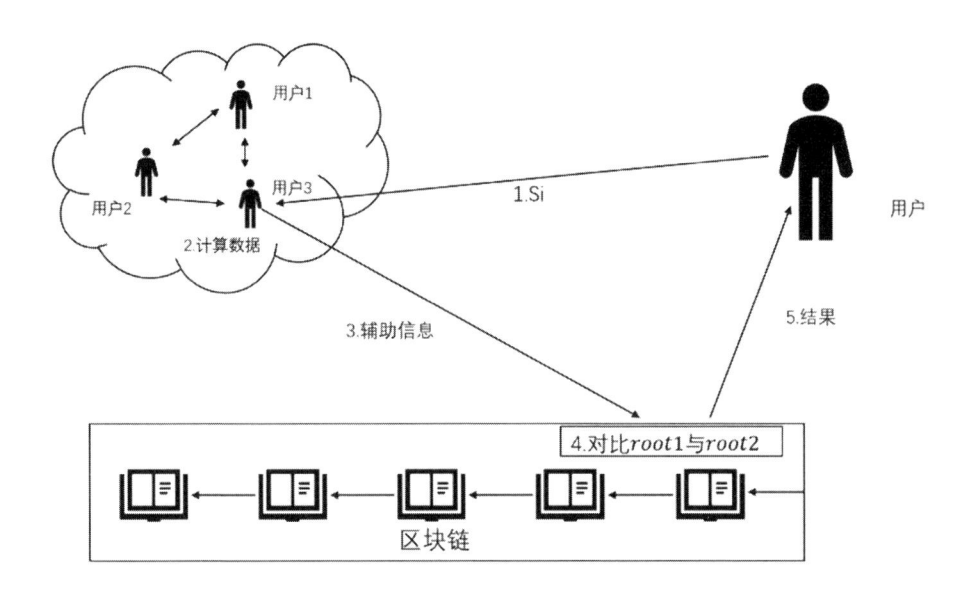

(b) 验证阶段

图 4-8 基于区块链的数据完整性验证框架

在上文提到的框架中,Merkle 根是用户在上传数据之前就已经放在区块链上的,而且由于区块链上的数据是不可更改的,因此我们不必担心客户端或者云储存服务器可以更改放在区块链上的根,这种数据被验证框架是非常值得信赖的,并且由于区块链上的数据是分布式储存的,因此数据被破坏的可能性很小,数据验证非常可靠。

4.4.2.2 使用 Merkle 树验证数据完整性

在使用 Merkle 树验证数据完整性时,文件的完整性是通过验证数据的一小段分片来进行的,而无需验证整个数据,这种数据验证方式的工作量小,Merkle 树的结构如图 4-9 所示。

在进行数据验证的时候,为帮助验证私有部分的数据,我们要将 Merkle 树的公共部分上传到 P2P 云存储服务器,这个树的私有部分由数据分片 $shard_i$ 和随机挑战(Random challenges) r_i 组成。随机挑战只有在客户端需要验证相应的数据分片时才会发送到 P2P 云存储服务,私有部分被客户端保存在本地。客户端上传至 P2P 云存储服务器的数据为数据切片后的数据分片。接下来,我们分析数据验证的通信成本和计算成本。

- 通信成本:因为我们需要将 Merkle 树的公共部分上传到 P2P 云存储服务器,因此公共树的大小与通信成本成正比。假设树中每个节点的输出为 m,叶节点总数即总分片数为 n,则公共树的节点总数为:

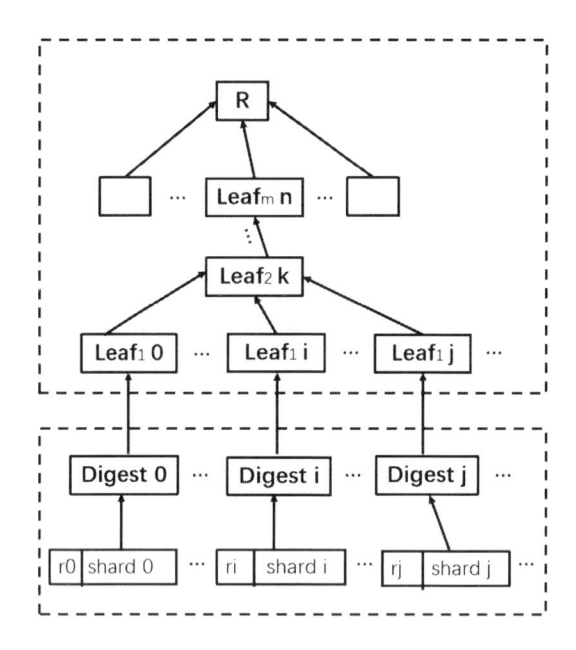

图 4-9 Merkle 树

$$\begin{aligned}sum(m) &= m^0 + m^1 + m^2 + \cdots + m^{\log_m n} \\ &= m^0 + m^1 + m^2 + \cdots + n\end{aligned} \quad (4.41)$$

为了探究 m 与 $sum(m)$ 之间的关系,我们假设两类 Merkle 树的分支数分别为 m_1, m_2,满足 $m_1 = (m_2)^2$。

当 $m_1 = (m_2)^2$ 且 n 固定时,$sum(m_1) < sum(m_2)$ 的命题成立。因此我们可以得出结论:当 Merkle 树的分枝 m 增大时,公共树的大小减小,通信成本降低。

- 计算成本:我们用计算延迟来度量计算成本。
- 验证分片的延迟:验证分片的延迟=计算时间×每次计算的时间成本,当 n 是固定的时候每个数据分片的计算次数为 $F1(m) = \log_m n$,$F1(m)$ 随 m 的增加而减小。因此,验证分片的延迟随着 m 的增加而减小。
- 生成 Merkle 树的延迟:Merkle 树的公共部分越大,那么生成 Merkle 树的延迟越大,同时由于公共树的节点总数随着 m 的增加而减少。所以生成 Merkle 树的成本随着 m 的增加而减小。
- 生成辅助路径的延迟:延迟与路径的大小成正比。

我们定义生成辅助路径的延迟 $F2(m)$ 为:

$$F2(m) = (m-1)\log_m n = (m-1)\frac{\ln n}{\ln m} = \ln n \left(\frac{m}{\ln m} - \frac{1}{\ln m}\right) (m \geq 2) \quad (4.42)$$

由式 4.42 可知,$F2(m)$ 随着 m 的增大而增大,但是路径中的元素是哈希字符串,所以它们所占用的空间很小,生成辅助路径的成本可以忽略不计。

4.4.2.3 抽样检验

在验证数据的完整性时,我们不需要验证所有的数据,只需要验证部分数据分片即可,因此在这种情况下,如何选取数据分片就成为一个问题,这个问题可以看作一个采样问题。由于由整个数据形成的数据分片相互之间的差异不是很大,所以我们可以采取简单随机抽样和分层抽样相结合的抽样方法来选取数据分片。

简单随机抽样是指采用随机函数来确定抽样的数据,分层抽样是指我们先把数据按照一定的规则进行分层之后在每一层当中进行简单随机抽样。

- 简单随机抽样

简单随机抽样的随机函数是用来选择数据分片,在整个抽样检验过程中我们会先采取简单随机抽样,因为我们此时对数据分片的整体情况了解并不多。

- 分层抽样

在经过随机抽样之后,就会对数据分片能否确保数据完整性的能力有一个大致的了解,我们假设这能力越高,数据完整的概率就越大,之后会对不同能力的数据分片进行分层,然后对每一层的数据分片进行随机抽样。

如果把数据分片分为三个类型:$R1$、$R2$、$R3$,每一个类型的样本量为$N1$、$N2$、$N3$,如果我们所需要的样本量为N,那么我们需要保证$N = N1 + N2 + N3$,对于不同等级的分片,最能验证数据完整性的分片层级抽取最多的样本,当然,每个层级抽取的样本数应当成等差数列。

总体来说,我们采用简单随机抽样和分层抽样相结合的抽样方法来进行分片选择,第一阶段的简单随机抽样用以确定数据分片的能力层级,在确定能力层级之后使用分层抽样来选取数据验证所需的数据分片。

用于验证数据完整性的数据分片总数被称为样本量,样本量的不同会影响到进行验证时的成本以及验证的精度,一般来说,我们在验证阶段所选取的样本分片越多,验证成本越高,当然,高样本量势必会带来高验证精度。

- 验证成本(Verification cost):在衡量验证成本时,用一个简单的线性函数就可以表示样本量N与验证成本C的关系:

$$C = c_0 + c_1 N \tag{4.43}$$

其中:

$c_0 > 0$,$c_1 > 0$,

c_0表示基本成本。

c_1表示样本量的影响程度,且c_0和c_1的值无关。

- 验证精度(Verification precision):

假设数据分片总数为N,其中有f个无效(丢失或被篡改)分片,采样的样本量为n,用变量V表示采样数据中检测到的无效分片的数量。

则检测到至少一个无效分片的概率为P_V:

$$P_V = P\{V \geq 1\} = 1 - P\{V = 0\} = 1 - \left(\frac{n-f}{n}\right)^N \tag{4.44}$$

总的来说,理想的情况是花费尽可能少的验证成本,获得尽可能高的验证精度。然而很明显,验证的精度越高,那么验证的成本就也会越高。因此我们需要找到一个最佳样本容量,在这个样本容量下,不仅可以保证验证的精度,同时也可以使成本不是那么的高。为此,我们用损失函数 $L(N)$ 来综合考虑样本量对验证成本和验证精度的影响,即:

$$L(N) = C + \lambda \frac{1}{P_V} = c_0 + c_1 N + \lambda \left(\frac{1}{1-\left(\frac{n-f}{n}\right)^N}\right) \tag{4.45}$$

其中 $N \in (0, N]$,$c_1 > 0$,$c_0 > 0$。

在实践中,如果对验证精度和验证成本有不同的侧重,可以改变 λ 的值,为了易于分析,可以假设 $\lambda = 1$。由于 c_0, c_1, n, f 可以作为常数得到,且 $L(n)$ 可以看作是变量 n 的函数,所以我们的目标是找到一个使 $L(n)$ 最小的最优 n,可以得到以下定理来计算最优 n。

定理 4.2 当 $N \in (0, N]$ 时,存在使 $L(N)$ 最小的最优 $N = N2$,其中 $N2 = \log_a \frac{(2c_1 - \ln a) - \sqrt{\ln a^2 - 4c_1 \ln a}}{2c_1}$。

在得到样本后,可以使用适当的策略来确定样本验证的顺序。此问题归纳如下:在样本容量为 N 的情况下,假设存在一个无效分片,记为 i,要发现无效分片 i,需要采用哪种验证策略才能使验证成本最小?序贯验证、分组验证、指数验证、二进制验证和斐波那契验证等几种基本算法都可以应用到该场景中。

4.5 区块链分叉

4.5.1 背景介绍

比特币和以太坊等加密货币由去中心化的开放性软件提供支持,任何人都可以为该软件做出贡献,这种开放性软件被称之为区块链。之所以被称为区块链,是因为它们实际上是由数据块组成的,可以一直追溯到网络上的第一笔交易。而且因为是开源的,所以依赖于社区来维护和开发底层代码。

每当社区对区块链的协议或基本规则集进行更改时,就会发生分叉。当这种情况发生时,链条就会分裂形成第二个区块链,它与原始区块链共享所有历史,但朝着新的方向前进。

在本节中,我们简要介绍一些与区块链网络中信息传播相关的基本概念,这是理解区块链分叉所必需的。我们还将简要介绍区块链中分叉的概念。尽管背景部分仅针对比特币,但为分析比特币网络中的分叉而提出的理论模型可以适用于其他区块链,例如以太坊。就像所有的软件都需要升级一样,区块链的更新有多种原因,如添加功能、应对安全风险、解决社区内关于加密货币方向的分歧等。

以太坊区块链旨在运行"智能合约",这些合约是在满足特定条件时自动执行一组预定操作的代码块。以太坊作为运行这些智能合约的平台,可以将以太坊的区块链视为类似于计算机的操作系统。在这个类比中,各种以太坊分叉如以太坊、以太坊经典、以太坊2.0等就像操作系统的更新版本,增加了以前版本可能缺乏的功能。区块链进行分叉后,较旧的区块链分叉可能会继续作为一个稳定的、经过充分验证的平台,而较新的区块链分叉可能会为开发人员提供全新的交互方式。(旧版本和新版本最终可以合并或进一步分离)。区块链分叉分为硬分叉和软分叉,我们将软分叉视为"软件升级"(例如手机要求我们将系统更新到最新的版本),将硬分叉视为全新的操作系统(例如 Linux 和 Mac OS 是经由半个世纪前的 UNIX 系统的演变之后形成的)。

4.5.2 区块链分叉

从区块链的定义,我们可以直接得出区块链的分叉的定义:如果区块链有多个区块头,即 $|B_h| > 1$,那么这种情况就被称之为区块链分叉。在区块链分叉期间,网络中的节点不能就 B_h 中的哪个块是当前区块链头达成一致。

区块链的分叉可能会因区块链网络添加了更多的区块 $B_{h+1}, B_{h+2} \cdots$ 而延长,这些新的区块建立在它们各自的区块链头上,最终会导致一个分支比其他分支长,而那些没有建立在这个分支上的区块将会转换到这个分支,此时区块链分叉已经被解决,那些因区块链分叉而被丢弃的区块被称为孤块(Orphan blocks)。

4.5.3 区块链分叉的分类

根据实际情况的不同,区块链的分叉可以大致分为三类:自然分叉、硬分叉和软分叉。

4.5.3.1 自然分叉

从技术上讲,自然分叉是指在同一时间内存在一组区块高度 h 相同的区块,即 $|B_h| > 1$,这意味着不同节点对主链有不同的视角。

自然分叉可能会对区块链产生多种不利影响,从而危及系统的性能和安全。首先,它可能导致资源利用率低。由于自然分叉,节点可能会识别到错误的主链,然后将自己埋没在注定无效的链上并消耗自身的计算能力,导致计算能力的巨大浪费;其次,它为挖矿攻击提供了温床,因为意想不到的分叉可能会分散计算能力,从而可能被进一步操纵,因此,如果区块链发生了自然分叉,区块链网络不仅会变得不安全,而且会浪费大量资源(Shi et al.,2021)。

4.5.3.2 硬分叉

硬分叉是指由于整个区块链进行升级而形成了新的区块链。以比特币为例,比特币的区块链在进行升级之前,会向社区提交区块链升级方案,然后征求区块链节点的意见,当大部分区块链节点同意技术升级之后才会进行升级,如果区块链进行了升级,那么新的区块链的验证机制和旧的区块链的验证机制会有一定的区别,此时整个比特币区块链会存在两条不同的链,但是这两条链上的区块数量并不是相同的,而是随着挖矿的推进,新链上的区块数量会逐渐增加,旧链上的区块数量会逐渐减少,硬分叉最终会形成统一,但前提条件是大部分区块同意升级。图4-10和图4-11分别展示了无法形成共识和可以形成共识时的硬分叉。

社区无法形成共识:

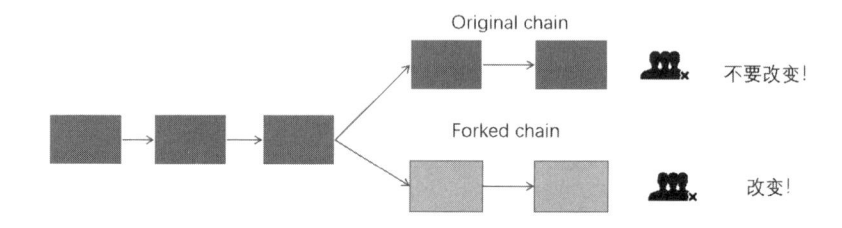

图4-10 无法形成共识时的硬分叉[1]

社区形成共识:

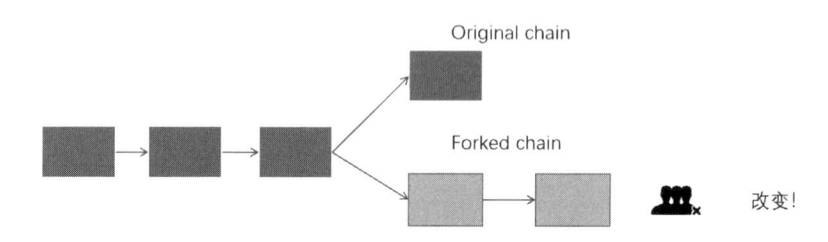

图4-11 形成共识时的硬分叉[2]

4.5.3.3 软分叉

软分叉和硬分叉不同,其并没有形成新的区块链,而是区块验证机制上的不同。一般来说,新的区块验证机制会兼容旧的区块验证机制,在这种情况下,整个区块链会有两种区块验证方式,但这种情况并不会导致像硬分叉那样的两条区

---

[1] 来源于 https://zombit.info/hard-forks-and-soft-forks/
[2] 来源于 https://zombit.info/hard-forks-and-soft-forks/

块链。

早在2012年比特币的BIP项目升级就产生了软分叉,软分叉的不足之处在于区块验证协议的兼容性以及验证协议的安全性之间的矛盾,很难在两者之间找到一个合适的平衡点,软分叉的模型如图4-12所示。

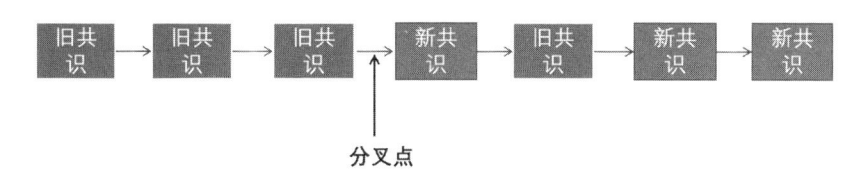

图4-12 软分叉模型

4.5.4 比特币背景下的区块链分叉研究

在本节中,我们将介绍Shahsavari等(2019)所提出的区块链分叉概率计算模型,然后,基于Shahsavari等提出的随机图模型,对区块传播的理论进行建模和分析。

4.5.4.1 模型

假设块b是区块链B的尖端,我们称区块b的高度h_b为区块链中从起源块开始到这个块之前的区块个数。换言之,一个块的高度是其区块链的长度。起源块g的$h_g = 0$。如前文所述,当至少有两个块b和b'有相同的高度时,就会引起分叉。那么当以下情况下存在时区块链就会发生分叉:

$$\exists b, b' \in B : b \neq b' \mid h_b = h_{b'} \tag{4.46}$$

4.5.4.2 分叉概率分析

比特币网络的PoW挖矿可以建模为泊松过程,区块间时间(两个连续区块之间的时间差)遵循指数分布。我们可以计算出待开采区块的概率密度函数(Probability density function, PDF)为:

$$f(t;\lambda) = \lambda e^{-\lambda t} \tag{4.47}$$

λ由下式求得:

$$\lambda = \frac{1}{E[T]} = \frac{1}{t_B} \tag{4.48}$$

其中t_B指的是区块间时间,是挖掘新块所需的平均时间。这个过程是无记忆的(即概率分布与它的历史无关),新的区块在被区块链接受之前,另一个区块被发现的概率为:

$$F(t) = P(T \leq t_{prop}) = \int_0^{t_{prop}} f(t) \, \mathrm{d}t = 1 - e^{-\frac{t_{prop}}{t_B}} \tag{4.49}$$

其中 t_{prop} 是一个区块在网络上完全传播所需的时间。所以由式 4.49 可知分叉概率与区块传播时间和块间时间相关。

参考文献

［1］丁博文,徐跃东,王亮.IPFS 网络内容和性能测量.计算机工程与应用［J］,2022,58 (07):97-105.

［2］黄振东.区块链2.0实战:以太坊+Solidity编程从入门到精通［M］.北京:电子工业出版社,2018.

［3］孙知信,张鑫,相峰,陈露.区块链存储可扩展性研究进展.软件学报［J］,2021,32 (01):1-20.

［4］Alizadeh, Morteza, Karl Andersson, and Olov Schelén. "Efficient decentralized data storage based on public blockchain and IPFS." 2020 IEEE Asia-Pacific Conference on Computer Science and Data Engineering (CSDE). IEEE, 2020.

［5］Benet, Juan. "Ipfs-content addressed, versioned, p2p file system." arXiv preprint arXiv: 1407.3561(2014).

［6］Bertsekas, D. P., R. G. Gallager, and P. Humblet. "Massachusetts Institute of Technology." Center for Advanced Engineering Study, Data networks, Prentice-hall Englewood Cliffs, NJ (1987).

［7］Cocks, Clifford. "Split knowledge generation of RSA parameters." IMA International Conference on Cryptography and Coding. Springer, 1997.

［8］Erdös, Paul, and Mark Kac. "The Gaussian law of errors in the theory of additive number theoretic functions." American Journal of Mathematics 62.1(1940):738-742.

［9］Hsiao, Hung-Chang, Hao Liao, and Cheng-Chyun Huang. "Resolving the topology mismatch problem in unstructured peer-to-peer networks." IEEE Transactions on Parallel and Distributed Systems 20.11(2009):1668-1681.

［10］Juels, Ari, and Burton S. Kaliski Jr. "PORs: Proofs of retrievability for large files." Proceedings of the 14th ACM conference on Computer and communications security. Association for Computing Machinery, 2007.

［11］Nakamoto, Satoshi. "Bitcoin: A Peer-to-Peer Electronic Cash System." https://bitcoin.org/bitcoin.pdf, 2008.

［12］Pradhan, Srikanta, Somanath Tripathy, and Sukumar Nandi. "Blockchain based security framework for P2P filesharing system." 2018 IEEE International Conference on Advanced Networks and Telecommunications Systems (ANTS). IEEE, 2018.

［13］Qiu, Dongyu, and Rayadurgam Srikant. "Modeling and performance analysis of BitTorrent-like peer-to-peer networks." ACM SIGCOMM computer communication review 34.4(2004): 367-378.

［14］Shahsavari, Yahya, Kaiwen Zhang, and Chamseddine Talhi. "A theoretical model for fork analysis in the bitcoin network." 2019 IEEE international conference on Blockchain

(Blockchain). IEEE,2019.

［15］Shi, Hongwei, Shengling Wang, Qin Hu, and Xiuzhen Cheng. "Micro Analysis of Natural Forking in Blockchain Based on Large Deviation Theory."arXiv preprint arXiv:2105.09535(2021).

［16］Tan, Le-Ting, and Tao Tan. "A search algorithm on Gnutella Networks Based on Resource Replication."2010 International Conference on Computer Application and System Modeling(ICCASM 2010). IEEE,2010.

［17］Xu, Lei, Lin Chen, Zhimin Gao, Shouhuai Xu, and Weidong Shi. "EPBC：Efficient public blockchain client for lightweight users." Proceedings of the 1st Workshop on Scalable and Resilient Infrastructures for Distributed Ledgers. Association for Computing Machinery,2017.

［18］Yue, Dongdong, Ruixuan Li, Yan Zhan, Wenlong Tia, and Chengyi Pen. "Blockchain based data integrity verification in P2P cloud storage."2018 IEEE 24th international conference on parallel and distributed systems(ICPADS). IEEE,2018.

本章习题

1. 什么是 P2P 网络？请简述 P2P 网络的类型。
2. 区块链节点的类型有哪些？
3. 请简述 SPV 轻节点与 EPBC 轻节点的特点。
4. 请简述传统的基于中心化网络的数据云储存方式与基于 P2P 网络的云储存方式的区别，并说明 P2P 云储存模式的优点。
5. 请简述 BitTorrent 的工作原理。
6. 请简述硬分叉、软分叉与自然分叉。

5 区块链跨链技术

学习要点和要求

- 跨链技术的基本概念(掌握)
- 跨链的划分(掌握)
- 区块链跨链技术的四种基本机制(熟悉)
- 区块链跨链技术的应用实例(了解)

5.1 跨链的概念

跨链技术(Cross-chain technology)指允许信息和价值在两个或多个不同的区块链之间资产流通和价值转移,以实现区块链平台的互联互通、价值传递的技术。跨链技术解决了区块链的可扩展性问题,使得数字资产能够在链间无障碍流通,有效解决了长期以来单个区块链之间由于无法交互而产生的价值"孤岛"问题。

常用的跨链技术包括:公证人机制、侧链/中继技术、基于哈希的锁定技术。近年来,还有第4种分布式私钥控制技术:公证人机制引入第三方可信机构,作为跨链资产的保管人;侧链/中继技术通过去中心化的方式完成链间状态交互;BTC-Relay 通过以太坊智能合约实现以太坊与比特币的信息互联;Cosmos 将所有区块链看作 zone,通过 Hub 实现中继功能。哈希锁定技术将哈希原象作为秘密,通过分时间段控制和条件支付技术可在无第三方情况下完成原子交换。分布式私钥控制技术通过分布式密钥生成算法和门限签名技术实现资产锁定和解锁操作,Fusion 项目采用该技术实现跨链(张亮等,2019)。

区块链的跨链技术是区块链实现互联互通,提升可扩展性的重要技术手段,在网络形态上,区块链不同于互联网,后者支持将一张网络接入全球,前者则形成了多个相互隔绝的平行网络。除了公有链的广泛共存,私有链和联盟链则支持让不同组织拥有各自的区块链,甚至让同一个组织内部同时运行多个区块链。全球区块链的数量在不断增多,而不同区块链网络的相互隔绝,导致链之间无法有效进行数字资产转移、跨链通信等操作。近年来,随着区块链应用场景的不断丰富和复杂化,越来越多的区块链项目提出跨链的需求与解决方案,跨链技术逐步得到发展,目前主流跨链技术设计研发块链的目的以及要解决的问题主要包括以下几个方面(李芳等,2019):

- 不同区块链之间的资产转移。尽管第三方交易平台能够提供不同区块链项目资产的转移与交换,但第三方交易平台的引入带来了新的中心化节点,不可避免地存在资产安全性和可信任性等问题,跨链确保了使用技术而非机构或人,来提供安全可靠高效的链上资产转移途径。

- 实现区块链资产的留置。类似于金融和法律领域的财产流通机制区块链资产,能够实现链上冻结锁定,并设定某个区块链上的资产锁定条件和解锁条件,还可以与其他链的特定实践行为相关联。

- 读取和验证其他链的状态或实践。自以太坊区块链问世以来,基于区块链的智能合约得到快速发展,在某个区块链上部署的智能合约触发其执行的条件,可能需要依赖于其他链的信息和数据块链数据访问,跨链技术在其中具有关键作用。

- 提升区块链交易处理能力。区块链的可扩展性三难题基本法则表明,区块链只能兼顾去中心化可扩展性和安全性中的两项性质。区块链的吞吐量和可扩展性,一直被认为是重要的瓶颈。尽管诸如 EOS 等区块链项目声称其每秒处理事务数(Transation Pers Scond,TPS)可达百万量级,但均可设立少量验证节点为前提降低了系统的去中心化特性,区块链通信是提供更高扩展性的技术路线之一。

现实社会包括许多行业和不同的经济领域,把整个现实世界搬到区块链是不现实的,不同行业、不同经济领域的商品可以通过市场实现价值交换。每个区块链都是一个独立的价值经济体系。跨链区块链是连接独立的区块链枢纽,承载着不同价值体系区块链的价值交换功能。而价格是商品交换的前提,价格由商品本身的价值决定,受供求关系的影响,供求关系建立在市场之上。为了在不同的区块链实现价值交换,跨链区块链会有各种各样的价值交易市场,而跨链区块链的每个价值交易市场都是一个跨链合约服务。

跨链允许价值跨越不同区块链和直接流通之间的障碍。每个区块链都是一个独立的分类账,两个不同的区块链对应着两个不同的独立分类账,而这两个分类账之间没有任何关联。本质上,价值不能在分类账之间转移。然而,对于一个特定的用户来说,存储在一个区块链中的价值可以转化为另一个区块链中的价值,这就是价值的流通(Deng et al.,2018)。

以一个简单实例进行分析,假设 Alice 有 1 个 BTC,Bob 有 12 个 ETH,从台账来看,他们的跨链交易操作的流程如表 5-1 所示。

表 5-1 跨链交易简易过程

	跨链操作过程		
	交易前	交易中	交易后
Alice	1 BTC	Alice 给 Bob 1 BTC	0
	0		12ETHs
Bob	0	Bob 给 Alice 12 ETHs	1 BTC
	12ETHs		0

既然比特币和以太币属于不同的区块链,那么用户如何区分不同区块链建立信任机制？如果 Alice 把比特币转给 Bob,但是 Bob 并不一定会把以太坊转交给 Alice。在这种情况下,为了在 Alice 和 Bob 之间建立信任,可以通过交易平台进行信任转移。首先,Alice 向平台转移 1 个 BTC,Bob 向平台转移 12 个 ETH。交易平台随后将 12 个 ETH 转移给 Alice,1 个 BTC 转移给 Bob。通过在交易平台中间持有数字货币,能够实现 Alice 和 Bob 之间的信任转移,确保 Alice 和 Bob 可以进行跨链操作。综上所述,跨链技术的核心是帮助比特币区块链上的用户 Alice 找到愿意和以太坊区块链互换的用户 Bob。

5.2 跨链的划分

5.2.1 区块链的主链与子链

5.2.1.1 主链

主链是一个部署在生产环境中的真正的区块链系统。在软件正式发布之前,会经过多个内部测试版本,找出一些可能的遗漏,并用于内部演示、查看效果,正式版本要到最后才会发布。主链也可以说是由正式版客户端组成的区块链网络,只有主链才会被真正推广使用,各项功能的设计也都是相对最完善的。另外,有些时候,区块链系统会由于种种原因导致分叉,比如挖矿的时候临时产生的小分叉等,此时将最长的那条原始的链条称为主链(韩璐,2018)。

5.2.1.2 子链

虽然比特币区块链主要用于货币交易,但其协议允许客户在交易中嵌入一些额外的字节作为元数据。许多智能合约平台会利用这些元数据来存储所有有时间戳和防篡改的历史记录(Bartoletti et al.,2017)。

子链通常以元数据存储在 OP_RETURN 事务中,通过这种方法,依赖于平台的消息序列形成了一个子链,其内容只能由执行平台的节点来解释(我们称它们为元节点,以区别于比特币节点)。

我们假设一个参与者集合 $A,B\cdots$. 想要追加消息 $a,b\cdots$ 到子链上。标签是包含参与者 A 和消息 a 组成的一个配对,写成 $A:a$。子链是标签的有限序列,写为 $A_1:a_1\cdots A_n:a_n$。即指 a_1 在比特币区块链的某个交易 t_1 中嵌入了消息 A_1,然后 a_2 追加了某个交易 t_2 嵌入 A_2,以此类推。对于子链 η,我们为通过将 $A:a$ 附加到 η 而获得的子链写 $A:a\rightarrow\eta$。

一般来说,标签也会对比特币区块链产生副作用:我们用 $A:a(v\rightarrow B)$ 表示,它会将信息 vB 从 A 转移到 B。当该消息在子链上时,它也充当比特币区块链上的标准货币转移,这使得 A 的交易中的 vB 可以被 B 赎回。当值 v 为零或不重要时,我们只需写 A 而不是 $A:a(v\to B)$。

需要关注的是,并非所有可能的标签序列都是有效的子链:为了定义一致的子链,我们将子链解释为标签转换系统(Label convert system,LTS)的痕迹。形式上,LTS 是一个元组 $(Q,L,Q_0,\to)$,其中:

Q 是一组状态(包括 q,q' …);

L 是一组标签(在我们的例子中,形式为 $A:$);

$q_0 \in Q$ 是初始状态;

$Q \times L \times Q$ 是转移关系。

通常,当 $(q,A:a,q') \in \to$ 并且给定一个子链 $\eta = A_1:a_1 \cdots A_n:a_n$ 时,我们写作 $q \xrightarrow{A:a} q'$,只要存在 $q_1,q_2,\cdots,q_n$ 就可以写作 $q \xrightarrow{\eta} q'$,这样:

$$q \xrightarrow{A_1:a_1} q_1 \xrightarrow{A_2:a_2} \cdots \xrightarrow{A_n:a_n} q_n = q' \tag{5.1}$$

我们要求关系 $\to$ 是确定的,即如果 $q \xrightarrow{A:a} q'$ 和 $q \xrightarrow{A:a} q''$ 成立,则 $q' = q''$。

直觉上,子链最初有一个状态(q_0),每个消息根据转换关系更新状态。更准确地说,如果子链处于状态 q,则每当 $q \xrightarrow{A:a} q'$ 是 LTS 中的一个转换时,由 A 发送的消息 a 使状态演变为 q'。

5.2.2 区块链间的跨链

区块链间的跨链通信(Cross-chain Communications)是指一个或多个区块链之间的信息传递(Robinson,2020)。

跨链通信是由分布式系统中常见的两个需求驱动的:访问数据和访问其他系统中可用的功能。第一个需求是在其他系统中处理数据,以前已经通过使用分布式查询语言实现了,例如 SPARQL(SPARQL Protocol and RDF Query Language)联邦查询和资源描述框架。第二个需求,即访问其他系统中的功能,已经通过使用远程过程调用(Remote Procedure Call,RPC)实现。

以前的分布式系统使用隐式信任操作,区块链系统则在部分信任或不信任的环境中操作,也即分布式查询语言的结果是由各节点向单个服务器发出查询,并隐式地取得信任结果,由于结果是由服务器返回的,所以结果是可信的。类似地,发出远程过程调用的实体假设,如果发出调用的系统表明调用已经执行,那么证明它在实际中已经完成了执行。此外,执行远程过程调用的系统经常不会进行身份验证。

区块链系统被设计为拜占庭式容错(Byzantine fault tolerant,BFT)的方式,这意味着系统可以容忍节点故障、网络故障和恶意行为。区块链系统节点不是依赖于单个实体,而是对拟议交易的有效性达成共识。受许可的区块链需要保持参与节点列表的私有性,它们需要对交易内容和交易速率进行保密。在跨链通信的背景下,这意味着跨区块链系统需要具有拜占庭式的容错能力,而不是依赖于单个方的信任。另外,无需许可区块链(Permissionless blockchain)没有任何中央控制或少量控制节点,被许可的区块链通常只在少数参与者之间,因此,由于少数参与者具有某种程度的集中化(一些许可区块链,如 Hyperledger Fabric 和 Corda 有集中点),因此,跨链系统如果要与无许可区块链一起使用,通常需要没有集中点,而某种程度的集中点对于许可区块链是可以接受的。跨链共识协议需要一种鼓励良好行为的方法。不良行为可能是由于恶意行为,但也可能是由于网络中断、系统故障、错误配置和软件缺陷所导致的。无需许可区块链依赖于加密经济的运行规律,如收取交易费用等方式,以阻止不良行为,而许可区块链使用外部执法,如在法庭上采取法律行动等方式。

因此,达成活动性和安全性是跨链共识的核心。跨链通信可以被视为在区块链之间读写过程,如图 5-1 所示。

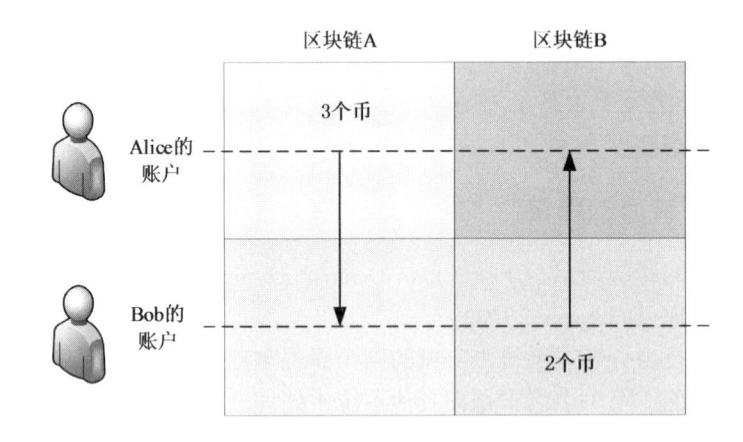

图 5-1 两个区块链间的原子交换

5.2.2.1 价值转移和原子互换

区块链之间的价值转移(Value transfer)通常是通过原子交换(Atomic swaps),其中第一个区块链上的值被锁定。在这种情况下,只有在第一个区块链上的值被证明不可访问时,才需要创建第二个区块链上的值。原子互换是将一种加密货币直接与另一种加密货币进行交换,而不需要交易所等可信任的第三方。如图 5-1 所示的 Alice 和 Bob 账户以及 A 和 B 两条区块链,Alice 在区块链 A 上有三个硬币(coins);Bob 在区块链 B 上有两个硬币,Alice 准备在区块链 A 上将她的硬币交换 Bob 在区块链 B 上的硬币。在原子交换中,硬币在两个不同的链上同时在 Alice 和 Bob 之间实现切换。重要的是,如果在区块链 A 或 B 上的转移失败,那么在另一个区块链上的转移也失败,以保证价值转移的安全性。

5.2.2.2 读取数据

区块链系统允许以一定的块高度从区块链节点的分布式分类账的本地副本读取到分布式分类账的值。这种功能通常由一些函数提供,这些函数用于处理分类账中的数据,然后返回一个结果。由于所有计算都发生在一个节点上,并且调用该节点的应用程序隐式地信任该节点,因此在返回值之前,节点之间不需要达成一致。因为这些节点返回区块链中的节点之前已经达成一致的值。

从一个区块链读取值到另一个区块链上,可能需要与读取值所在的区块链节点相一致的意见和使用读取值的区块链节点相一致的意见。用户可能希望向另一个区块链上的应用程序发出在该区块链上发生交易的指令。如图 5-2 显示了两个区块链;交易 Tx1 包含在区块链 A 上的第 2 个块中。用户可能希望向区块链 B 上的智能合约发送指令,表明交易 Tx1 已经发生,区块链 B 的用户需要在一定程度上确定信令是可信的。

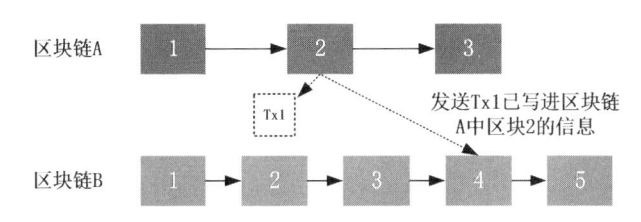

图 5-2 交易信息传递

5.2.2.3 编写数据

区块链系统允许通过交易更新分布式分类账值,应用程序向区块链中的一个节点提交已签名的事务。节点将事务发送给其他节点,并可能提出一个包含该事务的块。区块链上的节点一致同意将哪个区块添加到区块链的末尾。通过这种方式,信息被写入区块链系统的分布式分类账中。

5.2.2.4 状态固定

状态固定(State Pinning)定义为在一个区块链中包含另一个区块链的状态(Robinson and Brainard,2019)。例如,若私有区块链的区块哈希被放入以太坊主网的智能合约中,由于私有区块链的块哈希以特定的块号包含在以太坊主网中,这表明当时私有区块链的状态可以由该块哈希表示时,块的块哈希被称为"Pin"。

当私有区块链的状态被固定时,维护区块链的隐私是很重要的,不允许透露区块链的参与者、参与者优先级、区块链的块交易率等隐私信息。其中,不允许披露私有区块链的交易速率是很重要的,因为攻击者可能会据此推断活动。"匿名状态固定"隐藏被钉住的私有区块链的交易率,并对参与者的身份进行保密。

5.2.2.5 最终状态固定

固定的专门用途是在区块链存档之前存储私有区块链的最终状态。在存档之前锁定区块链的最终状态允许区块链在稍后需要时恢复到可以验证的状态。例如,在图 5-3 中,私有区块链的晚期区块,区块 5,在区块链被存档之前被固定到以太坊主网。如果稍后需要恢复私有链,则可以通过恢复状态的块哈希值和固定值来显示恢复状态是正确的。

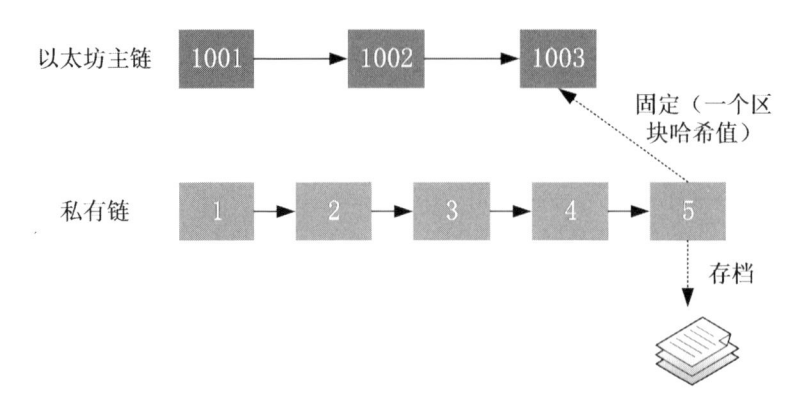

图 5-3 私有区块链到以太坊主网的固定状态

5.3 跨链技术

5.3.1 公证人机制

公证人机制(Notary schemes)通过选举一个或多个组织作为公证人,对链 A 的事件进行自动或请求式监听,并在指定事件发生后,在链 B 执行相应动作,实现对事件的响应。公证人群体通过特定的共识算法,对事件是否达成共识做出判断。公证人机制又分为中心化公证人机制(Centralized notary schemes)和多重签名公证人机制(Multi-signature notary schemes),区别在于后者利用密码学技术,在每次交易验证时从公证人群体中随机选出一部分公证人,共同完成签名的签发,从而降低对公证人可靠性的依赖程度(李芳等,2019)。

假设链 A 和链 B 是不能进行互相信任的,那么引入链 A 和链 B 都能够共同信任的第三方充当公证人作为中介,从而链 A 和链 B 就可以间接地互相信任。(如图 5-4 所示)

袁煜明等(2018)提出:公证人不断地进行数据收集,还进行交易确认和验证。此时的公证人将成为可信第三方,可以是一个双方可信的中心化公证人,也可以是一群去中心化的节点。在公证人对链 A 数据的不断收集和验证后,链 B 会一定比例通过得到链 A 发生的交易。通俗地讲,可信的第三方会告诉链 B,链 A 上发生了什么事,或者告诉链 B 某个消息的真实性。

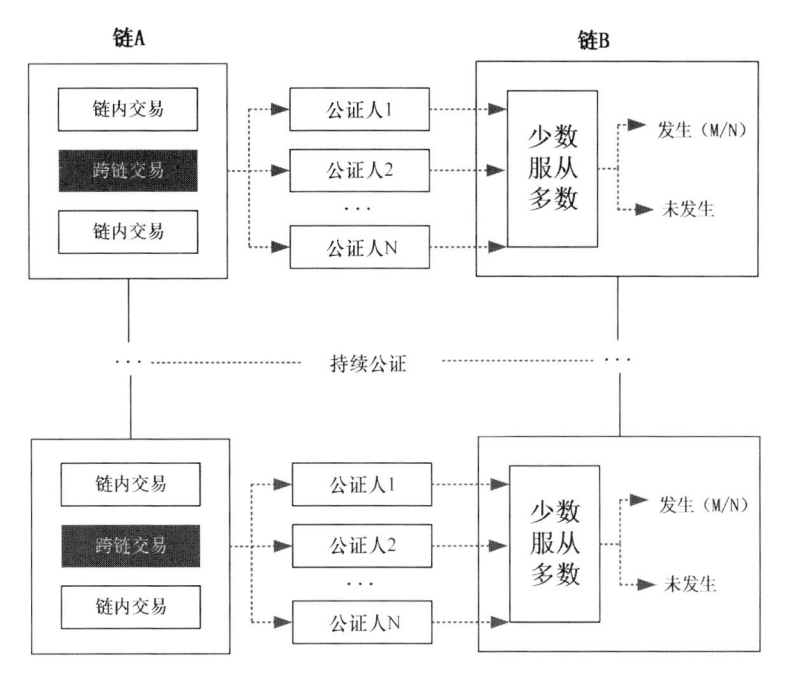

图 5-4 公证人模式交易

单签名公证人机制(Single-signature notary schemes)也被称作中心化公证人机制,由单一指定的独立节点或者机构充当记账人。通常这种模式被用于某类单一或特定的交易当中:用户可以将资金统一转账给公证人账号,再通过公证人来实现跨链资产互换。但由于用户间存在于不同的记账系统当中,所以,公证人在技术上需要同时满足两个及以上系统的兼容性。

公证人在该交易过程中充当了交易确认者和冲突仲裁者的角色,其用中心化的机构代替技术上的信用保障,从技术可信转移到了传统的信用中介。这种模式虽然交易处理的速度快,兼容性强,技术架构简单,但中心节点的安全性是系统稳定的关键所在。

多重签名的公证人机制(Multi-signature notary schemes)是由多位公证人在其自己的账本上完成共同签名,达成共识后才能完成跨链交易。

多重签名的公证人机制中每一个节点都拥有自己独有的一个密钥,只有当达到一定的公证人签名数量或比例时,才能确认跨链交易。这种方式相较于单签名模式的安全性更高,少数几个公证人被攻击或者是作恶都不会影响系统的正常运行。但是这种方式要求两条链本身必须支持多重签名的功能。

基于密码学技术,系统有且仅能产生一个密钥,而且公证人中都不会拥有完整的密钥,通过将密文处理成碎片后,密钥以碎片的形式被随机发送给其他所有节点,因此即使所有公证人将碎片凑集在一起也无法得到完整的密钥,从而全面保证了密钥的安全性。

分布式签名的公证人机制(Distributed signature notary schemes)是在分布式系统中,需要达到一定比例的公证人就能完成密钥,这种方法更加灵活安全,当少数节点受到攻击或者发生错误时,并不会影响整个系统。

下面通过两个例子理解中心化和分布式公证人机制在实现路径上的区别:

例子1:(中心化机制)互相不认识的两个用户A、B将各自对资产转到可行的单签名公证人,当公证人都收到A、B的资产后,再将各自的资产转给账户A、B。

例子2:(分布式机制)互相不认识的用户A、B通过公证人转账。

(1)用户A在链A发送给链B锁定账户一笔交易,交易由哈希时间锁(Hash time lock, HTL)锁定,并把锁定交易发送给公证人;

(2)用户B也发起一笔锁定交易,但把密钥进行拆分后,再发送给公证人。

(3)公证人凑齐的密钥超过2/3比例,发送给用户A。

(4)用户A把密钥发送给公证人,这样公证人即可帮助A、B解锁各自的交易。

使用公证机制是促进大多数跨链操作的技术中最简单的方法。在公证机制中,作为一个组被信任的一个或一组受信任的实体,常被用来声明链A向链B上发生的给定事件,或者声明关于链B的特定信息的真实性。这种实体既可以是主动的,基于某个链中的事件进行监听并自动采取行动;又可以是被动的,仅在被请求时才发布签名消息。Ripple开发的夹层器项目——Interledger,就是公证人机制实践应用的一项成果,在它所描述的"原子模式(Atomic mode)"中,使用拜占庭容错共识算法,以便在一组公证人之间就给定事件是否发生达成共识,然后发布签名,该签名可用于以该共识为条件完成付款。

Interledger还设想了一个支付链的概念,其中可以组成这种公证机制。如果当事人X和Y希望交换数字资产,但是这些束存在于链A和链F上,其中链A和链F没有直接链接,那么可以在中间分类账链B、链C、链D和链E上找到中介,其中每对相邻的中间分类账确实有直接链接(即链A和链B、链B和链C等之间存在公证和交换机会),然后可以确定一个满足链A和链F的偏好,同时为中介赚取少量套利收入的交易组合,然后对整个交易使用单一共识流程,确保要么发生所有转移,要么不发生任何转移。

需要注意的是,这不是实现共识的唯一方法,哈希锁定机制也实现了这一功能,并用于闪电网络中的跨链传输。它在技术上相对简单,并在其信任模型下实现了其预期目标,且公证员的设置可以针对特定的交易所单独确定。例如,可以想象一个协商协议,其中所有参与者提交他们的信任列表,并且所有各方的信任列表的交集被约定为该交换的公证集;还可以想象公证人与下述方案结合使用,创建链间交换协议,其中交换的安全性试图达到可能的最高安全级别,但是如果底层链不支持中继机制,则退回到公证人方案。

另一个相关的方案是联合锚定侧链(Federated pegged sidechain)。该方案的意图是拥有一个跨链的可移动资产,其中在一个或两个方向上的追溯是通过 multi-signature 方案完成的。这已经在由 Blockstream 创建的 BTC 支持的侧链 Liquid 中实现,人们可以将 BTC 移动到由参与者联盟控制的 multi-signature 地址,然后接收我们可以称之为"L-BTC"的令牌,一旦 Liquid 链共识看到 BTC 交易已经发生,该令牌就在 Liquid 链上产生。然后 L-BTC 可以在 Liquid 上自由交易,人们也可以销毁 L-BTC,此时控制 multi-signature 的联盟将从 multi-signature 发送等量的 BTC 到销毁 L-BTC 的一方。

请注意,在两个公共链之间,或者在公有链和联盟链之间,可以有一个联合挂钩(peg)。在后一种情况下,让组成联盟链的实体也成为控制 multi-signature 的实体可能是最简单的。在前一种情况下,可以说只有当"侧链"也是独立于特定挂钩资产的应用程序的所在地时,该方案才有价值。否则,使用公共链共识只会增加费用,而对系统的实际安全属性没有相应的改进,这些属性本质上依赖于联盟的诚实性,其是信任模型的重要组成部分(Vitalik,2016)。

5.3.2 中继机制

Vitalik(2016)通过抽象中继机制的验证过程,并对比公证人机制,得出中继机制是一种促进互操作性的更直接的方法。

中继机制(Relays)不是依赖于中介向另一个链提供关于某个链的信息,而是通过该链本身有效地承担起这项任务。一般方法如下:假设在链 B 上执行的一个智能合约想要知道链 A 上发生的一个特定的事件,或者链 A 状态下的某个特定对象在某个特定的时间包含的某个值。还假设链 A 的设计类似于比特币或以太币,因为它有一个"块"和"块头"的概念,其"块头"是一条紧凑的信息,它以某种加密认证的方式表示块(可能还有状态数据),并且很可能使用 Merkle 树来进行表示。

可以在链 B 上创建一个协定,该协定采用链 A 的这些块头之一,并使用链 A 的一致性算法的标准验证过程来验证这个块头。在工作量证明中,这将涉及验证对于给定的区块头已经产生了足够多的工作量证明,而没有产生任何冲突,并且在联盟链中流行的传统拜占庭容错一致性算法中,它将包括验证 2/3 的验证者已对其进行了签名。一旦中继验证了块头已经完成,中继就可以通过对照块头验证 Merkle 树的单个分支来分别验证任何交易或账户状态条目。

这种"轻客户端验证"技术的使用是中继的理想选择,因为区块链从根本上来说是资源受限的。事实上,链 A 内部的机制不可能同时完全验证链 B,且链 B 内部的机制也无法完全验证链 A,其原因和两个盒子不能同时包含彼此:若链 A 和链 B 需要完全验证彼此,那么 A 需要重新运行 B 重新运行 A 的部分,且 A 重新运行 B 的部分,以此类推。然而,通过轻客户端验证,链 A 包含链 B 的小片段,链 B 包含能够使得链 A 的小片段完全可行的协议。链 B 上的中继上的智能合约想要验证链 A 上的特定事务、事件或状态信息,它将像传统的轻型客户端一样,验证链 A 的加密哈希树的分支,然后验证该分支的区块根在内部的块头,如果两个检查都通过,它将接受该事务,事件或状态信息是正确的(请注意,因为区块链是完全独立的环境,链 A 上的相应区块需要由用户输入链 B,因为数据在加密意义上是"自验证的(self-verifying)",所以输入该信息的用户不需要被信任)。

中继链非常强大,它们可以用于资产转移、原子交换或任何其他更复杂的场景,基本上没有限制。中继链系统如图 5-5 所示。

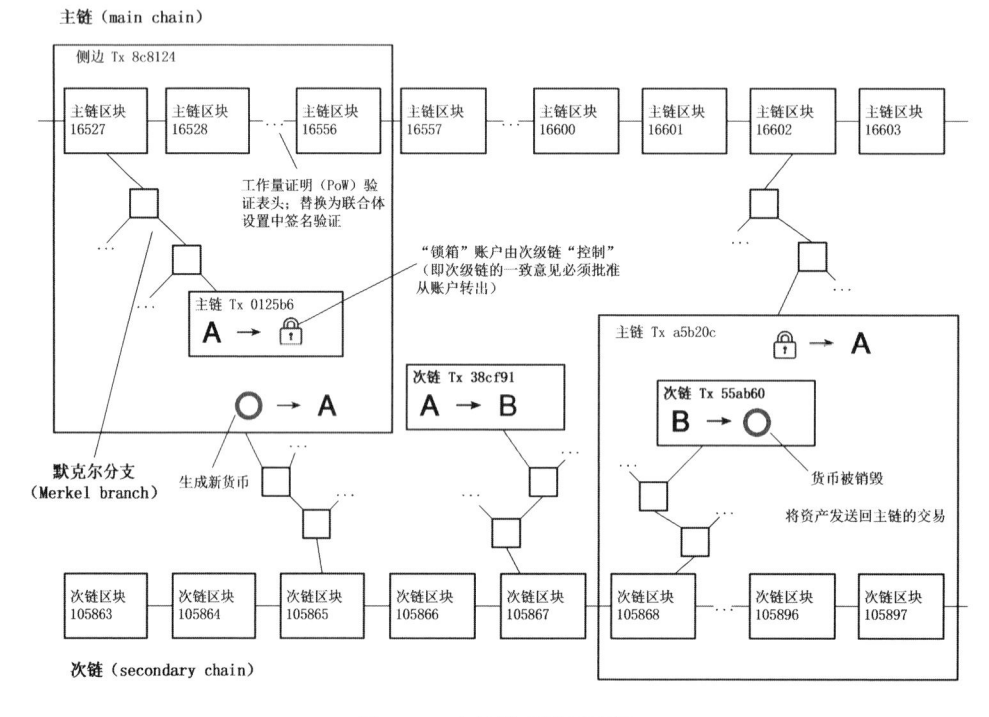

图 5-5 中继链系统示意图

一般而言,中继之后的复杂加密验证可以很容易地被抽象出来,并让开发人员无法察觉。事件验证本身可以做成一个智能合约,其他合约可以调用它作为事件验证的 oracle。事件读取可以抽象为异步操作:可以想象一种跨链智能协定编程语言,它包含一个原语 createEvent(destinationChain, params),该原语注册一个事件并为其分配一个唯一 ID,以及一个函数 onReceiveEvent(senderChain, params)

{0…}，只有在传入事件的加密证明时才能调用该函数，并且当提供这样的证明时，它会在存储中保存一条记录，以防止再次用相同的事件调用该函数。这种异步事件读取模型可以被看作是 Ethereum 1.0，类似于比特币的"未使用的交易输出"模型的混合，其中 UTXO 的等价物未使用的事件记录；上述异步事件体系结构假设事件被快速消耗，但也可以假设当事件直到需要时才被消耗，并且未消耗的事件会成为长期状态中非常有意义的部分。

算法 5.1　Fedcoin 代码

	Fedcoin 代码
1：	function sendCrossChain(destChain,to,value){
2：	if(balances[msg.sender]<value)throw;
3：	createEvent(destChain(name:SEND to:to,value:value]);
4：	balances[msg.sender]-=value;
5：	crossChainBalances[destChain]+=value;
	}
6：	functiononReceiveEvent(senderChain,params){
7：	if(params.name==SEND){
8：	if(crossChainBalances[senderChain]<params.value)throw;
9：	balances[params.to]+=params.value;
10：	crossChainBalances[senderChain]-=params.value;
	}
	…
	}

跨链便携式 Fedcoin 代码的草图如算法 5.1 所示。该合约将在主链和次链上初始化。代码的逻辑很简单：sendCrossChain 函数首先检查发送方是否有足够的 Fedcoin 可以发送；如果它们没有，那么它会以错误退出。如果发送方确实有足够的资金，它会创建一个事件，规定在目的链上创建硬币，减去发送方的余额，并增加目的链的余额。管理目标链余额的代码部分具有安全特性，即使目标链的共识以某种方式被打破，目标链也只能向主链发送与主链发送的一样多的 Fedcoin，从而防止潜在的不可信子链中，允许攻击者在未受到攻击的链上创建无限数量资产。

onReceiveEvent 函数确保发送方链可以发送给定数量的 FedCoin，如果是这样，它会增加接收方链的余额，减少发送方链的余额。请注意，在每个次链上，跨链将被初始化为基本上为无穷大的值；这意味着次链接受主链作为 Fedcoin 的权威发行者。

比特币和 Ethereum 之间已经成功实现了以 BTCRelay 形式的中继合约,这是 Ethereum 上可以读取比特币链的智能合约。然而,请注意,互操作性是单向的:比特币无法读取以太坊,因为它的脚本语言不够复杂,无法读取。BTCRelay 已经看到了智能合约的部分使用。有一个名为 EthereumLottery.io 的应用程序,其中彩票智能合约逻辑本身位于 Ethereum 公共链上,但它使用比特币块头作为随机性的来源,因为每个比特币块头都有更大的奖励,因此操作起来成本更高。这个例子可以描述为"跨链 oracle"应用程序,使用中继在提高应用程序的安全性方面起着重要作用。

5.3.3 侧链机制

侧链(Sidechains)是验证来自其他区块链的数据的区块链。我们通常将第一个区块链称为父链,第二个区块链称为侧链。在一些模型中,两个链都是对称处理的,所以这个术语应该被认为是相对的。从概念上讲,我们希望将一个资产从父链转移到侧链,也可能转移到另一个侧链,并最终返回到父链,保留原始资产。一般来说,我们可以把父链看作是比特币,而侧链则是许多其他区块链之一。当然,侧链币可以在侧链之间进行转移,而不仅仅是与比特币之间的转移;然而,由于最初从比特币移出的任何硬币都可以转移回来,所以它仍然是比特币(Back et al.,2014)。

一方面,由于侧链从父链转移现有资产,而不是创建新的资产,侧链不能进行未经授权的货币创建,而是依赖父链来维持其资产的安全性和稀缺性。此外,参与者不需要担心它们的资产被锁定在一个单一的替代链中,因为侧链硬币可以兑换相同数量的父链币。这提供了一种退出策略,减少了未经维护的软件带来的危害;另一方面,由于侧链仍然是独立于比特币的区块链,它们可以自由地试验新的交易设计、信任模型、经济模型、资产发行语义或加密功能。这种基础设施的另一个好处是,对比特币本身进行改变变得不那么紧迫了:一个新的比特币机制可以作为侧链创建,而不是协调一个各方需要一致同意并共同实现的分叉。从中期来看,人们普遍认为新的比特币系统最终可能会比初始比特币得到更多的使用。此外,由于没有改变父链之间的共识规则,每个人都可以在自己的时间内进行转换,而没有任何与共识失败相关的风险。然后,从长远来看,侧链的成功更新,能给主链相关功能升级提供信心(如果它被认为有必要这样做的话)。

区块链本质是公共账本技术,主链承载的都是账本核心交易数据(或价值)。当一笔交易的信息太大或太复杂的时候,会在不影响账本数据一致性和安全性的基础上通过引入侧链技术来分流数据量。在传统意义上来说,侧链就是指将区块链的价值从比特币主链上转移到与之前的区块链具有完全不同特征和技术构架的区块链上。所以侧链并非是指区块链主链上的某个部分,而是指遵循侧链协议的所有区块链,因此侧链这个名词是相对于区块链主链而言的。侧链协议是指可以让当前的区块链和其他区块链账本资产在多个区块链之间来回转移的协议。需要注意的是,主侧是相对的,没有说哪种链必须是主链或者是侧链,根据需要,任何一种链都可以成为另外一种链的侧链或者是主链,比如比特币可以成为莱特币的侧链,以太坊可以成为比特币的侧链等,侧链可以是完全独立的链,也可以是必须依赖主链生存的链。

所以,只要实现侧链协议,现有所有的区块链系统:比特币、以太坊、比特币现金、莱特币、瑞波币等彼此竞争的区块链都可以成为侧链,不过,目前侧链的实现还是主要来自比特币的各种侧链系统,把比特币的资产从比特币主链上转移下来,这开辟了一条通道,让用户可以通过已经拥有的比特币资产,去培养和孵化一些更创新、更适用的数字货币系统或者其他更丰富的应用。由于比特币本身已经是目前使用最广泛的区块链系统之一,因此,通过侧链,可以充分发挥比特币网络的功能和价值,目前著名的比特币侧链有 ConsenSys 的 BTC Relay、Rootstock 和 BlockStream 推出的元素链,以及非比特币架构的侧链,如 Lisk 和国内的 Asch。

站在软件的角度,主链与侧链之间的关系其实就像是两种不同的软件进行数据交互,一方以另一方的功能和数据作为依托来开展其他的业务功能。接下来,我们以比特币为例了解侧链的工作方式。

- 单一托管

为了将比特币从主链上转移到侧链上,比特币区块链上的比特币必须首先在主链上被冻结,然后在侧链上激活,这个过程叫作双向锚定。实现双向锚定侧链最简单的方式就是将比特币主链上的资产发送到一个单一托管方(类似交易所),进而在侧链上完成激活。其实,这样单一托管的方式,由一个托管机构去主链上冻结资产的侧链跟一家现实中的数字资产交易所的方式都很类似,所以这样最明显的问题就是:这是完完全全的中心化的解决方案。我们平时常用的比特币钱包也是一种单一托管模式的侧链技术。它保证资产冻结在一个节点上保管或者应用。

- 合约联盟

合约联盟是比特币主链上冻结的资产通过一个多重签名的地址进行控制,这个类似于一份智能合约,双方或者多方能够约定一个公证保管规则。比起第一种单一托管,这种方式使得侧链协议实现得更加顺畅,且增加了整个区块链的安全性。

除了以上两种方式,还有很多种技术可以实现将区块链主链上的资产发送到目标侧链上,或者从目标侧链发送到主链,为了更好地理解,我们看一下侧链双向锚定的思路和步骤,先来看一下如图 5-6 所示的示意图。

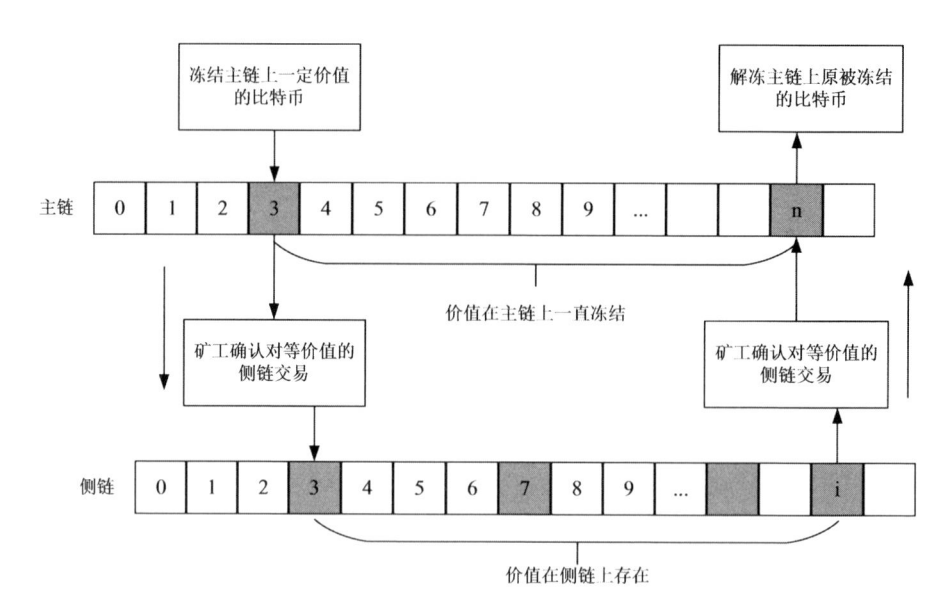

图 5-6 主链侧链转移比特币示意

如图 5-6 所示,在主链与侧链之间转移比特币时,会冻结主链中相应数量的比特币,然后在侧链上激活,这也就是所谓的双向锚定或者说双向挂钩,如以下步骤所示。

(1)由比特币持有者发起一笔特殊的交易,将比特币从一个特殊标识的比特币主链地址上锁定,然后发送到侧链的一个特殊处理的地址上,主链需要提供工作量证明并被侧链认可;

(2)主链比特币一旦被锁定,不会在主链上被删除。锁定交易一般有一个特定的等待确认期,等足够多的节点确认,更有效地防止被假冒和攻击;

(3)由于侧链已经同意作为比特币的侧链,侧链将产生跟主链转移过来的资产对等的侧链资产,并设置合适的所有权,完全按照侧链的运作规则进行;

(4)上述逻辑一般是对等的,可以将资产从比特币主链上转移出来,也可以用同样的道理将资产转移回来。通过建立侧链,在保证比特币价值的基础上把交易/资产转移到别的完全不同构架、技术和共识机制的新区块链上,也可以说是解决比特币扩容和性能瓶颈的最好方案。很多比特币改进建议,都是各种侧链的变化(蒋勇等,2018)。

5.3.4 哈希锁定机制

哈希时间锁定(Hash time lock contract,HTLC)最早被应用在比特币的闪电网络中,首先,跨链资产交换通过一定数量的 A 链资产和一定数量的 B 链资产进行原子交换。在哈希时间锁定机制设计中采用哈希锁和时间锁,这迫使资产的接收入在最后期限内确定收款并产生一种收款证明给打款人,否则资产会归还给打款人。收款证明能够被付款人用来获取接收人区块链上的等值数量资产或触发其他交易。

如图 5-7 所示,我们用一个例子来阐述如何使用哈希时间锁定进行跨链的原子资产交换,假设 Alice 和 Bob 有资产交换的需求,Alice 想用 1 个 BTC 和 Bob 换 20 个 ETH。那么首先需要在两条链上设置哈希时间锁定合约,然后执行如下步骤。

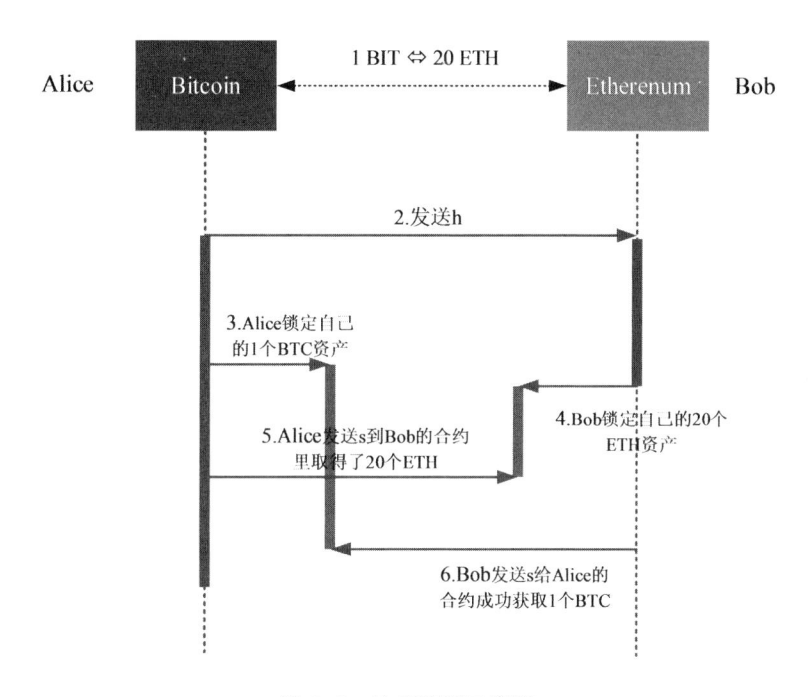

图 5-7 执行流程示意图

(1)Alice 随机构建一个字符串 s,并计算出其哈希 h=hash(s);

(2)Alice 将 h 发送给 Bob 的合约;

(3)Alice 锁定自己的 1 个 BTC 资产,并设置一个较长的锁定时间 t_1,并设置了获取该 BTC 的一个条件:谁能够提供 h 的原始值 s 就可以得到该 BTC;

(4)Bob 观察到 Alice 合约中锁定了一个 BTC,然后 Bob 锁定自己的 20 个 ETH 资产,并设置一个相对较短的锁定时间 t_2,$t_2<t_1$,Bob 也设置了同样获取条件(谁提供 h 的原始值 s 就可以获取 20 个 ETH);

(5)Alice 将自己最初生成的字符串 s 发送到 Bob 的合约里取得了 20 个 ETH;

(6)Bob 观察到步骤 5 中 Alice 的 s 值,将其发送给 Alice 的合约成功获取 1 个 BTC,至此 Alice 和 Bob 完成了资产的交换。

哈希锁定的思想运用在支付领域较多,例如闪电网络、雷电网络以及跨链资产转移协议 Interledger 等。但是哈希锁定目前看只适合偏资产或者关键数据的交换,甚至不支持转移,因此其试用场景受限(袁煜明等,2018)。

双向支付通道只允许在通道内安全转移资金。为了能够跨多条信道网络的安全传输,需要额外的协议构建,即哈希时间锁定(HTLC)合约。

HTLC 的目的是通过哈希跨越多个节点达到全局状态,这种全局状态是通过时间承诺和基于时间的资源无数量限制来保证的,这种无数量限制是通过披露预先映像来实现的。交易"锁定"通过承诺在全球范围内发生,在任何时间点,单个参与者都有责任向下一个参与者披露他们是否了解前映像(即输入数据,R)。这种结构不需要对自己的渠道交易对手或网络中的任何其他参与者进行托管信任。

为了实现这一目标,HTLC 必须能够使用 nLockTime 创建仅在特定日期后有效的特定交易,并向其渠道交易对手披露信息。此外,这些数据必须是可撤销的,保障必要时能够撤销 HTLC。

HTLC 也是与交易对手的渠道合约,可通过区块链实施。渠道中的交易对手同意哈希时间锁定合约的以下条款。

- 如果 Bob 能够在 3 天之内从已知的哈希 H 中产生一个未知的 20 字节随机输入数据 R 给 Alice,那么 Alice 将通过给 Bob 支付 0.1 BTC 来结算合同。
- 如果已经超过 3 天,则上述条款无效,清算过程无效,双方不得试图在 3 天后结算并要求付款。
- 只要本合同双方同意,任何一方都可以(并且应该)按照本合同的条款以参与者选择的任何方式付款,并提前结束本合约。
- 违反上述条款将招致本合同中锁定资金的最高罚款,作为富达债券支付给未违反条款的交易对手。

为示例清晰起见,我们将天数用于 HTLC,将块高度用于 RSMC。实际上,HTLC 也应定义为区块高度(例如,3 天相当于 432 个区块)。

实际上,人们期望构建一种支付,其取决于接收者在某一时间范围内对输入数据 R 的了解。在此时间范围之后,资金将退还给发送方。

与 RSMC 类似,这些合约条款是在 Bitcoin 区块链上有计划地强制执行的,并且不需要对交易对手的信任来遵守合约条款,因为所有违规行为都将通过单方面强制执行的富达债券进行处罚,该债券是使用承诺状态的罚款交易支出构建的。如果 Bob 在 3 天内知道 R,那么他可以通过广播交易赎回资金;Alice 无法以任何方式扣留资金,因为当交易花在比特币区块链上时,脚本会返回有效状态。

从概念上来说,这个脚本有两种可能的途径从单个 HTLC 输出支出。如果 Bob 能生产 R,那么第一条路径将资金发送给 Bob,第二条路径使用给 Alice 的 3 天时间锁定退款进行兑换。使用支出事务中的 nLockTime 强制实施 3 天时间锁定(Poon et al.,2016)。

算法 5.2 HTLC 代码

HTLC 是承诺事务（Commitment Transaction）中带有唯一输出脚本的额外输出：
1： OP_IF
2： OP_HASH160<Hash160(R)>OP_EQUALVERIFY
3： 2<Alice2><Bob2>OP_CHECKMULTISIG
4： OP_ELSE
5： 2<Alice1><Bob1>OP_CHECKMULTISIG
6： OP_ENDIF

5.4 跨链应用

5.4.1 公证机制：瑞波 Interledger 协议

Thomas 等人（2015）提出：在任何一个集中式的支付系统内汇款的过程是相对简单、快速和廉价的。然而，在各系统之间转移资金是非常麻烦、缓慢且手续非常昂贵。数字支付系统使用分类账来跟踪账户和余额，并实现在用户之间本地转账。如今，在分类账之间很少有便于支付的连接器，而且对于企业建立连接器的门槛很高。由于连接器不是一种标准化的产品，所以你必须信任它们不会窃取发送方的资金。Interledger 支付协议可以使任何拥有两个分类账账户的人都能在它们之间建立联系。使用分类账提供的托管条件锁定资金，允许通过不受信任的连接器进行安全支付。任何分类账系统都可以非常便捷地启用托管转账来集成此协议。与以前的方法不同，该协议不依赖于任何全局协调系统或分类账来处理集中或非集中支付。

Interledger 协议降低了使用跨账本支付的门槛，连接器将以竞争模式为用户提供最佳效率和速度。本协议可以通过添加更多的连接器和分类账来扩展处理大量的支付。连接器组成链允许在任何分类账之间进行支付，并为小型或新型支付系统提供与最成熟支付系统相同的网络效果。这使得每一个有价值的交易都可以在任何地方实现支付，从货币到商品、计算资源和社会信用。

5.4.1.1 跨账本支付的原子性

跨账本支付的转移组成在不同的分类账上。如果只是执行部分支付，则至少有一个参与者会丢失资金。因此，参与者的执行需要具备原子性，保证所有组件传输都将执行或所有组件传输将被中止。在多个分类账中原子性执行传输需要事务提交协议。最简单的协议是两阶段提交，其中涉及的所有系统首先表明它们准备完成所有事务，然后根据所有其他系统是否已达成一致来执行或中止。通过将一个事务管理器替换为使用共识算法来协商付款结果的一组协调器,并将容错添加到两阶段提交中。

图 5-8 显示付款通过参与者 P 链和分类账本 L,P 中有 n 个参与者,这样 $|P|=n$。发送方是第一个参与者 P_1,接收方是最后的参与者 P_n。连接器 C 是参与者 P_2 到 P_{n-1},如此 $\{P_i \in C | C \subset P \wedge i \in Z^+ \wedge 1 < i < n\}$。付款 $n-1$ 账单在 $n-1$ 个分类账上转移 B,如此 $|B|=|L|=n-1$ 个。发送方 P_1 是第一个参与者,在分类账 l_1 有一个账户。接收方 P_n 是最后一位参与者,在分类账 l_{n-1} 上有一个账户。每个连接器 $P_i \in C$ 都在 l_{i-1} 和 l_i 之间有一个账户并促进支付。

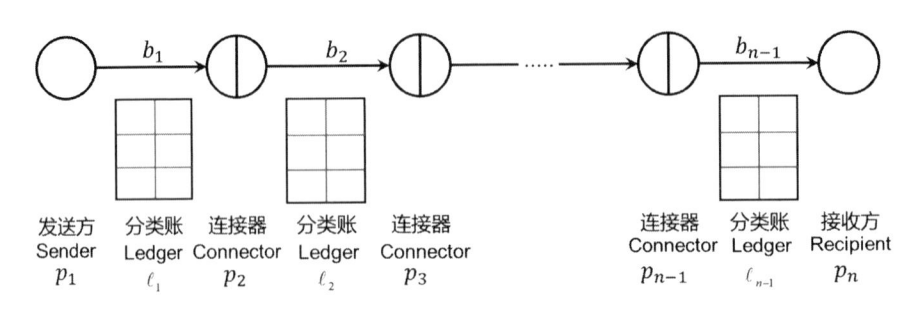

图 5-8 支付链

1. 公证人

在原子模式下,转账由一组公证人 N 协调,这些公证人 N 是付款成功或失败的直接来源,如图 5-9 所示。它们取代了基本的两阶段提交中的事务管理器。重要的是公证人在每个付款的特定小组中进行管理并且协议不需要一组全局可信的公证人。

构成付款的账本传输 B 的所有托管条件必须取决于公证人发送的 D_Execute 或 D_Abort 的消息。但是,如果托管条件仅基于来自 N 的消息,那么能力不足的公证人可能会导致在最终转账给接收人 L_Prepared 之前执行转账。

如果他们在超时 t 之前收到了来自接收方 P_n 的签名收据 R_ReceiptSignature,那么公证人 N 必须仅在 D_Execute 或 D_Abort 消息上达成一致。接收方的签名提供了不可否认的证明,证明他们已经完成付款。一旦转账到他们的 L_Prepared 账户并托管等待他们的签名,接收方 P_n 会立即签署收据。

为了确保所有的传输 B 可以原子地执行,所有的执行条件 E 必须依赖于来自公证人的 D_Execute 消息和 R_ReceiptSignatur:

$$\forall e \in E : e = R\_ReceiptSignature \wedge D\_Execute \tag{5.1}$$

B 中每次传输的中止条件 E' 仅取决于中止信息 D_Abort。收到满足中止条件的信息 e'_i,其中 $\{i \in Z^+ \wedge i < n\}$ 导致分类账 l_i 立即将 L_Proposed 或 L_Prepared 传输给 b_i,然后转换为 L_Aborted 状态并将资金释放给发起者。

$$\forall e' \in E' : e' = D\_Abort \tag{5.2}$$

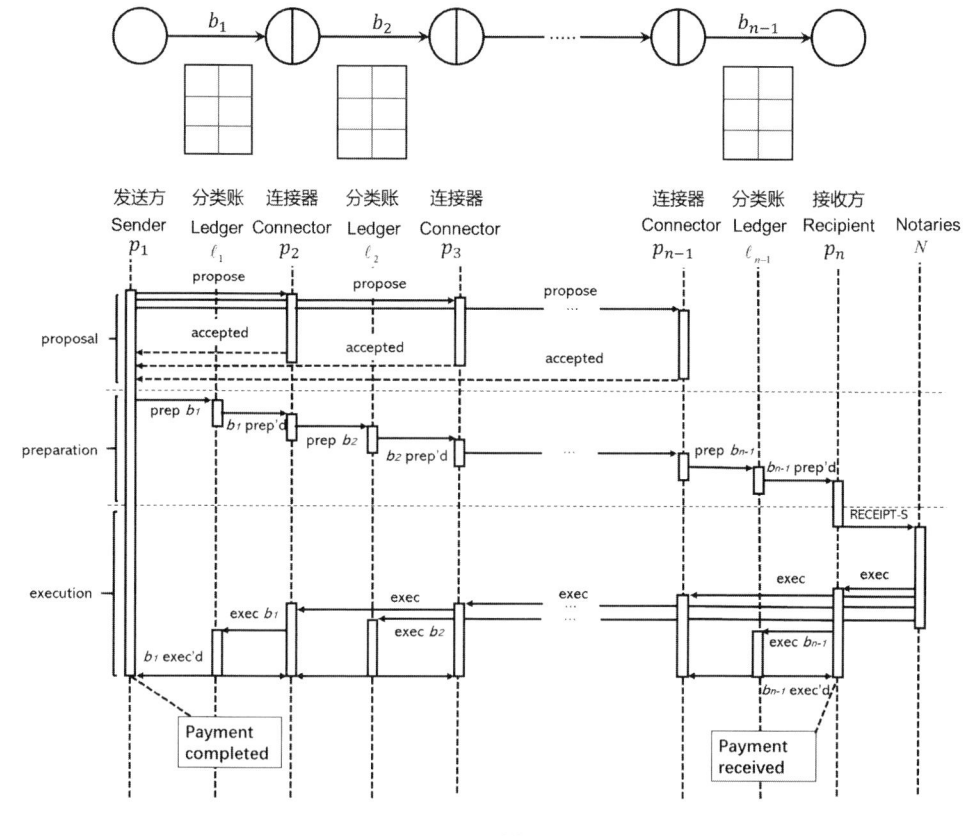

图 5-9 原子模式序列图

2. 公证人的选择

公证人由参与者 P 选择出来。对于每个候选者容错阈值 f_c，其中 $f_c \in Z^+ \wedge f_c < f_{max}$ 且 f_{max} 是发送方的最大容错阈值，发送方向每个参与者 P 发出在给定的容错阈值 f_c 下所有公证人集中的信任请求 $N_p(f_c)$，并计算阈值 f_c 处的候选集 $N_c(f_c)$ 作为这些集的交集。每个 $p \in P$ 选择 $N_p(f_c)$ 使得他们相信没有拜占庭子集 N_{evil}，其中 $N_{evil} \subseteq N_p(f_c)$，$|N_{evil}| > f$ 将串通反对他们。

$$\forall f_c \in Z^+ \wedge f_c < f_{max} : N_c(f_c) = \bigcap_{p \in P} N_p(f_c) \tag{5.3}$$

最后，发送者选择容错阈值 f 和相应的公证人 N 集合，使得 $N \subseteq N_c(f) \wedge |N| \geqslant 3f+1$。

如果不存在这样的集合，则发送方不能依赖于原子模式，而必须使用下文中描述的通用模式。

5.4.1.2 通用分类账付款

虽然原子模式使用公证人来确保支付的正确执行，但通用模式依赖理性参与者的激励替代消除外部协调的需要。它在与已知边界有限同步的假设下，仅为与非故障分类账连接所有非故障参与者提供安全性和活跃性。图 5-10 说明了此模式下的付款阶段。

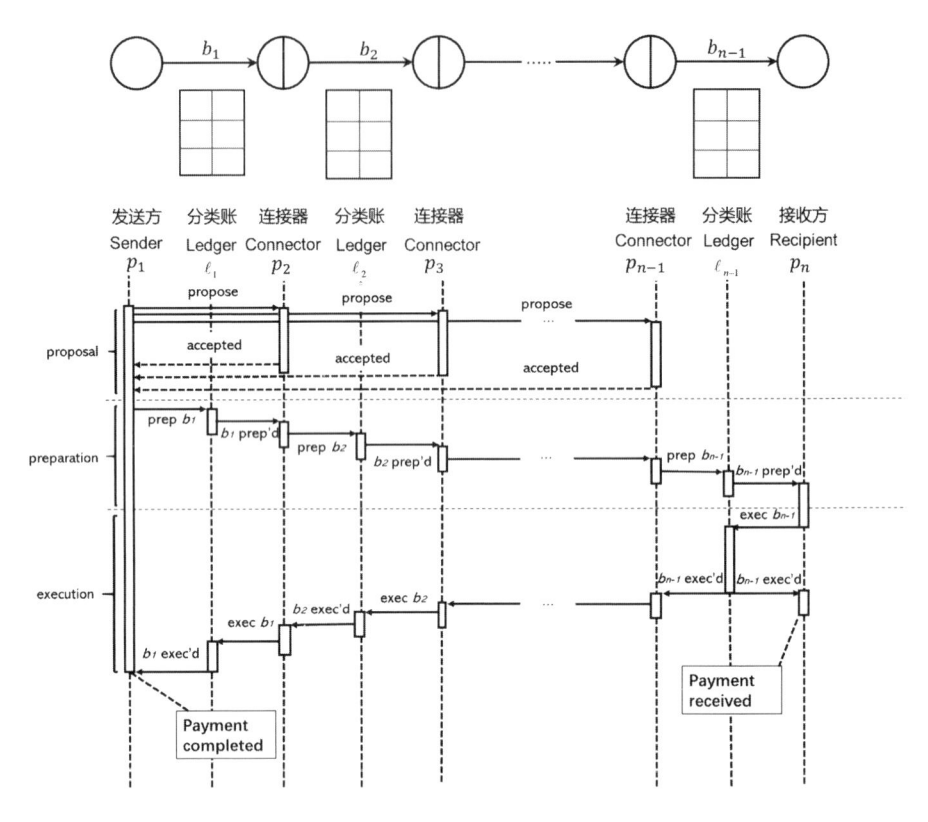

图 5-10　通用模式序列图

1. 执行顺序（Execution Order）

在通用模式下，没有公证人存在。账本转账 B 必须按特定顺序执行，确保所有参与者的激励措施一致，以便正确执行付款并确保将 R_ReceiptSignature 交付给特定的某个发送方 $p_1(p_1 \in P)$。只有在接收到 R_ReceiptSignature 的情况下，才能对传输 B 进行托管：$\forall e \in E : e = R\_ReceiptSignature$。

在全局超时模式中，由分类账 ℓ_i 强制执行 $\{b_i \in B \mid i \in Z^+ \wedge i < n\}$ 的每一笔转账都有属于自己的到期时间；在最后一次转账 b_{n-1} 做好准备后，接收者 p_n 签署收据，并将 R_ReceiptSignature 直接提交到他们的分类账 ℓ_{n-1}。如果它在到期时间 t_{n-1} 之前转移，则将立即执行 b_{n-1}。

一旦执行了 b_{n-1} 并且成功地向接收方支付 p_n，连接器 p_{n-1} 就有很强的动机将 R_ReceiptSignature 传递回 ℓ_{n-2}，虽然他们已经支付了资金，但尚未支付成功。当每个连接器 $\{p_j \in P \mid j \in Z^+ \wedge 1 < j < n\}$ 了解到账本转移 b_j 的执行情况，它们必

须从 ℓ_j 获得 R_ReceiptSignature 并将其提交给 ℓ_{j-1} 以声称等待它们的托管资金。

因此，B 中的传输以"向后"的顺序执行，从接收方 p_n 到发送方 p_1。一旦执行了第一次传输 b_1，发送方 p_1 就可以从其分类账 ℓ_1 获得 R_ReceiptSignature。

如果最后一次传输 b_{n-1} 超时是在 p_n 提交 R_ReceiptSignature 之前，则 B 中的所有转移都将过期，并且托管资金将返还给其发起人。

2. 信息延迟

在 B 的每个账本转移必须有一个到期时间 t，以确保活跃。为了连接器 $\{p_i \in P \mid i \in Z^+ \wedge 1 < i < n\}$ 同意参与付款，它们必须能够将分类账 i 中的 R_ReceiptSignature 传递给 $i-1$ 并在其到期之前执行 b_{i-1}。如果 b_i 被执行，同时 b_{i-1} 超时，p_i 将会失去所有资金。因为 b_i 可以在接近其到期时间 t_i 再执行任务，用于传送 b_{i-1} 的到期时间 t_{i-1} 必须大于 b_i 的有效时间 $t_{i-1} - t_i$。时间差 $t_{i-1} - t_i$ 必须考虑从 i 到 p_i 的消息传递延迟 $M(i, p_i)$ 以及从 p_i 到 $i-1$ 的 $M(p_i, i-1)$（其包括在 $p_i, i, i-1$ 的处理延迟）和分类账 $i-1$ 和 i 之间的时间偏差 $K(i-1, i)$。

$$t_i \geq t_{i+1} + M(\ell_i, p_{i+1}) + M(p_{i+1}, \ell_i) + S(\ell_i, \ell_{i+1}) \tag{5.1}$$

对于目标传输 b_{n-1} 的超时 t_{n-1}，它的时间大小要足以允许完成转账整个过程，包括允许收件人签署和提交收据签名时间。

5.4.2 中继技术：Polkadot

Polkadot 是一个可扩展的异构多链（Wood，2016）。这意味着，与先前的区块链实现不同，其关注于在潜在应用上提供不同程度的通用性的单个链，Polkadot 本身被设计为根本不提供固有的应用功能。相反，Polkadot 提供了基础"中继链"，使得大量可验证的、全局相关的动态数据结构可以并行存在。我们称这些数据结构为"平行化"的链，尽管它们本质上并不一定是区块链。

换句话说，Polkadot 可以被认为等同于一组独立的链（例如，包含比特币、以太坊和域名币的集合），以及包括两个非常重要的点：集合证券的模拟和无信任链间的可交易性。

5.4.2.1 Polkadot 的参与者

在 Polkadot 网络的维护中有 4 个基本角色：验证者（validator）、提名者（nominator）、收集者（collator）和渔夫（fisherman）。在 Polkadot 的一个可能的实现中，后一个角色实际上可以分为两个角色：基本验证者和可用性保证者。

1. 验证者

要成为验证者，成本非常高昂，这有助于形成 Polkadot 网络上的新区块。以金融学中的债券和股票来理解 Polkadot 中集合证券的概念，想要成为验证者，需要存入足够多的债券，尽管我们允许其他被绑定方指定一个或多个验证者来代表他们，但是，验证者债券的某个部分可能不一定由验证者本身拥有，而是由这些指定人拥有。

验证程序必须运行具有高可用性和高带宽的中继链客户端实现。在每个块、节点必须准备好接受在指定的侧链上批准新块的角色。此过程涉及接收、验证和重新发布候选块。提名是确定性的,但实际上不可预测提前的时间。由于不能合理地期望验证器维护所有侧链的完全同步的数据库,因此期望验证器将指定设计建议的新副链块的任务给称为排序器的第三方。

一旦所有新的侧链块被它们所支持的验证器子组正确地批准,则验证器必须随后批准中继链块本身。这涉及更新事务队列的状态(比特币、以太坊和域名币是将数据从一个副链的输出队列移动到另一个副链的输入队列)、处理所批准的中继链事务集以及批准包括最终侧链。

如果验证者没有按照我们选择的一致性算法的规则履行相应的责任,就会受到惩罚。对于初始的、无意的失败,是通过预扣验证器的报酬来实现的,而反复失败导致其安全债券减少,可证明的恶意行为的发生,如双重签名或合谋提供一个无效的区块,导致整个债券的损失(这是部分烧毁,但大部分给告密者和诚实的区块)。在某种意义上,验证程序类似于当前 PoW 区块链的挖矿池。

2. 提名者

提名者是持有股份的一方,为验证者的证券债券出资。他们只放置风险资本,以此表明他们信任特定的验证者(或一组验证者)负责任地维护网络。他们的收益根据他们贡献的股份份额按比例增加或减少。

提名者与排序者在某种意义上类似于当今 PoW 网络的矿工。

3. 收集者

收集者,或称事务排序器(简称排序器)是帮助验证器产生有效侧链块的一方。他们为特定的侧链维护一个"全节点";这意味着他们保留所有必要的信息,以便能够创作新的块并执行事务,就像矿工在当前的 PoW 区块链上所做的那样。在正常情况下,他们将整理和执行事务来创建一个未密封的块,并将其与零知识证明一起提供给一个或多个目前负责提出侧链块的验证器。

收集者、提名者和验证者之间关系的确切性质可能会随着时间的推移而改变。最初,我们期望排序器与验证器非常紧密地合作,因为只有少数具有很少事务量的侧链。初始客户端实现将包括 RPC,以允许副链排序器节点无条件地向验证器节点提供可证明有效的侧链块。随着维护所有此类副链的同步版本的成本增加,我们预计将看到额外的基础设施到位,这将有助于将职责分离给独立的、有经济动机的各方。

最终,我们预计会看到竞相收取最多交易费用的抵押池。这种核对者可以签订合约,在一段时间内为特定的验证者提供服务,以持续分享奖励收益。

或者,"自由职业者"收集者可以简单地创建一个市场,提供有效的侧链区块,以换取立即支付的奖励的竞争性份额。类似地,分散的提名者池将允许多个保税参与者协调和分担验证者的职责。这种集中的能力确保了开放的参与,导致了一个更加分散的系统。

4. 渔夫

与其他参与方不同,渔夫与区块创作过程没有直接关系。相反,他们是独立的"赏金猎人",动机是获得大量一次性奖励。正是由于渔夫的存在,我们预计不当行为事件很少发生,而当它们发生时,只是由于被担保方对密钥安全的粗心大意,而不是出于恶意,其收益预期的奖励频率、参与的最低要求和最终的奖励规模。

渔夫通过及时证明至少有一个攻击方的行为来获得报酬。非法行为包括签署两个区块,每个区块都有相同的批准父区块,或者在副链的情况下,帮助批准无效区块。为了防止过度奖励或者泄露和非法使用会话密钥,提供单个验证器的非法签名消息的基本奖励是最小的。随着来自其他验证者的更多确证的非法签名,这种奖励逐渐增加暗示真正的攻击。根据我们的基本安全断言,即至少三分之二的验证者是善意的,渐近线被设置为 66%。

渔夫有点类似于当今区块链系统中的"全节点",所需资源相对较少,不需要承诺稳定的正常运行时间和带宽。渔民的差异如此之大,以至于他们必须贴一张小债券,这种结合一定程度上防止 Sybil 攻击浪费验证器的时间和计算资源。它可以立即提取,可能不超过几美元,并可能导致从发现一个行为不端的验证者那里获得丰厚的回报。

以上 4 者之间的关系如图 5-11 所示。

图 5-12 显示了排序规则收集和传播用户事务,以及将候选块推荐给接收者和验证者。它还展示了一个账户如何将从其副链执行的交易通过中继链过账到另一个副链,在那里它可以被解释为到那里的账户的交易。

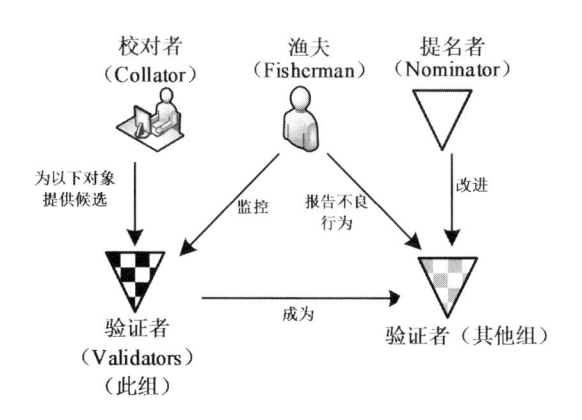

图 5-11 Polkadot 的 4 个功能间的交互

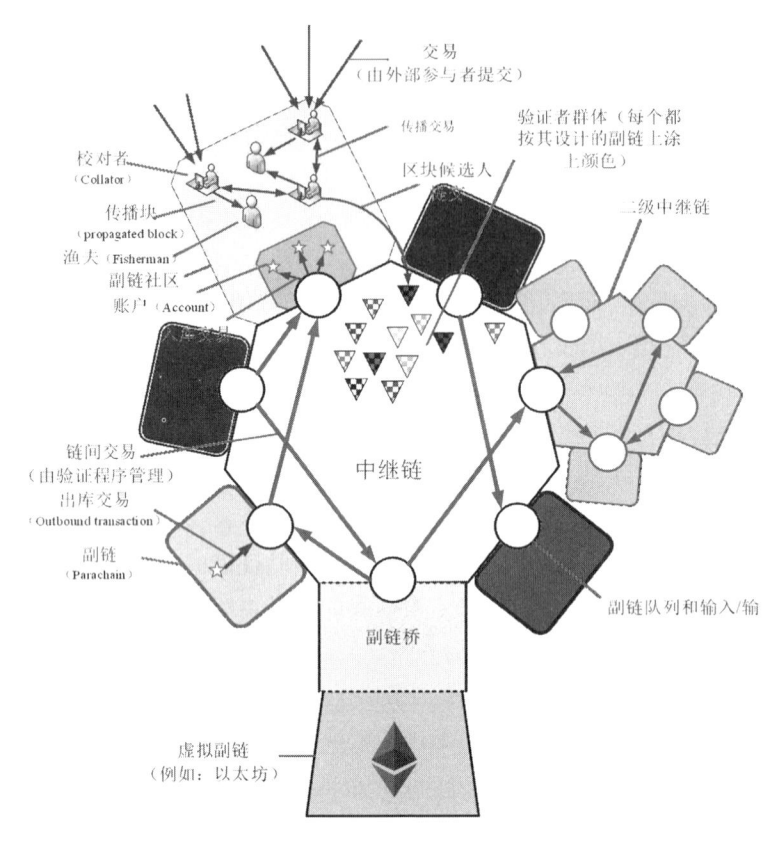

图 5-12 Polkadot 系统的概要示意图

5.4.2.2 总体设计

在中继链上，Polkadot 通过现代异步拜占庭算法在一组相互同意的有效块上实现了底层共识。该算法的灵感将来自 Tendermint 和 HoneyBadgerBFT。后者为有缺陷的网络基础设施提供了一个有效的和容错的共识，给定了一组基本是良性的权限或验证器。对于一个权威证明（Proof of authority，PoA）风格的网络，这本身就足够了。然而，Polkadot 也可以在一个完全开放和公开的情况下部署，没有任何特定的组织或值得信任的权威来维护它。因此，我们需要一种方法来确定一组验证器，并激励它们诚实行事。为此，我们使用了基于 PoS 的选择标准。

我们假设该网络将有一些方法来衡量任何特定账户拥有多少"股份"。为了便于与现有的系统进行比较，我们将称之为度量单位"令牌"。但这个术语仅仅是作为一个与账户相关的标量值。

我们认为，通过指定的提名权益证明（Nominated proof of state，NPoS）计划，即使选举验证者很少（每天最多一次，但可能只有每季度一次），也可以通过按比例进行分配来自象征性基础扩张的基金(每年高达100%,但更有可能在10%左右),以及收取的任何交易费用。虽然基础货币扩张通常会导致通货膨胀,但由于所有的代币所有者都有公平的机会参与,只要代币持有人愿意在共识机制中发挥作用,其持有的货币价值就不会长期减少。一个特定比例的令牌将成为标记过程的目标,有效的代币增发将通过一种基于市场的机制进行调整,以实现这一目标。

验证者面临的风险很高,他们的利益被其持有的股份紧紧捆绑在一起;在验证者的职责终止后很长时间(可能在3个月左右),这个较长的债券清算期保障未来的不当行为受到惩罚,直到链的定期检查时点。不当行为会导致惩罚,如奖励减少,或者若在故意损害网络完整性的情况下,验证者将其部分或全部利益输给其他验证者或整个利益相关者。例如,试图批准分叉的两个分支(有时被称为"短程"攻击)的验证者可能会以后一种方式被识别和惩罚。

此外,远程"无风险"攻击可以通过一个简单的"检查点"机制来规避,该机制可防止超过特定区块链长度而与危险链重组。为了确保新同步的客户端不会被骗上错误的链,通常会发生"硬分叉"(最多在验证者债券清算的同一时期),将最近的检查点块哈希硬编码到客户端中。这与"有限链长"的要求和区块的定期重置能够很好地配合起来。

参考文献

[1]李芳,李卓然,赵赫. 区块链跨链技术进展研究[J]. 软件学报,2019,30(06):1649-1660.

[2]蒋勇,文延,嘉文,白话区块链,机械工业出版社,2017.

[3]袁煜明,李慧,钟维,火币区块链产业专题报告——跨连篇,火币区块链应用研究院,2018.

[4]张亮,刘百祥,张如意,江斌鑫,刘一江. 区块链技术综述[J]. 计算机工程,2019,45(05):1-12.

[5]Back, Adam, Matt Corallo, Luke Dashjr, Mark Friedenbach, Gregory Maxwell, Andrew Miller, Andrew Poelstra, Jorge Timón, and Pieter Wuille. "Enabling Blockchain Innovations with Pegged Sidechains". Computer Science. (2014).

[6]Singh, Amritraj, Kelly Click, Reza M. Parizi, Qi Zhang, Ali Dehghantanha, Kim-Kwang Raymond Choo. "Sidechain technologies in blockchain networks:An examination and state-of-the-art review". Journal of Network and Computer Applications,149(2020):102471.

[7]Bartoletti, Massimo, Stefano Lande, and Alessandro Sebastian Podda. "A Proof-of-Stake Protocol for Consensus on Bitcoin Subchains". In Financial Cryptography and Data Security, Lecture Notes in Computer Science. Cham:Springer International Publishing,(2017):568-584.

[8]Gavin, Wood. "Polkadot:Vision for a heterogeneous multi-chain framework". White paper, 21. 2327(2016):4662.

[9] Deng, Liping, Huan Chen, Jing Zeng, and Liangjie Zhang. "Research on cross–chain technology based on sidechain and hash-locking". Edge Computing-EDGE 2018：Second International Conference, Held as Part of the Services Conference Federation, Springer International Publishing, (2018)：144–151.

[10] Poon, Joseph, and Thaddeus Dryja. "The bitcoin lightning network：Scalable off–chain instant payments". (2016).

[11] Robinson, Peter and John Brainard. "Anonymous state pinning for private blockchains". 2019 18th IEEE International Conference On Trust, Security And Privacy In Computing And Communications/13th IEEE International Conference On Big Data Science And Engineering (TrustCom/BigDataSE). IEEE, 2019.

[12] Robinson, Peter. "Consensus for crosschain communications". arXiv preprint arXiv：2004.09494, (2020).

[13] Thomas, Stefan, and Evan Schwartz. "A protocol for interledger payments". Computer Science, (2015).

[14] Vitalik, Buterin. "Chain interoperability". R3 Research Paper, 9(2016).

本章习题

1. 何谓区块链跨链技术？简述跨链技术的设计研发块链的目的以及要解决的问题。

2. 区块链的主链和子链如何定义与划分？区块链间如何形成跨链通信？

3. 大多数跨链操作的技术使用的是公证人机制。试简述公证人机制的基本类型及各类型完成跨链交易的基本原理。

4. 对比分析跨链技术中公证人机制、中继机制、侧链机制以及哈希锁定机制之间的区别和联系。

5. Interledger支付协议可以使任何拥有两个分类账账户的人都能在它们之间建立联系，降低了使用跨账本支付的门槛。试简述该协议利用公证人机制实现系统协调的基本思想和原理。

6. 简述Polkadot的4方参与者，以及在总体设计上的算法选择。

6 共识机制

学习要点和要求

- 拜占庭问题以及 FLP 和 CAP 定理(掌握)
- 区块链分布式一致性算法(了解)
- 区块链的几种常见共识算法(熟悉)
- 区块链的共识攻击类型及举例(考点)

6.1 共识机制的起源和发展

6.1.1 两军问题

两军问题(Two-generals problem),即信息交互被阻隔(往往是敌对势力)的双方如何就是否采取进攻策略达成共识的问题。

在此模型中,如图 6-1 所示,假设有两支相互对抗的军队(A 军和 B 军),其中,A 军被 B 军隔离成两个部分,这意味着 A 军的左右两支部队需要达成彼此的协商、合作与通信才能击败 B 军,但 B 军可以通过阻截的方式,使得 A 军两方的信息沟通受到制约。若 A 军两方要达到完全一致的信息,就必须进行无限次的信息确认过程,但这实际上是无法实现的,即 A 军两方不可能达到完全的信息一致性。

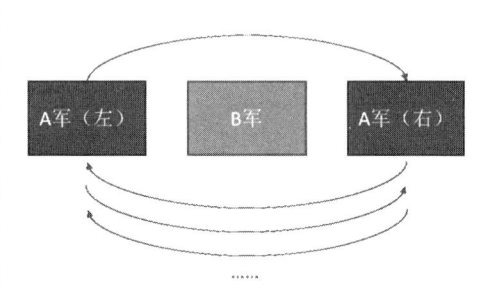

图 6-1 两军问题图示

两军问题的关键在于:A 军的通信传输由于受到 B 军的干扰而充满不确定性因素。这模拟了日常生活中双方的通信过程,如今大多数的通信发生在网络通信软件当中,互联网相当于两军问题的"B 军",通信双方只能以有限次的交互确认信息的一致性。

6.1.2 拜占庭问题

拜占庭问题(Byzantine Generals Problem)是两军问题更为复杂的版本,其讨论的焦点在于在假设可能存在叛变的情况下,通信的多方如何保证信息的一致性。在区块链模型中,具有任意行为的节点称为拜占庭节点(Byzantine nodes),这种任意行为包括广播正确信息,根本不发送信息,发送错误信息等。相应地,在具有拜占庭节点的区块链系统中达到一致性的协议被称为拜占庭协议(Byzantine agreement)。由于蓄意破坏者和叛徒的存在,要使得忠诚的节点依然能够通过少数服从多数的规则作出决定,即达到拜占庭容错,并非易事。针对此问题,Miguel等人(1999)提出了拜占庭容错算法(Byzantine Fault Tolerance,BFT)。在该算法下,只要叛徒数量不超过1/3,就能达到一致性结果。

拜占庭将军问题(Byzantine Generals Problem)是一个协议问题,在将军中存在叛徒的情况下,拜占庭帝国军队的将军们必须全体一致地决定是否攻击某一支敌军。叛徒可以采用欺骗、迷惑等行为使得共识无法达成,从而导致攻击行动的失败。

6.1.2.1 拜占庭将军问题模型

Lamport 等(1982)提出了研究拜占庭将军问题的具体模型,并深入分析信息传播的方式和途径,其研究讨论的过程如下:

- 背景与条件描述

假设拜占庭军队的几支部队驻扎在敌人的城外,每支部队由自己的将军指挥。将军们之间只能通过信使交流。在观察了敌人之后,将军们需要共同决定军队的行动计划。然而,将军中可能有一些是叛徒,他们会试图阻止忠诚的将军达成协议(郭亚宁等,2021)。因此,为了达成行动的一致性,将军们必须有一个算法来保证:

条件 A:所有忠诚的将军都决定同一个行动计划。

忠诚的将军们都会按照算法的命令来行动,但叛徒们可以做任何他们想做的事。该算法必须保证不管叛徒做什么,忠诚的将军们不仅应该达成协议,而且应该就一个合理的计划达成一致。故也要确保:

条件 B:一小部分叛徒不能使忠诚的将军们采纳一个坏计划。

考虑一下将军们如何做出决定:每个将军都观察敌人,并把他的观察结果传达给其他人。假设 $v(i)$ 为第 i 个将军传达的信息,所有将军均使用传达信息构成的组合值 $\{v(1),v(2),\cdots,v(n)\}$,形成一个单独的行动计划。其中 n 是将军的数目。条件 A 通过让所有将军使用相同的方法组合信息来实现,条件 B 通过使用鲁棒方法(robust method)来实现。例如,如果要做的唯一决定是进攻或者撤退,且 $v(i)$ 就是 i 将军的意见,若将军们共同探讨哪个选择是最好的,最终的决定可以基于他们中的大多数人的投票。只有当忠诚的将军们选择两种决定的概率近似相等,少数叛徒才能影响决策。将军们互相交流他们的意见 $v(i)$,例如第 i 个将军通过信使发送 $v(i)$ 给对方将军。但是,由于条件 A 要求每个忠诚的将军获得相同的值,即 $v(1)=v(2)=\cdots=v(n)$,而叛徒可能会给不同的将军发送不同的值。在这种方式下,若要满足条件 A,必须符合以下条件:

(1) 每个忠诚的将军必须获得相同的信息 $v(1),v(2),\cdots,v(n)$。

条件(1)意味着将军不能使用直接从第 i 将军获得的值 $v(i)$，因为叛变的第 i 将军可以将不同的值发送给不同的将军。这意味着，在满足条件(1)的情况下，也可能犯一种错误：即使第 i 个将军是忠诚的，将军最终使用的 $v(i)$ 值与第 i 个将军发送的值也不同。如果要满足条件 B，便不能允许这种情况发生。例如，如果每个忠诚的将军都选择值"进攻"，便不能允许几个叛徒将把忠诚的将军的决定变为在"撤退"。因此，对每个 i 都有以下要求：

(2) 如果第 i 个将军是忠诚的，那么他发送的值必须被每个忠诚的将军用作 $v(i)$ 的值。

我们可以将条件(1)重写为：对于每一个 i（无论第 i 个将军是否忠诚），

(1)′任何两个忠诚的将军使用相同的 $v(i)$ 值。

条件(1)′和(2)都是第 i 个将军发送的单个值的条件。因此，可以进一步考虑一个将军如何将他的命令传递给其他将军的问题。用一个将军向他的中尉们(lieutenants)发出命令的方式来描述此问题。即将拜占庭将军问题(Byzantine Generals Problem)描述为：

一个将军必须向他的 $n-1$ 个中尉发出这样的命令：

IC1. 所有忠诚的中尉都服从同一命令。

IC2. 如果将军是忠诚的，那么每个忠诚的中尉都服从他发送的命令。

条件 IC1 和 IC2 称为交互一致性条件(Interactive Consistency Conditions)。注意：如果将军是忠诚的，IC1 就会跟着 IC2 实现。否则可以得到将军不忠诚的结论。

6.1.2.2　模型结果讨论

第 i 个将军通过使用拜占庭将军问题的解发送他的 $v(i)$ 值命令"使用 $v(i)$ 作为我的决定"，其他将军作为中尉。拜占庭将军问题看似简单，但令人惊讶的事实表明，如果将军们只能发出口头信息，那么除非超过 2/3 的将军是忠诚的，否则任何解决方案都不会奏效。特别是，在只有 3 个将军的情况下，在 1 个叛徒面前，任何解决方案都不可能奏效。口头信息的内容完全在发送者的控制之下，所以 1 个叛逆的发送者可以传递任何可能的信息，而这样的消息与计算机通常相互发送的消息类型相对应。

为简单起见，考虑在这种情况下，唯一可能的决定是"攻击"或"撤退"。在如图 6-2 所示的场景中，将军是忠诚的，并发出了"攻击"命令，但中尉 2 是叛徒，并向中尉 1 报告他收到了"撤退"命令。为了满足 IC2，中

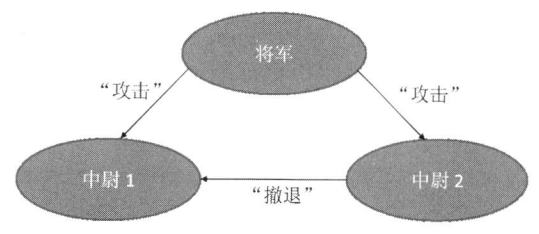

图 6-2　"中尉是叛徒"模型

尉 1 必须服从攻击命令。

现在考虑另一个场景，如图 6-3 所示，在这个场景中，将军是叛徒，向中尉 1 发送"攻击"命令，向中尉 2 发送"撤退"命令。由于中尉 1 不知道叛徒是谁，也不知道指挥官实际上给中尉 2 发了什么信息，因此，在中尉 1 看

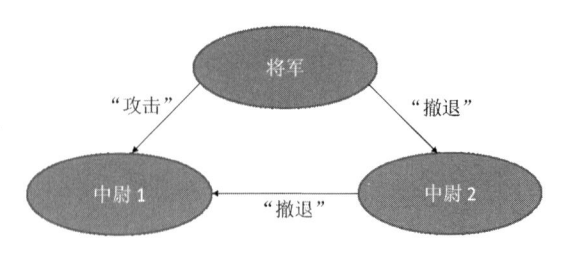

图 6-3　"指挥官是叛徒"模型

来，图 6-2 和图 6-3 中的场景完全相同。如果叛徒总是撒谎，那么中尉 1 就没有办法区分这两种情况，所以他必须在这两种情况下都服从"攻击"命令。因此，每当中尉接到将军下达的"攻击"命令时，他都必须服从。

然而，一个类似的论点表明，如果中尉 2 从将军那里收到"撤退"命令，那么即使中尉 1 告诉他指挥官说"攻击"，他也必须服从指挥官的命令。因此，在图 6-3 的场景中，中尉 2 必须服从"撤退"命令，而中尉 1 服从"攻击"命令从而违反条件 IC1。因此，在一个叛徒面前，没有解决拜占庭将军问题的办法。

利用这个结果可以证明：少于 $3m+1$ 个将军的解不能对付 m 个叛徒。通过反证法来证明这个结论：假设一个小于等于 $3m$ 的群体有这样一个解，用它来构造一个只包含一个叛徒拜占庭将军问题的三将军模型的解（three-general solution），虽然实际上这是不可能的。为了避免两种算法之间的混淆，我们称假设解的将军（generals of the assumed solution）为阿尔巴尼亚将军（Albanian generals），而称构造解的将军（generals of the constructed solution）为拜占庭将军（Byzantine generals）。因此，基于一个总数小于等于 $3m$ 的阿尔巴尼亚将军对付 m 个叛徒的解，构造一个让三个拜占庭将军对付一个叛徒的解。三将军问题是通过让每个拜占庭将军模拟大约 1/3 的阿尔巴尼亚将军得到的，这样每个拜占庭将军最多模拟 m 个阿尔巴尼亚将军，每个拜占庭中尉模拟最多 m 个阿尔巴尼亚中尉。由于只有一个拜占庭将军可能是叛徒，而且他最多模仿 m 个阿尔巴尼亚人，因此最多 m 个阿尔巴尼亚将军是叛徒。

因此，假定的解决方案保证了 IC1 和 IC2 适用于阿尔巴尼亚将军。根据 IC1，所有的阿尔巴尼亚中尉都被一个忠诚的拜占庭中尉模仿，且服从于同一个命令。我们容易检查到阿尔巴尼亚将军解的条件 IC1 和 IC2 暗示了拜占庭将军解的相应条件，因此构造了所需的不可能解。

6.1.2.3　口头信息算法

上面我们已经说明，要想解决拜占庭将军问题，用口头信息来对付 m 个叛徒，必须至少有 $3m+1$ 个将军，进一步可以给出适用于 $3m+1$ 或更多将军的解。口头信息的定义体现在对将军信息系统的以下假设中：

A1 假设:发送的每个消息都正确地传递。
A2 假设:信息的接收者知道是谁发送的。
A3 假设:可以检测没有接收到消息的情况。

其中,A1 假设保证了叛徒不能干扰将军之间发送的信息,A2 假设保证了叛徒也不能通过引入虚假信息来混淆他们之间的交流,因此,A1 假设和 A2 假设能够阻止叛徒干扰其他两位将军之间的通信。A3 假设将挫败那些试图通过不发送消息来阻止决策的叛徒。一个叛变的将军可能决定不发出任何命令,由于中尉必须服从某些命令,在这种情况下,他们需要一些默认命令来服从,一般地,可以将撤退作为默认的命令。

通过定义口头信息算法 OM(m),对于所有非负整数 m,指挥官向 $n-1$ 个中尉发送命令。可以证明 OM(m) 解决了 $3m+1$ 或更多的将军在最多 m 个叛徒在场的情况下的拜占庭将军问题(符记,2019)。假定函数 majority 具有这样的属性:如果大多数值 v_i 等于 v,则 majority($v_1,\cdots,v_n$)=v,实际上,它假设每个 n 对应一个这样的函数序列,对于 majority 的值有两个自然的选择 ($v_1,\cdots,v_n$):

(1)为 v_i 的众数,否则 majority 值为撤退;
(2)为 v_i 的中位数,假设它们来自有序集。

下面的算法只需要上述 majority 的性质,分 $m=0$ 和 $m>0$ 两种情况进行算法的讨论:

算法 6.1 OM(0)

OM(0)算法
1: 将军把他的命令发给每个中尉
2: 每个中尉使用他从将军那里得到的命令,如果他没有得到值就使用撤退命令

算法 6.2 OM(m)

OM(m)算法,其中 $m>0$
1: 将军把他的命令发给每个中尉
2: 对于每一个 i,让 v_i 作为中尉从将军那里得到的命令,否则,如果中尉没有得到命令,就执行撤退命令。中尉 i 作为 OM($m-1$)算法的将军,将值 v_i 发送给其他 $n-2$ 个中尉
3: 对于每个 i 和每个 $j\neq i$,让 v_j 为中尉 i 在第(2)步(使用 OM($m-1$)算法)中从中尉 j 接收到的命令,或者如果没有接收到该命令则使用撤退命令。中尉 i 使用函数 majority($v_1,\cdots,v_{n-1}$)。

考虑 $m=1,n=4$ 的情况以理解上述算法是如何工作的。

图 6-4 说明了当将军发送值 v 且中尉 3 是叛徒时,中尉 2 接收到的消息。在

OM(1)的第 1 步中,将军将 v 发送给所有 3 个中尉。在第 2 步中,中尉 1 使用简单的算法 OM(0)将值 v 发送给中尉 2。同样在第 2 步中,叛变的中尉 3 给中尉 2 发送了另一个值 x。在第 3 步中,中尉 2 得到了 $v_1=v_2=v$ 和 $v_3=x$,所以他得到了正确的值 $v=majority(v,v,x)$。

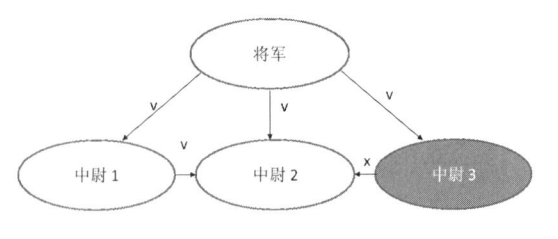

图 6-4 "中尉 3 是叛徒"模型

将军是叛徒的情况如图 6-5 所示。当 1 个叛变的将军向 3 个中尉发送 3 个任意值 x、y 和 z 时,每个中尉分别得到 $v_1=x,v_2=y,v_3=z$,所以他们在第 3 步中都得到相同的值 $majority(x,y,z)$。递归算法 OM(m)调用 OM(m-1)的 n-1 次单独执行,再调用 OM(m-2)的 n-2 次执行,以此类推。这意味着,对于 m>1,一个中尉给另一个中尉发送许多不同的独立信息,一定有办法区分这些不同的信息。如果每个中尉 i 在第 2 步中发送的值 v_i 前面加上数字 i 的前缀,读者就可以验证所有歧义都被消除了。当递归"展开"时,算法 OM(m-k)被称为 (n-1)⋯(n-k) 次发送一个以 k 个中尉数序列为前缀的值。

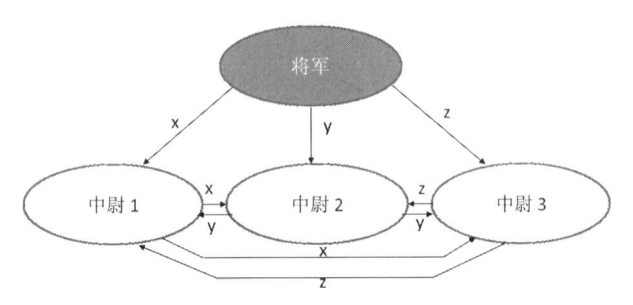

图 6-5 "将军是叛徒"模型

为了证明 OM(m)算法对于任意 m 的正确性,首先证明引理 6.1。

引理 6.1 对于任意 m 和 k,如果有超过 2k+m 个将军,最多 k 个叛徒,则 OM(m)算法满足 IC2。

证明:证明过程通过 m 的归纳得出。IC2 只指定如果将军是忠诚的情况下,发生的事件。使用 A1 假设容易看到,如果将军是忠诚的,那么算法 OM(0)是有效的,因此引理对于 m=0 是正确的。我们现在假设它对 m-1,m>0 是正确的,并证明 OM(m)。

在第 1 步中,忠诚的将军向所有 n-1 个中尉发送值 v。在第 2 步中,每个忠诚的中尉对 n-1 个将军应用 OM(m-1)。因为假设 n>2k+m,有 n-1>2k+(m-1),因此我们可以利用归纳假设得出每个忠诚的中尉 j 得到 $v_j=v$。因为叛徒最多有 k 个,并且 n-1>2k+(m-1)≥2k,n-1 个中尉中的大多数都是忠诚的。因此,每个忠诚的中尉获得 $majority(v_1,⋯,v_{n-1})=v$,证明了 IC2 的成立。

下面的定理 6.1 表明 OM(m)算法解决了拜占庭将军问题。

定理6.1 对于任意 m，如果有 $3m$ 以上的将军，最多 m 个叛徒，则 OM(m) 算法满足 IC1 和 IC2 条件。

证明：证明仍是通过对 m 的归纳。如果没有叛徒，那么容易看到 OM(0) 满足 IC1 和 IC2。因此，假定 OM($m-1$) 定理成立，并证明 OM(m) 成立，其中 $m>0$。首先考虑将军是忠诚的情况：通过让引理 1 中的 k 等于 m，我们看到 OM(m) 满足 IC2。如果将军是忠诚的，IC1 就会从 IC2 开始，因此只需在将军是叛徒的情况下验证 IC1。此情况下，由于叛徒最多有 m 个，且将军是其中之一，所以中尉中最多有 $m-1$ 个是叛徒。有多于 $3m$ 将军，就有大于 $3m-1$ 中尉，且 $3m-1>3(m-1)$，因此可以利用归纳假设得出 OM($m-1$) 满足条件 IC1 和 IC2。因此，对于每个 j，任意两个忠诚的中尉在第 3 步中对 v_j 得到相同的值（如果两个中尉中有一个是中尉 j，则从 IC2 中得到这个值，否则从 IC1 中得到这个值）。因此，任何两个忠诚的中尉得到相同的向量 $(v_1,\cdots,v_{n-1})$，因而得到相同的值 $majority(v_1,\cdots,v_{n-1})$，证明 IC1 成立。

6.1.2.4 签名信息算法

叛徒撒谎的能力使得拜占庭将军问题变得困难。如果能限制这种能力，问题就容易解决了：一种方法是允许将军们发送不可伪造的签名信息。即在 A1 假设～A3 假设后增加了 A4 假设：

A4 假设：

（1）一个忠诚的将军的签名不能被伪造，任何对其签名信息内容的更改都能被发现。

（2）任何人都可以验证将军签名的真实性。

注意：这里并未对叛徒的签名进行任何假设。假设可以存在叛徒间相互伪造签名的情况，即允许叛徒相互勾结。现在给出一个算法，可以处理任意数量的将军的 m 个叛徒。在此算法中，将军会给他的每个中尉发一个签名命令。然后每个中尉将自己的签名添加到命令中，并将其发送给其他中尉，后者将自己的签名发送给其他人，以此类推。这意味着一名中尉必须有效地接收一份已签名的信息，将其复制几份，并签署和发送这些副本。

算法假设一个函数 $choice$，该函数能够从一组命令集中返回单个命令。该函数只需要满足：

（1）如果集合 V 由单个元素 v 组成，则 $choice(V)=v$。

（2）$choice(\emptyset)=$ 撤退（RETREAT），其中 $\emptyset$ 为空集。

注意：一种可能的定义是假设元素是有序的情况下，让 $choice(V)$ 是 V 的中值元素。

在下面的算法中，让 $x:i$ 表示将军 i 签字的为 x。因此，$v:j:i$ 表示由将军 j 签名，再由将军 i 签字的命令 v，让将军 0 作为指挥官。在这个算法中，每个中尉 i 维

护一个集合 V_i，包含其收到的正确签名的命令集（如果发布命令的将军是忠诚的，那么这个集合就不应该包含超过一个元素）。算法中可能有许多相同顺序的不同消息：

算法 6.3　SM(m)

	SM(m)算法
	初始化 $V_i = 0$
1:	将军签名并向每个中尉发送命令
2:	对于每个中尉 i
	A 如果中尉从将军 0 收到 $v:0$ 格式的信息，且没有收到其他命令，那么：
	（i）令 $V_i = \{v\}$
	（ii）把 $v:0:i$ 的信息发送给每一个中尉
	B 如果中尉收到格式为 $v:0:j_1:\cdots:j_k$ 的消息，且 j_k 和 v 不在集合 V_i 中，那么
	（i）把 v 加到 V_i
	（ii）若 $k<m$，则发送消息 $v:0:j_1:\cdots:j_k:i$ 给处 $j_1:\cdots:j_k$ 外的所有中尉
3:	对于每一个中尉 i：当中尉 i 不再接受信息，则执行命令 $choice(V_i)$

注意：在第 2 步中，中尉 i 忽略了已经包含在集合 V_i 中 v 的消息。

以下详细说明中尉如何在第 3 步中决定不再接收信息。通过对 k 的归纳，容易证明对于 $j_1,\cdots,j_k$，当 $k \leqslant m$ 时，每个中尉最多可以接收到的消息形式为在第 2 步中得出：$v:0:j_1:\cdots:j_k$。如果需要获取中尉 j_k 的消息，可以要求他发送一个回复，说明他不会发送这样的消息。这样就能从中尉 j_k 的回复中很容易地确定他何时收到了所有的消息（在 A3 假设中，一个中尉可以判断一个叛变的中尉 j_k 是否没有发送这两个消息）。或者，可以使用超时标准的界定来确定何时不再有消息到达。

图 6-6 给出了算法 SM(1)，适用于指挥官是叛徒时的情况。指挥官向一个中尉发出"进攻"命令，向另一个中尉发出"撤退命令。两个中尉都收到第 2 步中的两个命令，因此在第 2 步后 $V_1 = V_2 = \{"进攻","撤退"\}$，他们都服从 $choice(\{"进攻","撤退"\})$。注意这里，与图 6-3 中的情况不同，中尉知道指挥官是叛徒，因为他的签名出现在两个不同的命令上，而 A4 声明只有他才能生成这些签名。

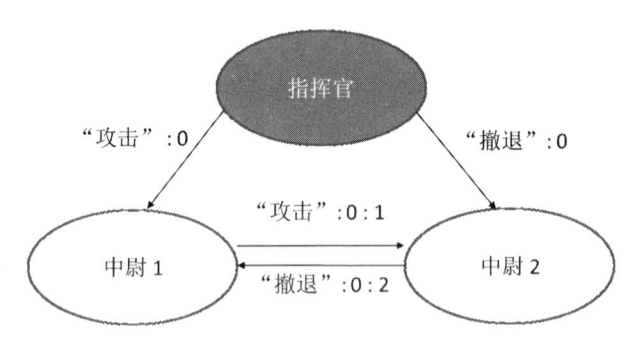

图 6-6　SM(1)"指挥官是叛徒"模型

在SM(m)算法中,一名中尉签名表示收到命令。如果他是第m个中尉,将他的签名添加到命令中,那么该签名不会被其接收者传递给任何人,所以这是多余的。特别是,中尉们不需要在SM(1)中签名。

定理6.2 对于任意m,如果有最多m个叛徒,则算法SM(m)可被用于求解拜占庭将军问题。

证明: 首先证明IC2:如果指挥官是忠诚的,那么他会将他签署的命令$v:0$发送给第1步中的每个中尉。因此,每个忠诚的中尉都会收到第2步(A)中的命令v。此外,由于没有叛徒可以伪造任何形式的$v':0$的信息,忠诚的中尉在第2步(B)中不能得到额外的命令。因此,对于每个忠诚的中尉i,在第2步中得到的集合V_i由单个命令v组成,他将根据 *choice* 函数的性质1在第3步中服从该命令v,这证明IC2。

由于如果指挥官是忠诚的,那么IC1就会紧从IC2成立,为了证明IC1,我们只需要考虑指挥官是叛徒的情况。如果两个忠诚的中尉i和j在第2步中收到的命令V_i和V_j的集合相同,那么他们会在第3步中服从相同的命令。因此,为了证明IC1,只需证明如果中尉i在第2步中向V_i输入单个命令v,那么中尉j也必须在第2步中向V_j输入相同的命令,因此须证明中尉j收到了包含该命令的正确签名的消息。如果中尉i收到第2步(A)中的命令v,则会将其发送给第2步(A)(ii)中的中尉j,且中尉j会接收到此命令(由A1假设)。如果中尉i在第2步(B)中向V_i添加命令v,那么他必须接收到一个格式为$v:0:j_1:\cdots:j_k$的消息。如果中尉j是j_r之一,那么根据A4假设,他必须已经收到命令v。如果不是,我们考虑两种情况:

(1)$k<m$,在这种情况下,i发送消息$v:0:j_1:\cdots:j_k:i$,则j必须接受v。

(2)$k=m$,因为指挥官是叛徒,所以最多$m-1$个中尉是叛徒。因此,至少有一位中尉$j_1:\cdots:j_m$是忠诚的。当这个忠诚的中尉第一次收到v时,他必须将值发送给j,因此j也必须接收这个值。

这就完成了所有的证明。

6.1.2.5 结论

在各种假设下,我们提出了拜占庭将军问题的几种解决方案,并展示了它们如何用于实现可靠的计算机系统。这些解决方案在所需的时间和消息数量上都需要高昂的成本。OM(m)和SM(m)算法都要求消息路径长度不超过$m-1$。换句话说,每个中尉可能必须等待来自指挥官的信息,然后通过其他中尉进行转发。算法OM(m)和SM(m)涉及发送到$(n-1)(n-2)\cdots(n-m-1)$消息。通过合并消息可以减少所需的单独消息的数量,也有可能减少传递的信息量,但这还没有得到详细的研究。

在任意故障的情况下实现可靠性是一个困难的问题,其解决方案似乎具有内在的昂贵性。降低成本的唯一方法就是对可能发生的故障类型进行假设。例如，通常假定计算机可能无法响应，但永远不会响应错误。然而，当需要极高的可靠性时，就不能做这样的假设，而需要拜占庭将军承担解决方案的全部费用。

大型区块链系统遭受不一致性的主要原因是：现有的一致的共识解决方案由于它们解决的限制性问题而效率低下。特别是，安全区块链通常使用现成的算法（如 PBFT、BFTSmart）来解决经典的拜占庭共识。但这通常会阻止它们扩展到数十个节点。鉴于这一限制，可将拜占庭共识问题作为区块链系统的定制问题重新讨论，称为区块链共识。它的区别依赖于它的有效性属性，该属性利用了区块链系统固有的验证：区块链系统中确保一组交易可以执行的过程。假设每个正确的流程都提出了一个有效值，每个流程都必须以满足以下属性的方式决定一个值。

6.1.3　FLP 定理

FLP 定理（FLP theory），在网络可靠、存在部分节点失效的最小化异步信息模型系统中，不存在一个可以解决一致性问题的算法。

- 异步（asynchronous）：在异步模型中，算法是基于事件的，节点无法访问已同步的时间，从一个节点发送到另一个节点的消息将在有限或无限的时间内到达。
- 异步运行时间（asynchronous runtime）：对于异步模型中的算法，运行时间是在最坏情况下（每个合法输入、每个执行场景）从执行开始到完成的时间单元数，其中假设每个消息的延迟最多为一个时间单元。

需要注意的是：首先，最大延迟不能用于算法设计，即算法必须独立于实际延迟工作。其次，异步算法可以被认为是一个系统，其中本地计算明显快于消息延迟，因此可以在任何时间内完成。只有当事件发生（消息到达）时，节点才处于活动状态，然后它们"立即"执行操作。异步模型中的崩溃失败可能是相当严重的，特别是在异步模型中不存在确定性容错一致算法，甚至对于二进制输入也不存在的情况下。

- 配置（configuration）：一个系统（在执行期间的任何一点上）是由它的配置完全定义的。配置包括每个节点的状态，以及所有在传输中的消息（即已发送但尚未接收的消息）。
- 单价（univalent）：如果决策值是独立于以后发生的事情而确定的，我们称一个构型为单价 C。

把一个值 v 的单价构型称为 v-valent。即使在没有单个节点知道配置是单价的情况下，一个配置仍可以是单价的。例如，所有节点以 0 开始的配置是 0 价（由于有效性要求）。由于限制输入值为二进制，任何共识算法的决策值也将是二进制的。
- 二价(bivalent)。如果节点可能决定为 0 或 1,则配置 C 被称为二价。

决策值取决于接收消息的顺序或崩溃事件的顺序。称算法的初始配置为 C_0,当节点在 C_0 中时,它们都执行了初始化代码并可能发送了一些消息,现在正在等待第一个消息到达。Wattenhofer(2016)将定理的证明如下文所述。

引理 6.2 如果可容忍的失败次数 $f \geq 1$,则至少有一个输入值 V 的选择,以便根据初始配置 C_0 是二价的。

证明:由于还没有发生任何事件,C_0 只依赖于节点的输入值。设 $V = [V_0, V_1, \cdots, V_{n-1}]$ 表示输入值的数组,其中 v_i 是节点 i 的输入值。构造 $n+1$ 维的数组 $v_0, v_1, \cdots, v_n$,其中 V_i 中的索引 i 表示数组中所有输入值都为 1 的位置。所以 $V_0 = [0,0,\cdots,0]$,$V_1 = [1,0,0,\cdots,0]$,以此类推,直到 $V_n = [1,1,1,\cdots,1]$。

对应于 v_0 的配置必须是 0 价的,这样才能满足有效性要求。类似地,对应于 V_n 的构型必须是一价的。假设初始值为 v_i 的所有初始配置都是单价的。因此,必须至少有一个指标 b,使对应于 V_b 的构型为 0 价,对应于 V_{b+1} 的构型为 1 价。注意:只有第 b 个节点的输入值在 V_b 到 V_{b+1} 之间不相同。

由于假设算法可以容忍至少一次失败,即 $f \geq 1$,观察以下执行:除 b 之外的所有节点都以其初始值 V_b 开始,分别为 V_{b+1}。节点 b "速度极慢";也就是说,为了满足终止要求,b 发送的所有消息都需要在其他节点假设 b 崩溃的情形下进行调度。由于节点不能确定 b 的值,并且假设所有初始配置都是单价的,所以它们将决定一个值 v 与 b 的初始值无关。由于 v_b 是 0 价的,所以 v 必须是 0。但是我们知道 V_{b+1} 是一价的,所以 V 一定是 1。因为 v 不可能同时是 0 和 1,所以产生矛盾。

- 转换(transition):从构型 C 到接下来的构型 C_τ 的特征是事件 $\tau = (u,m)$,即节点 u 接收消息 m。

转换是异步模型中"事件"的正式定义。转换 $\tau = (u,m)$ 仅适用于 C,前提是 m 在 C 中仍处于过渡状态。C_τ 与 C 的不同如下:m 不再在传输中,u 可能有不同的状态(因为 u 可以基于 m 更新它的状态),并且有由 u 发送的潜在的新信息在传输中。

- 配置树(configuration tree):配置树是一个有向的树。它的根是配置 C_0,且完全由输入值 V 表征。树的边是转换;每个配置都有所有适用的转换作为出边(outgoing edges)。

对于任何算法,每个选择的输入值都有一个配置树,叶子节点(leaves)是算法执行终止的配置。使用终止的意义是系统作为一个整体终止了,也就是说,将不再有任何转换。从根到叶的每一条路径都是算法的一个可能的异步执行。叶子节点必须是单价的,否则算法会在没有达成一致的情况下终止。如果一个节点 u 在系统在 C 中崩溃,所有的转换 $(u, *)$ 将从配置树中的 C 中移除。

引理 6.3 假设两种转换 $\tau_1=(u_1,m_1)$ 和 $\tau_2=(u_2,m_2)$，其中 $u_1 \neq u_2$，且都适用于 C。用 $C_{\tau_1\tau_2}$ 表示配置 C 首先应用于转换 τ_1，然后应用于转换 τ_2，$C_{\tau_2\tau_1}$ 同理。则有 $C_{\tau_1\tau_2}=C_{\tau_2\tau_1}$。

证明： 当 m_2 仍在转换过程中，而 τ_1 不能改变 u_2 的状态，可得 τ_2 适用于 C_{τ_1}。同理，τ_1 适用于 C_{τ_2}，因此 $C_{\tau_1\tau_2}$ 和 $C_{\tau_2\tau_1}$ 都是确定性问题（well-defined problem）。这两个转换是完全独立的，这意味着它们消耗相同的消息，会导致相同的状态转换并发送相同的消息，因此可以得出 $C_{\tau_1\tau_2}=C_{\tau_2\tau_1}$。

- 关键配置（critical configuration）：如果 C 是二价的，但是构型树中所有 C 的直接子构型都是单价的，则此配置 C 是关键配置。也即如果 C 是关键的，但在执行的最后一刻，决策还不明确，则只要任何节点处理了下一条消息，就会确定决策。

引理 6.4 如果一个系统是二价构型，则该系统必须在有限的时间内达到临界构型，否则该系统并不总能解决一致性问题。

证明： 假设至少存在一个二价初始构型。如果这个构型不是关键的，那么至少有一个二价构型，因此，系统可能会进入这个配置。但是，如果这个结构也不是关键的，系统可能随后发展成另一个二价结构，只要没有关键配置，调度（选择转换）总是会导致系统进入另一个二价配置。一个算法如何能强制到达一个单价配置的唯一方法是到达一个关键配置。

因此，我们可以得出结论，一个未达到临界配置的系统至少有一次可能的执行，它将以双价配置终止（因此，它终止没有协议），或者它根本不会终止。

引理 6.5 如果配置树包含一个关键配置，崩溃单个节点可以创建一个二价叶子节点；也就是说，崩溃会阻止算法达成一致。

证明： 在配置树中，让 C 表示关键配置，让 T 转换适用于 C 的设置，让 $\tau_0=(u_0,m_0) \in T$ 和 $\tau_1=(u_1,m_1) \in T$ 表示两种转换，让 C_{τ_0} 等于 0-valent 和 C_{τ_1} 等于 1-valent。注意：T 必须包含这些转换，因为 C 是一个关键配置。

假设 $u_0 \neq u_1$，利用引理 6.3，我们知道 C 有如下的配置 $C_{\tau_0\tau_1}=C_{\tau_1\tau_0}$。因为这个构型遵循 C_{τ_0}，所以它一定是 0 价的。然而，这个构型也遵循 C_{τ_1}，因此必然是 1 价的。这是一个矛盾，因此 $u_0=u_1$ 必须成立。

因此，我们可以选择一个特定的节点 u，对于这个节点，有一个过渡 $\tau=(u,m) \in T$，这会导致一个 0 价构型。如前所述，T 中所有导致一价构型的跃迁都必须发生在 u 上。由于 C 是临界的，所以至少要有一次这样的跃迁。再次应用同样的论点，得出的结论是，在 T 中导致 0 价构型的所有转变都必须发生在 u 上，因为 C 是关键的，所以 T 中不存在导致二价构型的转变。故所有适用于 C 的转换都发生在同一个节点 u！

如果这个节点 u 在系统在 C 中崩溃，所有的过程都被移除，因此系统卡在 C

中,即在 C 中终止。但是由于 C 是关键的,所以是二价的,算法无法达成一致。

定理 6.3 在异步模型中,不存在总能达成一致的确定性算法,且 f>0。

证明:我们假设输入值是二进制的,因为这是最简单的可能性。从引理 6.4 我们知道,必须至少有一个二价初始配置 C。使用引理 6.5 我们知道,如果一个算法解决共识,从二价配置 C 开始的所有执行必须达到一个关键配置。但是,如果算法达到一个关键配置,一次崩溃就可以阻止协议。

如果 f=0,那么每个节点可以简单地将自己的值发送给所有其他节点,等待所有值,然后选择最小值。但如果单个节点可能崩溃,在异步模型中没有确定的共识解决方案。如何改善这种情况?例如,让每个节点都具有随机性,即我们允许每个节点掷硬币。

基于以上的定理证明,我们可以发现,在基本系统模型中,具有共识的一个问题是它不可解决的:这一事实简单地源于一个不可能的结果,即 FLP,以其支持者的名字命名:Fischer、Lynch 和 Patterson。FLP 考虑二元共识和一个不同的较弱的系统模型,这个系统模型还考虑了消息传递通信和异步,但只有单个进程可能会因为崩溃而失败(不是任意的进程)。它还排除了随机数的存在,所以这个语句实际上是关于确定性算法的。这种结果的直觉是,时间方面的不确定性(异步)和失败方面的不确定性(进程可能失败)的组合不能区分算法进程是否缓慢或有故障。这个结果很不方便,因为它需要修改系统模型,但有趣的是,它也促进了对共识的研究。具体来说,现在已经有很多关于系统模型的研究,类似于 FLP 系统模型和基本系统模型,并允许解决共识。这些问题可以解决的新条件通常被认为是绕过 FLP,而实际上,它们改变了 FLP 的前提。规避 FLP 的主要方法有(Correia,2019):

(1)在模型中添加时间假设,从而部分牺牲异步。Dwork 等人提出了两个部分同步模型,加入了这样的时间假设,并允许解决共识。部分同步模型捕捉到系统可能在一段时间间隔内异步行为(例如,有变量/未知的处理/通信延迟),但它们最终趋于稳定的直觉。因此,我们的想法是让系统基本上是异步的,但要对最终得到满足的时间属性做出假设。基于此模型的算法通常保证只在满足这些时序特性时终止。Chandra 和 Toueg 提出了第三种部分同步模型,类似但较弱:对于每个执行,都有一个未知的全局稳定时间 GST,这样消息传递时间 D 的未知边界总是从 GST 开始得到满足。在设计 PBFT 时,Castro 和 Liskov 使用了一个更弱的模型,其中假设延迟不会永远呈指数增长。许多拜占庭共识和 SMR 算法都采用了最后一个模型。NewTOP 和 XPaxos 分别考虑了更强的时间假设,即节点对和正确的副本可以在已知延迟 D 内通信。

(2)将 oracles 添加到模型中,提供关于进程失败的提示,从而部分牺牲异步条件。这个想法是由 Chandra 和 Toueg 提出的。FLP 的结果来自于不可能区分一个过程是错误的还是非常慢的,因此,直观地说,有一个关于过程失败或者崩溃的提示可能足以绕过 FLP。其思想是将一个不可靠的故障检测器(UFD)关联到每个流程,从而提供有关其他流程故障的提示。Chandra 和 Toueg 基于精度和完整性的性质提出了八类 UFDs。他们还证明,在相当弱的 UFD 下扩展 FLP 系统模型足以解决共识。

(3)使用混合系统模型,其中包含一个具有更强时间假设的子系统,同样也会部分牺牲异步。虫洞(wormhole)是一种抽象的系统概念,即系统层面是系统的一个组件,但模型层面是系统模型的扩展。关于虫洞解决共识的第一个工作考虑了用一个叫作可信及时计算基地(TTCB)的虫洞扩展的基本系统模型。TTCB 是一种安全、实时、无故障的分布式组件,提供了足够的时效性来规避 FLP。实现共识算法的应用程序运行在正常系统中,即异步拜占庭系统中,但这些应用程序仍然会使用虫洞提供的服务。在这种情况下,共识算法依赖于可信块协议服务(Trusted Block Agreement Service),该服务在一组进程提出的小值(通常是哈希值)上达成一致。随后又提出了一种更简单的多值共识算法和基于 TTCB 的矢量共识算法。还有其他基于虫洞的共识和 SMR 算法,尽管大多数作者不使用术语"虫洞"。

(4)将随机性添加到模型中,部分牺牲了决定论。FLP 适用于确定性算法,因此规避这一结果的一个解决方案是在系统模型中添加随机化——产生随机数的能力——并设计概率算法。这涉及到改变定义共识的一个属性,并使其具有概率性。

6.1.4 CAP 定理

CAP 定理(CAP theory),分布式计算系统不可能同时确保一致性(Consistency)、可用性(Availability)和分区容错性(Partition-tolerance)(Wattenhofer,2016)。

- 一致性(Consistency):所有节点在同一时刻能够观察到同样的数据,系统中所有节点对系统的当前状态保持一致,称数据达到"强一致性"。

注意:最终一致性是指如果没有对共享状态发出新的更新,那么最终系统将处于静默状态,即节点之间不再需要交换消息,共享状态是一致的。最终一致性是弱一致性的一种形式,保证状态最终达成一致。在一个分区中,不同的更新可能会在语义上发生冲突,因而需要一个冲突解决机制来解决冲突,并允许节点最终就一个共同的状态达成一致。

- 可用性(Availability):系统提供的服务一直处于可用的状态,用户提交的每个操作请求都可以在有限的时间内收到确定其是否成功的响应。

- 分区容错性(Partition-tolerance):分区容错性是指分布式系统即使在遇到任何网络分区故障的情况下,被分隔的节点也具有正常运行的能力。

假设两个节点共享某个状态。这些节点在不同的分区中,也即它们不能相互通信。如果一个请求想要更新状态并联系一个节点。节点可能会：①更新其本地状态，导致状态不一致；②不更新其本地状态，即系统无法再进行更新。

虽然 CAP 定理表明一致性、可用性和分区容错性不能同时得到满足，但是在实践中可以通过弱化对某个特性的支持来实现对三个性质的部分满足。

6.2 区块链分布式一致性算法

分布式一致性算法是传统的解决一致性问题的算法。典型的分布式一致性算法包括 Paxos 算法以及 Raft 算法等。

6.2.1 Paxos 算法

票(ticket)：票是一种较弱的锁形式，具有以下属性：

（1）可重新发行：服务器即使在之前发行的票还没有被返回的情况下，也可以发行一张新的票。

（2）票过期：如果客户端使用之前获得的票 t 向服务器发送消息，且 t 是最近发出的票，则服务器将只接受 t。

若崩溃没有问题，一个客户端在持有票时崩溃，其余的客户端不会受到影响，因为服务器可以简单地发出新的票。票可以实现一个计数器：每次一个票被请求，计数器增加。当客户端尝试使用票时，服务器可以确定票是否过期。我们可以用票做什么？我们可以简单地用票替换锁吗？我们需要添加至少一个额外的阶段，因为只有客户端知道大多数票是否有效。

算法 6.4　Naïve Ticket Protocol

Algorithm Naïve Ticket Protocol
阶段 1(*Phase 1*)
1：　客户端向所有服务器请求一张票
阶段 2(*Phase 2*)
2：　if 大多数服务器都回复 then
3：　客户端将命令和票据一起发送到每个服务器
4：　服务器仅在票证仍然有效时存储命令，并回复给客户端
5：　else
6：　客户端等待，然后再次开始阶段 1
7：　else if
阶段 3(*Phase 3*)

续表

Algorithm Naïve Ticket Protocol

8:	if 客户端从大多数服务器听到一个积极的答复
	then
9:	客户端告诉服务器执行存储的命令
10:	else
11:	客户端等待,然后再次开始阶段 1
12:	end if

这个算法有一些问题:让 u_1 成为第一个在大多数服务器上成功存储其命令 c_1 的客户端。假设 u_1 在通知服务器之前变得非常慢(第 7 行),客户机 u_2 将某些服务器中存储的命令更新为 c_2。然后,u_1 才开始告诉服务器执行命令,则导致一些服务器将执行 c_1,而另一些服务器将执行 c_2!

我们知道,在 u_1 之后更新存储命令的每个客户端 u_2 必须使用比 u_1 更新的票。由于 u_1 的票在阶段 2(Phase 2)被接受,因此,在 u_1 已经将其值存储在各自的服务器后,u_2 必须获得它的票。

现在的想法是:如果服务器不仅在阶段 1(Phase 1)分发票,还通知客户它当前存储的命令会怎么样。然后,u_2 知道 u_1 已经存储了 c_1,而不是试图存储 c_2,u_2 可以通过存储 c_1 来支持 u_1。由于两个客户机都试图存储和执行相同的命令,因此它们处理的顺序不再是问题。但如果不是所有的服务器都有相同的命令存储,并且 u_2 学习多个存储的命令在阶段 1,u_2 应该支持什么命令?

注意,支持最近存储的命令总是安全的。只要没有多数,客户端可以支持任何命令。但是,一旦有了大多数,客户就需要支持这个值。因此,为了确定哪个命令是最近存储的,服务器可以记住用于存储命令的票号,然后在阶段 1 中将这个号码告诉客户端。如果每个服务器使用自己的票号,最新的票号不一定是最大的。这个问题可以解决,如果客户自己提出票号。

与前面提到的算法 6.4 不同,算法 6.5 没有一个步骤,客户端明确决定开始新的尝试,并跳转回第一阶段。注意,这是不必要的,因为客户机可以决定中止当前的尝试,并在算法中的任何点开始一个新的尝试。这样做的好处是,我们不需要为超时选择"好的"值,因为正确性与何时开始新尝试的决定无关。如果票证过期,可以通过让服务器在阶段 1 和阶段 2 发送否定回复来提高性能。通过随机分配连续尝试之间的等待时间,可以缓解不同客户端之间的争用。

算法 6.5 Paxos

Algorithm Paxos

Client(Proposer)	Server(Acceptor)

初始化(Initialization) ··

$c \mathrel{\unicode{x2254}}$ 命令执行(command to execute)　　$C = \bot \mathrel{\unicode{x2254}}$ 存储命令(stored command)

$t = 0 \mathrel{\unicode{x2254}}$ 试票号码(ticket number to try)　　$T_{store} = 0 \mathrel{\unicode{x2254}}$ 存储 C 的票(ticket used to store C)

　　　　　　　　　　　　　　　　　　$T_{max} = 0 \mathrel{\unicode{x2254}}$ 最大发行票(largest issued ticket)

阶段 1(Phase 1) ··

1: $\quad t = t+1$

2: $\quad$ 问服务员要 t 票(t ticket)

3: $\quad\quad\quad\quad\quad\quad\quad\quad\quad\quad\quad\quad$ if $t > T_{max}$ then

4: $\quad\quad\quad\quad\quad\quad\quad\quad\quad\quad\quad\quad$ $T_{max} = t$

5: $\quad\quad\quad\quad\quad\quad\quad\quad\quad\quad\quad\quad$ 回答函数 ok(T_{store}, C)

6: $\quad\quad\quad\quad\quad\quad\quad\quad\quad\quad\quad\quad$ end if

阶段 2(Phase 2) ··

7: $\quad$ if 大多数回答函数 ok then

8: $\quad$ 选择(T_{store}, C)中较大的值 T_{store}

9: $\quad$ if $T_{store} > 0$ then

10: $\quad$ $c = C$

11: $\quad$ end if

12: $\quad$ 发送 propose(t, c) 到相等数量服务器

13: $\quad$ end if

14: $\quad\quad\quad\quad\quad\quad\quad\quad\quad\quad\quad\quad$ if $t = T_{max}$ then

15: $\quad\quad\quad\quad\quad\quad\quad\quad\quad\quad\quad\quad$ $C = c$

16: $\quad\quad\quad\quad\quad\quad\quad\quad\quad\quad\quad\quad$ $T_{store} = t$

17: $\quad\quad\quad\quad\quad\quad\quad\quad\quad\quad\quad\quad$ 回答函数 success

18: $\quad\quad\quad\quad\quad\quad\quad\quad\quad\quad\quad\quad$ end if

阶段 3(Phase 3) ··

19: $\quad$ if 大多数回答函数 success then

20: $\quad$ 发送 execute(c) 到每一个服务器

21: $\quad$ end if

引理 6.6　我们称客户端在第 12 行发送的消息 propose(t,c)为(t,c)的一个提案(proposal)。如果(t,c)被大多数服务器存储,则选择(t,c)提议(第 15 行)。如果有一个选择的 propose(t,c),对于每个已发行的 propose(t_0,c_0)和 $t_0>t$,且 $c_0=c$。

证明:注意,对于每个票号 τ 最多只能有一个提案,因为客户只有在收到大多数票的情况下才会发送提案(第 7 行)。因此,每个提案都由其票号 τ 唯一标识。

假设至少有一个 propose(t',c')与 $t'>t$ 和 $c'\neq c$;在这些建议中,考虑票号最小的建议 t'。由于这个提案和 propose(t,c)都被发送到大多数服务器,我们可以用 S 表示参与这两个提议的服务器的非空交集。回想一下,既然选择了 propose(t,c),这意味着至少有一个服务器 $s\in S$ 必须存储了命令 c;因此,当存储该命令时,票证号码 t 仍然有效。因此,s 必须在它已经存储了 propose(t,c)之后收到了对票证 t' 的请求,因为对票证 t' 的请求会使票证 t 失效。

因此,发送 propose(t',c')的客户端必须从 s 中了解到客户端已经存储了 propose(t,c)。由于客户机将其提议调整为存储到目前为止最大票证号的命令(第 8 行),因此客户机必须也提出 c。只有一种可能导致客户不适应 c:如果客户收到某个客户存储的服务器建议的信息($t*,c*$),且 $c*\neq c$ 和 $t*>t$。但在这种情况下,客户必须已将 propose($t*,c*$)连同 $t<t*<t'$,但这与 t_0 是在 T 之后发出的提案的最小票号的假设相矛盾。

定理 6.4　如果命令 c 被一些服务器执行,所有服务器(最终)都会执行 c。

证明:从引理 6.6 我们知道选择 c 提案后,之后的每一个提案是 c,因为只有第一个 propose(t,c)被选中,所以所有成功的提案都是针对命令 c 的。因此,只建议一个命令可以选择 c,因为客户端只能告诉服务器执行一个命令,当它被选中时(第 20 行),每个客户机最终会告诉每个服务器执行 c。

如果第一个成功的客户端没有崩溃,它会直接告诉每个服务器执行 c。然而,如果客户端在通知任何服务器之前崩溃,服务器将只在下一个客户端成功时执行命令。一旦服务器接收到要执行 c 的请求,它可以通知之后到达的每个客户端已经选择了一个命令,这样客户端就不会在提议过程中浪费时间。

注意,如果一半(或更多)的服务器崩溃,Paxos 将无法取得进展,因为客户端无法实现大多数。Paxos 最初的描述使用了 3 个角色:提案者、接受者和学习者。学习者的角色很简单,他们什么都不做,只是从其他节点学习选择了哪个命令。我们一般只给每个节点分配一个角色。但在某些场景中,允许一个节点具有多个角色可能很有用。例如,在点对点场景中,节点需要同时充当客户端和服务器。

Wattenhofer(2016)提出建立信任客户(申请人)严格遵守协议的机制,在许多情况下,这并不是一个合理的假设。在这样的场景中,提案者的角色可以由一组服务器执行,客户机需要联系提案者,并以他们的名字作为提案值。到目前为止,我们只讨论了一组节点如何在 Paxos 的帮助下对单个命令做出决策。我们把这样一个单一的决定称为 Paxos 的实例。如果我们想执行多个命令,我们可以用实例号扩展每个实例,该实例号随每条消息一起发送。一旦选择了命令,任何客户端都可以决定用下一个数字启动一个新实例。如果服务器没有意识到前一个实例做出了决定,那么服务器可以向其他服务器询问有关决定的信息,以便跟上信息的传播。

6.2.2 Raft 算法

Raft 是一种共识算法,用于管理每个节点上的复制账本。在任何给定的时间,每个节点都处于 3 种状态之一:领导人(leader)、追随者(follower)或候选人(candidate)。Raft 算法将时间划分为具有有限持续时间的项,项用连续的整数编号。每个任期都以选举开始,其中一个或多个候选人试图成为领导人。如果一个候选人赢得了选举,那么他将在余下的任期内担任领导人。状态转移如图 6-7 所示。所有节点从 follower 状态开始。如果一个追随者在一段时间内没有收到领导人的消息,那么他就成为了候选人。然后,候选人向其他节点请求选票,成为领导人。其他节点将响应投票请求。如果候选人获得了多数节点的选票,他将成为领导人。这个过程被称为"领导人选举"。具体来说,如果一个追随者在当前领导人的最小选举超时时间内收到一个心跳信号,它就不会将选票授予该候选人。这有助于最大限度地延长领导人的工作时间,并避免来自某些隔离/删除节点的频繁中断。在 Raft 的正常运行中,只有一个领导人,其他节点都是追随者。领导人定期向所有追随者发出信号,以维持其权威。这段时间内的所有交易都要经过领导人。每笔交易都作为一个条目添加到节点的分类账中。具体来说,领导人首先将接收到的新事务复制给追随者。此时,该条目仍未提交,且处于不稳定状态。

Huang 等(2018)将算法流程以分类账复制的方式进行表示。当领导人收到大多数写了条目的追随者的反馈后,领导人通知追随者这个条目已经提交了。在 Raft 算法中,有几个超时设置,如图 6-7 所示,其中一个控制着选举过程。选举超时是一个追随者需要等待成为候选人的时间。只要跟踪者没有接收到心跳,选举时间计数器就会减少。当选举时间为零时,跟踪器转到候选人状态。当追随者收到领导人的心跳时,选举时间计数器将重置为一个随机值。Raft 中的随机选举计时器有助于降低几个追随者同时转向候选人的概率。

6.2.2.1 Raft 算法基本结构

Raft 集群包含多个服务器,通常包括了 5 个服务器,并允许系统容忍两次故障。在任何给定的时间,由于每个服务器都处于 3 种状态之一:领导人(leader)、追随者(follower)或候选人(candidate),正常情况下,只有一个领导人,其他服务器都是追随者。而追随者是被动的:他们自己不发出任何要求,而只是回应领导

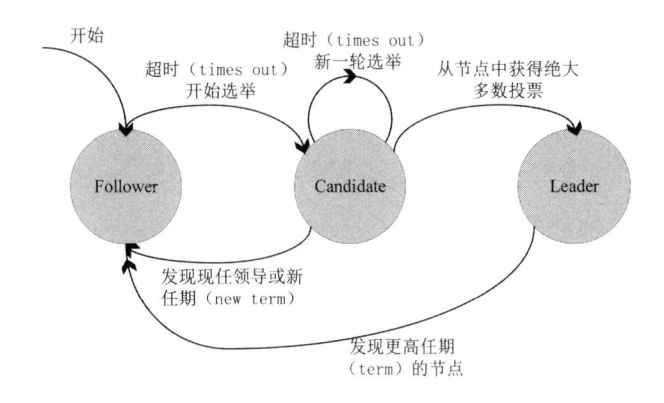

图 6-7 选举机制流程图

和候选人的要求。领导人处理所有客户请求(如果客户联系了追随者,追随者会将其重定向给领导)。第 3 个状态——候选人,用于选举新的领导人。一定情况下,3 种状态可以进行转换。

Raft 将时间分为任意长度,如图 6-8 所示,其中使用连续整数编号。从每一届任期都以选举开始,一名或多名候选人试图成为领导人。如果一个候选人赢得了选举,那么他将在余下的任期内担任领导人。在某些情况下,选举会导致投票分裂。在这种情况下,任期将在没有领导人的情况下结束;新的任期(新的选举)即将开始。Raft 确保在一个给定的任期内最多有一个领导人。不同的服务器可能会在不同的时间观察不同任期之间的转换,而且在某些情况下,服务器可能不会观察选举,甚至整个任期。当前条款在服务器通信时交换;如果一个服务器的当前项小于另一个服务器的,那么它将更新其当前项为更大的值。如果一个候选人或领导人发现其任期已经过期,它会立即恢复为追随者状态。如果服务器接收到一个带有过时任期的请求,它将拒绝该请求。Raft 服务器使用远程过程调用(RPC)进行通信,而共识算法只需要两种类型的 RPC。RequestVote RPC 由候选人在选举期间发起,而 AppendEntries RPC 由领导人发起,以复制日志条目并提供一种心跳形式。如果服务器没有及时收到响应,则重试 RPC,并并行发出 RPC 以获得最佳性能。

6.2.2.2 领导人选举

Raft 使用心跳机制来触发领导人选举(Leader election)。当服务器启动时,它们以追随者的身份开始。只要服务器从领导人或候选人那里接收到有效的 RPC,它就会保持跟随状态。领导人定期向所有追随者发送心跳(Append Entries RPC,不携带日志条目),以维护他们的权威。如果一个追随者在一段被称为选举超时的时间内没有收到任何信息,那么它就认为没有可行的领导人,并开始选举来选择一个新的领导人。为了开始选举,一个追随者增加其当前的任期,并过渡到候

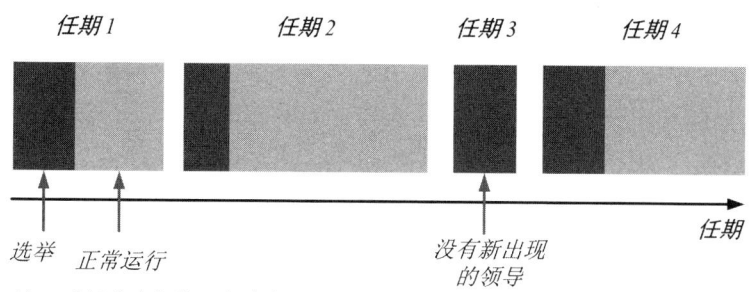

注：时间分为任期，每个任期从选举开始。在一次成功的选举后，一个领导人管理集群直到任期结束。有些选举失败，在这种情况下，任期结束时没有选出领导人。在不同的服务器上，可以在不同的时间观察术语之间的转换。

图 6-8　选举的连续性过程

选州。然后它为自己投票，并行地向集群中的每个其他服务器发出 RequestVote RPC。候选人会一直处于这种状态，直到发生以下 3 种情况之一：①他赢得了选举；②另一个服务器成为领导人；③一段时间没有赢家。

这些结果将在下面的各段中单独讨论。如果一个候选人在同一任期内从整个集群中的大多数服务器获得选票，那么他就赢得了选举。每个服务器将在给定的任期内以先到先得的方式投票给最多一个候选人。多数决定原则确保最多只有一位候选人能在特定任期内赢得选举。一旦候选人赢得选举，他就成为领导人。然后它向所有其他服务器发送心跳信息，以建立其权威并阻止新的选举。

在等待投票时，候选人可能会从另一个服务器收到一个 AppendEntries RPC，该服务器声称自己是领导人。如果领导人的任期（包括在其 RPC 中）至少与候选人的当前任期一样大，那么候选人将认为领导人是合法的，并返回到追随者状态。如果 RPC 中的任期小于候选人当前的任期，则候选人拒绝 RPC 并继续处于候选状态。第三种可能的结果是，一个候选人既不赢也不输：如果许多追随者同时成为候选人，选票可能被分割，因此没有一个候选人获得多数。当这种情况发生时，每个候选人将暂停并开始新的选举，通过增加其任期并启动另一轮请求投票RPC。然而，如果不采取额外措施，分裂投票可能会无限期重复。

Raft 使用随机的选举超时时间，以确保分裂的选票很少，并且能够迅速得到解决。为了防止分裂投票，选举超时是在固定的时间间隔（例如 150ms～300ms）中随机选择的。这将服务器分散开来，因此在大多数情况下，只有一台服务器会超时；它赢得了选举，并在其他服务器超时之前发送心跳。同样的机制也用于处理分裂投票。每个候选人在选举开始时重新启动其随机选举超时时间，并等待该超时时间结束后再开始下一次选举；这降低了在新选举中再次出现分裂投票的可能性。选举就是一个例子，说明可理解性如何引导我们在设计选择中做出选择。

最初我们计划使用一个排名系统:每个候选人被分配一个唯一的排名,用于在竞争的候选人之间进行选择。如果一个候选人发现了另一个排名更高的候选人,它将返回追随者州,排名更高的候选人将更容易赢得下次选举。我们发现,这种方法造成了可用性方面的微妙问题(如果排名较高的服务器出现故障,排名较低的服务器可能需要超时,再次成为候选服务器,但如果它这么做得太快,它可以重新选择领导人)。

6.2.2.3 日志复制

日志的组织如图6-9所示,当领导人接收到条目时,每个日志条目存储一个状态机命令和任期号。日志条目中的任期编号用于检测日志之间的不一致性,并确保图中的某些属性。每个日志条目还具有一个整数索引,标识其在日志中的位置。领导人决定何时将日志条目应用到状态机是安全的;这样的条目称为已提交。Raft保证已提交的条目是持久的,最终将由所有可用的状态机执行。而日志复制(Log replication)意味着一旦创建日志条目的领导人在大多数服务器上复制了它,就会提交日志条目。这也会提交领导人日志中的所有之前的条目,包括以前的领导人创建的条目。领导人跟踪它知道要提交的最高索引,并在以后的AppendEntries RPC(包括心跳)中包含该索引,以便其他服务器最终找到该索引。一旦跟踪器得知一个日志条目已提交,它将该条目应用到其本地状态机(按日志顺序)。

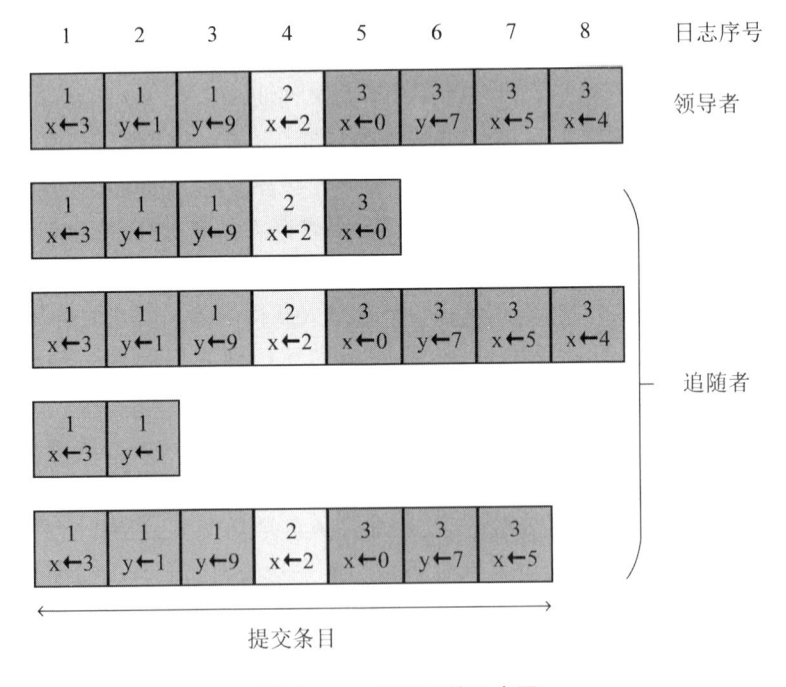

图6-9 日志复制的示意图

在 Raft 中,领导人通过强迫追随者复制自己的日志来处理不一致性。这意味着 follower 日志中的冲突条目将被 leader 日志中的条目覆盖。

6.2.2.4 安全性

- 选举限制

在任何基于领导人的共识算法中,领导人最终必须存储所有提交的日志条目。在一些共识算法中,比如 Viewstamped Replication,可以选出一个领导人,即使它最初没有包含所有提交的条目。这些算法包含额外的机制来识别缺失的条目,并在选举过程中或选举后不久将其发送给新领导人。不过,这会导致了相当多的额外机制和复杂性。Raft 使用了一种更简单的方法,它保证从选举开始,每个新领导人身上都有先前任期的所有条目,而不需要将这些条目转移给领导人。这意味着日志记录只在一个方向流动,从领导到下属,而且领导永远不会重写日志中的现有记录。Raft 使用投票过程来阻止候选人赢得选举,除非它的日志包含所有提交的条目。候选人必须与集群的大多数成员联系才能当选,这意味着每个提交的条目必须至少存在于其中一个服务器中。如果候选的日志至少与大多数日志中的任何其他日志一样是最新的("最新的"在下面精确地定义了),那么它将保存所有提交的条目。RequestVote RPC 实现了这个限制:RPC 包含关于候选人日志的信息,如果投票者自己的日志比候选人的日志更最新,那么投票者拒绝投票。

Raft 通过比较日志中最后一个条目的索引和项来确定两个日志中哪一个是最新的。如果日志的最后一个条目有不同的任期,那么后面的条目的日志是最新的。如果日志以相同的任期结束,则日志越长越最新。

- 从以前的条款中提交条目

一旦条目存储在大多数服务器上,领导人就会知道当前条目已经提交。如果一个领导人在提交条目之前崩溃,未来的领导人将尝试完成该条目的复制。然而,一旦一个条目存储在大多数服务器上,领导人就不能立即断定它已经提交。图 6-10 演示了这样一种情况:旧的日志条目存储在大多数服务器上,但仍然可以被未来的领导人覆盖。

为了消除图 6-10 中所示的问题,Raft 从不通过计数副本来提交以前任期的日志条目。通过计数副本,只提交来自 leader 当前任期的日志条目;一旦以这种方式提交了当前项的一个条目,那么由于日志匹配属性,所有之前的条目都将间接提交。在某些情况下,领导人可以放心地断定旧的日志条目已经提交(例如,如果该条目存储在每个服务器上),但是 Raft 为了简单起见采取了更保守的方法。

Diego 和 John(2014)提出了以上 Raft 算法的机制,认为 Raft 在承诺规则中增加了这种额外的复杂性,因为当领导人从以前的项复制条目时,日志条目保留了它们原来的项号。在其他共识算法中,如果一个新的领导人从先前的"项"中复制条目,那么它必须使用它的新"项号"。Raft 的方法使对日志条目进行推理变得

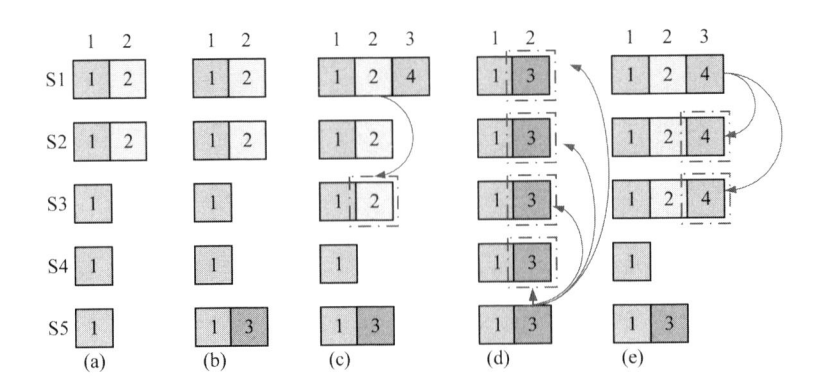

图 6-10　领导人使用旧日志目录时的情形

（注：这是一个时间序列，说明为什么领导人不能用旧日志条目（log entries from older terms）来确定承诺。在(a)中，S1 是领导人，部分复制序列 2 上的日志条目。在(b)中 S1 崩溃；S5 通过 S3、S4 和它自己的投票被选为第 3 届的领导人，并在日志中的序列 2 接受一个不同的条目。在(c)S5 崩溃；S1 重新启动，被选为领导人，继续复制。此时，任期 2 的日志条目已经复制到大多数服务器上，但是没有提交。如果 S1 像(d)那样崩溃，那么 S5 可以被选为 leader（来自 S2、S3 和 S4 的投票），并使用来自第 3 项的自己的条目覆盖该条目。但是，如果 S1 在崩溃之前复制了一个在大多数服务器上的当前条目，如(e)，那么这个条目被提交(S5 不能赢得选举)。此时，日志中所有前面的条目也都提交了。)

更容易，因为它们在时间和日志之间保持相同的项数。此外，与其他算法相比，Raft 中的新领导人从以前的任期发送的日志条目更少（其他算法必须发送冗余的日志条目，以重新编号，然后才能提交它们）。

6.3　区块链共识算法

区块链的共识算法，是在存在恶意节点篡改数据的情形下，结合社会学、博弈论的相关知识设计，从而区别于经典一致性的算法思路，它的整体思路就是让攻击者的攻击成本远远大于收益。

6.3.1　PBFT

实用拜占庭容错（Practical Byzantine Fault Tolerance，PBFT）共识机制需要对提议进行表决并对结果进行确认，相当于两次举手表决。PBFT 共识机制中每个节点都有一个唯一性编号标识（i），编号逐渐递增。一次共识从开始到结束所使用的数据集合称为视图，每个视图都由一个唯一性编号 v 标识，每次视图变更编号加 1，每个视图中只存在一个主节点，其他节点都为备份节点（谭敏生等，2020）。

6.3.1.1 拜占庭式容错共识

形式上,我们考虑一个有 N 个组件的分布式消息传递系统 $C_1, C_2, \cdots, C_N$。每个组件 C_i 有一个输入 x_i 和一个输出 y_i 且直到第一轮协商一致执行时才分配。组件通过通信链接相互连接,通过网络传递输出消息。

上述系统的 BFT 共识必须满足以下条件:
- 终止:每个没有故障的组件决定输出。
- 协议:所有没有故障的组件最终决定相同的输出 output $\hat{y}$。
- 有效性:如果所有组件都以相同的输入 input $\hat{x}$,则 $\hat{y} = \hat{x}$。
- 完整性:每个无故障组件的决策以及最终的输出必须是由某个无故障组件提出的。

为了使算法达到 BFT 一致性,绝大多数(超过 2/3)的组件必须是无故障的。定理 6.5 给出了一个更精确的表述(Xiao et al.,2019)。

定理 6.5 在有 n 个组件的消息传递系统中,如果 f 个组件是拜占庭式的且 $n \leqslant 3f$,则系统不可能达到一致目标。

定理 6.5 可通过反证法来证明。假设在一个场景中,组件被分成三组,其中一组由所有拜占庭组件组成。图 6-11 显示了一个三组件系统示例。在这个系统中,组件 C_1、C_2 是诚实的,而组件 C_3 是拜占庭的。所有输入、决策值都取自二价集合 $\{v_0, v_1\}$。假设 C_1 和 C_2 的初始输入值分别为 v_1 和 v_2,规定一致性算法选择接收到的所有值中的大多数值。C_1、C_2 分别广播它们的值,C_3 向 C_1 发送 v_1,向 C_2 发送 v_2。因此,C_1 通过规定的一致性算法决定 v_1,C_2 通过规定的一致性算法决定 v_2,违背了共识目标的约定条件。因此,为了容忍一个拜占庭组件,网络规模至少应该是 4 个。一般情况下,对于任意 N 个组件且 f 为 Byzantine 的分布式系统,$N \geqslant 3f+1$ 是为了保证一致性。

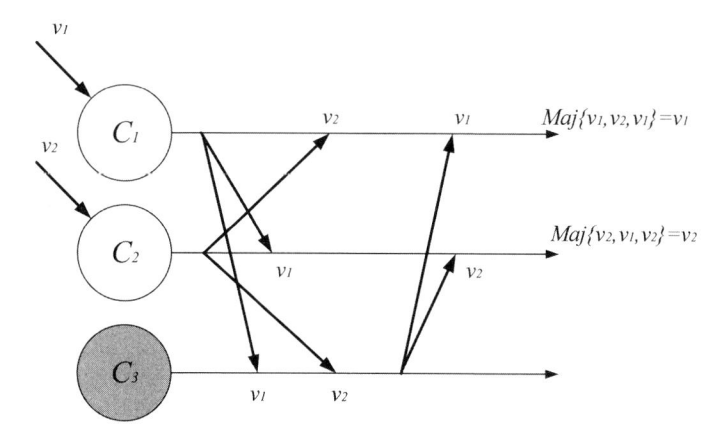

图 6-11 三组件系统信息传播示例

6.3.1.2 PBFT 的子协议

在实际的场景中,分布式计算系统可能会被恶意的参与者破坏,主服务器和备份服务器都容易受到对抗性的操纵,这属于拜占庭式故障的范畴。PBFT 由正常操作、检查点和视图变更这 3 个子协议组成。表 6-1 列出了副本的状态变量,表 6-2 列出了涉及的消息。作为一项额外的安全措施,每条消息都由发送方签名,并由接收方验证。在下面的部分中,我们假设至多有 f 个错误副本,网络大小为 $N=3f+1$。稍后我们将证明 $N \geq 3f+1$ 保证了协议的拜占庭容错能力。

表 6-1 PBFT 算法中的变量声明

Variable	Description
i	自索引(0 表示首索引值)
rep-list	网络中所有副本的列表
σ_i	用于签名消息的 replica i 的键
status	操作状态:NORMAL 或者 VIEW-CHANGE
v	当前视图数量
m	来自客户端的最近请求消息
n	m 的序号
d	=DIGEST(m),m 的摘要
e	=EXECUTE(m),m 的执行结果
s	最近的检查点
h	最低点(low-water mark),如 s 的序列号
H	最高点(high-water mark),$<h,H>$ 形成一个长度为 K 的滑动窗口
C	证明 s 正确性的所有有效检查点(valid Checkpoint)消息的集合
P_t	为序列号为 t 的请求设置有效的 Prepare 消息和所有匹配的 Prepare 消息的集合
P	对于每个大于 n 的请求 t 的 P_t 集合
V	所有有效 View-Change 和 View-Change 消息的集合
O	一组特别选择的 Pre-Prepare 消息
log	到目前为止收到的操作请求记录

表 6-2 PBFT 算法中的消息

Messages	From	To	Format(signed)
Request	client	primary	$<\text{REQUEST},m>\sigma_c$
Pre-Prepare	primary	all backups	$<\text{PRE-PREPARE},v,n,d>\sigma_0$

续表

Messages	From	To	Format(signed)
Prepare	replica$i$	all backups	<PREPARE,v,n,d,i>σ_i
Commit	replica$i$	all replicas	<COMMIT,v,n,d,i>σ_i
Reply	replica$i$	client	<REPLY,e,i>σ_i
View-Change	replica$i$	all replicas	<VIEW-CHANGE,$v+1,n,C,P,i$>σi
New-View	primary	all replicas	<NEW-VIEW,$v+1,V,O$>σ_0
Checkpoint	replica$i$	all replicas	<CHECKPOINT,n,d,i>σi

（1）PBFT 在每一个会话之间进行正常操作。图 6-12 显示了一个四副本系统的正常运行图。会话从客户端操作请求开始，并在响应客户端之前经过 3 个连续的副本交互阶段，即 Pre-Prepare、Prepare 和 Commit。

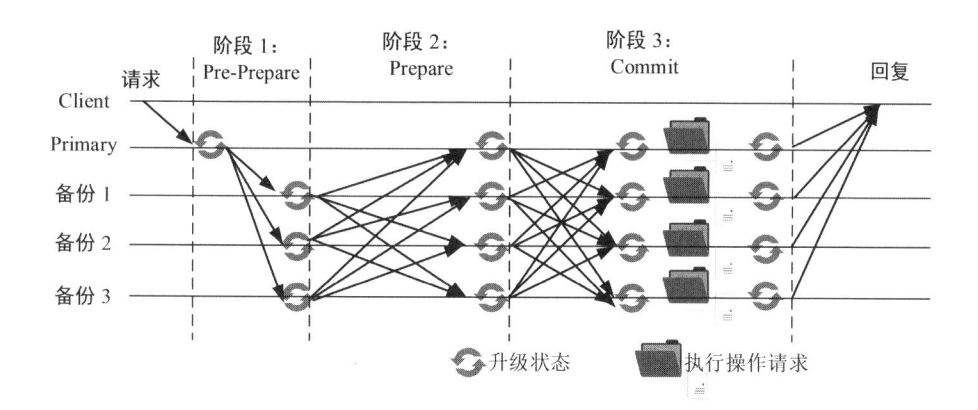

图 6-12 接收信息的状态

- Pre-Prepare 当主节点收到操作请求消息 m 时，给请求赋一个序号 n，并同时向所有备份节点发送一个 Pre-Prepare 消息。备份服务器收到 Pre-Prepare 消息后，会检查关联的签名和 v,n,d 的有效性。如果一切都是有效的，并且 n 在标记为<h,H>的范围内，则备份将接受此消息，相应地更新其状态，并继续准备阶段。

- Prepare 每次副本都向所有其他副本发送一个 Prepare 消息。如果一个副本至少收到了具有相同 v,n,d 值的 $2f$ Prepare 消息，则会相应地更新其状态并进入 Commit 阶段。

- 每个副本向所有其他副本发送 Commit 消息。当一个副本收到至少 $2f+1$ Commit 消息，并且有相同的 v,n,d 值时，它首先执行序号小于 n 的旧请求，然后执行当前请求 m 生成结果 e，最后更新状态。当副本完成 Commit 阶段时，它将执行结果以 Reply 消息的形式发送给客户端。客户端只有在收到至少 $2f+1$ 个包含相同结果 e 的 Reply 消息后才会接受一个执行结果。

(2) 检查点协议。副本使用检查点协议安全地丢弃日志中的旧项,并商定一个稳定的检查点,为视图变更过程提供必要的服务状态信息。每个副本定期将执行的客户端请求标记为日志中的检查点,并将其序列号记录为 h,称为低水位标记。它以检查点消息的形式将检查点多播到其他副本。当一个副本收集至少 2f + 1 个具有相同 n 和 d 的检查点消息时,它通过将 n 赋给变量 h 来标记这个检查点是稳定的,并保存这些检查点消息作为来自稳定检查点的证明。之后,副本可以安全地从其日志中丢弃序列号在 h 之前的所有 Pre-Prepare、Prepare 和 Commit 消息。除了 h,每个副本还更新高水位标记 h,以便<h,H>对形成长度为 K 的滑动窗口。这里的 K 是用户定义的。

(3) 视图变更协议。由于视图被绑定到一个已知的主节点上,当主节点被怀疑故障时,备份执行视图变更协议来选择一个新的主节点。当备份收到请求但尚未执行某些超时(例如它在正常操作的阶段 2 消耗时间过多),它停止接收进一步消息相关的当前视图 v 和更新状态视图更改在发送之前将变更的信息视图 v + 1 的所有副本。当新的主节点收到至少 2f+1 个视图 v + 1 的视图更改消息时,它向所有备份多广播一个新视图消息,并更新它的日志和<h,H>对,然后继续正常操作。

在正常操作中,预准备阶段和准备阶段的分离对请求执行和错误主检测的正确顺序至关重要。当主服务器发送带有无序请求的 Pre-Prepare 消息或长时间保持静默时,备份将认为主服务器发生故障,若大多数备份都没有故障,备份将为新的主服务器启动视图更改协议。在正常操作中,副本需要接收到状态相同的 $2f$ 个 Prepare 消息,以进入 Commit 阶段;然后它需要接收具有相同状态的 $2f$ 个 Commit 消息来继续请求执行。这相当于我们在拜占庭将军问题的口头信息算法中讨论的场景:在一个完全连接的网络中,如果超过 2/3 的组件没有故障,就可以达成共识。同样的共识程序也应用在检查点协议和视图改变协议中,以保证新的初选的安全。由于我们在开始时假设 $N = 3f+1$,来自 $2f + 1$ 个非错误副本的消息足以容忍 f 个拜占庭副本。在一般情况下,f 是未知的(但 $N \geqslant 3f+1$ 是假设的),这个数字应该从协议中的 $2f+1$ 更新为 $\left\lceil \frac{2N}{3} \right\rceil + 1$,以容忍至少 f 个拜占庭故障。

复杂性分析可以用于分析正常操作的消息复杂性。通信开销主要花费在 3 个阶段:①在 Pre-Prepare 阶段,主程序向所有备份程序广播消息($O(N)$);②在准备阶段,每个备份向所有其他副本广播一条消息($O(N^2)$);③在提交阶段,每个副本向所有其他副本($O(N^2)$)广播一条消息。因此,PBFT 正常运行的总体消息复杂度为 $O(N^2)$。对于一个完全或接近完全连接的网络来说,这是可以接受的,除非 N 很大。

6.3.2 PoW

工作量证明(Proof-of-Work,PoW)是加密货币中最受欢迎的共识协议,它最早是随着比特币的发明而出现的。这种共识机制用于产生区块以及验证交易。在 Bitcoin(BTC)之外,Litecoin(LTC)、Bitcoin Cash(BCC、BCH)、Monero 和 Dash 等其他加密货币也使用 PoW 达成共识。在比特币系统中,矿工负责验证交易。为了执行工作量证明,矿工必须用一个或多个未经确认的交易创建交易数据,并添加到新创建的区块中。网络中的任何节点都可以是矿工。创建事务数据之后,矿工必须解决一个加密难题。这里的难题是具有给定难度的哈希问题。这个难度控制了矿工解决一个区块所需的时间。除了事务数据,矿工还必须接受前一个块的哈希作为输入。这样,每个区块都连接到下一个区块,从而形成一条链。当矿工找到新的区块对应的一个解时,他将其广播给网络,经其他矿工验证之后,区块被添加到网络中,解决该区块的矿工将获得相应的奖励。

6.3.2.1 中本共识(Nakamoto Consensus)

自 2008 年成立以来,比特币已成为加密货币的代表类型。区块链是加密货币和许多新兴分布式账本系统背后的实现技术。在比特币的各个方面,著名的"中本共识"是其去中心化特性和安全性的关键创新。类似于分布式计算系统,区块链的共识目标是网络的整个交易历史——不仅是交易的内容,还有它们的时间顺序。在实际的区块链系统如比特币和以太坊中,共识协议还需要考虑各种物理因素,如网络连通性、网络规模和对抗性影响。在本节中,我们将从分布式系统的角度介绍中本共识协议。

中本共识的目标是所有节点对网络的交易历史形成一致。这里给出了中本共识的适应条件:

- 终结性(概率性):对于每一个被附加到区块链的块,它的掉落概率渐近地降为零。
- 协议:所有诚实节点接受或丢弃每个区块。如果区块被接受,它在所有的区块链副本中应该有相同的块号。也即所有的诚实节点都同意相同的区块链。
- 有效性:如果所有节点都接收到一个相同的有效块,那么这个块应该被区块链接受。生成块的过程是有效性的典型示例。
- 哈希链完整性:区块链包含当前区块之前的所有块。对于块号为 t 的块 B 和块号为 $t+1$ 的块 B′,B′中的前一个块的哈希值就是 B 的哈希值。

中本共识协议以分布式方式执行。每个节点运行相同的协议,并独立管理自己的区块链副本。共识的安全性取决于大多数节点是否诚实。对于单个节点,协议可以归纳为以下 4 条规则:

(1) 消息传递规则:所有新接收的或本地生成的块和事务应该及时广播给其

他节点。

(2)验证规则:在将块和事务广播给对等点或添加到区块链之前,需要进行验证。无效的块和事务被丢弃。

(3)最长链规则:最长的链是最终被采用的链。矿工的目标应该是通过添加新的区块来延长最长的链条。

(4)工作量证明(PoW):生成一个区块的过程包括在区块头中插入一个随机数(nonce)。区块头的散列值应该小于一个特定的值,这也称为PoW难度。出于安全原因,PoW难度自动调整,使网络的平均块生成间隔在总哈希率波动时保持不变(目前比特币为10分钟)。

这样,网络的多数决策就用最长的链来表示,它体现了最大的PoW计算量。

Xiao等(2019)认为根据最长链规则,在链分支中结束的区块不是最长链的后缀将被丢弃或"孤立",那么除了创世节点之外的其他区块都有可能被撤销。如果攻击者的哈希能力小于网络总哈希能力的50%,它产生的块将比网络的其他部分慢。设 p 为攻击者控制的哈希功率百分比,$p<50\%$。则攻击者最终从 m 块后面追赶的概率为:

$$P\{Catch-up\} = \left(\frac{p}{1-p}\right)m \tag{6.1}$$

因为 $p<50\%$,这个概率随着 m 的增加呈指数下降。换句话说,如果超过一半的哈希能力属于诚实节点且 m 很大,从区块链中撤销这样的块在计算上是不可能的。目前在比特币中 $m=6$ 被用作交易确认长度,即只有在最少6个区块被添加到当前区块之后,才认为此区块成为主链的一部分。

6.3.2.2 PoW 运作机制

工作量证明(PoW)是一种机制,允许一方向另一方证明一定数量的计算资源已经被利用了一段时间。PoW共识机制相当于自证制度,即自我证明合法性。令函数 $Fd(c,x) \to \{true, false\}$,其中难度 d 是一个正数,而挑战 c 和 nonce x 通常是位串,如果它具有以下属性,则称为工作量证明函数:

(1)如果已知 $d, c, x, Fd(c,x)$ 计算起来很快。

(2)对于固定参数 d 和 c,求 x 使 $Fd(c,x) = ture$ 在计算上是困难但可行的。用困难度 d 来调整时间以找到这样一个 x。

比特币的 PoW 函数为:

$$Fd(c,x) \to SHA256(SHA256(c|x)) < \frac{2^{224}}{d} \tag{6.2}$$

该函数连接挑战 c 和 nonce x,并使用两次SHA256进行哈希计算。SHA256的输出是一个256比特的字符串,与目标值 $\frac{2^{224}}{d}$ 相比,目标值随着难度的增加而变小要找到一个 nonce x 使函数 $Fd(c,x)$ 返回 true,没有比简单地遍历可能的输入更好的算法了。这样做的目的是使查找这样的输入变得很困难,但是一旦找到它,验证有效性就很容易了。如果所有节点的 PoW 函数都面临相同的挑战,具有更大算力的矿工往往会胜出。因此,每个节点都试图为特定于节点的挑战找到一个有效的随机数。

6.3.2.3 PoW 模型算法

Gramoli 和 Vincent(2017)将一个简单的分布式系统建模为一个通信图,该通信图将区块链抽象为一个有向无环图,如图 6-13 所示。

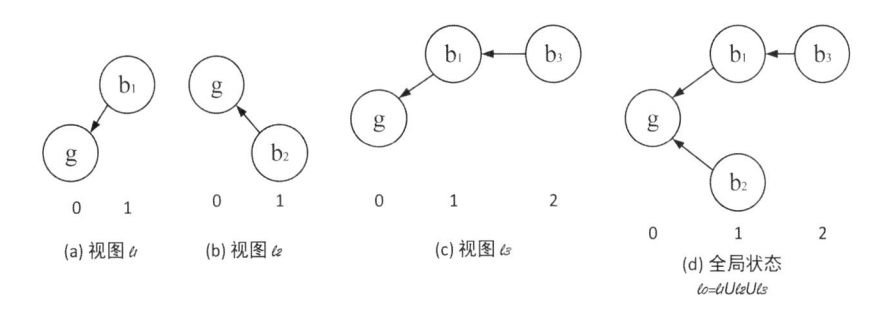

图 6-13 不同阶段视图变化

在该模型中,他们提出了工作量证明区块链协议的高级伪代码表示,如算法 6.6 所示。

算法 6.6 PoW 算法过程

	Algorithm the general proof-of-work blockchain consensus algorithm at process p_i
1:	$l_i = <B_i, P_i>$,节点 p_i 处的局部区块链是一个有向无环
2:	块 B_i 和指针 P_i 的图
3:	带字段的 b,a 块记录:
4:	parent,链中 b 前面的区块,初始值 $\bot$
5:	pow,b 的工作证明公告,解决了这个谜题,初始值 $\bot$
6:	children,链中 b 的后继块
7:	propose( )$_i$:
8:	While true do
9:	nonce = local−random−coin( )
10:	创造块 b;b. parent = last−block(l_i) 和 b. pow = nonce
11:	if solve-cryptopuzzle(nonce,b) then
12:	广播($<\{b\}, \{<b, b. parent>\}>$)
13:	deliver($<B_j, P_j>$)$_i$:

续表

Algorithm the general proof-of-work blockchain consensus algorithm at process p_i
14: $\quad B_i \leftarrow B_i \cup B_j$
15: $\quad P_i \leftarrow P_i \cup P_j$
16: $\quad <B'_i, P'_i> \leftarrow \text{get-main-branch}()$
17: $\quad \text{if } b_0 \in B'_i \wedge \exists b_1, \cdots, b_m \in B_i : <b_1, b_0>, <b_2, b_1> \cdots, <b_m, b_{m-1}> \in P_i \text{ then}$
18: $\quad \text{decide}(b_0)$

(1) 一个简单的区块链分布式模型

考虑一个图 $G = <V, E>$；进程 V 通过固定的通信链路 e 相互连接。进程是区块链系统 s 的一部分。这里，我们只考虑工作量证明区块链系统，重点关注比特币和以太坊。进程可以作为客户端，通过挖矿将事务发送给系统和/或服务器，并尝试将事务合并成一个块。为了简单起见，假设每个进程拥有一个账户（或地址），事务流程是数字资产的转让或加密货币从源过程 p_i 到目的账户 p_j，其中 $p_i \neq p_j$。每个事务都是唯一标识的，并以最佳方式传播到所有流程。

发起共识协议的过程被称为矿工，他们通过该算法第 7~12 行所描述的提议功能来发起共识，允许他们提出新的区块。进程在第 18 行给定的索引处决定一个新块。为了简单起见，图 G 是静态的，这意味着没有进程可以加入和离开系统。

(2) 矿工必须解决一个谜题来创建一个新的区块

矿工需证明在创建新区块之前解决了哈希难题。一旦成功，矿工将创建一个新的区块，其中包含成功的随机数作为工作量证明，以及前一个块的哈希值，因此固定了块的索引，并广播该块（第 12 行）。这个在进程 p_i 处带有 block 和指针参数的 broadcast 函数触发了一个相应的 deliver 函数，该函数具有相同的参数，在每个正确的进程 p_j（包括正确的 p_i）接收到这个广播消息（第 13 行）时调用该函数。由于没有已知的策略来解决这个谜题，矿工们只是简单地测试是否随机选择的数字可以用蛮力解决这个谜题。这个密码谜题的难度，由阈值定义，并由此限制了网络生成新区块的速率。

6.3.3 PoS

权益证明（Proof of Stake, PoS）现在已经有了很多变种。在 PoS 共识算法中，记账权由系统中权益最高的节点获得，而非系统中算力最高的节点。"权益"体现的是节点对特定数量的货币的所有权。PoS 算法是针对 PoW 算法的缺点的改进。PoS 维护了一组验证者，他们通过在竞赛中存入一定数量的货币（股权）来参与区块生成过程，该竞赛的设计方式是货币（股权）越多的参与者赢得竞赛的机会就越大。PoS 要求参与者预先放一些货币(股权)在区块链上,类似将财产存储在银行,同时也可以引入奖惩机制,使节点的运行更可控,同时更好地防止攻击。PoS 运作的机制大致如下。

(1)加入 PoS 算法的都是持币人,成为验证者(validator);

(2)PoS 算法在这些验证者里依据持币的多少选择一个给予权利生成新的区块;

(3)如果在一定时间内,没有生成区块,PoS 则挑选下一个验证者,给予生成新区块的权利;

(4)以此类推,以区块链中最长的链为准。

PoS 和 PoW 有一个很大的区别:在 PoS 机制下,持币是有利息的。众所周知,比特币是有数量限定的。由于有比特币丢失问题,整体上来说,比特币是减少的,也就是说比特币是一个通缩的系统。而在 PoS 中,币龄是时间的线性函数。PoS 共识机制通过权益记账的方式,来解决网络的效率低下、资源浪费和各节点的一致性问题。因此,PoS 不需要为了生成新区块而大量的消耗电力,也一定程度上缩短了共识达成的时间。

6.3.3.1 基于链的 PoS

在基于链的 PoS(Chain-based PoS)中,区块链维护一组验证器,这些验证器参与生成下一个区块的权利的竞争。对于每个区块生成周期,基于链的 PoS 运行两个步骤:

(1)每个验证器都在区块生成的竞争中投资。存储的股权将被冻结,直到该区块生成周期结束。

(2)在验证器存入其股份后,它开始生成新的区块,类似于中本聪的工作证明,但难度有限,这将被其股份价值进一步折算。生成的第一个块立即被添加到最长的链中,相应的验证器要求块奖励。

与中本共识中的 PoW 类似,只要所有诚实的验证器都遵循协议并拥有超过一半的股权价值,区块链区块被撤销的概率就会随着链的增长呈指数级下降。从经济角度来看,与 PoW 系统相比,攻击者应该更不愿意在 PoS 系统中执行 51% 攻击。在大多数 PoS 区块链系统中,验证器的任何欺诈行为都将受到惩罚,其权益将被没收,而在 PoW 系统中,只会浪费电力。因此,对大多数攻击者来说,失去所有赌注比浪费计算能力更具经济破坏性。

- 股权 PoS 的时间价值

与资本主义非常相似,其中占主导地位的利益相关者可以投资-利润-再投资其资本和利润,直到垄断地位。为了缓解垄断问题并鼓励小的利益相关者参与到游戏中来,一个实用的方法是让未使用的利害关系(自初始存款以来,验证者就不再是生成器)随时间增值。一旦选择验证器作为生成器,它的权益值在时间 0 时返回默认值。与此同时,未被选中的验证器的风险继续上升。例如,在

Peercoin 中，验证者的权益值是通过币龄来衡量的，币龄是存款货币数量和自初始权益存款以来经过的时间的乘积。只要小股东的股份没有被使用，他们获胜的可能性就会随着时间的推移而增加；另一方面，为了防止权益积累太多的时间值，可能被恶意验证器利用来锁定未来的块，权益的时间值受到上限的限制，例如 100 个块生成周期。

- 双赌注问题

这也被称为赌注为零的问题。由于最长链规则仍然被遵守，当存在多个并行链分支（分叉）时，PoS 验证器有动机一次性在每个分支上生成块，而不需要额外的成本。然而，在 PoW 中，矿商必须通过将其宝贵的计算能力剥离给每个额外的分支来实现这一点。因此，基于链的 PoS 系统需要纳入一个惩罚方案，对那些下双重押注。可能的选择包括没收冻结的赌注，取消区块利益的正确押注等。然而，如果一群拥有超过网络总股权价值 50% 的验证者串通维护平行链，这些惩罚方案将是无效的。

6.3.3.2 基于 BFT 的 PoS

基于 BFT 的共识协议通常需要较高的网络连通性，所有节点都需要向他人透露自己的真实身份，这非常适合网络规模较小、参与者联盟先验已知的许可区块链。与中本共识相似，基于 BFT 的共识的目标是确保所有参与者对一个共同的块历史达成一致，这就需要块内容和块顺序的正确性。然而，它们之间有一个主要的区别：基于 BFT 的共识的最终条件是确定性的。换句话说，一旦写入区块链，块将永远不会被篡改。

（1）每个验证者存入一定数量的货币（股份）。存储的股权将被冻结，直到该检查点周期结束。

（2）每个验证者使用块建议机制从一个合理的检查点生成新的块，然后及时广播它们。此时验证者之间不需要达成一致意见。

（3）在达到检查点间隔后（在 Casper 中为 100 个区块），验证者开始对新的检查点形成共识。每个验证者对一个检查点块进行投票，并将其投票广播到网络。投票消息包含 5 个字段：源检查点 s 的哈希值、被投票的目标检查点 t 的哈希值、高度 s 的哈希值、高度 t 的哈希值和验证器的签名。

（4）当验证器收到所有的投票时，它根据发送方的利害关系值重新计算投票，然后为每个提议的检查点块计算利害关系加权的投票。如果检查点 t 有 2/3 的批准率（绝大多数），那么验证者将标记 t 证明源检查点已完成。s 之前的所有区块也都完成了。

基于链的 PoS 和基于 BFT 的 PoS 的根本区别在于后者提供了确定性的终结性。换句话说，BFT 风格的 PoS 保证了最终完成的区块在未来永远不会被撤销，而基于链的 PoS 和 PoW 不排除这种可能性。重要的是，确定性的最终结果还支持对双重下注验证者的惩罚。因为每个最终确定的区块都带有提议者的公共地址,所以验证器对它所提议的所有最终确定的区块负责。一旦发现双投注,共识协议可以合法地没收双投注验证器的冻结股权并撤销冲突块。

6.3.4 DPoS

6.3.4.1 DPoS 算法

委托权益证明(Delegated-Proof-of-Stake,DPoS)是一种共识机制,允许股东(shareholders)为见证人(witnesses)投票。DPoS 的主要思想是减少能量的浪费和提高事务的速度。整个块生成过程使得这种共识机制比 PoW 共识快很多倍。DPoS 包括一票一股的政策,这让利益相关者可以拥有更多硬币的同时选择投更多的股票。目击者会因为生成区块而获得奖励,但当他们未能完成要求的任务时,也会受到惩罚——得不到报酬并被淘汰。见证人必须从随机的利益相关者那里获得最多的选票,才能完成指示的任务。利益相关方还投票支持代表们对网络进行改革和改变,这些改革和改变将在审查后做出最终决定。

Li 等(2020)深入分析了 DPoS 和 PoW 两种算法的差异,他们总结为:DPoS 区块链的关键亮点是其高可扩展性。在 DPoS 区块链中,区块是由整个利益相关者社区定期选举的一小组见证人生成的。因此,去中心化的共识只在证人之间达成,较小的证人集可以提高交易吞吐量,支持各种类型的真实应用,如社交媒体平台。然而,对于 DPoS 区块链中的去中心化水平存在分歧。支持者认为,在实践中,DPoS 区块链中证人间等量生成区块的设计不如目前由少数矿池主导的 PoW 区块链集中。另一些人认为,在理论上,非常有限的证人规模自然显示出低程度的分散化。现有的研究工作已经评估了以比特币和以太坊为代表的 PoW 区块链的去中心化程度。然而,关于衡量 PoW 区块链和 DPoS 区块链之间去中心化的实际水平的比较研究很少。

6.3.4.2 DPoS 和 PoS 算法的比较

Skh 等(2020)则深入探讨了 PoS 和 DPoS 的对比:DPoS 提出了一种新的民主投票系统,通过该系统选出区块生产者,尽管 PoS 和 DPoS 在利益相关者地位方面相似。由于代表们受到激励,要么诚实、高效,要么投票退出,使得 DPoS 的投票得以维持。除此之外,DPoS 区块链在每秒的交易量方面往往比 PoS 快。

PoS 被认为是一种具有概率终结性的共识协议。PPcoin 是第一个将 PoS 应用于区块链的加密货币。为了解决 PoS 难题,除了 PPcoin 的股权大小,还引入了币龄的概念。例如,我们总共持有 10 个硬币 20 天,那么我们的硬币年龄将是 200。每次节点创建新块时,硬币的年龄将被清除到 0。除了 PPcoin,还有很多加密货币使用 PoS,以太坊已经在 2022 年从 PoW 切换到了 PoS。

PoS 和 DPoS 的特征对比如表 6-3 所示。

表 6-3　PoS 和 DPoS 的不同特征

特点	PoS	DPoS
集中化的动机较少	×	√
更高的交易量	×	√
更快的确认时间	×	√
节能	√	√
激励发展	√	√

　　DPoS 原则是,应该允许进行投票的节点选举块验证器。这意味着所有参与者有权为他们支持的委托创建块,而不是自己创建块,因此他们可以将计算能力消耗降低到 0。在 DPoS 中,股东投票是最常用的方式,以民主和公平的方式达成共识。与 PoS 协议相比,DPoS 协议是一种低成本、高效率的共识。

　　在整个区块链框架中,最关键的因素是共识算法,因为共识算法的效率直接影响区块链的性能。PoS 使用股份来竞争生成新区块的机会。然而,当 PoS 节点持有股份一段时间后,其计算 nonce 值的概率几乎是 100%。在性能方面,PoS 不需要大量依赖计算资源。

　　DPoS 算法的操作方式是,将生成新区块的特殊角色赋予在竞争性选举中选出的少数用户。然而,DPoS 算法仍然允许重组,尽管是在有限的范围内。DPoS 模型遵循 PoS 框架,但额外维护有限数量的委托,从而消除了 PoS 模型中过度的能耗和性能限制。DPoS 算法的工作原理是建立一个投票框架,并依赖于代表的声誉。DPoS 是一个主要在 PoS 共识模型的帮助下创建的版本,它通过降低与 PoW 和 PoS 相比的安全性来提高速度,但是它通常会影响整个系统的运行。

　　在区块链内部,它被进一步确认为民主,在这里,不同的硬币持有者通常投票选择被称为区块生产者的委托。此外,与 PoW 作为 PoS 相比,DPoS 通常有助于提供更快的基于处理的事务,因此 DPoS 通常有许多缺陷,包括更少的去中心化功能以及不同类型的安全挑战。这进一步激励了各种开发人员开发适当的共识算法来解决与 PoW 和 PoS 相关的问题。DPoS 通常遵循 PoS 共识模型,具有更快的共识实时处理,但它通常会损害安全性。DPoS 可以被认为是区块链中的一种代议制民主,硬币持有人通常投票选择被称为区块程序的委托。与 PoW 和 PoS 算法相比,DPoS 处理有助于更快地进行交易,但在安全的维护中,它通常有一些缺陷。DPoS 通常有 21 块生产商块生产过程中主要参与但是因为块生产商(Block Procedure)主要暴露和选票的数量发现小因此这种类型的算法通常有助于离开生产商很容易受到黑客攻击来自不同的数量。

　　DPoS 相关交易的验证时间比一个 PoS 相关交易的验证时间要快得多,这进一步帮助我们引用了每笔交易验证主要需要的节点数量。分析表明,如果交易主要发生在特定平台,则主要跟随 PoS 进行交易验证,因为基于 DPoS 的共识平台一般需要约 51% 的节点,但仅需要 20 个节点。实时很重要,因为它有助于确定单笔交易需要多长时间才能结算。交易时间取决于 4 个因素:区块时间、交易费用、流量、区块大小。如果块时间减少,则块大小增加。如果有更少的事务,那么流量降低,同时由发射机支付的费用有助于网络更快地完成交易。

实时是评价区块链存活的主要因素之一。DPoS 被认为是一种共识算法,它有助于在不同的网络上就真相保持适当的、无可辩驳的一致,通常验证一些交易,并进一步作为一种基于数字的民主形式。我们发现,在其核心,DPoS 通常寻求提高区块创建和交易的速度,而不会对区块链核心的去中心化激励结构做出任何妥协。

PoS 和 DPoS 的性能差别如表 6-4 所示。

表 6-4 PoS 和 DPoS 的性能差别

PoS	DPoS
花更少的时间达成共识	花更多的时间达成共识
效率较低	效率较高
容易产生马太效应,带来集权化	块生产需要很短的时间
管理是集中的	管理是分散的,鼓励民主

Sayeed and Gisbert(2019)认为:发展 DPoS 是为了提高交易效率,克服各种其他共识机制带来的限制;然而,它也存在严重的缺陷——无法实现足够的去中心化,而且由于大量的验证器,网络速度变慢。由于集中化的特点,它可能成为随机攻击者的焦点。DPoS 很容易受到 51% 攻击。攻击者可以说服利益相关者获得 51% 的投票权来执行 51% 攻击。这种共识机制也容易受到其他主要攻击,如远程攻击、DDoS 攻击、Sybil 攻击、balance 攻击等。

3 种主要的共识算法都有显著的局限性,容易受到各种攻击。这种共识的弱点使得数字交易面临着很高的潜在攻击风险。值得注意的是,所有这 3 种共识机制都可能被 51% 攻击所利用,这使得这种攻击对攻击者非常有吸引力,特别是对 PoW 攻击者,因为在 PoW 中获得必要的哈希能力的代价更低。

6.3.5 其他共识算法

Hazari 和 Mahmoud(2019)认为区块链提供了一个点对点的去中心化网络,使加密货币发挥作用。区块链包含了加密货币执行和验证交易所需的基本要素。区块链可分为 3 种主要类型:私有链、公有链和联盟链。几乎所有的加密货币都使用公共区块链,每个节点都有平等的权力。为了维持去中心化系统中各节点之间的共识,网络中的每个节点要遵循一个机制,加密货币的安全性和可扩展性取决于这一机制。因此,他们简要地讨论了共识机制,以及它们的特点、缺点和使用情况,以及它们的特点、缺点和使用案例。

6.3.5.1　PoET

消逝时间证明(Proof-of-Elapsed-Time,PoET)概念是英特尔公司在 2016 年提出的,作为 PoW 的替代方案。它目前在 Hyperledger 的锯齿项目(Sawtooth project)中使用。与 PoW 中的计算能力竞争或 PoS 中的货币所有权竞争相比,PoET 实现了一种基于随机回退机制的竞争方案,该方案已被广泛应用于局域网的媒体访问控制协议中。

对于单个块生成周期,PoET 就像以下两个步骤一样简单:

(1)每个验证器等待随机长度的时间(后退);

(2)完成后退的第一个验证器将成为生成器。

可信的随机回退为了确保每个验证器的回退时间是真正随机且完全经过的,每个验证器中的回退机制应该得到所有其他验证器的验证和信任。在实践中,这可以通过一个专门设计的微处理器来实现,该微处理器可以在一个可信的执行环境(TEE)或简单的"飞地"中执行敏感程序。到 2018 年,英特尔和 ARM 仍是这类微处理器的市场领导人。在基于 PoET 的区块链中,当验证器加入网络时,它从对等点或可信服务器获得可信的后退程序,并在支持 SGX 的领地(enclave)中运行它。如果受信任服务器需要,验证器可以将它的 enclave 度量以认证报告的形式发送到网络,指示可信的回退程序已装入它的 enclave 中。成功地完成一个回退后,验证器继续生成新的块;与此同时,飞地中的可信回退程序生成完井证书和飞地测量,该证书将与新区块一起广播。

从理论上讲,PoET 方案可以容忍任意数量的错误验证器,只要在验证器区域中运行的后退程序可以被其他人远程验证,即使宿主验证器是不可信的。然而,由于每个 enclave 独立地运行相同的退出程序,富验证器可以投资于多个 enclave 实例,以缩短预期的退出时间。这类似于 PoW 的经济模型,唯一不同的是,矿商投资的是 TEE 硬件,而不是采矿设备。

因此,PoET 需要确保 50%以上的飞地在诚实的验证者手中。硬件供应商依赖性 PoET 的另一个主要缺点是依赖 TEE 平台提供商,即 Intel 和 ARM,提供支持 TEE 的硬件和远程认证服务。以 Intel SGX 为例,PoET 系统的安全性受到 Intel 微处理器的安全性和 Intel 认证服务器的可靠性的限制。这个明确的攻击面在一定程度上与区块链的通过去中心化的健壮性理想相矛盾。

6.3.5.2　Ripple

由 Ripple 公司运营的 Ripple 区块链网络是一个提供货币兑换和汇款服务的实时总结算网络(real-time gross settlement net-work)。与任何人都可以参与验证过程的公共区块链系统不同,Ripple 管理一组主要由公司和机构组成的已知验证者。它们运行 Ripple 服务器程序并接受来自客户端的事务请求。Ripple 客户端只需要将事务提交给他们指定的验证器,验证器网络将通过协商一致来完成该事务。本质上,验证器以分布式方式运行 Ripple 共识协议,并在公共的交易分类账上形成共识。

接下来,我们将交替使用"节点"和"验证器"。在验证器网络中,每个节点 p 维护一个节点的唯一节点列表(UNL),这时,p 需要部分信任的唯一子网络(为了不串通)。每个节点对每个共识周期应用 Ripple 共识协议。对于每个周期,协议分为 4 个步骤进行:

(1)每个节点准备一个候选集合,其中包含它见过的所有有效事务,其中可能包括客户端提交的新事务和前一个共识周期中保留的旧事务。

(2)每个节点将其候选集与其 UNL 节点的候选集组合,对组合集中的每个交易的有效性投票"是/否",并将投票发送给其 UNL 节点。

(3)每个节点在收到来自其 UNL 节点的投票、来自其候选节点的丢弃时,将交易的"yes"率设置为低于最低阈值。被丢弃的事务可以在下一个协商一致周期中重用。

(4)重复步骤(2)和(3)几轮。在最后一轮,门槛增加到 80%。每个节点将剩余的交易添加到其分类账中,并结束协商一致周期。

如果事务得到至少 80% 的 UNL 节点的批准,则事务结束。只要 $f \leqslant 1/5(m-1)$,其中 m 为 UNL 的大小,f 为 UNL 中的拜占庭节点数,则 Ripple 共识协议为拜占庭容错。这是一个相当强大的安全假设,因为它应该由每个 UNL 集团满足。在实践中,这是由 Ripple 的验证器身份验证方案实现的,该方案确保其他人知道任何验证器的真实身份。

连通性要求由于每个节点只与它的 UNL 对等节点保持通信链接,不同的节点可能会有完全不同甚至不相连的 UNL,这就导致了前面讨论的网络分区问题。在简单的场景中,UNL 关系连接的一组节点可以形成一个完全连接的小团;然而,如果 UNL 的两个派系之间几乎没有沟通,他们可能会在两个相互冲突的账本上达成一致。

为了防止这个问题,Ripple 网络对任意两个 UNL 小团 S_i 和 S_j 提出了以下连通性要求:

$$|S_i \cap S_j| \geqslant \frac{1}{5}\max\{|S_i|,|S_j|\}, \forall i,j \tag{6.3}$$

6.3.5.3 PoB

燃烧机制(Proof of Burn,PoB)的证明是伊恩·斯图尔特发明的。Silicoin 使用了这种机制。在这里,矿工在创建区块之前将一些硬币发送到一个随机的无效未知地址。每个块创建后,地址都会改变。由于这是一个无效地址,发送到该地址的硬币是不可用的或被烧毁的。这个地址也被称为"黑洞地址"。在矿工中，只有一个人能够创造下一个区块并获得奖励。在这里，奖励包括交易费和采矿币。Proof of Burn 算法激发了长期投资。获得回报的可能性取决于投资的时间。由于 Proof of Burn 的每一笔交易都有记录，持续投资很长一段时间的投资者会获得更多的特权，从而获得回报。尽管短期内会亏损，但投资者可以通过长期投资获利。缺点是，当硬币被烧的时候，投资者在获得回报之前会损失相当多的钱。

Kostis 等人(2020)认为燃烧证明协议的可用性很重要，即用户是否能够使用常规加密货币钱包创建燃烧交易(burn transaction)。他们建立了燃烧证明模型，讨论区块链中共识机制的运行：

燃烧协议(burn contract) $\prod$ 由两个函数组成。

GenBurnAddr(1^κ,t) 和 BurnVerify(1^κ,t,burnAddr)，这两个函数的运作方式如下：

- GenBurnAddr(1^κ,t)。给定一个标签 $t \in \{0,1\}^*$，生成一个刻录地址。
- BurnVerify(1^κ,t,burnAddr)。给定一个标签 $t \in \{0,1\}^*$ 和一个地址 burnAddr，生成一个刻录地址，当且仅当 burnAddr 是一个刻录地址并且正确编码 t。

区块链地址协议(blockchain district contract) $\prod_\alpha$ 由两个函数 GenAddr 和 SpendVerify 组成。

- GenAddr(1^κ)。返回一个元组(pk,sk)，表示加密货币的地址 pk（一个公钥），用于接收资金和其各自的秘密密钥 sk，允许从该地址支出。
- SpendVerify(m,σ,pk)。如果交易 m 从接收地址 pk 的交易 m 已经被签名 σ 授权（通过由各自的私钥签署）。

注意：虽然区块链地址协议不属于燃烧协议的一部分，但燃烧协议 $\prod$ 的安全属性将被定义为与区块链地址协议有关。将针对区块链地址协议 $\prod_\alpha$ 来定义。

下面是对不可审查的燃烧证明协议的构建。为了生成一个烧毁地址，标签 t 被散列，并通过拨动最后一位对散列进行扰动。验证一个刻录地址 burnAddr 是否编码了某个标签 t，是通过调用标签 t 的 GenBurnAddr 并检查结果是否与 burnAddr 相匹配来实现的。如果它匹配，则 burnAddr 正确编码了 t。

算法 6.7 PoB 算法

Algorithm proof-of-burn protocol for Silicoin
1： function GenBurnAddr$_H$(1^κ,t)
2： th←H(t)
3： th′←th⊕1
4： return th′

续表

	Algorithm proof-of-burn protocol for Silicoin
5：	end
6：	function BurnVerifyH(1κ,t,th′)
7：	return(GenBurnAddr_H(1^κ,t) = th′)
8：	end

该机制不提供任何保证,在投资一定金额后,投资者将有机会挖掘硬币。此外,如果网络中矿工的数量增加,获得奖励的机会就会减少。

6.3.5.4 Tangle

Tangle 是 IOTA 中使用的共识协议。IOTA 是一种加密货币,主要用于维护物联网(IoT)设备之间的生态系统。Tangle 和其他共识协议的一个主要区别是,它不是使用区块链网络,而是使用有向无环图(DAG)来绘制网络。DAG 是一种单向非循环图结构网络,它可以同时验证不同矿工的多个交易。Tangle 是一个不断增长的账本,其中未经确认的交易被称为小费。未确认的交易应由网络中至少两个交易或节点进行验证。这两个节点采用马尔可夫链蒙特卡罗(MCMC)技术随机选取。为了验证事务,需要一个小的 Proof of Work,比如 hashcash。然而,由两个节点验证不足以完成事务。新节点还需要确认至少两个新的未确认的事务,以完成原事务。因此,为了完成个人的事务,节点必须验证其他不完整的事务。这维持了网络中的权力下放,每一个参与者都几乎同样努力保持协商一致意见。

Tangle 不需要交易费。由于每个参与者根据个人的交易量做出的贡献几乎相同,因此不需要任何费用或奖励。此外,可伸缩性也随着网络的增长而增加,更多的交易可以同时验证。然而,网络仍然需要大量的能源消耗,因为需要进行一个小的工作证明,以验证交易。Popov 等(2019)对 Tangle 算法模型进行了如下描述：

设卡片(A)表示(multi)集合 A 的基数。考虑一个有向多图 $T=(V,E)$,其中 V 是顶点的集合,E 是边的集合。

对于 $u,v \in V$,我们说 u 批准 v,如果 $(u,v) \in e$。对于顶点 $v \in V$,我们用以下记号表示：

$$\deg_{in}(v) = card\{e = (u_1,u_2) \in E : u_2 = v\}$$
$$\deg_{out}(v) = card\{e = (u_1,u_2) \in E : u_1 = v\} \tag{6.4}$$

对于 u 认可的顶点集合,用 $A(u)$ 表示。如果有一个位置序列 $u=x_0,x_1,\cdots,x_k=v$,使得 $x_j \in A(x_j-1)$ 对所有 $j=1,\cdots,k$。如果 $\deg_{in}(w) = 0$(即,没有边指向 w),则 $w \in V$ 是尖端。设 G 为所有有向无环图(也称为 DAGs,即无环有向图)的集合 $G=(V,E)$ 具有以下性质：

- 图 G 是有限的,任何边的多重性最多为 2 条(即,最多有两条边连接相同的顶点)。
- 存在一个可区分顶点 $\wp \in V$,使得所有 $V \in V \setminus \{\wp\}$,$\deg_{out}(V) = 2$,$\deg_{out}(\wp) = 0$。这个顶点 $\wp$ 被称为起源(genesis)。
- 任意 $v \in V$,使 $v \neq \wp$ 引用 $\wp$;也就是说,有一个从 v 到 $\wp$ 的有向路径(path)。

我们现在描述混乱的连续时间马尔可夫过程在空间 G。混乱的状态在时间 $t \geq 0$ 时,体现为 DAG $T(t) = (V_T(t), E_T(t))$,其中,$V_T(t)$ 为时刻 t 的顶点集合,$E_T(t)$ 为时刻 t 的有向边集合。整个过程的描述如下:

- 过程初始状态定义为 $V_T(0) = \wp$,$E_T(t) = \emptyset$。
- 当 $0 \leq t_1 < t_2$ 时,$V_T(t_1) \subset V_T(t_2)$ and $E_T(t_1) \subset V_T(t_2)$。
- 对于固定参数 $\lambda > 0$,存在传入交易(incoming transactions)的泊松过程,然后这些传入的事务就变成了 tangle 的顶点。
- 每个传入的事务选择个顶点 v' 和 v''(它们通常可能重合),我们添加边 (v, v') 和 (v, v'')。在本例中,我们说这个新事务附加到 v' 和 v''(等价地,v 批准了 v' 和 v'')。
- 具体来说,如果新交易 v 在时刻 t_0 时到达,则 $V_T(t'+) = V_T(t') \cup \{v\}$,而 $E_T(t'+) = E_T(t) \cup \{(v,v'), (v,v'')\}$。

$$P^{(t)}(x) = \{y \in T(t) : y \text{ is referenced by } x\}$$
$$F^{(t)}(x) = \{z \in T(t) : z \text{ references } x\} \tag{6.5}$$

为"过去"和"未来"(在时间 t)。请注意,这在 tangle 上引入了一个偏序结构(partial order)。观察得到,如果 t_0 为 x 附着在 tangle 上的时刻,则对于所有 $t \geq t_0$ 的情况,$P^{(t)}(x) = P^{(t_0)}(x)$。我们还定义了顶点 x 在 t 时刻的累积权值 $H_x^{(t)}$。

也就是说,x 的累积权值是 1 加上引用的顶点数。对于任何 $t > 0$,如果 y 批准 x 那么 $H_x^{(t)} - H_y^{(t)} \geq 1$,当且仅当有不同于 y 的顶点支持 x 时,这个不等式是严格的。还要注意,任何尖端的累积权值都等于 1。

$$H_x^{(t)} = 1 + card(F^{(t)}(x)) \tag{6.6}$$

6.4 区块链共识攻击

6.4.1 双花攻击

双花供击(Double spending attack)产生的原因是由于概率性区块确认的机制,导致已经被打包的区块因为遭受攻击等原因,可能会被其他有冲突的区块替代。由于数字货币存在易复制的特点,一张电子货币可能被复制多次并进行交易,这也破坏了交易结构。因此,数字货币必须注明两个重要因素:一是货币的发行;二是验证交易的有效性以防范双花攻击。这种机制就是存储指向前一个区块头的哈希值,实现区块之间的相互验证。

"双花"是指多个事务试图花费相同的输出。只有一个事务是有效的,因为输出只能花费一次。当节点在双重开销中接受不同的事务时,共享状态变为不一致。"双花"可能会导致不一致的状态,因为交易的有效性取决于他们到达的顺序。如果一个节点看到两个冲突的事务,则该节点认为第一个事务有效。第二个事务是无效的,因为第二个事务试图花费已经花费的输出。对于所有节点,查看事务的顺序可能不相同,因此会出现不一致的状态。因此,需要一种冲突解决机制来决定哪个冲突事务要被确认(被每个人接受),以实现最终的一致性。

6.4.1.1 双花攻击的方式与阶段

双花攻击的方式如下:

(1)攻击者 A 想要 B 的服务或产品。

(2)A 创建两笔交易:一笔支付给 B,另一笔支付给自己,使用交易的相同输入。

(3)A 公布"A 到 B"支付,并秘密开始挖掘包含"A 到 A"支付的区块。一旦后一个挖掘任务成功,它将继续在它之后添加块。

(4)B 将产品或服务提供给 A,因付款已确认或 B 等待时间不够长。

(5)A 是幸运的,诈骗分支比有效分支长。攻击节点发布新分支中的所有块,所有节点都同意将其视为有效块,因为该分支比当前的有效分支长。

(6)B 向 A 提供产品或服务,未收取任何费用。此时,B 找不到 A,因为 A 是匿名的或者已经离开了。

图 6-14 描述了成功的双花攻击的阶段。阶段(a)描述了区块链的初始状态。在阶段(b)中,诚实节点通过放置有效块扩展有效链,而攻击者则秘密地开始挖掘欺诈分支。在阶段(c)中,攻击者成功地使欺诈分支比诚实分支长。最后,在阶段(d)中,攻击者的分支被发布,现在被认为是有效的分支。

• 数量 $q \in [0,1]$ 是攻击节点同时挖掘区块时,攻击节点比诚实节点先挖掘区块的概率。这相当于说 q 是攻击者计算能力相对于网络中总计算能力的比例。

• 数量 $K \in N$ 是接受区块及其交易有效所需的最小确认数。这个数量是由每个卖家设定的,而不是由网络本身。

• 数量 $\tau \in R > 0$ 是整个网络(即诚实节点和攻击节点)挖掘一个区块所需的平均秒数。

6.4.1.2 双花攻击的中本聪模型

Pinzón 和 Rocha(2016)总结了双花攻击的中本聪模型,他们认为双花攻击模型的最终目的是通过参数观察函数 DS 的行为,具体如下:

(1)在双花攻击的中本聪模型中,$DSN(q,K)$ 表示攻击者在攻击者节点控制了 q%网络且诚实节点仅挖掘了第 K 个区块的情况下,成功实施双花攻击的概率。

(a)区块链的初始状态,其中所有交易都被认为是有效的。

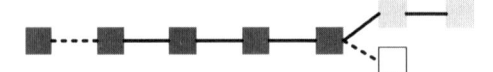

(b)诚实节点通过放置黄色块继续扩展有效链,而攻击者则秘密地开始挖掘欺诈分支。

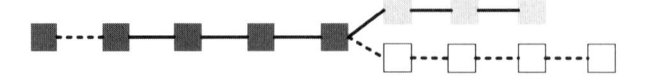

(c)攻击者成功地使欺骗的分支比诚实的分支长。

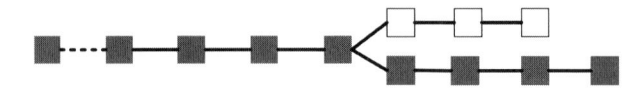

(d)攻击者的分支被发布,现在被认为是有效的分支。

图 6-14 双花攻击阶段

(2) $PN(q,m,N)$ 为双花攻击的中本聪模型中的进度函数;它们表示一旦诚实节点挖掘第 m 个区块,攻击者恰好挖掘 n 个区块的概率。

(3) $C(q,z)$ 表示在给定 z 块初始劣势的情况下,攻击者分支比诚实分支长的概率。

双花攻击的中本聪模型将诚实节点挖掘第 K 个确认块时,攻击者恰好挖掘了 n 个块的概率与 $K-n$ 个块差追赶的概率相结合,计算出双花攻击的概率。中本聪模型认为攻击者在开始攻击前恰好挖掘了 1 个欺骗块,但是可以很容易地修改它来处理 n 个欺骗块的优势。

- 攻击者的潜在进度函数

在该模型中,势能进度函数对应于泊松分布,给出

$$PN(q,m,n) = \frac{e^{-\lambda}\lambda^n}{n!}, \lambda = \frac{mq}{1-q} \tag{6.7}$$

- 追赶函数

追赶函数基于随机游走,成功和失败分别给予攻击者或诚实节点挖掘块。双花攻击的中本聪模型给出

$$C(q,z) = \begin{cases} ()z+1, if\ q<0.5\ and\ z>0 \\ 1, otherwise \end{cases} \tag{6.8}$$

式中 q 为攻击者的计算能力,$p=1-q$,z 为攻击者的初始劣势。

- 双花攻击概率

在双花攻击的中本聪模型中,双花攻击的概率是攻击者从 1 个预先计算的块

进展到 n 个块,然后从 $K-n$ 个块的差赶上来的概率:

$$DS_N(q,K) = \sum_{n=0}^{+\infty} P_N(q,K,n) C_N(q,K-N-1)$$
$$= 1 - \sum_{n=0}^{K} P_N(q,K,n)(1 - C_N(q,K-n-1))$$

命题:给定 q 的计算能力相对于网络中总计算能力的比例,优先挖掘一个区块的概率恰好为 q。

由于在单个试验中挖掘块的概率是恒定的,并且与之前的试验无关,因此挖掘块所需的时间遵循指数分布。设 T 表示描述在使用网络中所有可用电源时挖掘一个块所需的时间的随机变量。该密度函数为:

$$f(x) = \frac{1}{\tau} e^{-\frac{1}{\tau}x} \tag{6.10}$$

其中 τ 是期望时间,因此每个时间单位挖掘一个区块的概率是 $1/\tau$。由于网络中的功率与每个时间单元计算的哈希量成正比,因此每个时间单元挖掘一个块的概率也与该功率成正比。因此,攻击者和诚实节点在每个时间单位挖掘一个区块的概率分别为 q/τ 和 p/τ。设 T_p 和 T_q 为随机变量,分别表示诚实节点和攻击节点挖掘一个区块所需的时间。则攻击节点挖掘一个区块的速度比诚实节点快的概率为:

$$\begin{aligned} P(T_q < T_p) &= \int_0^{\infty} P(T_p = x) P(T_p > x) dx \\ &= \int_0^{\infty} \frac{q}{\tau} e^{-\frac{q}{\tau}x} e^{-\frac{p}{\tau}x} dx \\ &= q \int_0^{\infty} \frac{1}{\tau} e^{-\frac{1}{\tau}x} dx \\ &= q \end{aligned} \tag{6.11}$$

6.4.1.3 双花攻击 ABM 模型

Zhang 等(2021)开发并模拟了一个基于智能体(agent)的快速支付场景下的双花攻击问题的新模型。

在此攻击模型中,假设所有的智能体都是相同的。攻击者(attacker)用 A 表示,供应商(vendor)用 V 表示,帮助者(helper)用 H 表示,网络中的其他节点用集合 $N=\{N_1,N_2,\cdots\}$ 表示。每个代理都有各自的因子。在时刻 t 时,攻击者 A 的因子定义为:

$$A(a, \$t, St, Mt, Nt) \tag{6.12}$$

其中 a 为攻击者的地址。$\$_t$ 是攻击者 A 在 t 时刻的余额。S_t 是攻击者 A 的交易策略,它有两种可能的选择:正常交易和双花攻击。M_t 为攻击者 A 在 t 时刻的内存池,即交易记录。N_t 表示 A 与 A 直接相连的邻居的集合。供应商、帮助者和其他节点的因子与 A 相似。

通过攻击者 A 及其助手 H 和商家 V，A 希望在不支付相应加密货币的情况下，通过双倍支付从 V 获得商品或服务。在本实验中，我们假设 A 不参与采矿。交易的参与者 A、H 和 V 都有自己的加密货币钱包，加密货币钱包存储了两条信息：私钥和公钥。私钥是一个秘密字符串，允许所有者将加密货币发送给其他用户或在使用加密货币支付时使用。公钥是接收加密货币所需的字符串，公钥也称为加密货币地址。但是 A 的地址不足以匹配 A，因此即使成功检测到双重支付行为，也无法识别 A 的真实身份。每笔交易只涉及一个卖家和一个买家。模型描述中使用的符号如表 6-5 所示。

表 6-5 模型描述中使用的符号

Notations	Explanation
TR_{AV}	A 发送给 V 的事务
TR_{AH}	A 发送给 H 的事务
t_{AV}	A 发送给 V 事务的时间
t_{AH}	A 发送给 H 事务的时间
t_{AV}^{V}	V 接收 TR_{AV} 的时间
t_{AH}^{V}	H 接收 TR_{AH} 的时间
t_{E}	V 向 A 提供货物的时间
T_{AV}	TR_{AV} 从 A 发送到 V 所需要的时间
T_{AH}	TR_{AH} 从 A 发送到 H 所需要的时间
T_{HV}	TR_{AH} 从 H 发送到 V 所需要的时间
Δ_{t}	t_{AV} 和 t_{AH} 之间的时间延迟

首先创建两个事务，TR_{AV} 和 TR_{AH}。加密货币交易信息包含加密货币数量和传输地址的交易信息。这两笔交易有相同的输入和不同的输出，分别在 t_{AV} 和 t_{AH} 时刻发送到 V 和 H 的加密货币地址，两者之间的时延为 Δ_{t}。使用的时间是 T_{AV} 和 T_{AH}。

模型中，满足双重支出的要求为：

（1）V 先接收到 TR_{AV}

V 接收到 A 发送的事务 TR_{AV}，也接收到 h 发送的 TR_{AH} 广播。我们假设 TR_{AV} 在 t_{AV}^{V} 时到达 V，TR_{AH} 在 t_{AH}^{V} 时到达 V。$t_{AH}^{V} - t_{AV}^{V}$ 可计算如下：

$$t_{AH}^{V} - t_{AV}^{V} = \Delta t + T_{AH} + T_{HV} - T_{AV} > 0 \qquad (6.13)$$

可以看到，这种关系可以通过改变 Δ_{t} 的值来实现。

(2) V 在收到货物 TR_{AH} 前向 A 报价

为了保证成功的双重消费,A 必须在 V 发现之前收到所购物品,即 $t_{AV}^V < t_E < t_{AH}^V$。因为考虑了快速支付场景,所以 V 不会等到交易最终写入区块链。在这里,我们假设 V 观察到网络中有 $a\%$ 的节点已确认 TR_{AV} 并将交付货物,因此 t_E 是 $\{V\}$ 中的节点数量达到 $n \times a\%$ 时所需的步骤。

(3) TR_{AH} 被包含在一个新的块中

此外,还需要确保 TR_{AH} 是最终写入区块链的事务。假设 A 不参与区块生成过程,则网络中矿工的数量为 $n-1$。我们假设挖掘者是对称的,并且具有相同的哈希能力,任何一个挖掘者第一个解决问题的概率是 $(n-1)^{-1}$。

假设矿工 i 已经成功地解决了 PoW,并在链上添加了新的区块,那么

$$\begin{cases} TR_{AV} \text{ is comfirmed if } i \in \{V\} \\ TR_{AH} \text{ is comfirmed if } i \in \{H\} \end{cases} \quad (6.14)$$

可以看到,网络中接受 TR_{AH} 的节点越多,它被纳入下一个区块的概率就越大,双花攻击者成功的概率也就越大。

6.4.2 女巫攻击

在传统一致性算法的情况下,获得更多账户数目是取得投票权、控制权的依据,恶意节点会通过不断复制账户从而得到较大的控制力度,从而影响整个区块链。因此,需选择更有效、更公平的共识算法以避免女巫攻击(Sybil attack),例如 PoW 算法以工作量为获取记账权的标准。

Newsome 等(2004)把女巫攻击定义为非法使用多个身份的恶意设备,并把恶意设备的附加身份称为西比尔(Sybil)节点。为了更好地理解女巫攻击的含义并进行防御,对其不同形式进行了分类。提出了 3 个正交的维度:直接交流与间接交流、伪造身份与窃取身份以及同时性。

6.4.2.1 Sybil 攻击形式维度

1. 直接沟通与间接沟通

执行 Sybil 攻击的一种方法是让 Sybil 节点与合法节点直接通信。当合法节点向 Sybil 节点发送无线电消息时,其中一个恶意设备会监听该消息。同样,从 Sybil 节点发送的消息实际上是从一个恶意设备发送的。间接通信在这个版本的攻击中,没有合法节点能够直接与 Sybil 节点通信。相反,一个或多个恶意设备声称能够到达 Sybil 节点。发送到 Sybil 节点的消息通过这些恶意节点中的一个进行路由,这些恶意节点假装将消息传递给 Sybil 节点(康乔,2020)。

2. 伪造与窃取的身份

Sybil 节点可以通过两种方式获得身份:可以伪造一个新身份,也可以从合法节点窃取一个身份。

(1)虚构身份:在某些情况下,攻击者可以简单地创建任意新的Sybil身份。例如,如果每个节点由一个32位整数标识,攻击者可以简单地为每个Sybil节点分配一个随机的32位值。

(2)盗取身份:被窃取的身份给定一个机制来识别合法的节点身份,攻击者不能伪造新的身份。例如,假设有意限制名称空间以防止攻击者插入新标识。在这种情况下,攻击者需要为Sybil节点分配其他合法身份。如果攻击者破坏或暂时禁用模拟节点,则可能无法检测到这种身份盗窃。

一个相关的问题是身份复制,在这种情况下,相同的身份被多次使用,并存在于网络的多个位置。身份复制攻击可以独立于Sybil攻击进行执行和防御。我们没有足够的空间来完全解决它,但我们相信通过注册每个身份的位置来防御它是相对简单的。身份可以在一个中心位置注册,或者使用一个分布式哈希表,比如GHT。这种方法将检测在多个位置存在相同的标识。另一种方法,当使用两两随机密钥方法时,例如,攻击者可以捕获一个合法节点,并在他自己的硬件的许多实例上"克隆"该节点。这不会是Sybil的袭击,因为每个硬件仍然只有一个身份。集中计算节点的连接数,并撤销连接过多的节点,从而打击节点复制。

3. 同时性

同时攻击者可能试图让他的Sybil身份同时参与网络。虽然一个特定的硬件实体一次只能作为一个身份,但它可以循环使用这些身份,使它们看起来同时存在。非同步交替,攻击者可能在一段时间内提供大量的身份,而在任何给定的时间只充当少量的身份。攻击者可以这样做:让一个身份似乎离开了网络,然后让另一个身份加入到它的位置。一个特定的标识可能会离开和加入多次,或者攻击者可能只使用每个标识一次。

另一种可能性是,攻击者可能在网络中有多个物理设备,并且可能让这些设备交换身份。当攻击者使用的身份数等于物理设备的数量时,每个设备在不同的时间呈现不同的身份。

6.4.2.2 Sybil攻击影响与应用

1. 分布式存储

Sybil攻击可以击败点对点存储系统中的复制和碎片机制。无线传感器网络中的分布式存储也存在同样的问题。例如,Sybil攻击可以很容易地击败在诸如GHT这样的分布式哈希表中执行的复制和碎片。虽然系统可能被设计为跨多个节点复制或分段数据,但它实际上可能存储由同一恶意节点生成的Sybil身份上的数据。

2. 路由

Sybil攻击可用于攻击传感器网络中的路由算法。一种脆弱的机制是多路径或分散路由,在这种机制下,看似不相连的路径实际上可能通过一个具有多个

Sybil 身份的恶意节点。另一个脆弱的机制是地理路由,一个 Sybil 节点可能同时出现在多个地方,而不是一组坐标。此外,我们将描述的更一般的攻击类型也可以用于攻击路由算法。例如,当网络可能试图检测路由攻击(如黑洞)时,攻击者可以使用 Sybil 攻击来逃避这种不当行为检测机制。

3. 数据聚合

高效的查询协议计算网络内传感器读数的聚合,以节省能源,而不是返回单个传感器读数。少量报告错误传感器读数的恶意节点可能无法显著影响计算的总和。然而,通过使用 Sybil 攻击,一个恶意节点可能会对聚合做出多次贡献。有了足够的 Sybil 节点,攻击者就可以完全改变聚合读取。

4. 投票

无线传感器网络可以对许多任务进行投票。在任何这样的投票中,Sybil 攻击都可能被用来"塞进投票箱"。根据攻击者拥有的身份数量,他可能能够决定任何投票的结果。例如,这可以用于执行敲诈攻击,在这种攻击中,攻击者声称一个合法节点行为不正常。相反,如果有一个关于攻击者身份是否合法的投票,攻击者可以使用他的 Sybil 节点来为彼此担保。

5. 公平资源分配

有些网络资源可能是按节点分配的。例如,共享单个无线电信道的附近节点可以为每个节点分配一小部分时间,在此期间允许它们传输。Sybil 攻击可以用来允许恶意节点以这种方式获取任何资源的不公平共享。这既通过减少合法节点的资源份额来拒绝服务,又为攻击者提供更多的资源来执行其他攻击。

6. 错误行为

检测假设网络有可能检测到某种特定类型的错误行为。很可能任何这样的不当行为检测器都有一些误报。因此,它可能不会采取行动,直到它观察到同一节点的多次重复攻击。一个拥有许多 Sybil 节点的攻击者可以通过没有任何一个 Sybil 身份的不当行为来让系统采取行动来"散布责任"。此外,如果所采取的操作是撤销违规节点,攻击者可以简单地继续使用新的 Sybil 身份进行错误行为,而自己永远不会被撤销。

6.4.3 51%攻击

如果某个节点拥有的算力超过了全网 51% 的算力,将能够实现双重支付、撤销交易等操作,让比特币网络崩溃,但在挖矿、争夺控制权的过程中会消耗巨大的电力和成本。

51%攻击(51% attack)是在攻击者拥有 51% 的哈希能力时发生的一种技术(Sayeed and Gisbert,2019)。这种攻击会首先创建一个私有的区块链,它与链的真实版本完全隔离。在之后的阶段,将孤立链添加给待建立的网络作为一个真正的

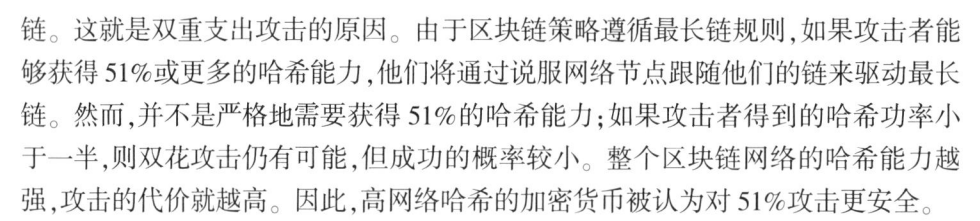

链。这就是双重支出攻击的原因。由于区块链策略遵循最长链规则,如果攻击者能够获得51%或更多的哈希能力,他们将通过说服网络节点跟随他们的链来驱动最长链。然而,并不是严格地需要获得51%的哈希能力;如果攻击者得到的哈希功率小于一半,则双花攻击仍有可能,但成功的概率较小。整个区块链网络的哈希能力越强,攻击的代价就越高。因此,高网络哈希的加密货币被认为对51%攻击更安全。

6.4.3.1 51%攻击的表示

由于攻击者需要阻止新的交易获得确认,从而阻止商家和客户之间的交易,从而比诚实的矿工更快地完成工作证明。因此,他们的交易将连接到最长的链上。它们控制的挖掘哈希率越多,区块链中的攻击发生的速度就越快。当攻击者控制超过50%的网络挖矿哈希率时,可以使用51%攻击来反转交易和多次花费相同的加密货币。在比特币的框架下,攻击者控制的不同计算能力下的攻击概率可以得到计算。诚实链和攻击链的速度被描述为二项随机漫步。攻击者追赶诚实链的速率为:

$$q_z = \begin{cases} 1 & p \leq q \\ \left(\dfrac{q}{p}\right)^z & p > q \end{cases} \qquad (6.15)$$

其中 p 表示诚实节点先找到新区块的概率,q 表示攻击者比诚实挖掘者更快挖掘新区块的概率,q_z 表示攻击者从后面 z 个区块追上诚实节点的概率。

在概率方面,如果攻击者的哈希能力大于诚实节点的哈希能力,攻击者就一定能成功地赶上诚实链。实际上,网络挖掘能力的变化、工作证明的难度等因素对攻击概率有很大的影响。

6.4.3.2 攻击策略表示

区块链是一个分散的系统。包括攻击者在内的所有人都能够加入并维护它。那些想要逆转交易并多次消费相同比特币的人被称为攻击者。对于诚实的矿工来说,每个区块的类型是不可知的,但攻击者很清楚这些区块是否包含虚假交易。攻击者可以将最新的包含虚幻交易的块连接到最合适的区块上,这将加快攻击的过程。选择策略的定义如下

$$R = \begin{cases} \max \sum\limits_{v_i \in U_{attack}} child(V_i) & \sum\limits_{i=1}^{n} child(V_i) \geq 1 \\ \max \sum\limits_{v_i \in U_{all}} child(V_i) & \sum\limits_{i=1}^{n} child(V_i) = 0 \end{cases} \qquad (6.16)$$

其中 R 表示攻击者选择的最合适的块。V_i 表示攻击集合中的第 i 块或整个区块链。$child(\ )$ 函数是一个用来判断块 V_i 是否有子节点的函数。如果区块链中没有攻击节点,攻击者将选择区块链中最长的链。如果没有,攻击者就会选择攻击节点与大多数节点相连的链。

图 6-15 是从攻击者的角度来看区块链的情况,深色节点表示包含虚幻交易的块,白色节点是有效的块。在这种情况下,最新的节点将连接深节点 c 而不是节点 d 或其他节点。攻击者希望越来越多的节点可以连接到自己的节点上,这将使自己的节点处于最长的链中。同时,如果更多的节点连接到他们的节点上,他们的交易将更加安全。很明显,一个区块连接的区块越多,区块就越安全。很多研究表明,如果一个块连接 6 个以上的块,那么在现实情况下,这个块中的信息就不能再被改变了。当超过 6 个块连接到 1 个幻块后,我们可以认为这个区块链已经被成功攻击。所以攻击者会将最新的区块连接到最长的链上,以增加攻击概率,这是最常见的攻击策略。Ye 等人(2018)使用 51% 攻击作为唯一的攻击方法。不管使用哪种攻击策略,区块链的总状态都不会改变。当攻击方法不同时,只有诚实状态变为攻击状态的概率会改变。

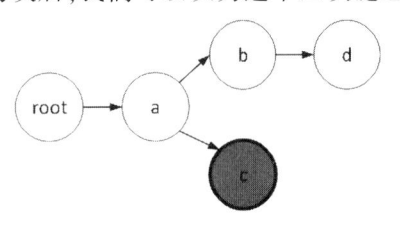

图 6-15 攻击者行为案例

6.4.3.3 诚实的矿工代表

对于诚实的矿工来说,区块的类型是不可知的。在区块链系统中,只有最长链上的交易才被认为是正确的记录。因此,诚实的矿工倾向于将他们最新的矿块连接到最长的叶节点。

如果有一些叶节点具有相同的深度,诚实的挖掘者将以相同的速度选择它们。根据这一原理,我们可以用简单的方法对诚实矿工进行模拟。如果深度降低一层,概率就会减半。由下式可得最长层节点被选中的概率以及节点 p_{ij} 被选中的概率。

$$\sum_{i=1}^{n}\sum_{j=1}^{m}\frac{1}{2}^{(L-i)}P = 1$$
$$p_{ij} = \left(\frac{1}{2}\right)L - iP$$
(6.17)

其中 L 是整个区块链的深度。根据区块链的不同状态,阈值 P 也会发生变化。I 表示层数,j 表示层数。实际上,诚实的矿工选择前一层而不是最长层的区块的概率低于在模型中设置的值。

6.4.4 日蚀攻击

恶意的节点为了遮蔽一个交易,攻击者必须填充受害者的数据结构,这使得受害者只能通过攻击者的节点获取账本信息。

6.4.4.1 日蚀攻击的方式

日蚀攻击(eclipse attack)一般包括以下几个阶段(Xu et al.,2019):

（1）成键（Bonding）。填充日志（day book）和表（table）最常见的方法是启动 bonding 过程。当客户端与某个节点绑定时，首先，客户端检查是否该节点存在于他的日志中；其次，数据库记录 0 个对 findnode 请求的失败响应；最后，日志记录节点在过去 24 小时内响应了一个 pong（接收并回复请求或消息）。

如果以上所有检查都通过，客户机将尝试将节点添加到它的表中。

注意，如果表中还有空间，则可以将节点添加到表中。否则，客户端发送一个 ping（发送请求或消息）到节点，以检查节点是否处于活动状态。如果节点响应一个 pong，则绑定成功。如果绑定成功，客户端同时更新节点的日志和表中的条目。

（2）主动提供 ping（Unsolicited pings）。客户端收到来自其他节点主动提供的 ping，响应一个 pong 消息，并成功地与该节点进一步绑定。

（3）查找（Lookup）客户端可以使用 lookup(t) 方法发现新节点。lookup(t) 方法依赖于目标节点 t 的"贴近度"概念。与 Kademlia 协议非常相似，"贴近度"是由两个节点之间的按位异或定义的。客户端将包含目标节点 t 的 findnode 发送到表中最近的 16 个节点。接收 findnode 的节点将查询它的表，并将表中最近的 16 个节点发送给它的发送者。因此，客户端具有 16 × 16 = 256 的信息。

（4）选择连接的同行（Selecting connection peers）。当以太坊客户端启动时，任务运行器将被启动并持续运行。任务运行器创建最多 $b = 1/2(1 + Maxpeers)$（默认为 13）到以太坊网络中的其他节点的 outgoing TCP 连接。一般来说，一半的 outgoing TCP 连接对等体是从查找中选择的，另一半是从它的表中选择的。随机缓冲区可以容纳 $1/2(1/2(1 + Maxpeers))$ 节点。在任务创建阶段，客户端节点从表中随机选择节点来填充随机缓冲区。

6.4.4.2 日蚀攻击的状态监测

（1）运行。这种状态意味着节点已经持续了至少 24 小时，并且已经建立了对等连接。节点的数据库日志和表可能有一些对等信息。日志包含用 pong 消息响应客户端的 ping 消息的节点。由于 SHA3 的特性，这个表充满了高度倾斜，因为 SHA3 将每个节点 i_d 映射到一个随机的 512 位字符串。第二个字符串的前 r 位与第一个字符串的前 r 位相同，而 $r + 1$ 位不同的概率定义为。

$$p_r = \frac{1}{2}r + 1 \qquad (6.18)$$

（2）重生。由于某种原因（例如，崩溃后恢复），节点重新启动后，它将更改为重生状态。在重新启动后，表总是空的。这就给了攻击者一个攻击节点的窗口，一旦受害者重新启动，攻击者就会立即向受害者发起传入连接或精心设计的数据包。注意，这可能是收集恶意包的最佳时间。

（3）淹没。如果攻击者将受害者的最大数量传入 TCP 连接建立到它自己的

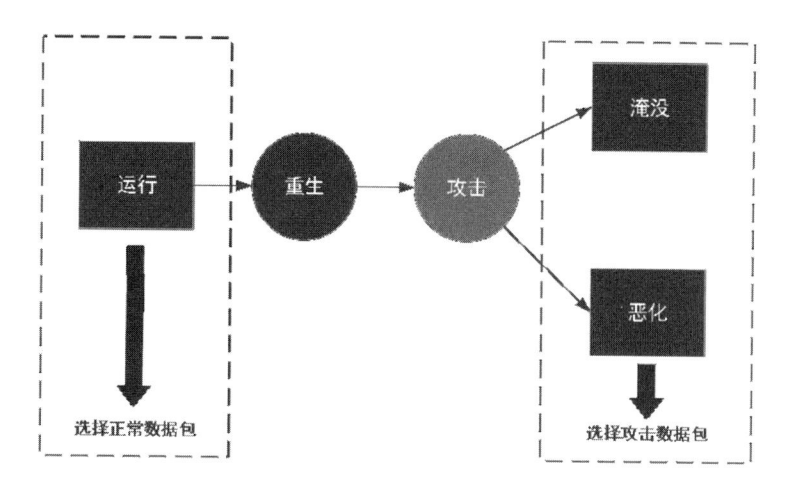

图 6-16 日蚀攻击状态监测

敌对节点,我们称之为状态淹没。在这种状态下,受害者的所有连接都被强制设置为传入连接。当攻击者向受害者的表插入了精心制作的 nodeID 时,我们称之为中毒。这里的受害者很有可能与攻击者的节点连接。

6.4.5 分叉攻击

在比特币中还存在一种自私挖矿策略。自私挖矿策略是指矿工隐藏自己挖到的区块,在拥有一定计算优势的情况下,攻击者总能得到比系统中区块链更长的私有链。一旦攻击者持有的私有链长度超过系统中的区块链,矿工会将自己的私有链广播,人为制造分叉产生,而这条私有链最终会因为长度优势成为主链,导致大量诚实节点的计算工作就此浪费(王健等,2018)。

在比特币协议中,应被接受的区块应该是在扩展最长合法链的区块。正常情况下,当两个节点同时获得记账权并发布区块,两条链均为最长合法链,此时的区块链结构成为状态分叉(state fork)。等长的临时性的分叉会维持一段时间,直到某一个分叉是胜出的,另外一个分叉将被丢弃掉。

分叉攻击(Forking attack)属于状态分叉,恶意节点会进行分叉攻击:人为故意通过往区块链中间位置插入一个区块或几个区块,来回滚某个已发生的交易。

6.4.5.1 观察区块链分叉

通过参与网络并接收两个冲突的块,可以观察到一些区块链分叉。然而,观察所有区块链分叉是困难的。如果一个节点检测到一个传入的区块与它认为是链首的区块冲突,那么它将不会进一步传播该区块。作为一个直接的结果,忠实地报告所有区块链分叉需要连接到网络中的每个节点。由于一些节点无法到达,或者因为它们位于防火墙后面,或者因为网络地址转换,所以只能给出区块链分叉的近似实际数量。

6.4.5.2 分叉模型

工作量证明使有效的块被随机地独立地找到。由于块是由网络中的参与者随机独立地找到的,所以当一个冲突块在网络中传播时,可能会找到一个块。Decker等人(2013)认为区块链分叉是由于网络中的块传播延迟造成的,提出以下分叉模型。

(1)找到一个区块的概率:比特币协议调整找到一个区块所需的工作量证明难度,期望每10分钟找到一个区块。如果X_b是一个块被找到和它的前身被找到之间以秒为单位的时间差的随机变量,那么网络作为一个整体在任何一秒内被找到的概率是:

$$P_b = P_r[X_b < t + 1 \mid X_b \geq t] \approx 1/600 \quad (6.19)$$

(2)可以找到冲突块的网络部分:如果在块b的传播过程中发现一个冲突块b_0,区块链分叉就会发生。这样一个b_0块可能只会被网络中还不知道b的那部分找到。设t_j为节点j在找到b后得知b存在的时间(以秒为单位)。设$I_j(t)$为节点j在t时刻是否知道b的指标函数。设$I(t)$为计算在t时刻有多少被通知的节点,即接收并验证了区块b的节点的指标函数。

$$I_j(t) = \begin{cases} 0 & t_j > t \\ 1 & t_j \leq t \end{cases} \quad (6.20)$$

$$I(t) = \sum_{j \in V} I_j(t)$$

则知情节点的概率密度为:$f(t) = E[I(t)] \cdot n^{-1}$

注意,$f(t)$等价于对等体被通知的速率的累积分布函数(Cumulative Distribution Function, CDF)。因此,我们可以使用同行的速率的PDF作为度量期间的估计。只有未通知的节点才可能产生冲突块。结合找到块的概率和未通知节点的比例,我们得出区块链分叉的概率。设F为离散随机变量,计算在传播另一个块时找到冲突块的数量,则区块链分叉的概率为:

$$P_r[F \geq 1] = 1 - (1 - P_b)^{\int_0^\infty (1 - f(t)) dt} \quad (6.21)$$

注意,最后一步需要简化假设,即节点找到块的概率在所有节点中随机均匀分布。因此,知道整个网络找到块P_b的概率和节点如何了解块存在的分布允许导出区块链分叉的概率。b和I_j的分布取决于当前网络的计算能力以及网络的拓扑结构和大小。

参考文献

[1]符记. 基于多播的PBFT共识算法及其在区块链中的应用[D]. 云南大学,2019.

[2]郭亚宁,尹亚丽. 比特币,天秤币两种加密货币解析[J]. 数字技术与应用,2021.

[3]蒋勇. 白话区块链[M]. 北京:机械工业出版社,2017.

[4]康乔. 抵御Sybil攻击的频谱拍卖机制研究[D]. 西安电子科技大学,2020.

[5]沈鑫,裴庆祺,刘雪峰. 区块链技术综述[J]. 网络与信息安全学报,2016,2(11):11-20.

[6]谭敏生、杨杰、丁琳、李行健、夏石莹,区块链共识机制综述[J]. 计算机工程,(2020):v.46;No.521(12):7-17.

[7]王健,陈恭亮. 比特币区块链分叉研究[J]. 通信技术,2018,051(001):149-155.

[8]袁勇,王飞跃. 区块链技术发展现状与展望[J]. 自动化学报,2016,42(04):481-494.

[9]Correia, Miguel. "From byzantine consensus to blockchain consensus." Essentials of Blockchain Technology. 41(2019):2019.

[10]Decker,Christian,and RogerWattenhofer. "Information propagation in the bitcoin network." IEEE P2P 2013 Proceedings. IEEE,2013.

[11]Gramoli, Vincent. "From blockchain consensus back to Byzantine consensus." Future Generation Computer Systems 107(2020):760-769.

[12]Hazari, Shihab S., and Qusay H. Mahmoud. "Comparative evaluation of consensus mechanisms in cryptocurrencies."Internet Technology Letters 2.3(2019):e100.

[13]Huang,Dongyan,Xiaoli Ma,and Shengli Zhang. "Performance analysis of the raft consensus algorithm for privateblockchains."IEEE Transactions on Systems,Man,and Cybernetics:Systems 50.1(2019):172-181.

[14]Karantias, Kostis, Aggelos Kiayias, and Dionysis Zindros. "Proof-of-burn." Financial Cryptography and Data Security:24th International Conference, FC 2020, Kota Kinabalu, Malaysia, February 10-14,2020 Revised Selected Papers 24. Springer International Publishing,2020.

[15]Lamport,Leslie,Robert Shostak,and Marshall Pease. "The Byzantine generals problem." Concurrency:the Works of Leslie Lamport. 2019. 203-226.

[16]Li, Chao, and Balaji Palanisamy. "Comparison of decentralization in dpos and pow blockchains."Blockchain-ICBC 2020:Third International Conference,Held as Part of theServices Conference Federation, SCF 2020, Honolulu, HI, USA, September 18-20, 2020, Proceedings 3. Springer International Publishing,2020.

[17]Newsome, James, Shi Elaine, Song Dawn, and Adrian Perrig. "The sybil attack in sensor networks:analysis & defenses." Third international symposium on information processing in sensor networks,2004.

[18]Ongaro, Diego, and John Ousterhout. "In search of an understandable consensus algorithm."2014 USENIX annual technical conference(USENIX ATC 14). 2014.

[19]Pinzón,Carlos,and Camilo Rocha. "Double-spend attack models with time advantage for bitcoin."Electronic Notes in Theoretical Computer Science 329(2016):79-103.

[20]Popov, Serguei, Olivia Saa, and Paulo Finardi. "Equilibria in the Tangle." Computers & Industrial Engineering 136(2019):160-172.

[21]Wattenhofer, Roger. The science of the blockchain. CreateSpace Independent Publishing

Platform, 2016.

[22] Saad, Sheikh Munir Skh, and Raja Zahilah Raja Mohd Radzi. "Comparative Review of the Blockchain Consensus Algorithm Between Proof of Stake (POS) and Delegated Proof of Stake (DPOS)." International Journal of Innovative Computing 10.2(2020).

[23] Sayeed, Sarwar, and Hector Marco-Gisbert. "Assessing blockchain consensus and security mechanisms against the 51% attack." Applied Sciences 9.9(2019):1788.

[24] Xiao, Yang, Ning Zhang, Jin Li, Wenjing Lou, and Y. Thomas Hou. "Distributed consensus protocols and algorithms." Blockchain for Distributed Systems Security 25(2019):40.

[25] Xu, Guangquan, Bingjiang Guo, Chunhua Su, Xi Zheng, Kaitai Liang, Duncan Wong, Hao Wang. "Am I eclipsed? A smart detector of eclipse attacks for Ethereum." Computers & Security 88 (2020):101604.

[26] Ye, Congcong, Guoqiang Li, Hongming Cai, Yonggen Gu, and Akira Fukuda. "Analysis of security in blockchain: Case study in 51%-attack detecting." 2018 5th International Conference on Dependable Systems and Their Applications(DSA). IEEE, 2018.

[27] Zhang, Junhuan, Yuqian Xu, and Daniel Houser. "Vulnerability of scale-free cryptocurrency networks to double-spending attacks." The European Journal of Finance(2021): 1-15.

本章习题

1. 什么是FLP定理,什么是CAP定理?何谓供应链管理?简述供应链管理与物流管理的区别和联系。

2. 分析区块链的几种常见共识算法,存在哪些优势和不足?

3. 介绍常见的几种区块链攻击方式。

7 数字货币

学习要点和要求

- 数字货币发展历史(了解)
- 比特币挖矿及交易(掌握)
- 以太币、莱特币等数字货币(熟悉)
- 法定数字货币的设计框架及机制(考点)

7.1 数字货币概述

7.1.1 货币发展历程

货币是商品经济发展到一定阶段的产物,在不同的经济发展时期,会呈现出不同的形态,目前货币已先后经历了商品货币、金属货币和信用货币三个阶段,货币发展流程如图7-1所示。由于不同货币形式对应着不同的生产力水平和商品经济发展的不同阶段,因此,货币多样化表明当代中国乃至世界已进入了市场经济的新时期。货币作为一种交易媒介,能够对市场经济的运行产生驱动作用,其形式演化也会对市场主体的交易行为及货币本身产生深远影响。

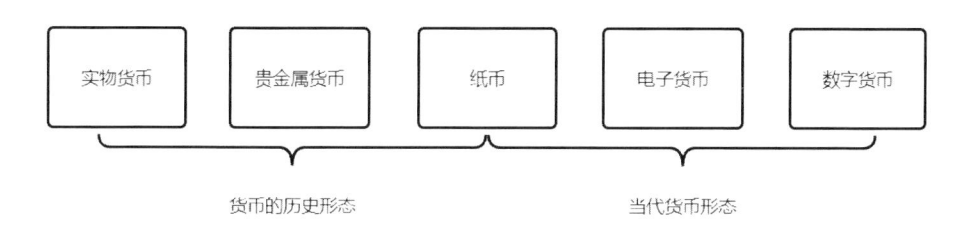

图7-1 货币发展流程

7.1.1.1 货币的历史形态及成本

货币的发展和历史形态简要概括如下。

1. 贵金属形式

贵金属能够被社会群体普遍接受并作为交易媒介,主要有两方面的原因(陈伟恕,1982):一是贵金属的自然属性,即其内在价值高、不易腐烂、易携带和易分割的特性;二是不断发展的冶炼技术能够为贵金属成为货币形式提供技术支撑。和以物易物的交易形式相比,贵金属作为交易媒介能显著节约社会经济成本并提高经济运行效率。不过由于贵金属的称重、分割以及成色鉴定需要相应的技术人员参与,同时贵金属质量的不统一将会产生欺诈现象,因而贵金属作为货币也会导致一定的社会经济成本。

因此,贵金属作为一种货币形式,只能满足一定时间段内商品经济的发展需求。随着生产力不断提高以及社会的不断进步,货币和商品的自然属性可以随之改进,并不局限于其天然性能。因此,货币形式随着生产力水平发展而演变是必然的。

2. 纸币形式

纸质货币由于其原材料丰富、造价低廉且受发行数量限制较小,同时,其安全性能则随防伪技术的发展不断提升,因此逐渐取代贵金属货币,成为新生产力水平条件下主要的货币交易媒介。由于社会商品价值总量的不断增加,黄金储备逐渐无法满足货币发行的需求,最终会导致金本位的崩溃(盛松成等,2016),而纸币作为货币媒介可以解决货币供需的矛盾。依靠国家信用发行的纸币不受自身物质生产能力的限制,是对金属货币缺陷的有效补足。范一飞(2016)认为,国家凭借公权力和公信力来发行纸币替代金属货币,不仅能够节约发行成本,还可以促进贸易的快速发展。

7.1.1.2 当代货币的形态及成本

1. 电子货币形式

自20世纪80年代以来,在信息技术革命背景下,一种新的货币形式——电子货币应运而生,但因其发展尚处初期,学术界对电子货币的研究尚未形成完善、成熟的体系,也缺乏统一的定义。目前,学术界普遍认可巴塞尔(1998)对电子货币做出的定义。

电子货币是指在零售支付机制中,通过销售终端、不同的电子设备之间以及在公开网络比如Internet上执行支付的储值和预付机制。

此外,刘明晶和刘政权(1999)指出,电子货币是以电子数据的形式取代传统的现金。高荣贵(1994)认为电子货币是借助电子技术进行货币流通的一种货币形式,也即以电子计算机设备为载体的货币形式。2004年5月,我国发表了关于电子货币发展的报告,将其定义为在电子设备或电子网络中储存价值或资金的一种预付款储值机制。周丹丹(2015)认为,电子货币是指在公开网络中执行支付手段的纸币的电子化形式,因此它必须以等额的纸币储存为前提才能在支付时发挥作用。王娜(2017)认为,电子货币作为货币电子化的初期表现形式,是将信息技术作为一种存储和支付平台,传统货币仍然执行计价单位、流通手段、支付手段和贮藏手段等职能。综上所述,可以认为电子货币是基于银行账户上的资金,运用互联网技术,在商品交易的过程中以等额人民币为基础的、能发挥货币职能的非法定货币形式。

2. 电子货币的多样表现形式

电子货币的分类形式是多样的。这里主要从载体表现和发行机构两方面进行分类(蒋海曦,2018)。

从载体表现来看,电子货币可以被分为卡基电子货币和基于计算机网络及软件的电子货币。卡基电子货币是储存于某一介质上的电子货币,如银行卡、借记卡、信用卡、购物卡等;基于计算机网络并用软件将其联系起来的电子货币,如电子钱包、第三方支付平台等。从电子货币的发行机构角度分类,电子货币可以被分为传统银行的电子货币和非银行机构的电子货币。传统银行的电子货币可以被看作央行发行的法定货币通过商业银行的电子信息技术将其处理后以电子化的形式表现出来的货币。和将现金存入银行后,拿到只能用于存储现金的存折凭证相比,使用电子货币形式可以将现金存入银行后获取能作为储蓄凭证并直接替代现金进行消费的银行卡,这也减小了现金和活期存款之间的区别,货币乘数由此变大。非银行机构的电子货币形式主要通过发行作为客户存入纸币数量的电子化凭证进行,这些电子货币凭证也是机构对客户的债务凭证。但非银行机构的电子货币形式最为突出的特点是风险极大,电子货币发行机构的信用缺乏保障,也会对居民的财产安全造成隐患,从而具有不同程度的社会经济成本。

电子货币必须遵循的前提是:电子货币必须以纸币为基础,不能脱离纸币而存在。由于部分电子货币的非法定性,且电子货币能够使流通中的现金数额增加,因此会对央行的宏观调控产生一定的负面影响,形成较大的监管成本。随着第四次科技革命的迅猛发展,货币形式的变化十分迅速,多样化的电子货币形式令人目不暇接。电子货币通过不断地发展和演进,逐渐形成了货币的数字化,并进一步推动了货币形式的多样化。

7.1.2 数字货币分类

随着世界全面进入数字经济时代,数字技术得到广泛应用。数字经济是继农业经济、工业经济之后的主要经济形态,是以数据资源为关键要素,以现代信息网络为主要载体,以信息通信技术融合应用、全要素数字化转型为重要推动力,促进公平与效率更加统一的新经济形态。电子信息技术和区块链技术的发展奠定了数字货币产生与发展的技术基础,市场中也因此不断涌现出诸如比特币、Libra等多种类型的数字货币。与此同时,大力推进数字货币的发展也能在一定程度上促进数字经济的发展壮大。

数字货币是一种不受管制的、数字化的货币,通常由开发者发行和管理,并由特定虚拟社区的成员所接受和使用(张荣丰,2017)。英格兰银行明确表示,分布式记账技术是数字货币的分类标准,采用分布式账本技术的数字货币为加密货币(王素珍,2014)。欧洲银行业管理局将虚拟货币定义为价值的数字化表示,不由央行或当局发行,也不与法币挂钩,但由于其是被公众所接受的货币,所以可以作为支付手段,也可以电子形式转移、存储或交易。国际清算银行认为,数字货币是基于分布式账本技术,采用去中心化支付机制的虚拟货币。Adrian and Griffoli(2019)指出,数字货币通过数字化的形式以实现价值尺度、流通手段和支付手段等货币职能。根据数字货币发行的信用基础,可以将数字货币分为三大类,即加密数字货币、可信任机构数字货币、法定数字货币。

7.1.2.1 加密数字货币

加密数字货币是基于某种加密算法创建的数字货币,没有法定中心化货币发行机构,具有去中心化的特质(王丹等,2021)。蒋勇等(2017)认为,加密数字货币是开源的区块链技术构架及其生态工具,允许人们根据完整的用户管理,按照一定的逻辑生成、管理、交换、流转,甚至销毁一个个可分拆的数字单位。这样的数字单位通常也被称为积分、代币、币、通证或加密数字货币。

目前,有代表性的加密数字货币包括比特币(Bitcoin)、莱特币(Litecoin)、门罗币(Monero)、达世币(Dash)等。以比特币为例,它没有特定的发行机构,是借助P2P网络以及特定的共识算法产生的虚拟货币,同时,共识算法决定了比特币数量的有限性。P2P(Peer-to-Peer,即点对点)技术软件,通过特定算法计算产生虚拟货币。这种算法决定了比特币数量的有限性。与纸币一样,比特币本身并不具有价值,只能以法定货币为媒介来表现其他一切商品的价值,间接充当一般等价物。

学界关于比特币是否能作为货币这一问题众说纷纭,一些学者从投机性和风险性的角度认为,比特币并不能作为一种货币。盛松成等(2016)认为,比特币缺少国家信用支撑,且不是所有国家都认可其价值,只在有限范围内流通,因此比特币从本质上讲不是货币;许金叶等(2019)指出,比特币存在很大程度的投机性,因而更像是一场社会财富再分配的投机过程;而郝芮琳和陈享光(2018)认为,虽然比特币目前不具备完善的货币形式,但存在成为货币的可能性,且运用区块链技术的比特币相对传统法定货币更有进步性,可以将其当作一种货币;王丹和蔡韬(2021)认为,法定数字货币、可信任机构数字货币和加密数字货币作为目前市面上流通的三大类数字货币,相较于传统形式的货币,具有高效率和低成本等特点,这不仅大大降低了银行业的经营成本,还能够使支付方式变得更加便捷。

7.1.2.2 可信任机构数字货币

可信任机构数字货币一般由具有公信力的机构发行,货币发行数量由发行主体决定,货币信用由机构的信用背书,只能在有限的范围内进行单向支付(王丹等,2021)。可信任机构数字货币大多锚定法定货币,其货币价值由法定货币决定。此外,可信任机构数字货币还可以锚定实物资源,通过实物资产为货币价值保值。可信任机构数字货币的发行数量和定价变更难度低,相对法定货币具有更大的灵活性。

锚定法定货币的可信任机构数字货币的典型代表是 Tether 公司推行的泰达币(USDT)。泰达币与美元进行 1∶1 锚定,相较其他数字货币而言更有稳定性。锚定实物资源的可信任机构数字货币的典型代表为 Facebook 发行的 Libra。Libra 以 Facebook 全部真实资产储备作为担保,用储备金进行低风险低回报的投资,与低波动率实体资产捆绑,以保持价值稳定。张锐(2019)认为,Libra 是对比特币的优化升级,能够对商业银行及其运营模式产生深远影响,但 Libra 取代美元等主权货币成为"超主权货币"还存在诸多困难。

7.1.2.3 法定数字货币

法定数字货币应由国家央行统一发行,并由国家主权背书,受到国家法律保护(王丹和蔡韬,2021)。法定数字货币本身没有价值,同纸币一样仅仅是价值符号,其货币价值来源于国家信用,且具有法定地位。近些年来,随着各种去中心化数字货币的不断发行,各国央行也将构建本国法定数字货币提上日程。为缓解国内的严重通货膨胀并应对美国的经济封锁,2018 年委内瑞拉发行了锚定石油资源的石油币。瑞典于 2020 年 2 月 19 日测试央行数字货币 E-Krona,E-Krona 使用的是类似区块链的分布式记账技术。

我国的数字人民币也经历了比较长时间的发展。2014 年,我国开始筹备数字人民币;2016 年,央行明确发行数字货币的战略目标;2017 年,中国人民银行正式提出开展数字人民币体系(Digital Currency Electronic Payment,DC/EP)的研发,并于 2019 年基本完成了数字人民币的顶层设计、标准制定、功能研发以及联调测试等工作;2019 年 8 月,央行在深圳进行数字人民币研究和移动支付试点;2020 年 4 月,央行先行在中国深圳、苏州、雄安新区、成都以及冬奥会场景中试点测试数字人民币的运行;2020 年 10 月 24 日,中国人民银行发布《中华人民共和国中国人民银行法(修订草案征求意见稿)》,其中明确指出我国人民币既包含实物形式,也包含数字形式。意见稿中的这项规定为我国发行数字货币提供了法律依据。

我国央行数字人民币采用的是"中央银行-商业银行"双层运营体系,中央银行负责数字人民币的发行与验证监测,商业银行从中央银行申请到数字货币后提供数字货币的流通与应用服务(姚前,2018)。数字人民币与纸币等价,它的研发目标是替代现金货币 M0。中国人民银行发布的 2020 年金融统计数据报告显示,到 2020 年 12 月末,流通中货币(M0)余额 8.43 万亿元,同比增长 9.2%。这个数据表明,在当前虽然移动支付已经在国内实现了大规模的普及,但是在流通中仍然存在大量的现金。2021 年 4 月,中国人民银行也提出数字人民币将主要用于国内的零售支付服务。我国的数字人民币产业链包含发行、投放与流通、支付结算环节。由于数字人民币采用双离线技术,因此需要对相应的支付工具和终端进行改造,同时为用户开发带有智能卡的钱包。

移动支付与数字人民币的区别主要体现在三个方面:一是移动支付必须有网络,数字人民币在没有网络的情况下也可以使用;二是数字人民币同纸币一样,具有法偿性,这也就意味着,在国内任何单位和个人在具备使用情况时,不得拒收数字人民币;三是数字人民币是存在于数字世界的真实的货币,相当于纸质货币的电子版,而支付宝、微信等移动支付方式要通过电子账户实现支付,本质上使用的是信息化的现有的法定货币。

7.2　比特币

7.2.1　比特币概述

比特币是一种数字现金。作为一种数字货币和在线支付系统,加密技术保证了比特币可以被用于规范货币单位的产生和验证资金的转移,并能够独立于中央银行进行运作(Nakamoto,2009)。比特币是一种以 P2P 形式存在的虚拟的加密数字货币,点对点的传输是其作为去中心化支付系统的特征(蒋勇等,2017)。

几十年来,数字货币一直是一个活跃的研究领域。早期创造数字现金的提议可以追溯到 20 世纪 80 年代初。1982 年,计算机科学家、密码学家 David Chaum 提出了一种利用盲签名来建立无法追踪的数字货币的方案。比特币成为第一个应用成熟的加密数字货币。比特币不依靠特定货币机构发行,而是依据特定的共识算法,消耗大量的算力产生的。以比特币作为区块激励的区块链系统使用整个 P2P 网络中众多节点构成的分布式数据库来确认并记录所有的交易行为,并使用密码学的设计来确保货币流通的各个环节的安全性。P2P 网络的去中心化特性与加密算法相结合,可以避免通过大量制造比特币来人为操控币值的行为产生。基于密码学的设计可以使比特币只能被真实的拥有者转移或支付,这同样确保了货币所有权与流通交易的匿名性。Melanie(2015)认为,比特币是作为对计算处理工作(也即挖矿过程)的奖励。用户提供他们的计算能力来验证和记录支付到公共分类账。个人或公司都可以通过从事挖矿活动来换取交易费用和新创建的比特币。此外,比特币也可以被用来换取法定货币、产品和服务。用户可以使用个人电脑、移动设备或网络应用程序上的钱包软件,以电子方式发送和接收比特币并支付可选的交易费用。

比特币作为第一种完全去中心化的数字货币,开启了一场区块链的理论和技术革命。从网络和协议的角度来看,比特币已被证明是非常安全和稳定的。但作为一种货币,比特币则表现得相当不稳。比特币自 2008 年被推出以来,已经成为世界上最成功的数字货币。比特币的用户和投资者数量随着比特币价格上涨而不断增加，与比特币相关的日常新闻以及提供基于比特币的在线交易所的初创企业和公司也越来越多。如今，比特币已经能够在芝加哥商业交易所（CME）中被进行交易。

7.2.2 核心程序逻辑结构

使用比特币的区块链客户端在逻辑结构上包含了钱包、完整区块链、网络路由以及挖矿模块（蒋勇等，2017）。

图 7-2 所示的 4 个功能模块，共同组成了被称为全节点的比特币程序结构。由于中本聪提出的比特币客户端中没有包含挖矿模

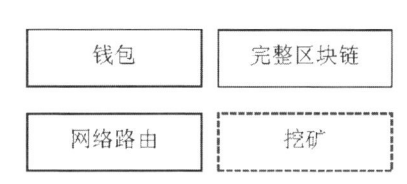

图 7-2 比特币客户端功能模块

块，而是将挖矿作为独立的程序，故在图中以虚线标出。钱包模块主要用于管理用户的密钥以及提供转账操作等功能，属于比特币的前端功能。中本聪提出的比特币客户端保留了完整的区块链账本数据，因此能够独立自主地校验所有交易，而不需借助任何外部的调用。此外，另有一些节点只保留了区块链的一部分（比如区块头），可以通过简易支付验证（SPV）的方式来完成支付验证，这样的节点被称为 SPV 节点。除了中本聪客户端，一些挖矿节点也保有区块链的完整数据副本，但还有一些参与矿池挖矿的节点是轻量级节点，它们必须依赖矿池服务器维护的全节点进行工作。比特币网络成为一个可信任的去中心化网络的基础便在于其网络中的全节点。由于维持全节点需要存储比特币系统中的所有交易数据，存储和运行成本很高，因而为了方便使用，也存在许多轻量级节点（如轻钱包等）。但是这些轻量级节点的正常使用都是要通过全节点才能完成的，是一种依赖关系，如果网络中保有完整区块链数据的节点越来越少，那么比特币网络就会受到影响，其性能、安全性等都会降低。

比特币网络是一个由各种所有者控制的节点随机连接而成的覆盖网络，其中所有节点都执行相同的操作，即比特币网络是一个同构网络，没有中心化的节点加以控制（Wattenhofer，2016）。

定义 7.1 比特币网络

比特币网络属于 P2P 网络架构。与 P2P 网络相对应的另一种网络架构是"客户端-服务器"架构，即有一个提供服务功能的中心服务器，其他客户端通过调用服务器的功能来完成操作。在 P2P 网络中，每个节点共同提供网络服务，不存在中心服务器，因此在对等网络中的每个节点在平等地对外提供服务的同时，也在使用网络中其他节点所提供的服务。这两种网络架构的对比如图 7-3 所示。

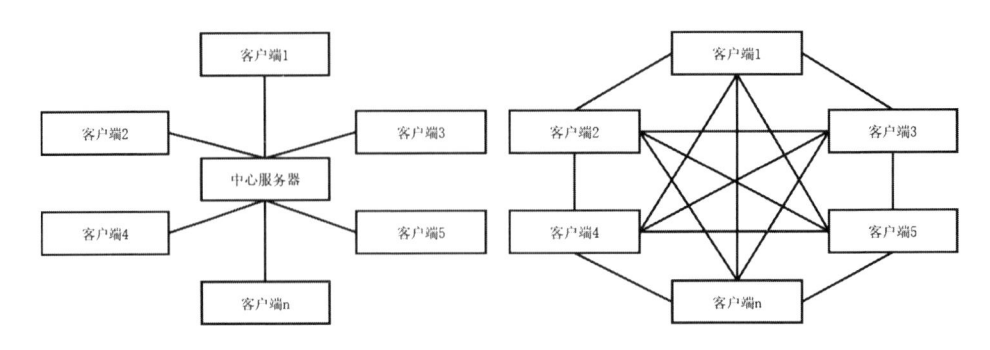

图 7-3 网络结构对比图

可以看到，P2P 网络结构中的节点都是可以与其他节点互连的，而且单一节点出问题也不影响其他节点之间的通信。比特币节点组成的网络中，节点的相互发现需要通过一个 Gossip 协议。首先，节点启动一个网络端口，通过它可以连接到其他已知节点。在连接过程中，节点发送一条包含"握手"确认的身份验证内容的消息。当一个节点与另一个节点建立连接后，它会向其邻居节点发送包含其 IP 地址的消息。收到消息后，邻居再次将其发送给其他邻居。此外节点也可以主动给其他节点发送请求并获取相应的地址信息并记录成功连接的节点信息，待节点下次启动时就可以自动寻找成功连接过的节点。

7.2.3 比特币系统的参与者

比特币系统从根本上来说是一个网络协议，该协议规定了比特币的生成规则、交易规则、数据交换格式等规范，还规定了使用该协议的用户行为。系统中的任何节点，只要其行为符合协议的要求，就能够被网络接受，从而成为比特币系统的参与者。

比特币系统的参与者主要分为两类：记账节点和交易方。记账节点主要承担根据任务量公开记账的功能。比特币系统作为分布式、去中心化的账本系统，采用了全网多点记账的竞争模式。即对于每 10 分钟在全网络内发生的交易，理论上每个节点都可以进行记录，但记录完成后决定采用哪个节点的账务记录的权利，需要由这些记账节点进行竞争，并通过全网共识确认。也就是说，每个节点都可以计算满足工作量证明机制的难度哈希值，其中最先算出结果的节点可以向全网公布，经过全网节点验证确定无误后，其他节点就以这个记录为起点，进入新一轮的算力竞争。

比特币伴随着新挖出的区块而产生，也是用于激励维护系统交易的矿工的措施。区块链系统中的矿工为进行记账付出了电力、算力等资源成本，如果没有相应的收益，就会逐渐退出区块链系统，比特币系统的区块就不能形成，最终会丧失存在的根基。另外，比特币的奖励规则是新区块中包含的比特币数量每 4 年减半,目前已经从最初的 50 个比特币/区块减少到 6.25 个比特币/区块,这一数量在未来将趋近于 0,最终产生的比特币总量为 2 100 万个。当所有的比特币均被开采出来之后,矿工的收益将来自交易者提供的交易费用,如果按目前约每 9.83 分钟 1 个区块的速度加以估计,比特币将在 2140 年被全部开采出来。

在比特币系统中,交易分为两类:一是产生比特币的交易,即系统默认的记录在每个区块的第一笔交易;二是正常的交易,如转账交易等。这些交易则由矿工记录后封装到对应的区块之中,互相链接,构成区块链。矿工在挖出了比特币后,需要通过交易将比特币转化成其他货币,从而获得挖矿的收益。普通交易者由于没有通过挖矿取得比特币,如果想参与到比特币的交易中来,就需要使用现实生活中的货币(如美元、欧元等)向持有比特币的人以一定的比例购买比特币,这使比特币这一数字货币具有了现实货币的定价。

7.2.4 比特币钱包

比特币钱包的使用需要对应的匹配的公钥和私钥。在比特币网络中,拥有比特币和通过交易转移价值依赖于私钥、公钥和地址(Wattenhofer,2016)。椭圆曲线加密技术(ECC)被用于在比特币网络中生成公钥和私钥对。公钥与私钥来自公开密钥算法的概念,公开密钥算法属于一种不对称加密算法,包含两个密钥,即公钥和私钥。公钥可以向他人公开,而私钥必须妥善保存,用私钥加密的数据(通常称为"私钥签名")可以用公钥解密,而用公钥加密的数据可以用私钥解密,二者互相匹配。目前使用比较广泛的公开密钥算法主要有 RSA 算法和椭圆曲线加密算法(ECC),RSA 利用了素数分解难度的原理,ECC 则利用了椭圆曲线离散对数的计算难度,比特币中使用的是椭圆曲线加密算法。

定义 7.2 私钥

私钥是一个在特定的正数范围内通过随机数生成器得到的数字,具有密码学意义上的强随机性特点。私钥必须保持安全,因而通常只被保留在用户这边,用于数字签名证明比特币所有权的交易。私钥是在部分 256k1ECDSA 曲线所指定的范围内随机选择的 256 位数字得到的结果。私钥通常使用钱包导入格式(WIF)进行编码,以方便复制和使用。WIF 是一种以不同的格式表示全尺寸私钥的方法。WIF 可以转换为私钥,反之亦然。

以一个私钥形式为例:

a3ed7ec8a03667180d01fb4251a546c2b9f2fe33507c68b7d9d4e1fa5714195201

当它被转换为 WIF 格式时,得到的结果类似:

L2iN7umV7kbr6LuCmgM27rBnptGbDVc8g4ZBm6EbgTPQXnj1RCZP

此外,迷你私钥格式可以被用于创建最多 30 个字符的私钥,以便在物理空间有限的地方存储。使用迷你私钥格式编码的私有密钥有时也被称为迷你密钥。

迷你私钥的第一个字符总是大写字母 S,迷你私钥可以转换为普通大小的私钥,但普通大小的私钥目前不能被转换为迷你私钥[①]。

定义 7.3 公钥

公钥是密钥对公开的部分,通常用于加密会话密钥、验证数字签名或加密可以使用相应私钥解密的数据(Wattenhofer,2016)。

公钥存在于区块链上,所有网络参与者都可以看到它。根据公钥与私钥的特殊数学关系,一旦用私钥签名的交易在比特币网络上广播,节点将使用公钥来验证该交易是否确实已使用相应的私钥签名。这一验证过程证明了比特币的所有权。比特币使用基于 secp256k1 标准的 ECC 作为公钥的加密方式。更具体地说,它利用了 ECDSA 以确保资金安全并且只能由合法所有者使用。

一个公钥的长度为 256 位。公钥可以以未压缩格式或压缩格式表示。公钥基本上是椭圆曲线上的 x 和 y 坐标。在未压缩的格式中,公钥具有十六进制格式的前缀 0x4。x 和 y 坐标都是 32 位长度。压缩的公钥共有 33 个字节,未压缩的格式为 65 个字节。由于 y 部分可以派生得到,因而压缩版本只包括 x 部分。通过 ECC 的函数图像可以看出,y 坐标可以在 x 轴以下或 x 轴以上,根据曲线的对称性,只需要存储 x 的位置——如果 y 是偶数,那么它在 x 轴以上;如果 y 是奇数,那么它在 x 轴以下,这意味着在将 x 和 y 同时存储为公钥的情况下,只有 x 轴能存储公钥中的关键信息。比特币客户端起初使用未压缩的公钥,但从比特币核心客户端 0.6 开始,压缩公钥被应用为标准公钥。这使得用于在区块链中存储公钥的空间减少了近 50%。

公钥通过各种前缀进行标识,具体如下:

- 未压缩的公钥使用 0x04 作为前缀,之后分别连接 x 坐标和 y 坐标。
- 如果公钥的 y32 位部分为奇数,则压缩公钥以 0x03 连接 x 坐标。
- 如果公钥的 y32 位部分为偶数,则压缩公钥以 0x02 连接 x 坐标。

定义 7.4 地址

地址源于公钥,是可以用于识别比特币接受者的二进制字符串。用户可以生成任意数量的私钥,然后从中导出公钥。私钥/公钥对用于唯一标识地址的资金所有者。

辨析:

- 公共密钥和地址这两个术语经常互换使用,因为两者都是公共信息。使用地址的优点是它的表示比公钥短。
- 很难将地址链接到控制它们的用户,因此比特币地址通常被称为假名。
- 并非每个用户都需要运行完全验证节点,最终用户可能会使用仅临时连

---

① https://en.bitcoin.it/wiki/Casascius_physical_bitcoins.

接到网络的轻量级客户端。
- 比特币网络协同跟踪每个地址的比特币余额。
- 地址由网络标识符字节、公钥的散列与校验和组成。地址通常以 $base58$ 编码存储,但删除了一些不明确的符号,例如与数字"1"相似的小写字母"l"。
- 散列算法生成大小为 20 字节的地址。这意味着有 2^{160} 个不同的地址。如果采用暴力破解目标地址的方式,在每秒 10 亿次试验的条件下仍然需要大约 2^{45} 年才能找到匹配的私钥/公钥对。

比特币地址的生成过程如图 7-4 所示。其过程可以被表示为:

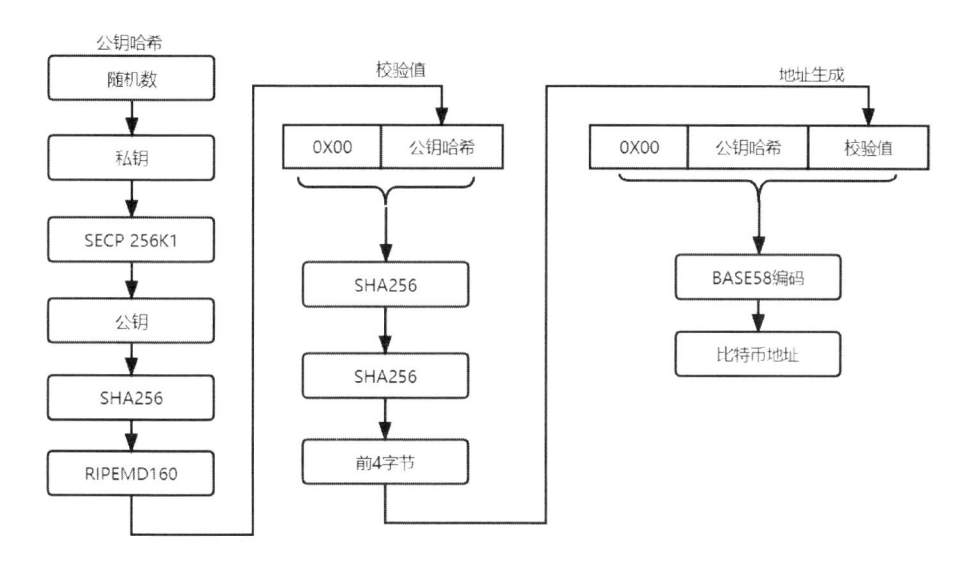

图 7-4 比特币地址生成过程图

(1)首先使用随机数发生器生成一个私钥,私钥用于证明用户的身份以及签发交易事务。

(2)私钥经过 SECP256K1 算法处理生成了公钥。

(3)公钥接下来先使用 SHA256 哈希算法计算,再使用 RIPEMD160 哈希算法计算,计算出公钥哈希。比特币的代码通过 2 次哈希来计算地址值,这样能进一步确保哈希后的数值唯一性,进一步降低不同数据进行哈希后相同的概率。与 SHA256 一样,RIPEMD160 也是一种哈希算法。

(4)将一个地址版本号连接到公钥哈希(比特币主网版本号为 0x00),然后对其进行两次 SHA256 运算,将计算得到的结果取前面 4 个字节作为公钥哈希的校验值。

(5)将 0x00 版本号与公钥哈希以及校验值连接起来,然后进行 BASE58 编码转换,最终得到了比特币地址。

可以发现比特币的地址其实是通过公钥转化而来的,也即如图7-5所示。

```
私钥 ──▶ 公钥 ──▶ 公钥哈希 ──▶ 比特币地址
```

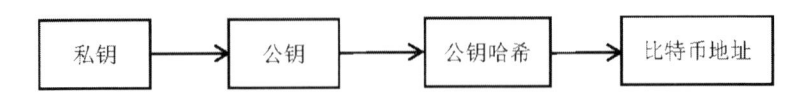

图7-5 比特币地址生成过程简化图

所以,在比特币系统中,本质上并没有一个叫作"地址"的东西,因为"地址"是可以通过公钥转化而来的,可以理解为公钥的另外一种形式,而公钥又是可以通过私钥计算出来的,因此,在比特币钱包中,真正需要妥善保存的便是生成的私钥数据。

定义7.5 比特币钱包

比特币钱包属于比特币系统中的一个前端工具,其最基本的功能就是管理用户的比特币地址、发起转账交易、查看交易记录等(蒋勇等,2017)。

起初,比特币钱包是和比特币核心客户端一起发布的,这个钱包是比特币核心钱包。由于其使用过程必须要配合完整的区块链数据副本,因此一般只适合在桌面端使用。比特币的核心钱包是跟核心客户端在一起的,可以完成创建钱包地址、收发比特币、加密钱包、备份钱包等功能;由于核心钱包是与核心客户端在一起使用的,因此在进行转账交易时,可以进行完整的交易验证。当然,付出的代价是需要存储大量的账本数据,到2017年8月份这份数据已经超过了130GB,而且还在持续不断地增长中,因此并不方便用户的实际使用。此外,在私钥管理上也具有难度。通过官方的核心钱包可以无限制地创建自己所需数量的钱包地址,然而这些地址对应的私钥管理也就成了问题,如果不小心损坏了某一个私钥数据,将失去与之对应的所有地址管理。

用户进行支付的时候,往往只是想通过一个支付验证,知道支付已经成功发起就可以了。而完整的交易验证(需要在完整的账本数据上校验,比如是否包含足够的余额、是否双花等)由核心节点完成,这样就可以将钱包功能部分剥离出来,进而产生了简单支付验证(Simple Payment Verification,SPV)钱包。SPV钱包的大致处理过程如下所示。

(1)首先下载完整的区块头数据,可以根据区块头中包含的区块的Merkle根来实现SPV方式;

(2)验证某笔支付交易时,先计算出这笔交易事务的哈希值txHash;

(3)找到txHash所在的区块,验证一下所在区块的区块头是否包含在账本数据中;

(4)获得所在区块中计算Merkle根所需要的哈希值;

(5)计算出Merkle根;

(6）若计算结果与所在区块的 Merkle 根相等,则支付交易是存在的;

(7）根据该区块所处的高度位置,还可以确定该交易得到了多少个确认。

可以看到,SPV 钱包使用 Merkle 树来验证支付是否已经发生,这也是其被称为"简单支付验证"的原因。不过由于支付验证仅仅能判断当前的支付交易是否被发起,并不能保证这笔交易事务最终会进入到主链中,因而还需要等待核心节点进行全面的交易验证并且由矿工打包到区块后进入主链。在这个过程中是有可能发生失败的,所以 SPV 钱包虽然带来了便捷性,但也牺牲了安全性。时至今日,已经出现了各种各样的比特币钱包,在 bitcoin.org 网站上也可以查看常见的比特币钱包,例如 Bither、ArcBit 等,图 7-6 展示了其中一部分比特币钱包。

图 7-6　各种各样的比特币钱包

Bashier(2018)认为,钱包软件用于存储私钥或公钥和比特币地址,并被用于执行各种功能,如接收和发送比特币。私钥是由钱包软件随机选择一个 256 位的数字而生成的。钱包软件使用私钥来签名传出的事务。钱包不储存任何硬币,也没有钱包存储余额或硬币的概念。事实上,在比特币网络中,硬币并不存在;相反,区块链上只存储交易信息(更准确地说,是 UTXO,即未花费的输出),然后用这些信息来计算比特币的数量。

在比特币中,有不同类型的钱包可以用来存储私钥。作为一个软件程序,它们还为用户提供了一些功能来管理和执行比特币网络上的交易。比特币钱包的主要类型包括非确定性钱包、确定性钱包、分层确定性钱包、脑钱包、纸钱包、硬件钱包、在线钱包和移动钱包等。

(1）非确定性钱包包含随机生成的私钥,也被称为"一堆钥匙钱包"。管理大量的钥匙是非常困难的,一个容易出错的过程可能会导致硬币被盗窃和丢失。此外,还需要创建密钥定期备份并适当地保护它们,例如通过对它们进行加密以防止盗窃或丢失。

（2）确定性钱包中，密钥是通过哈希函数从种子值中衍生出来的。这个种子数字是随机生成的，通常由人类可读的助记词表示。助记词由 BIP39 定义[①]，是一个用于生成确定性密钥的助记词的比特币改进建议。这个助记词可以用来恢复所有的密钥，并使私钥管理相对更容易。

（3）分层确定性钱包（Hierarchical Deterministic Wallets，HD Wallets）是另一种管理多个私钥的钱包技术。分层确定性钱包具有如下的特点：

- 用一个随机数来生成根私钥，这与任意比特币钱包生成私钥没有区别；
- 用一个确定的、不可逆的算法，基于根私钥生成任意数量的子私钥。

比如比特币中使用的 SHA256 就是一个确定不可逆的算法，可以很容易地使用 SHA256 设计出一个 HD 模型：SHA256(seed+n)，作为类型 1 确定性钱包。实际上，分层确定性钱包是确定性钱包的一种。目前，分层确定性钱包有 Type1、Type2，还有 BIP32 规范几种类型，这些类型都是为了实现同一目的而制定的不同实现方法，其基本原理都是类似的。

所谓的分层，除了私钥由主私钥来生成逐层的私钥，公钥也可以通过主公钥生成所有的子公钥。实际上，生成的密钥本身，都可以作为根来继续生成子密钥。通过公钥生成子公钥的过程，并不需要私钥的参与，即主私钥和子私钥都不需要参与。密钥分层的原理示意图如图 7-7 所示。

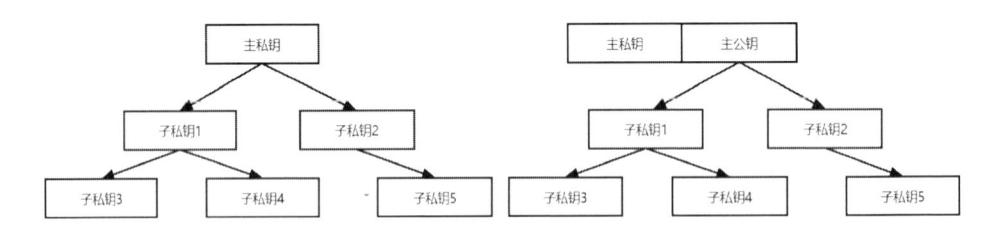

图 7-7 密钥分层原理图

分层确定性钱包在一定程度上隔离了私钥和公钥，可以带来不少的便捷性，例如：

- 备份只需要备份主私钥，新增地址无须再次备份私钥；
- 可以保证主私钥的冷存储，无论增加多少个地址，只需要使用主公钥；
- 方便审计，只需要提供主公钥或者某个分支的子公钥，就可以查看下级的数据而又保证不能被交易；
- 可以配合权限设定不同层级的权限，例如查看余额权限和交易权限。

由于分层确定性钱包的私钥之间具有固定关系，因而只要一个私钥被暴露，

---

① https://github.com/bitcoin/bips/blob/master/bip-0039.mediawiki.

再加上主公钥进行关联分析,整个树状密钥结构都可能被泄露,从而在提升便捷性的同时减弱了其安全性。

(4)用"脑钱包"生成私钥之时,可将一句话或一幅图片输入特定函数中,从而得到对应的私钥,且这一过程可以反复进行。因而,脑钱包可以将记忆私钥的难度转化为记忆一句话或者一幅图片的难度,从而显著降低了用户记忆私钥的成本。同时,由于句子和图片并不直接包含加密的相关信息,因而即使被公开,其真实用途也很难被察觉。

(5)纸钱包即一个印有所需的关键信息的纸基的钱包。关键信息包括了比特币地址和私钥等信息。纸钱包能够提供存储物理安全保护,因而也成为一种比较安全的储存比特币的方式。

通过纸基材料保存私钥的纸钱包可以完全隔绝计算机病毒的侵扰,同时能够避免第三方存储发生意外的风险。此外,保存纸钱包相对于维护比特币软件钱包在操作上更为简单,因而具有更高的便捷性。不过由于纸钱包使用物理介质进行保存,因而使用者必须保证其安全存放。

(6)硬件钱包使用一个防篡改的设备来存储密钥。这种防篡改设备是可以定制的。随着 NFC 手机的出现,硬件钱包也可以成为 NFC 手机中的一个安全元素(SE)。Trezor 和分类账钱包(各种类型)是最常用的比特币硬件钱包。图 7-8 是一张 Trezor 钱包的照片。

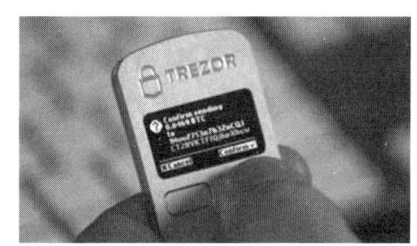

图 7-8　**Trezor 钱包**

(7)在线钱包是完全存储在线上的钱包形式,这种钱包通常通过云提供。在线钱包为用户提供了一个网络界面来管理他们的钱包,并执行各种功能,如支付和接收付款等。在线钱包易于使用,但也意味着用户需要信任在线钱包服务提供商。在线钱包的一个例子是绿色地址[①]。

(8)移动钱包是指安装在移动设备上的钱包形式。移动钱包可以提供各种支付方式,其中最著名的是使用智能手机摄像头快速扫描二维码并支付。移动钱包可用于安卓平台和 iOS,例如,Blockchain. info、Breadwallet、Copay 和 Jaxx。

比特币钱包的选择取决于多个因素,如安全性、易用性和可用的功能。在所有这些属性中,安全性是第一位的。由于防篡改设计,硬件钱包往往比网络钱包更安全。网络钱包本质上是托管在网站上的,这些网站可能不像一个防篡改的硬件设备那么安全。一般来说,由于功能和安全的平衡结合,智能手机设备的移动钱包很受欢迎。有许多公司在 iOS 应用程序商店和安卓游戏系统上提供这些钱

---

① https://greenaddress.it/en/

包。然而,很难建议应该使用哪种类型的钱包,这也取决于个人偏好和钱包中的功能。

7.2.5 挖矿

挖矿是指将新的区块添加到区块链中的一个过程。

Bashier(2018)认为,区块包含通过比特币网络上的挖矿节点经挖矿过程验证的事务。经过挖矿和验证过程,区块会被添加到区块链中,以保持区块链的增长。挖矿过程是资源密集型的,根据挖矿的要求,矿工们进行竞争,以找到一个小于网络难度目标的数字。找到正确的值(有时也被称为数学难题)的困难是为了确保在接受新的提议块之前,矿工已经花费了所需的资源。矿工们通过解决 PoW 问题来铸造新的硬币,也被称为部分哈希反演问题。挖矿过程消耗了大量的资源,包括计算能力和电力,这一过程还确保了比特币系统免受欺诈和双花攻击,同时在比特币生态系统中增加了更多的虚拟货币。

区块链系统大约每 10 分钟创建一个新的区块,以控制比特币的生成频率。这个频率需要由比特币网络来维护,并在比特币核心客户端中进行编码,以控制加密货币供应。矿工通过解决 PoW 问题产生新区块以及新的比特币并收取相应的交易费用。区块链系统会以大约每 10 分钟的固定速度创建块。新比特币的创造率每 21 万块比特币下降 50%,也即大约每 4 年减少一半。当比特币最初推出时,新区块的奖励是 50 个比特币;在 2012 年,这被减少到 25 个比特币。2016 年 7 月,这一数字进一步减少到 12.5 枚比特币(12 枚比特币),在 2020 年 7 月 4 日,比特币的奖励进一步减少到大约 6 枚比特币。每天可以大约产生 144 个区块,即每天产生 1 728 个比特币。实际比特币数量可能不同;然而,新增区块的数量仍然是每天 144 个。比特币的供应很有限,到 2140 年,近 2 100 万枚比特币将最终被创造出来,在那之后就不会创造出新的比特币了。然而,比特币开采者仍将能够通过收取交易费用来从生态系统中获利。

一旦节点连接到比特币网络,比特币挖掘者将执行以下几个任务:

(1)与网络同步:新节点加入比特币网络后,就会通过从其他节点请求历史块来下载区块链。注意这不一定是矿工的任务。

(2)交易验证:网络上广播的交易通过验证签名和输出由全节点验证。

(3)块验证:矿工和完整节点可以根据特定规则评估开始验证接收的块。这包括对块中每个事务的验证以及对 nonce 值的验证。

(4)创建一个新块:矿工在验证后合并网络广播的事务提出一个新块。

(5)执行工作证明:这个任务是采矿过程的核心,这是矿工通过解决计算难题找到一个有效的块。块头包含一个 32 位 nonce 字段,矿工需要重复改变 nonce,直到得到的散列小于预定目标。

(6)获取奖励:一旦一个节点解决了哈希谜题,它会立即广播结果,其他节点会验证它并接受块。如果此区块与大约同一时间发现的另一个区块发生冲突,则需要相应的规则进行区块接受验证。而一旦区块被接受,矿工将获得区块包含的比特币和其中包含的交易费用。

挖矿在比特币软件中主要的用途包括:抢夺区块打包权、验证交易事务、奖励发行新币以及广播新区块等。

在比特币软件中,规定一个 256 位的整数:

x00000000FFFFFFFFFFFFFFFFFFFFFFFFFFFFFFFFFFFFFFFFFFFFFFFF-FFFFF

作为难度 1 的目标值。在比特币诞生初期,当时的全网算力,大约需要 10 分钟左右的运算能得到一个符合这个难度 1 要求的值,这也是我们常常说比特币网络每隔大约 10 分钟出一个区块的来源。在查询创世区块(也就是 0 号区块)的信息时,可以看到当时的难度就是 1。符合这个难度为 1 的要求的值是指通过工作量证明算法来计算出一个结果,这个结果要小于这个难度目标值,0 号区块的难度信息如下:

> "nonce" : 2083236893,
> "bits" : "1d00ffff",
> "difficulty" : 1,

这些信息可以通过比特币支持的 JSON-RPC 中的 getblock 命令方法获得,其中的 difficulty 就是指难度级别。0 号区块的难度值是 1,nonce 是一个随机数,是挖矿计算得到的一个数字;bits 用于存储难度的十六进制目标值,这个难度目标值是存储在区块的头部的,在源码中被定义为一个 4 字节长度的字段,4 字节也就是 32 位,要用来存储 256 位长度的难度目标值,因此这 256 位长度的值需要经过压缩处理后才能放到这个字段中。以这个难度 1 的目标值来说明,在查询区块信息后,可以看到对应的值是 1d00ffff。这个值通过下述过程压缩而来:共有 4 个字节来存储,这 4 个字节的最高位字节用来存储难度值的有效字节数,即从第一个不全为 0 的字节开始的部分,比如难度 1 的值有效位是 0x00FFFF……。在压缩规则中,规定了如果难度值有效位的最高位为 1(大于 0x80),则需要在前面补上一个 0x00,这里的最高位是 F,也就是二进制的 1111。难度 1 的目标值中,有 4 个字节长度的 0,减掉这些 0 的长度共 32bit,剩余 256−32 = 224,也就是 28 个字节,加上补的 0x00,因此,有效位总计 29 个字节,29 的十六进制是 1D,另外 3 个字节中存储的是目标值有效位的最高 3 个字节,此时的目标值有效位前面已经加上了 2 个 0,因此最高 3 个字节为 0x00FFFF,合起来压缩后的值就是 0x1D00FFFF。对于这样的一个压缩后的十六进制 4 字节难度目标值,前 2 位通常称为幂或者指数,后面 6 位称为系数。

还原过程可以通过计算目标值=系数×2^(8×(指数-3))而得到。

以 0x1D00FFFF 为例来说明,系数是后面 6 位也就是 00FFFF,指数是前面 2 位也就是 1D,代入可得:0x00FFFF×2^(8×(0x1D-3))。计算后得到的值是:

0x00000000FFFF0000000000000000000000000000000000000000000000000000

比较可得这个值跟规定的那个难度 1 的值不一样,精度少了很多,这是因为存储在 bits 中的值是一个精度截断的近似值。

以 200000 号区块为例,查询其难度值,得到如下:

```
"nonce":4158183488,
"bits":"1a05db8b",
"difficulty":2864140.507810974,
```

这个区块的 difficulty 的值可由下分析:0 号区块的难度是 1,对应的目标值是 0x1D00FFFF,200000 号区块的难度目标值是 0x1A05DB8B,将两者的目标值按照上述公式进行转换后相除便能得到这个 2864140.507810974 的难度值。观察可见,200000 号区块的 difficulty 比 0 号区块的大许多,而 bits 的大小却比 0 号区块的小许多。这其实表明了一个特点:随着全网算力越来越强,difficulty 难度值就会越来越大,而 bits 表示的目标值会越来越小,这两者成反比,目标值越小就越难挖矿。由于难度值并不是一成不变的,比特币每两周会调整一下新的难度值,因为计算的算力是会变化的,为了维持 10 分钟出一个区块的节奏,难度要跟随算力变化而调整。新难度值的计算公式为:新难度值=当前难度值×(最近的 2016 个区块的实际出块时间/20160 分钟)。2016 个区块的意思是:假设按照理论的 10 分钟出一个块,2 周也就是 14 天的时间,应该出 2016 个区块,可以看到实际上就是计算一下实际与理论上的时间差值,弥补上这个差值即可。

蒋勇等(2017)认为,在比特币系统中,每个人都会将通过钱包进行的转账交易数据广播到网络中,这些都是属于等待打包的未确认交易数据。这些数据都会放在一个内存池中,并接受基本的验证,用以判断是否不合法或者是不符合格式的交易数据。挖矿程序从内存池中获取用来打包区块的交易数据,挖矿的计算公式如下:

SHA256(SHA256(version + prev_hash + merkle_root + ntime + nbits + nonce))<TARGET

SHA256 是一种哈希算法,可以通过对一段数据进行计算后输出一个长度为 256 位的摘要信息。SHA256 在比特币中使用很广泛,不但用于挖矿计算,也用于计算区块的哈希值和交易事务的哈希值。在上述公式中,对参数进行两次 SHA256 计算,如果计算出来的值小于 TARGET(即难度目标值),即挖矿成功了。挖矿过程涉及的参数组成如表 7-1 所示。

这些数据字段其实也是区块头的组成部分,将这些参数连接起来,参与 SHA256 的挖矿计算。在这些参数中,版本号是固定的值,前一个区块的哈希值也是固定的值,当前难度也是一个固定的值,那么要想改变这个公式的计算结果,能改动的参数就只有 Merkle 根、区块时间戳和随机数了。

表 7-1 参数及其含义

名称	含义
version	区块的版本号
prev_hash	前一个区块的哈希值
merkle_root	准备打包的交易事务哈希树的根植,也就是 Merkle 根
ntime	区块时间戳
nbits	当前难度
nonce	随机数

(1) Merkle 根是通过交易事务计算出来的,挖矿程序从内存池中获取待打包的交易事务,然后计算出 Merkle 根,获取交易事务本身也是有一些优先级规则的,比如根据手续费大小。

(2) 区块时间戳是指 UNIX 时间戳,用于记录区块的产生时间,我们知道比特币系统是分布式的网络,没有固定的时间服务器,因此每个节点获得的时间戳都可能是不一样的,由此,比特币系统中设置了规则:①新产生区块的时间戳要大于之前 11 个区块的平均时间戳;②不超过当前网络时间 2 个小时。所以,后一个区块的时间戳比前一个区块的时间戳反而小也是可能的。

(3) 随机数是一个可自由取值的数值,取值范围是 $0\sim2^{32}$。

可以看到,要通过这样的参数来计算出符合条件的值,只能靠暴力计算匹配,这种不断执行 SHA256 计算的过程很消耗算力,因此这个过程被形象地称为"挖矿"。简单地说,挖矿就是重复计算区块头的哈希值,不断修改该参数,直到与难度目标值匹配的一个过程。一旦匹配成功,就可以广播一个新的区块,其他客户端会验证接收到的新区块是否合法,如果验证通过,就会写入自己的区块链账本数据中。挖矿的奖励作为一条交易事务包含在区块的交易事务中的,相当于系统给矿工转账了一笔比特币,这种交易事务由于特殊性,通常称为 coinbase 交易,这个交易一般是位于区块中的第一条,比特币系统也正是通过这种挖矿奖励的方式发行新的比特币。不过,如前文所述,这个奖励不是无限的,从 2009 年 1 月创建出第一个区块,每个区块奖励 50 个比特币,然后每 21 万个区块(大约 4 年)产量减半,2012 年 11 月减半为 25 个比特币,2016 年 7 月减半为 12.5 个比特币。基于这个公式,比特币挖矿奖励逐步减少,直到 2140 年,所有的比特币(20999999.98)将全部发行完毕,到那个时候挖矿就只能通过收取交易手续费来获利。

比特币中的挖矿计算本质上就是利用了 SHA256 计算。注意第一个区块也就是创世区块是硬编码直接写进去的,在比特币的源码中,通过 CreateGenesisBlock 这个方法写入。矿工挖出区块后,就进行网络广播,传递给相邻的节点,节点接收到新的区块后会进行一系列的验证,比如区块数据格式是否正确,区块头的哈希值小于目标难度,区块时间戳是否在允许范围之内,区块中第一个交易(且只有第一个)是 coinbase 交易,区块中的交易事务是否有效等。全部校验通过就把新的区块数据纳入自己的区块链账本中。如果是挖矿节点接收到信息,就会立即停止当前的挖矿计算,转而进行下一区块的竞争。

挖矿算法虽然能够提供工作量证明,表明矿工确实是投入了相当的算力的,但是却不能保证只能是一个矿工能挖到,如果在同一时间内多个矿工都计算出了符合条件的值,对于打包权的分配,比特币中的解决方案是让节点自己选择,最终传播最广、处于最长链中的区块将被保留。

这里实际上隐含着 FLP 原理,即在网络可靠,存在节点失效(即使只有一个)的最小化异步模型系统中,不存在一个可以解决一致性问题的确定性算法。挖矿过程除了发行新的比特币外,主要是为了维持网络共识,让每个节点对区块链的数据保持最终一致性。

定义 7.6 挖矿奖励

Wattenhofer(2016):块中的第一个事务称为奖励事务。该区块的矿工因允许铸造新的比特币而获得奖励。奖励交易有一个虚拟输入,输出金额由固定补贴加上区块中确认的交易费用的总和确定。

备注:
- 奖励事务是输入总和必须至少为输出总和的规则的唯一例外。
- 由奖励交易铸造并分配给矿工的比特币数量由协议一部分的补贴计划决定。最初的每个区块的补贴为 50 个比特币,流通的比特币总数从未超过 2 100 万个比特币。
- 就能源和基础设施而言,为寻找区块而进行 PoW 的成本预计将接近矿工从区块的奖励交易中获得的奖励价值。

定义 7.7 PoW 算法

Wattenhofer(2016):工作量证明(PoW)是一种允许一方向另一方证明一定数量的计算资源已经被使用了一段时间的机制。即函数 $Fd(c,x) \to \{\text{true}, \text{false}\}$,其中困难 d 是一个正数,而挑战 c 和 x 通常是位字符串,如果它具有以下属性,则被称为工作证明函数:

- 如果给出了 d、c 和 x,$Fd(c,x)$ 计算得很快。

- 对于固定参数 d 和 c，找到 x 使 $Fd(c,x)$ = true，计算困难但可行。难度 d 是用来调整找到这样一个 x 的时间的。

挖矿算法包括以下步骤：

(1) 从比特币网络中检索到上一个块的标头。

(2) 将网络上广播的一组事务组装成一个要提议的块。

(3) 使用 SHA256 算法计算前一个块的头与 nonce 和新提出的块相结合的哈希列。

(4) 检查结果散列是否低于当前难度级别（目标），然后解决 PoW。由于 PoW 的成功，发现的块被广播到网络，矿工们获得奖励。

(5) 如果结果散列不小于当前难度级别（目标），则在增加 n 次后重复该过程。

挖矿的流程图如图 7-9 所示。

随着时间的推移，采矿难度增加了，而单台 CPU 笔记本电脑可以开采的比特币现在需要专门的矿池来解决哈希难题。事实上，难度级别对应的数字代表了要找到一个低于网络难度目标的散列的困难程度。所有成功挖矿的块都必须包含小于此目标数字的散列。这个数字每 2 周更新一次，以确保平均保持 10 分钟的块生成时间。

图 7-10 显示了比特币网络在 2016 年期间的难度，此难度值显著增加。挖矿难度增加的原因是，在比特币中，块的生成时间必须总是在 10 分钟左右。这意味着，如果快速硬件将块挖掘得太快，那么难度就会增加，因此块的生成时间可以

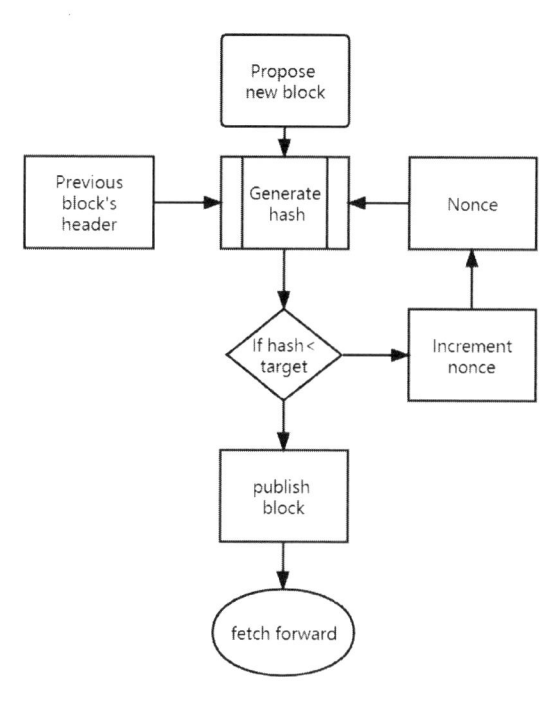

图 7-9 挖矿过程

保持在每个块大约 10 分钟。难度每 2 016 个区块（两周）计算并相应调整。如果前一套 2 016 个区块在不到两周内开采，那么难度将会增加。同样地，如果在 2 周内发现了多于 2 016 个区块（如果每 10 分钟开采一次区块，那么 2 016 个区块需要 2 周才能开采完毕），那么难度就降低了。

哈希率表示每秒计算哈希的速率。哈希率也是比特币网络中的矿工计算哈希散列来查找一个块的速度。在比特币的早期，人们主要使用 CPU 进行挖矿，因此哈希率曾经相当小。然而，专门的矿池和 ASIC 的出现，导致了比特币网络的难度增

加。图7-11显示了哈希率随时间的增加情况。这意味着,在1秒内,比特币网络矿工每秒计算超过24亿哈希。

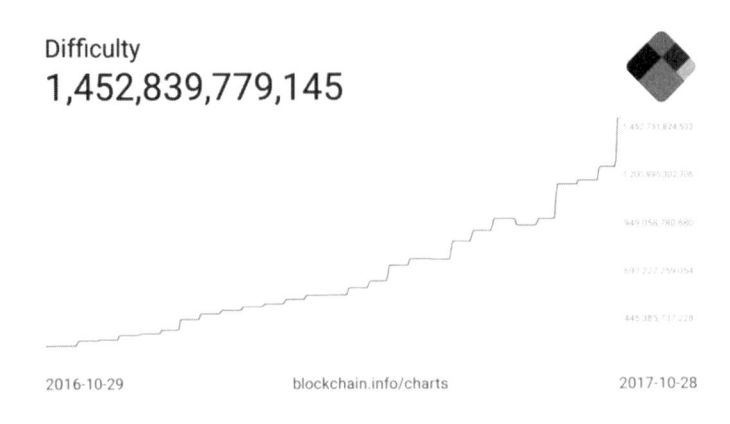

图7-10 挖矿难度(2016.10-2017.10)

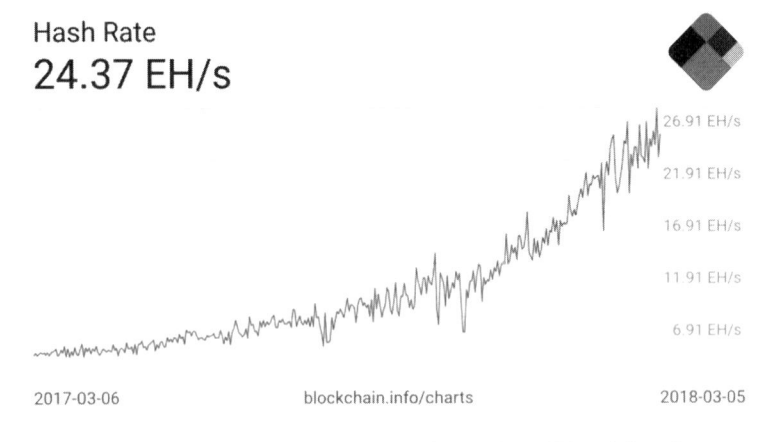

图7-11 截至2018年3月的哈希率(以散列测量),为期1年

随着时间的推移,比特币的矿工们已经使用了各种方法来开采比特币。比特币挖矿的核心原则是双SHA256算法,通过开发复杂的系统可以更快地计算哈希散列。以下是对比特币中使用的不同类型的挖矿方法及其随着时间的推移而演变的概述,主要包括了CPU、GPU、FPGA和ASIC。

(1)CPU挖矿是原始比特币客户端中可用的第一种挖矿类型。用户可以使用笔记本电脑或台式电脑来开采比特币。但由于受CPU算力的限制,自比特币引入以来,CPU挖矿只持续了大约一年多,很快矿工们就探索和尝试了其他方法,如基于ASIC的挖矿。

(2)由于比特币网络的难度增加和寻找更快的挖矿方法的普遍趋势,矿工们开始使用PC中提供的GPU或图形卡来进行挖矿。GPU支持使用OpenCL

语言编程的更快和并行的计算。与 CPU 相比,这是一个更快的选择。用户还可以使用超频等技术来获得 GPU 的最大性能。此外,使用多种显卡的可能性增加了显卡在比特币挖掘中的流行程度。然而,GPU 挖矿有一些限制,如过热和需要专门的主板和额外的硬件来容纳多个图形卡,以及间接导致的显卡价格异常上涨。

(3)即使是 GPU 采矿也没有持续很长时间,很快矿工们便找到了另一种使用 FPGA 进行采矿的方法。现场可编程门阵列(FPGA)基本上是一种可编程以执行特定操作的集成电路。FPGA 通常用硬件描述语言(HDLs)编程,如 Verilog 和 VHDL。双 SHA256 很快成为 FPGA 程序员的一项有吸引力的编程任务。与 GPU 相比,FPGA 提供了更好的性能。然而,可访问性、编程难度以及编程和配置 FPGA 的专业知识要求等问题也导致比特币挖掘的 FPGA 时代并未持续太久。

(4)应用专用集成电路(ASIC)执行 SHA256 操作。这些特殊的芯片由各种制造商销售,并提供非常高的哈希率。但由于挖矿难度水平的快速提高,单个单元 ASIC 不再盈利。

ASIC 的到来导致人们迅速淘汰了基于 FPGA 的采矿系统。采矿硬件如 X6500 矿机、Ztex 和伊卡洛斯(Icarus)是在 FPGA 采矿盈利时期开发的。各种 FPGA 制造商,如 Xilinx 和 Altera,生产 FPGA 硬件和开发板。应当指出的是,GPU 采矿对某些其他加密货币如 Zcoin 仍然可能盈利,而不只是比特币。由于比特币网络的难度非常大,只有并行运行的 ASIC 才能产生一些合理的利润。

目前,个人无法接触挖矿,因为需要花费大量的能源和资金来建立一个盈利的挖矿平台。现在,同时使用数千个 ASIC 单元的专业挖矿中心正在向用户提供挖矿合同,以代表他们进行挖矿。由于没有技术限制,单个用户可以并行运行数千个 ASIC,但这将需要专用的数据中心和硬件,因此,单个用户的成本可能会变得高昂。以下是 4 种挖掘硬件类型,如图 7-12 至图 7-15 所示。

图 7-12　CPU

图 7-13　GPU

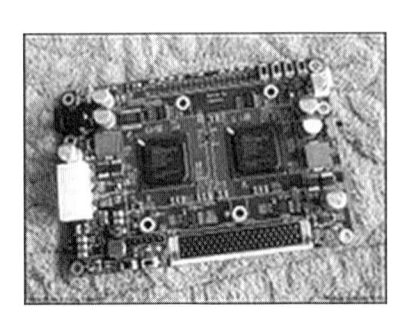

图 7-14　FPGA　　　　　　　　图 7-15　ASIC

为了比竞争对手得到更多的比特币,矿工们很快就进入哈希算力的"军备竞赛"之中,通过不断升级硬件来提升算力。在比特币创建之初,中本聪仅使用个人计算机"挖"出了创世区块,最初的参与者都是使用个人计算机(利用 CPU 的算力)来进行挖矿的,也都能成功地挖到比特币。后来由于竞争加剧,仅利用 CPU 的算力是不够的,人们又加入了 GPU(图形处理器)的算力,因为 CPU 的优势在于逻辑能力,而 GPU 在浮点计算方面能力更强。接下来,根据算法的要求,有人专门开发出了矿机,从此挖矿基本属于专业机构发挥规模优势的领域。随着比特币价格的上涨,吸引的参与人数越来越多,硬件提升的速度逐渐逼近"摩尔定律"的极限,矿工又变革了挖矿模式,单人挖矿从此进入了集群挖矿时代。

回顾比特币挖矿历史,比特币挖矿共经历了从 CPU(20MHash/s)挖矿、GPU(400MHash/s)挖矿、FPGA(25GHash/s)挖矿、ASIC(3.5THash/s)挖矿、到大规模集群挖矿(3.5THash/s 的 n 倍速,n 为矿机集群数量)的 5 个时代,可以看出,在挖矿芯片更新换代的同时,挖矿速率也发生了显著的变化。

挖矿速率的单位是计算机每秒产生 Hash 碰撞的能力,根据比特币的区块组装规则,需要不停地进行哈希计算,通过计算机随机哈希计算出结果去碰撞给定的难度目标,这个过程是没有投机取巧的方法的,只能一个哈希值一个哈希值地计算和对比,因此每秒运行哈希计算的速度越高,最终完成区块组装、获得比特币奖励的机会就越大,这就导致矿工不断追寻提升哈希速度的硬件和软件解决方案,产生了专业挖矿的矿机,并且不断升级硬件芯片,逼近硬件芯片的速度极限;另外就是软件方面的改进,从单人挖矿进化到现在广泛使用的矿池方案。在目前的比特币算力环境下,如果使用个人计算机、图形卡挖矿,在理论上是有机会挖到比特币的,但实际上机会渺茫。

总的来说,挖矿芯片种类的发展经历了从 CPU(中央处理器)挖矿到 GPU(图形处理器,相对于 CPU,具有更强的运算能力)挖矿,再到 FPGA(现场可编程门阵列)挖矿,目前已经进入 ASIC(专用集成电路)挖矿时代。在数量上,挖矿方式也从最初的台式机、笔记本电脑单机挖矿,发展到用 1~2 台专门的矿机挖矿,以及用几十台矿机组合挖矿的小作坊,目前已经发展到利用大规模矿场(由数千台甚至上万台专业矿机组合)、矿池进行云挖矿的时代。

矿机是专门设计用来进行数字货币挖矿的硬件设备,与普通的个人计算机有较大区别,它的性能单一,只能进行哈希计算,但是专注于高速完成,所以计算性能优越,但一般还需另行外置软件控制系统。此外,矿机的运作需要消耗大量的电力,所以硬件散热、电力消耗也成为影响矿工收益的重要因素。

一台矿机及其辅助系统的标准组成为:一台矿机、一个 AUC、一个树莓派(Raspberry Pi)、电源及各种连接线等,并通过计算机连入比特币网络。各种设备的连接顺序为:网线、树莓派、MicroUSB 线、AUC、4PIN 连接线、矿机和电源。主要设备的功能如下。

(1)矿机:进行挖矿运算的主要硬件设备,采用专门为挖矿而设计的集成电路板(ASIC),大幅提高了专用运算能力。

(2)树莓派(控制器):存储控制矿机运行的程序(因挖矿只需进行简单、高效的数值计算)并控制矿机的运行。每个树莓派可以控制约 60 台矿机。

(3)AUC:转换器,1 个 AUC 可以串联多台矿机。

单台矿机并联后可以组成小型挖矿作坊。由于使用的电力大幅提升,因此还需要配备变压器等电力辅助设备。如图 7-16 所示为 60 台矿机并联配置的连接示意图。

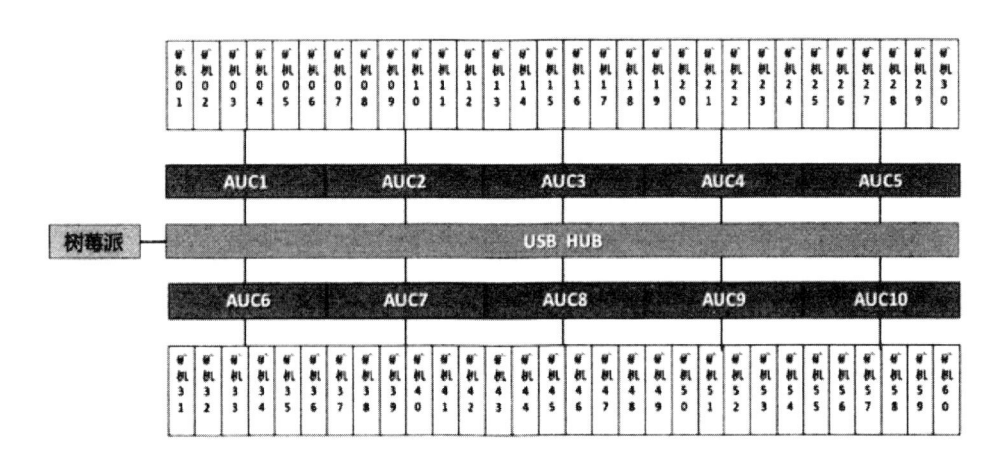

图 7-16 60 台矿机并联配置的连接示意图

随着比特币挖矿难度的大幅提升,以及对挖矿时间越来越快的需要,算力的提升成为保证挖矿成功率的最现实的追求,在短时间内矿工就进入了大规模集群挖矿的时代,出现了大规模集群矿场。由于矿机的电力消耗巨大,且大量矿机集中时的散热要求高,所以中国曾经的矿场一般位于电力价格低、气温偏低的区域,比如中国西南部的云贵川地区(水电资源丰富、电力价格较低),或者内蒙古、东北等地(气温低、散热好)。一般在矿场内会布置数千台矿机。此外,为防范金融风险,促进产业结构优化和助力碳达峰、碳中和目标如期实现,2021年9月人民银行等十部门发布《关于进一步防范和处置虚拟货币交易炒作风险的通知》以及由国家发改委等部门发布的《关于整治虚拟货币"挖矿"活动的通知》等一系列通知,已在中国大陆全面禁止虚拟货币挖矿。

影响挖矿收益的因素还包括全网的算力和难度、矿机的性能和功耗、矿场的部署和运维能力、廉价电力供应、币价和政策的导向等因素。而随着大型矿场越来越多,那些依靠单台矿机或几十台矿机组成的挖矿作坊,其盈利空间非常有限,挖矿逐渐成为大型企业或团队的游戏,因为它们可以取得廉价的电力供应、较强的芯片研发能力、专业的矿场部署和运营经验等。相对于单机或小规模的矿场,大型企业的这些优势必然会产生更强大的算力和更优化的计算速度,单位成本更低,最终将会最大化挖矿收益。

随着矿机的核心硬件——芯片的不断升级,最终它会发展到与当前计算机芯片的制作水平相当,再往下发展就会遇到天花板,没有办法再进一步提高哈希速率了。另外,单打独斗的矿工在与大型矿场的组合算力竞争中基本上也没有了获胜的可能,因此分散的矿工开始组团挖矿。来自比特币论坛Bitcointalk的技术人员开发了一种网络技术,可以将分散的、单独的矿机算力联合起来进行挖矿,这种形式与矿场不同,所以被称为"矿池"。矿池通过网络,将大量的单体矿机组合起来,甚至将分布在不同地域的矿机组合起来形成一个具备强大算力的矿机组织,进行挖矿计算,通过集合大量矿机的算力,使矿池能够在挖矿竞争中取得优势,得到比特币。在矿池获得比特币后,将根据参与矿池的各个矿工在挖矿过程中所做出的算力贡献,按不同比例进行分配。随着比特币价格的不断上涨,参与矿池的矿工虽然每个人分到的比特币不多,但是总的收益还是可观的。

矿池的存在还由于单个比特币是可以再分割的。比特币的最小单位是Satoshi(聪),1个比特币等于1亿聪。因此,当矿池挖矿成功得到比特币后,足够在矿池内部按一定的规则进行比特币的分配。如图7-17所示是矿池按算力比例分配奖励的示意图。矿池已经脱离了实体硬件的范围,扩展到虚拟的网络世界,它是由在不同区块的矿机通过软件、网络进行的算力的集中,我们已经无法看到矿池的物理存在。

以下是矿池的工作原理:在当前水平下,比特币广域网每10分钟创建一个区块,其中包含12.5个比特币。但在这10分钟内,只有成功依靠算力优势构造了区块的矿工,可以获得这12.5个比特币,其他人则没有收益。如果单个矿工通过矿池形式组队开采,并按事先约定的分配方式分配所得到的比特币,由于矿池的算力优势,很容易首先构造区块成功并获得12.5个比特币,这12.5个比特币由矿池的参

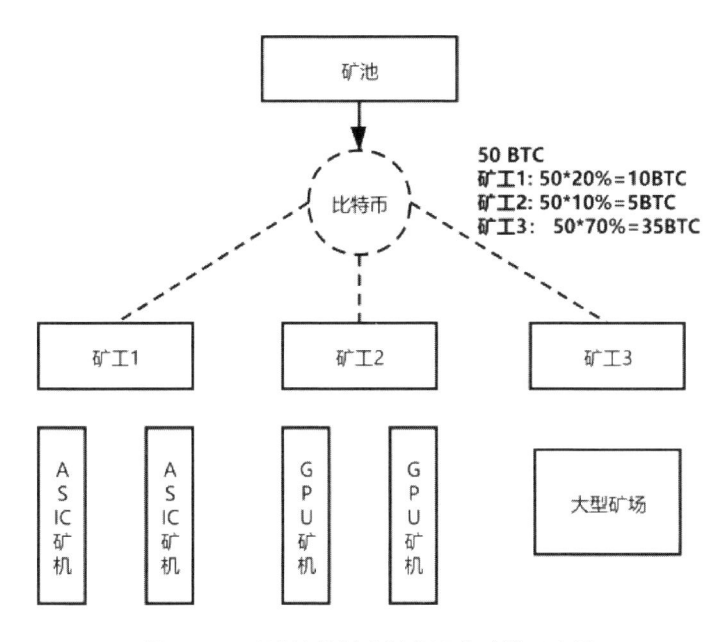

图 7-17 矿池按算力比例分配奖励的示意图

与者按比例分配,那么参与矿池的矿工的收益就会从单打独斗的零收益变成按比例分配获得的比特币,收益大幅提升。目前,矿池最常用的分配方式为 PPS 分配,就是按矿工自己提供的算力占矿池总体算力的比例来分配收益的。如果单个矿工的算力为 10T,整个矿池的算力是 100T,则单个矿工的算力占矿池总算力的 10%,如果矿池得到了 12.5 个比特币,那么该矿工可以获得 12.5×10% = 1.25 个比特币。

根据 2017 年下半年的统计,全世界 22 家主要矿池的算力占比如表 7-2 所示。其中,排名前 8 位的矿池,如 AntPool(蚂蚁矿池)、BTC.TOP、BTC.COM、Bixin、BTCC Pool、F2Pool 等,都是位于中国的矿池,占据了全网算力的 80% 左右。当然,为了保证不同国家和地区的矿工能够顺利接入,这些矿池在矿工数量较多的不同国家和地区都架设有服务器,以确保矿工接入速度、保证挖矿收益。

表 7-2 矿池算力占比

矿池名称	所占比例
AntPool	25.2%
BTC.TOP	11.2%
BTC.COM	10.2%
Bixin	8.1%
BTCC Pool	7.3%
F2Pool	5.4%

续表

矿池名称	所占比例
ViaBTC	5.0%
BW.COM	4.9%
BitClub Network	4.8%
Bitcoin.com	3%
SlushPool	2.6%
GBMiners	2%
BitFury	1.9%
CANOE	1.2%
1HASH	1.1%
Telco 214	1.1%
BATPOOL	0.9%
Waterhole	0.6%
ConnectBTC	0.6%
Bitcoin India	0.2%
SoloCKPool	0.2%
BitcoinRussia	0.2%

云挖矿服务的出现，使普通人也可以参与到比特币挖矿中来。所谓云挖矿，是指一些投资者在电力成本较低的地区大规模建设矿场，如中国的云贵川、内蒙古等地。黄振东（2018）认为，随着挖矿过程中算力竞争的加剧，挖矿需要消耗越来越多的电费，成本相当高。同时，运行大规模的矿场、系统的安装与维护等要求矿工投入大量的金钱与精力，也使得中小矿工甚至个人基本上没有可能参与到挖矿中并取得比特币收益。矿机的价格越来越高，普通人想参与挖矿也要付出一笔不菲的矿机采购费用；并且矿机的系统维护也需要专业水平，而普通人并没有这方面的能力或资源。由于这些矿场拥有更低的机器价格和低廉的电费，还可以通过机房结构的设计和当地的地理及气温优势来实现良好的散热通风，降低机器消耗的能量，所以具备很强的算力。这些投资者再在网上向各地的普通用户出租算力的硬件资源，用户通过付费购买或租赁这些大规模矿场的部分算力，取得了按比例参与分配矿场取得的比特币的权益。矿场的投资者也通过销售或租赁算力的收入，实现了投资回报。云挖矿的应用产生了比特币挖矿的新盈利模式。

当一群矿工一起开采一个区块时，形成矿池。如果区块开采成功，矿池经理将收到Coinbase交易，然后负责将奖励分配给投资资源开采区块的矿工组。与单独采矿相比,这是有利可图的,单独采矿中只有一名矿工试图解决部分哈希反转函数(哈希谜题),而在矿池中,无论每个矿工是否解决了难题,奖励都会支付给矿池的每个成员。矿池经理可以使用各种模型来支付给矿工,如每股支付(PPS)模型和比例模型。在 PPS 模型中,采矿池经理向所有参加挖矿演习的矿工支付统一的费用,而在比例模型中,该份额是根据解决哈希难题所花费的计算资源的数量来计算的。

许多商业矿池通过云和易于使用的 web 接口提供挖掘服务合同。最常用的是 AntPool(https://www.antpool.com)、BTC(https://btc.com)和 BTC.TOP(http://www.btc.top)等。所有主要采矿池的哈希功率的比较如图 7-18 所示。

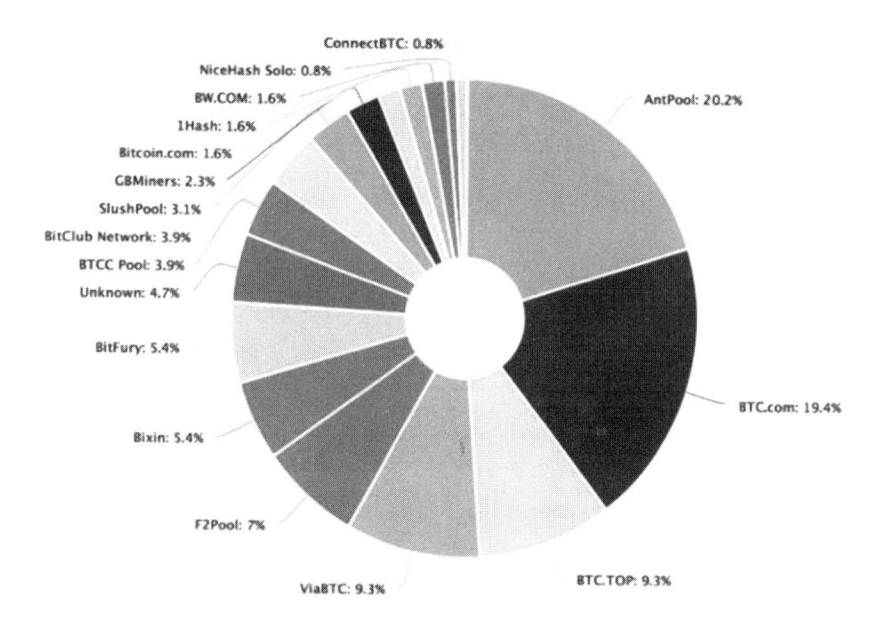

图 7-18　截至 2017 年 10 月 28 日的采矿池及其哈希功率(哈希率)

资料来源:https://blockchain.info/pools

7.3　以太币

以太坊(Ethereum)是一个开源的、基于区块链技术的、具有智能合约功能的公开分布式计算平台。以太坊有自己的编程语言,智能合约(脚本语言)是以太坊的最大亮点。以太坊提供了一个去中心化的"图灵完备"的虚拟机——以太坊虚拟机(Ethereum Virtual Machine,EVM),这个虚拟机可以将分散在全网的公共节点组合成一个"虚拟"的机器来执行这个图灵完备的脚本语言。

通常我们说以太坊(Ethereum),包含 3 层含义:

- 以太坊价值协议；
- 由以太坊价值协议搭建起来的以太坊价值网络；
- 在以太坊价值网络上运行的分布式应用及其生态。

以太坊也发行数字货币以太币来支持其技术生态。以太坊的数字货币以太币（Ether）可以用来在以太坊价值网络的节点间传递，同时也可以用作参与节点共识计算活动的"助燃剂"，俗称"燃料"（Gas）。Gas 是以太坊内部交易成本机制，用来防止过度无用交易，防止垃圾交易和网络资源浪费。每一笔交易背后都包含着成本，这点让以太坊成为众多去中心化的分布式应用喜欢的底层区块链基础构架——任何交易的流转都有相应的费用，也可以按照对应的价格进行交易。

正式的发布版本是 Frontier 版本。之前的版本主要是概念验证版，统称为 Olympic 版本。正式的稳定版本是 Homestead，稳定版本包含了交易处理、交易费用和安全性等特征。Metropolis 版本的使命是减少以太坊虚拟机 EVM 的复杂度，让智能合约开发更简单、高效、快捷。Serenity 版本将共识算法从通过硬件算力来决定的 PoW 转成 PoS，并致力提高以太坊的分布式计算高可用、高可延展能力。2016 年，因为去中心化自治组织 DAO 项目资产被盗事件，以太坊硬分叉分成现在的以太坊 ETH 和经典以太坊 ETC。以太坊的版本信息总结如表 7-3 所示。

表 7-3 以太坊版本信息

版本	代号	发布日期
0	Olympic	2015 年 5 月
1	Frontier	2015 年 7 月 30 日
2	Homestead	2016 年 3 月 14 日
3	Metropolis	2017 年 9 月
4	Serenity	2022 年 9 月

以太坊区块链中的价值代币叫以太币。在加密数字货币交易所中挂牌一般是 ETH。以太币用来支付以太坊价值网络中的交易费用和计算服务费用。如图 7-19 所示为以太币从创造至 2021 年 7 月的价格。

以太坊虚拟机（EVM）是以太坊智能合约的运行环境。EVM 建立一个沙盒，将运行环境与所寄宿机器的文件系统、网络和各种运算进程相隔离。EVM 的合约代码是基于堆栈的字节码语言，使用者可以利用已有的编程语言，例如 C++、Go、Python、Java 以及智能合约语言 Solidity 等，来实现智能合约的编写并将其部署到以太坊区块链上，最终在 EVM 中得到执行。

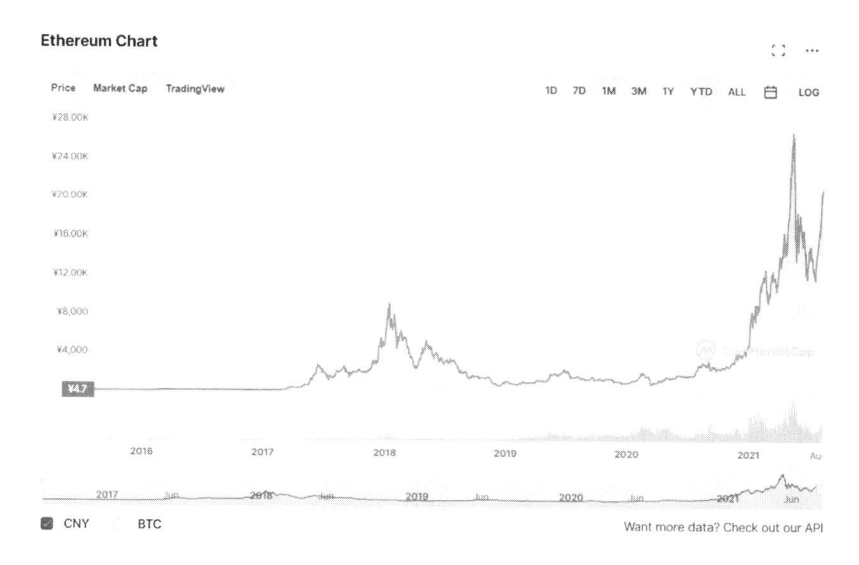

图 7-19　以太币价格走势图(至 2021.7)

智能合约是以太坊的灵魂,它承载着不信任节点之间传递价值逻辑的使命。在以太坊价值网络中,智能合约是自动执行的脚本,并且是带着业务和资产的状态进行流转的。智能合约的发布、流转都需要以太币作为费用(即 Gas),智能合约能够被多种图灵完备的编程语言实现,例如 Go、Python、Haskell 等。

以太坊所有的智能合约都存储在公网上的每一个节点,以保证公正、透明、去中心化和不被篡改。这种部署方式也导致以太坊的性能损失很大,每一个节点都要做大量的计算去流转和存储智能合约,导致全网价值流转速度变慢。研发人员曾经考虑过对区块链数据进行"分区"存储,但是没有很好的方案。2016 年 1 月,以太坊公网上的交易处理能力大概是每秒 25 个交易。网络性能、高可用及可延展性逐渐成为以太坊中重要的技术话题。

一些常见的以太坊客户端和钱包包括:
- Geth:Go 语言实现的以太坊客户端,也是以太坊基金会的官方客户端;
- Jaxx:网页版及手机版以太坊钱包;
- KeepKey:硬件钱包;
- Ledger Nano S:硬件钱包;
- Mist:以太坊桌面版钱包;
- Parity:用 Rust 编程语言写成的以太坊客户端。

以太坊独特的智能合约技术和代币发行自动化的技术使得以太坊逐渐成为很多分布式应用的孵化器,也使得以太坊逐渐成为分布式去中心化应用的首选技术。大部分人选择以太坊有两个原因:
- 应用程序工程技术开发人员选择使用以太坊技术来创建分布式产品和各

类服务；

- 非工程技术人员看重以太坊及其技术可以应用在金融、保险、银行、法务、游戏、社交、政府监管、物流、物联网、人工智能等很多领域。

对比比特币及其他区块链技术构架和生态，以太坊同时极大满足了技术人员和非技术人员的共同需要。工程技术人员使用以太坊可以快速创建、设计、发布、部署和维护分布式的去中心化应用。使用以太坊开发应用不需要了解太多的密码学知识、大型分布式系统设计构架等，工程成本和技术要求相对低于比特币类技术构架。而对于非工程技术人员，可以很轻松地直接通过以太坊的区块链浏览器和价值网络，特别是可通过工程人员另行使用脚本语言进行编程修改智能合约从而对商业逻辑进行定制化，从而达到在自己的行业快速进行现代数字货币化技术升级，进行行业颠覆等。

7.4　莱特币

莱特币实际上是从比特币的源码进化而来的，即比特币的一个简单变种，一度有一种说法是：比特币是金，莱特币是银。莱特币与比特币的主要差别在于：

（1）莱特币现存总量增加到 6 817 万，比特币只有 2 100 万；

（2）区块出产莱特币的理论周期提高到 2 分 32 秒，比特币是 10 分钟；

（3）挖矿基础算法由比特币的 SHA256 变更为 Scrypt，这种算法需要使用到大量的内存，因此一度能抵御集成电路矿机的高性能挖矿。

由于莱特币只是比特币的简单变种，因此比特币具有的问题，莱特币也基本都有，比如区块扩容的问题。不过在 2017 年 5 月份，莱特币先于比特币完成了隔离见证，之后莱特币创始人李启威便宣布了莱特币的下一步战略：智能合约与原子级跨链交换。这使得莱特币的未来充满了各种可能性，而不再一直停留在纯粹的加密数字货币这个位置上。相对于比特币来说，莱特币拥有一个明确的创始人，在很多发展事项上，创始人的领导力与关注度也起到很重要的作用。

莱特币的密钥算法是一个顺序内存硬函数，它是基于 SHA256 的 PoW 算法的第一个替代方案（Bashier, 2018）。它最初以一个基于密码的密钥推导函数（PBKDF）被提出。该算法的关键思想是，如果函数需要大量内存来运行，那么 ASIC 将需要更多的 VLSI 区域，这将是不可行的构建。隐密算法需要将大量的伪随机位数组保存在内存中，并以伪随机的方式由此推导出一个密钥。

该算法基于一种被称为时间-记忆权衡（TMTO）的现象。如果内存需求放宽，则会增加计算成本。换句话说，如果给程序更多的内存，TMTO 会缩短程序的运行时间。这种权衡使得使用自定义硬件的攻击者不可能获得更多内存,或者如果攻击者选择不增加内存,那么处理要求变高时,算法运行就会变慢。这意味着ASICs 很难为这个算法而构建。

密钥使用以下参数生成派生密钥(Kd):

密码短语:这是一个要进行哈希的字符串;

$Salt$:这是一个随机字符串,提供给加密函数(通常是所有哈希函数),以提供对使用彩虹表的暴力字典攻击的防御;

N:这是一个内存/CPU 成本参数,其值大于 1,通常取 2;

P:这是并行化的参数;

R:这是数据块的"大小"参数;

$dkLen$:这是字节派生键的预期长度形式,此函数可以被表示为以下形式:

$$Kd = Scan(Salt, N, P, R, dkLen)$$

在应用核心加密函数之前,该算法以 P 和 S 作为输入,并应用基于 PBKDF2 和基于 SHA256 的 HMAC。然后,输出被输入一个名为 $ROMix$ 的算法,该算法内部使用基于 Salsa20/8 核心流密码的块混合算法来填充内存,需要大内存操作,从而强制执行顺序内存硬属性。

该算法的这一步骤的输出最终再次提供给 PBKDF2 函数,以生成一个派生的密钥。整体流程如图 7-20 所示。

密码用于具有特定参数的硬币挖掘,其中 $N=1024$、$R=1$、$P=1$ 和 $S=$随机生成 80 字节,产生 256 位输出。由于这些参数的选择,似乎莱特币采矿的加密 ASIC 的开发并不很困难。在莱特币挖掘的 ASIC 中,可以开发一种顺序逻辑,将数据和 n 次作为输入,并将 PBKDF2 算法应用于 HMAC-256;然后,生成的比特流输入 SALSA20/8 函数,它产生哈希,再次输入 PBKDF2 和 HMAC-256 函数,产生 256 位哈希输出。就像比特币 PoW 一样,在 Scrypt 中,如果输出哈希小于目标哈希(在开始时已经作为输入传递,存储在内存中,并在每次迭代中检查),那么函数将终止;否则,随机数将增加,并再次重复这个过程,直到发现一个低于难度目标的哈希值。莱特币的密钥算法流程图如图 7-21 所示。

与其他加密货币一样,莱特币交易很容易在各种网上交易中进行。莱特币对应的区块可以单独开采或在池中开采。目前,ASIC 通常用于开采莱特币。在 CPU 上的加密货币挖掘不再像现在许多其他数字货币那样盈利。莱特币挖矿从 CPU 开始,通过 GPU 采矿平台进行,现在已经使用了专门的 ASIC 矿工。一般来说,即使是 ASIC,也最好在池中采矿而不是单独开采,因为由于采矿池使用的比例奖励方案,单独采矿不如在池中开采那么有利可图。在挖矿过程中,这些矿工能够为加密算法产生 2Gh/秒的哈希率。

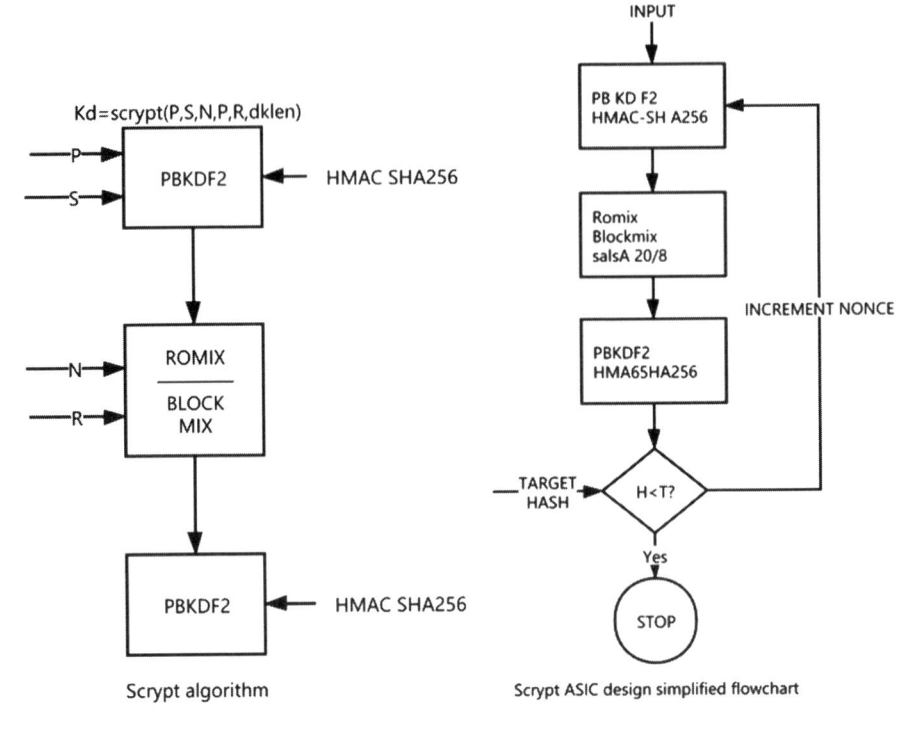

图 7-20　莱特币密钥算法示意图　　图 7-21　莱特币密钥算法流程图

7.5　零币

零币也叫 Zcash,其前身为 Zerocoin 项目,这也是一种基于区块链的加密数字货币,并且它的总量跟比特币一样也是 2 100 万枚,且同样通过 PoW 算法进行挖矿发行(蒋勇等,2017)。Zcash 最大的特点是提供了交易数据的隐匿性。通常像比特币一类的系统,其交易数据都是完全公开透明的,所有人都可以查询比特币中发生所有的交易,而 Zcash 会隐藏交易的发送方、接收方和交易金额,只有具备查看密钥的用户才能访问到这些信息。虽然比特币系统中的钱包地址可以几乎无限制地进行创建,且很难通过字符串形式的钱包地址探测对应的钱包使用者,但是比特币仍然存在着隐匿性的问题,具体体现在:

(1)比特币地址本身具备匿名性,但是只能限制在比特币网络内部。如果要通过交易所进行法币兑换,一般要提供实名认证,比如身份证、手机号码等,这两年发生过多起比特币勒索病毒事件,实际上攻击者即使得到了比特币也难以通过合法交易所完全匿名兑换出来。

(2)比特币的交易数据是完全公开透明的,虽然钱包地址本身具有隐匿性,但是所有的交易数据都是公开不加密的,通过交易的地址关联等,再加上对数据包的分析,找到对应的 IP 地址等信息,是可以有办法定位到大概的背后身份的。

目前,比特币中有一些做法,比如进行混币处理可以进一步提高交易信息的隐匿性。所谓混币就是在一个交易中包含大量的输入和输出,目的就是将交易信息打散割裂,尽可能提高找出输入与输出之间关联性的难度,可以通过一些工具软件来进行高效的混币操作。零币使用零知识证明的机制来保障交易数据的隐匿性。对零币系统而言,通过实现一套协议,使用加解密技术,比如隐藏原地址和交易金额,生成一个字符串码,需要通过一些特有的数据才能解码获得。比特币可以将需要发送的交易转化到零币,再到比特币网络,这样就增强了比特币交易的隐秘性。

零币于 2016 年 10 月 28 日推出。这是第一个使用特定类型的 ZKP,即零知识成功的非交互式知识参数(ZK-SNARK)来为用户提供完全隐私的货币。这些证明简明,易于验证;然而,设置初始公共参数是一个复杂的过程。这个过程需要对一些随机数进行抽样来构造公共参数。问题是,这些随机数,也被称为有毒废物,必须在参数生成后被销毁,以防止伪造零币。为此,Zcash 团队提出了一个多方计算协议,从独立地点协作生成所需的公共参数,以确保不会产生有毒废物。因为这些公共参数需要由 Zcash 团队创建,所以这意味着协议的参与者会受到信任。这一机制有一个属性,所有参加仪式的参与者都必须妥协,以妥协最终的参数。当仪式完成后,所有参与者都实际销毁了用于生成私钥的设备。此操作消除了设备上参与者私钥部分的一切痕迹。ZK-SNARK 必须满足完备性、稳健性、简洁性和非交互性等特性。完备性意味着证明者有一个明确的策略来满足验证者,即一个断言是正确的。另一方面,稳健性意味着没有任何证明者能说服验证者相信一个虚假的陈述是真实的。简洁性意味着在验证者和验证器之间传递的消息大小很小。非交互性意味着断言的正确性的验证可以在没有任何交互或很少的交互的情况下进行。此外,作为一个 ZKP,零知识的相关属性也需要得到满足。

Zcash 开发者引入了分散匿名支付方案(DAP 方案)的概念,在零币网络中用于实现直接和私人支付。交易未显示有关付款来源、目的地和付款金额的信息。在零币中有两种类型的地址,Z 地址和 T 地址。Z 地址基于 ZKP,提供隐私保护,而 T 地址与比特币相似。零币各种属性(初始缓慢启动后)如表 7-4 所示。

表 7-4 零币属性汇总表

因素	参数值
名称	Zcash
发行日	28/10/16
主要目的	Currency

续表

因素	参数值
货币代码	ZEC
最大发行量	21 million
区块时间	10 minutes
Consensus facilitation algorithm 共识促进算法	Proof of Work(equihash)
Difficulty adjustment algorithm 难度调整算法	DigiShield V3(modified)
挖矿硬件	CPU,GPU
难度调整时长	1 block

零币可以在主要的数字货币卖家和交易所购买,如币安(http://binance.com)等。当零币被推出时,它的价格非常高。如图 7-22 所示为零币从发行至 2021 年 7 月的市值和交易量情况。

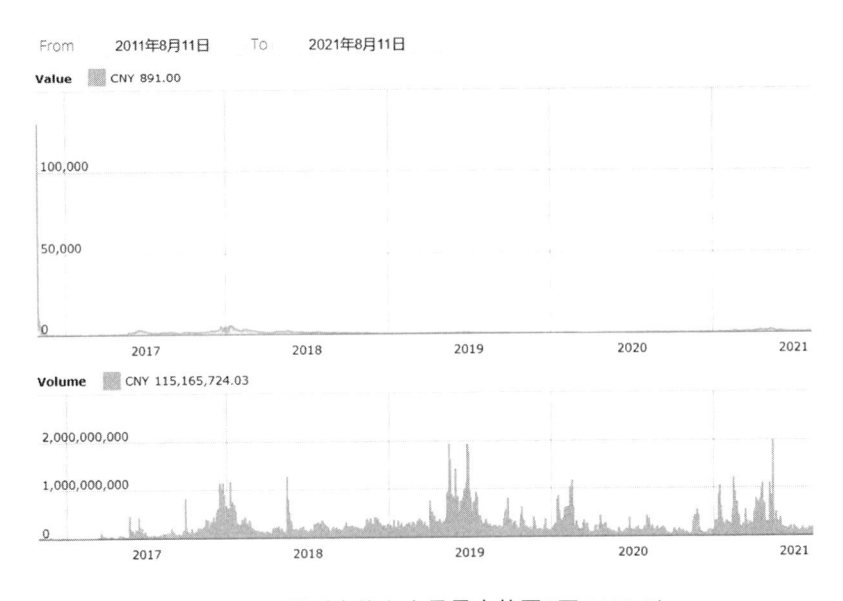

图 7-22 零币市值和交易量走势图(至 2021.7)

7.6 Libra 币

自中本聪发表比特币创世论文(Nakamoto,2008)迄今已逾十年。在此期间,以比特币为代表的同类数字货币从无到有,从小规模的研究到形成大规模的"币圈",取得了长足的进展。但从一开始,这些"数字货币"大多缺乏货币最基本的功能——支付手段。因此,Facebook 推广的 Libra 一出现,就反复强调其支付属性。Libra 提高了交易确认的速度,并设计了一个储备资产机制来保持货币稳定。然而,Libra 目前还没有正式上线,还处于白皮书和听证阶段。Libra 的吸引力不仅源于 Facebook 的全力投入,还源于其众多独特的设计。本节将从自我定位、核心技术、运营模式以及监管态度这 4 个方面对 Libra 的基本情况进行全面阐述。

7.6.1 自我定位

自数字货币诞生以来,哈耶克(2019)的《货币的非国家化》与中本聪的比特币创世论文便一直在哲学和方法论层面引导着整个行业。哈耶克(2019)提到:"避免我们被持续通胀驱向政府完全的控制和指挥,进而最终得以拯救文明的唯一办法是:剥夺政府在货币供应方面的权力"。最初,比特币的发明只是为了降低可信第三方带来的额外交易成本,并从技术角度防止商业欺诈(Nakamoto,2008)。然而,"去中心化"的实现路径在某种程度上承载着哈耶克的"非国有化"理想。正因如此,各国政府才对比特币和其他类似数字货币实施打压;也正因如此,Libra 在创设之初便尽力避开取代主权货币的嫌疑。Christian 等人(2019)明确表达了 Libra 与监管部门合作的态度:"一些加密货币项目还试图破坏现有体系并绕过监管,而不是在合规和监管方面进行创新,以提高反洗钱举措的效力。我们相信,携手金融部门包括各个行业的监管机构和专家进行合作和创新,是确保为这一新体系建立可持续、安全和可信的支撑框架的唯一途径"。在此基础上,Libra 才有可能与各国政府探讨其存在的意义,即为更多人提供开放、即时和低成本的全球性流动货币,提升金融服务的普惠性和安全性。在当今比特币已经部分沦为暗网和非法跨境交易工具的情况下,这个愿景颇有回归比特币创立之初心的意味。

7.6.2 核心技术

Libra 货币只是建立在 Libra 区块链基础上的应用之一,而非全部。因此对于 Libra 货币的分析实际应从两个层面展开:第一是底层的区块链技术,这是上层货币应用的基石;第二则是货币层面的规则设计。

Libra 白皮书强调了有 3 种技术来区分 Libra 与其他区块链:设计和使用 Move 编程语言;使用拜占庭容错(BFT)共识机制;采用和迭代改善已广泛采用的区块链数据结构。除 Move 语言外,其余两项都是对现有技术进行改造。Libra 有意避免了对现有技术的全盘否定,而是从更易于实现和安全的角度选择了成熟方案。这种折中考量和局部创新的思路贯穿了整个 Libra 的设计。

7.6.2.1 Move 编程语言

Libra 提供了长达 26 页的技术论文来论述 Move 语言的特点。想要了解 Move

语言的优势，必须首先了解以比特币和以太坊（Ethereum，其编程语言为Solidity）为代表的传统区块链所用语言存在哪些问题。

首先，货币对于传统语言来说并非一种特定的"资产"，而是像程序中的其他变量一样，是一组数据，存在被任意虚增和复制的可能。现实中有价值的资产不仅数量严格受限，而且在转移和交易过程会受到严密监控，不存在诸如转移之后一方数量不减少，而另一方数量相应增加的情况。但在数字货币中，黑客曾多次利用整数溢出等漏洞大举复制资产，造成过数亿美元的损失。更进一步而言，即便在数字货币的原生语言中将其强制定义为资产，以及在编译和运行过程中对转移及增加予以严格限制，但该语言编写的智能合约中可能会涉及用户自定义的其他类型资产，这样会失去语言的原生保护，从而需要开发者自行维护其安全性，这无疑大大增加了系统风险。

其次，传统区块链语言尚未在安全性和灵活性之间找到平衡点。智能合约是区块链技术的重要应用之一，允许用户利用区块链的可信性来自动完成一系列自定义动作。一旦满足了某项预先设定的条件，该条件下的一系列后续动作将会不可撤销地执行。这些动作中可能会包含支付对价、权属登记、保险执行、租约执行等。智能合约的出现，可以使现实中各类交易的安全性和便利性极大地扩展。但如果出现问题，也将令使用者遭受重大损失。为了适应这种便利性，很多传统区块链语言采用了类似于Python和Ruby的动态类型语言模式。这可以大大简化编写程序的过程，因为无须给变量定义类型模式，也无须在编码期间就了解系统将如何具体运行。这些都将在实际运行中再进行检查或直接动态指派（dynamic dispatch）。此类语言通常具备高度的易用性，开发者可以快速实现功能。但事实上，与传统的C/C++/C#/Java等静态类型语言相比，动态语言是把发现风险的工作从编译阶段推向了实际运行阶段。上述类型定义错误和代码进入到无法预知分支的低级错误，在静态语言中通过编译和几个简单测试用例便可轻松暴露。对于一个必须高度可靠的交易系统而言，各类bug等到运行时出问题再去解决是无法容忍的。

为解决上述问题，Move的技术论文从4个方面介绍了Move的创新之处。

（1）Move定义了"一等资源"概念（First-Class Resources）。这一概念实现了上述"资产"的特点：不能凭空消失或被复制，必须在各个存储间以"移动"的方式完成交易。不仅Libra货币，其他基于Libra区块链开发的智能合约也可享有这样的保护措施，从而较好地从根本上解决了上述问题。同时，Libra也允许用户自定义一些可修改资源的关键行为（如创建、修改、销毁等），但这些行为在系统中高度受控，只能由定义该种资源的模块自身进行操作。

（2）灵活性。Move允许开发者像其他高级语言一样调用各种过程（procedures），或使用面向对象的诸多概念，以便完成大量复杂的计算或逻辑功能。但为了兼顾安全性，其中摒弃了大量可能导致程序产生不可预知行为的引用或指针，从而使其更加符合线性逻辑,避免程序的非线性行为。

(3)安全性。当前其他语言在选择可执行编码层次时,为了照顾代码安全性,都会选择高级语言或汇编语言。前者逻辑较为清晰,但验证安全性需要较为强大的编译器;后者则更多需要在运行阶段才能查出错误。Libra 选择了二者的折中,采用字节码(bytecode)的模式,介于高级语言和汇编语言之间,并引入了字节码验证器(bytecode verifier)。这一做法可以避免向区块链各个节点引入大计算量的编译器,也无须等到实际运行时才能发现代码问题,从而用较为低廉的成本换取代码的安全性。

(4)可验证性。Move 注意到了其他一些区块链语言的常见问题,并由此对自身功能进行了一些限制:其一是不允许动态指派,因其容易混淆究竟哪一个模块调用了特定功能,并造成非线性的程序行为;其二是不允许多个可变的指针同时指向一个变量,这会导致同一时刻该变量被多个来源进行修改,从而导致最终状态难以预测;其三是对资源进行强制封装,以保证只有本模块能行使对该资源的修改权,从而防止外部模块对资源的破坏。

7.6.2.2 使用拜占庭容错(BFT)共识机制

Libra 采用了 LibraBFT 共识协议来保障整个网络在高交易处理量、低延迟和更高能效的情况下快速达成一致。区块链去中心化的根基在于全网需要针对某笔交易(transaction)取得共识。在没有中心节点的情况下,共识只能依靠网络中各个节点相互之间点对点通信来进行协商。但在实际网络中通信链路可能出错,各个节点可能会失效,同时可能会发生恶意攻击。

为保证全网能够顺利取得共识,比特币采用的是工作量证明(PoW)的方式,即由矿工们通过付出大量算力挖矿来争夺对当前区块的记账权,他们的回报就是挖矿得来的比特币。不诚实的矿工不会愿意付出如此大的代价来换取挖矿收益,但为了破坏整个网络,他们必须掌握全网 50%以上的算力才可掌控新区块的产生。这在当今世界几乎是不可能的。但这样做也有明显缺陷:其计算复杂导致能源浪费严重,同时导致区块生成的时间过长,确认交易往往需要数十分钟的等待时间,用作在线支付系统之时实时性难以满足要求。

LibraBFT 由 HotStuff 算法改进而来。与比特币完全工作在网状网络不同,BFT 算法为了降低流程复杂度,需要工作在有若干重要节点的星型网络中,即各重要节点之间互相通信,其余节点只跟临近的一个重要节点之间产生联系。这也是为何 Libra 在初期要在联盟链而不是公有链上的重要原因。

LibraBFT 定义这些重要节点为验证者(Validator),在网络中起到接受交易请求和验证区块有效性的作用。当一笔交易产生后,它会被最近的一个验证者接收,此时,该验证者就作为发起者(Leader)来组织验证程序。它将若干笔交易打包进一个区块,并将其广播给网络上所有其他验证者。其他验证者收到区块后进行验证,如果认可这一区块,则向发起者回传投票(Vote)结果。在收集到足够多的投票后,发起者会生成一个法定人数证明(Quorum Certification,QC),代表该区块已经得到了足够多节点的确认,并把该证明向所有验证者广播。此时,所有验证者节点都将根据这一消息更新本地保存的区块链状态,将新验证的内容加入。这一过程称为一轮(Round)。之后其他交易所产生的验证内容也会陆续加入。为了避免前述失效或者恶意节点在此过程中进行破坏,新加入的内容将在三轮之后才正式被全网接纳或提交(Commit),正式成为整个区块链的一部分,交易验证过程如图7-23所示。

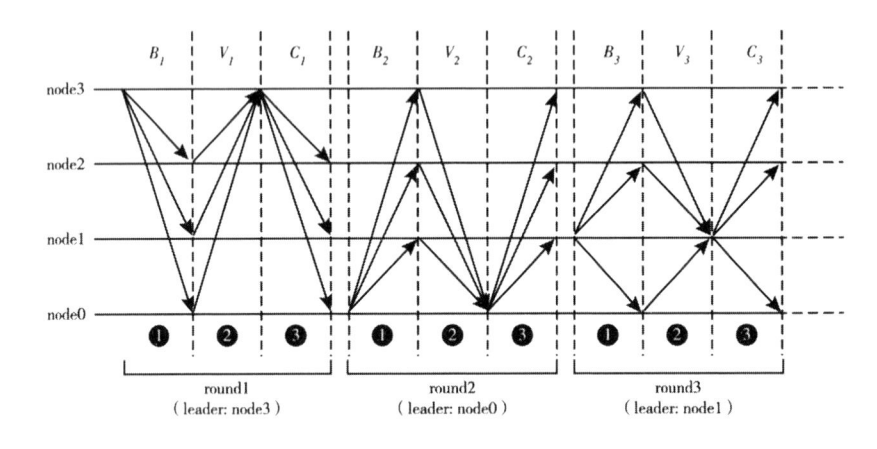

图7-23 Libra的交易验证过程

资料来源:Calibra(2019)

比特币所采用的工作量证明机制可以防止50%的节点失效,而且对所有节点一视同仁,可以直接应用在公有链上。相比之下,LibraBFT理论上只能防止不超过1/3的节点失效,而且必须指定若干重要节点作为验证者,使得其看起来不如比特币强大。

然而,LibraBFT在较大程度上缩短了交易的确认时间,使其可以适应现实交易需求。此外,Libra发布初期将工作在联盟链上,各重要节点均由联盟成员提供,恶意节点出现的概率将大大降低。从实践的角度看,LibraBFT在安全性和效率方面是优于比特币的选择。

7.6.2.3 改善的数据结构

Libra虽然自称为区块链,但其白皮书也明确指出,Libra中没有类似于比特币的区块链条的模式,而是以统一的数据库(database)形式存储。

此处需要区分一个重要概念。虽然个人在比特币系统中可以开设账户或钱包,但其内部并没有一个专门的"账户"空间用来存储比特币资产。比特币是将创始以来的所有交易都以链状形式储存。链上按时间顺序排列了大量节点,每一个节点是一个区块,每一个区块中储存了大量在那个时刻附近发生的交易。如果有用户需要查询自己的账户中有多少余额,对于比特币系统而言,实际的动作并非找到对应账户直接读取余额数据,而是需要遍历与该账户有关的历史交易,通过历次的交易金额来计算出当前的账户余额。该模式被称为未花费的交易输出(Unspent Transaction Output,UTXO)模式。

  Libra 与以太坊一样,定义了账户(account)的概念,账户中存储了相关的资源和模块。如上文所述,Libra 货币也是以资源形式存储在账户中,从而受到 Move 语言的保护,不能随意复制或消除。

  Libra 是以账本的当前状态和历史变化的方式存储整个系统的,有点类似于可恢复到任意一个历史状态的数据库。每当一组新数据写入数据库,就会生成一个新的历史状态。历史状态通过被称之为 Merkle 树的数据结构进行组织。如7-24 所示,$H(\cdot)$代表一个哈希(Hash)函数,即对输入内容进行编码,输出一个长度始终不变的数,相当于对输入数据加密。如果输出变化,输入必然有变化,且无法根据输出数据直接反推出输入数据。图中 h4 为 h0 和 h1 的哈希值,h5 为 h2 和 h3 的哈希值。顶层即为 Merkle 树的根节点(root),此例中根节点的值是 h4 和 h5 的哈希值。由此可知,Merkle 树的一大优势在于只需要观察根节点即可知道整个树上各个节点的状态(例如是否经过篡改),而不必把树上所有节点重新遍历计算一遍。

  这种结构的另一个优势在于,可以方便地追溯数据库任意一个账户在任意一个历史时刻的状态。尽管 Libra 账户与用户真实身份并不挂钩,但出于方便监管的考量,一旦账户出现异常行为,其所有的历史状态理论上都可以被监管机构快速获得。

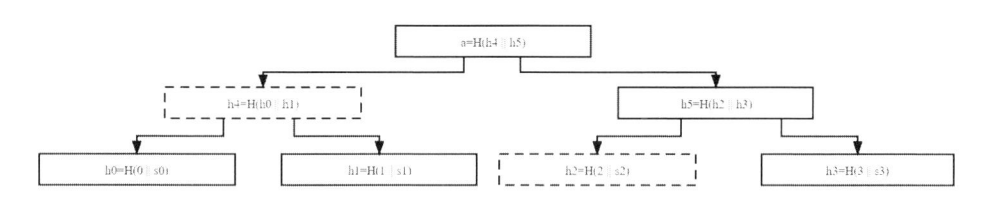

图 7-24 Merkle 树

资料来源:Calibra(2019)。

  Libra 与现实储备资产的兑换如果也受到严格管控的话(具体模式尚未公布),其匿名性与比特币相比将大打折扣。Libra 这种弱匿名性的特性无疑是一把双刃剑,一方面对用户而言失去了一些吸引力,但另一方面也压缩了非法跨境交易和洗钱的空间,因而对 Libra 的生存发展而言仍有一定的好处。

7.6.3 运营模式

  就 Libra 货币的发行机制和监管而言,Libra 发布的白皮书中提到,Libra 立志成为一种"稳定的数字加密货币"。因此,Libra 将全部使用真实资产储备(称之为"Libra 储备")作为担保,并由买卖 Libra 并存在竞争关系的交易平台网络提供支持。Libra 所采用的模式类似布雷顿森林体系时期美元与黄金挂钩的制度,或者香港等地区采用的货币局制度,亦或是国际货币基金组织创设的特别提款权(SDR)。其货币发行量不会主动新增,而仅采取被动发行的方式。Libra 货币背后的价值由一篮子真实储备的现实资产所支撑。Libra 的使用者需要使用现实资产按照一定比例来购买 Libra,这也是发行增量 Libra 货币的唯一方法。虽然白皮书中并未说明是否可以直接向 Libra 协会购买 Libra,但其明确表示可以通过"授权经销商"购买。这意味着 Libra 的发行机制将更多表现为"Libra 协会-经销商"的二元模式,由 Libra 协会扮演"最后的买家"角色,类似于现实里央行和商业银行的关系。一篮子中储备资产的选择标准是低波动率、流动性良好的主权货币和政府证券。这样能够保证 Libra 和现实资产稳定可持续的兑换关系。但 Libra 协会目前尚未公布篮子中具体将包含哪些资产,以及相应的兑换比例。储备资产将用于低风险投资。投资所产生的各类收益并不会返还给用户,而是首先支付 Libra 协会的各项开支,剩余部分将作为回报支付给 Libra 的早期投资者。根据 Libra 自己的测算,由于储备资产所投低风险资产的预期收益率较低,因此早期投资者很难在短时间内获得足额回报。

Libra 协会注册于瑞士日内瓦,是一个非营利性的会员制组织。Libra 协会的组织形式与其技术层面的网络拓扑有诸多相似之处。协会秉承去中心化的原则,所有重大决策均由理事会集体做出。各创始人同时也充当网络中的验证者节点角色,每个验证者节点只能向理事会指派一名代表。重大决策或者技术性决策采用 2/3 以上多数同意的办法,这与 LibraBFT 所采用的共识原理基本一致。虽然 Facebook 在 Libra 的发展过程中功不可没,但其在理事会中并没有特别权利,这也是 Libra 体现去中心化的公平之处。

截至白皮书公布,Libra 已有 20 余家创始成员,其中包括了 Facebook、eBay、Visa、Uber、MasterCard、Vodafone 等行业巨头。但据媒体报道,创始成员签署的仅仅是一个没有约束力的框架协议,且除 Facebook 外,其余成员尚未真正向协会出资。因此,目前 Libra 协会真正的组织状态尚停留于构想阶段,或待监管态度明朗后才会有实际动作。

7.6.4 监管态度

杨晓晨和张明(2019)认为,与比特币完全不同的是,Libra 的创始投资人多为重量级跨国企业。在各国的监管态度不明朗之前,这些企业不会冒着与各国政府交恶的风险来强行推广 Libra。Facebook 也在监管听证会上明确表示:在未获得监管许可前,Libra 不会推出。2019 年 9 月,Libra 负责人在瑞士巴塞尔会见了包括美联储在内的26家中央银行的官员,回答了若干Libra设计和使用上的关键问题。各国央行已经集体开启了对Libra的严肃评估过程。但由于Libra主要由Facebook牵头发起,美国政府的态度就成为该项目能否存续的关键。从历次听证会和监管隔空喊话传递的信息看,监管主要关注以下几个方面:首先,Libra在瑞士注册是否为了逃避美国监管,其开展全球化业务如何能适应不同国家的监管环境?第二,鉴于Facebook在数据隐私和数据安全方面曾经暴露出重大风险,Libra在这两方面的可靠性是否同样值得担心?第三,Libra的商业模式是否稳定且可持续,以及不会由于Facebook在社交网络方面的强大优势而产生联动效应,甚至于再造一个垄断巨头?第四,Libra是否会完全匿名,是否会沦为洗钱和支持各种非法活动的工具?这些问题有些可以从上文的技术和货币设计上找到答案,有些则需要Libra协会进一步加以明确。Libra反复强调其可以成为美国制衡支付宝等支付工具的强力手段,但鉴于Libra与支付宝完全不同的实现路径和管理思路,美国政府亦有充足的理由担心贸然支持Libra也会造成一定的隐患。

总而言之,Libra将会面临相当漫长的监管审核过程。正如美联储主席鲍威尔所总结的:"Libra引发了监管机构对隐私、洗钱、消费者保护、金融稳定等问题的担忧。这些担忧应该得到彻底、公开的解决。解决这些问题的过程应该是耐心和谨慎的,而不能一蹴而就"。

7.7 法定数字货币

7.7.1 国内法定数字货币

陈燕红等(2020)认为,货币是现代经济和金融系统的核心要素。货币作为一种社会关系,其形态的演化与科学技术的革新密切相关,从商品货币、金属货币、纸币再到电子货币,货币的"无形化"超越了物理形态的限制,货币形态每一次演变的背后,都离不开历次工业技术革命的推动和技术成果支撑。分布式账本技术(DLT)、云计算和人工智能等技术的出现,以及网络基础设施、区块链等数字技术的发展和广泛应用,对货币演化的影响进一步深入,货币形态日趋数字化,进而催生了数字货币——一种显著区别于传统主权信用货币的新型货币。

数字货币是指基于密码学和网络点对点技术,由计算机编程产生,并在互联网等虚拟环境发行和流通的电子货币。数字货币是否具有价值计量、支付、流通手段和价值贮藏等传统货币的基础职能,需要综合其群体构成、法律规范、市场规模及发行主体等因素来最终确定。按照发行主体不同,数字货币可以被分为私人数字货币和法定数字货币。私人数字货币由货币当局以外的私人机构等市场主体发行,不具有法偿性;法定数字货币指由一国货币当局(中央银行)基于国家信用发行的新的法定货币形态,是法定货币在数字经济时代的延伸,具有法偿性,因此也被称为"央行数字货币"(Central Bank Digital Currency,CBDC)。近年来,各主要经济体均在积极考虑或推进央行数字货币研发。国际清算银行的调查报告显示,65个国家或经济体的中央银行中约86%已开展数字货币研究,正在进行实验或概念验证的央行从2019年的42%增加到2020年的60%。据相关公开信息,美国、英国、法国、加拿大、瑞典、日本、俄罗斯、韩国、新加坡等国央行及欧央行近年来以各种形式公布了关于央行数字货币的考虑及计划,有的已开始甚至完成了初步测试。全球范围内很多国家货币当局开始关注数字加密货币并积极研究和论证发行CBDC的必要性和可行性,部分国家已开始搭建CBDC底层基础设施,启动技术系统测试等工作。例如,2020年1月,柬埔寨中央银行宣布,其正在研发柬埔寨国家支付门户,并已开发出名为"Bakong"项目的准央行数字货币;2020年7月,新加坡官方宣布,新加坡已开发出基于区块链的跨境支付网络系统,可实现更便捷、更高效,运行成本也更低的国际结算系统;同月,立陶宛央行宣布正式发布数字加密货币"LBCOIN",该央行数字货币基于区块链技术生产,可直接与立陶宛中央银行以及专用区块链网络进行交换。

　　对于主权国家而言,积极推进CBDC的研发和应用,一方面是顺应数字经济发展的历史趋势;另一方面,在私人数字货币日益发达的背景下,各国货币当局出于维护货币主权和金融稳定,保持央行货币和支付系统竞争力的考虑,也需要积极应对。对于发达国家,CBDC的推出有助于其维护金融支付体系的安全性。同时,私人数字货币,尤其是以Libra为代表的数字稳定币的诞生及应用,可能对主权国家的金融稳定和货币主权带来较大威胁。因此,中央银行有必要研发CBDC,以防止出现私人数字货币垄断的风险,维护货币主权。此外,如果中央银行能依托区块链等新技术设计出更加科学的利率传导机制,也将会对货币政策的实时、有效传导产生积极影响。而对于金融基础设施欠发达的部分国家,CBDC的优势可能更加明显,CBDC的推出有助于提高金融支付系统的效率,提升金融普惠。对于因国内通货膨胀,受到国际制裁而严重影响经济金融稳定的国家来说,发行CBDC或将是寻求破局的一种新的尝试。

　　近年来,我国一直在密切关注、积极探索央行数字货币,并在较早阶段成立官方机构推动项目研发和落地。需要解释的是,CBDC是央行数字货币的统称,各国中央银行可根据本国实际,以及不同阶段的差异化需求设计不同模式的CBDC,因此,CBDC是一个更加宽泛的概念;与此相对应的DC/EP,是人民银行推出的"中国版"央行数字货币的具体项目名称,DC(Digital Currencies)即数字货币;EP(Electronic Payment)即电子支付。DC/EP是数字化的纸钞,是具有价值特征的数字支付工具。

　　目前,人民银行虽暂未公开披露DC/EP的具体设计方案和运行机制,但基于人民银行对于 DC/EP 设计原则和模式的阐述,人民银行相关部门负责人的公开表态,并结合人民银行数字货币研究所、人民银行印制科学研究所、中钞信用卡产业发展有限公司等人民银行系统单位已申请的发明专利(产品专利和方法专利),仍可勾勒出 DC/EP 的设计架构及运行机制。

7.7.1.1 研发背景及相关概念

数字经济发展需要建设适应时代要求、安全普惠的新型零售支付基础设施。当前,我们国家经济发展已从保持高速增长的初级阶段转向区域经济高质量发展的初级阶段。以数字经济发展为代表的科技创新发展已成为拉动经济发展新动能最重要的核心动力。随着时间的推移,大数据、云计算与人工智能、人工智能与机器人、区块链技术、人工智能与物联网等数字技术快速发展,数字经济的发展逐步形成了新的模式和新型号。业态层出不穷,淘宝购物、远程办公、在线教育平台等阿拉伯数字工作生活形式更加活跃,数字经济发展范围扩大、覆盖面进一步扩大,广大经济欠发达地区和少数民族地区线上供应链金融服务需求与日俱增。近 10 年来,我国的电子支付方式,尤其是支付宝和微信支付的快速发展,为广大群众予以了高效便捷的批发零售需付公司服务,在助力促进民生发展的同时也使广大群众养成了电子支付习惯,这进一步提升了公众对技术对比和企业服务思维创新的需求。而且,要做到经济社会快速发展的高质量发展,要求建设更加绝对安全、更加通用、更加普惠的新型、高效的批发和零售支付基础设施。被认为是予以公共服务,进一步满足广大人民群众多样化的支付需求,并以此提升供应链金融服务基础知识水平和工作效率,促进新时代的顺利发展。国内国际双循环相互促进的发展格局,为加快构建新发展格局予以有力支撑。

同时,现金的功能和使用环境正在发生深刻变化。随着数字经济发展,我国现金使用率逐渐呈下降趋势参照中国人民银行 2019 年中国支付银行存款日记账调查结果,手机支付活跃用户数和支付金额占比分别为 66% 和 59%,活跃用户数占比现金支票金额为 59%;活跃的银行借记卡用户数和金额分别是 7% 和 23%,46% 的受访者调查结束后 3 个月没有选用银行卡。而且还要看到,参考 2016 年底至 2020 年底的相关统计数据,我们国家流通货币现金支票(M0)账户余额分别为 6.83 万亿元、7.06 万亿元、7.32 万亿元、7.72 万亿元和 8.43 万亿元折合人民币,仍保持一定的增速。特别是在供应链金融服务还没有完全覆盖的地方,民众对现金支票的依赖度一直很高。但临时补充流动资金的成本比较高,防伪的设计生产、印刷、运输、存取款、鉴定、审核、退货、销毁、防伪等许多重要的环节消耗大量的人、财和物力。

此外,加密货币特别是全球性稳定币发展迅速。自比特币问世以来,私营部门推出各种所谓加密货币。据不完全统计,目前具备较大影响力的加密数字货币已超过 1 万种,A 股总市值超过 1.3 万亿美元。比特币等加密货币采取使用区块链技术和分布式账本技术,号称"去中心化"和"完全匿名",但缺乏市值支撑,价格波动剧烈,交易效率低下,巨大的能源损耗等制约因素使其无法发挥货币价值在日常经济发展活动中的基本作用。此外,加密数字货币主要用于投机,可威胁财务会计绝对安全和社会和谐稳定,已成为洗钱等非法软件经济发展活动的必要支付工具。针对加密数字货币市场价格波动较大这一严重缺陷,一些与商业挂钩的相关机构推出了所谓的"稳定币",试图借助价值货币或锚定相关数据以保持币值稳定、资产稳定、汇率稳定。一些贸易相关机构有在全球范围内推出稳定币的具体计划,这将给全球金融体系、金融基础设施体系建设、货币财政政策、跨境资本流动信息管理等带来诸多风险和考验。

定义 7.8 数字人民币

数字人民币是中国人民银行发行的数字形式的法定货币,由指定运营机构参与运营,以广义账户体系为基础,支持银行账户松耦合功能,与实物人民币等价,具有价值特征和法偿性。

数字人民币的主要含义有以下 5 个方面。

(1) 人民币数字钱包是央行货币政策发行的国家货币。①人民币数字钱包具备一般货币价值尺度、交易信息载体、价值贮藏等功能,这使得数字货币和人民币一样是法定货币;②人民币数字是法定货币的具体数字化形式。从货币价值、人力资源和社会保障发展等方面来看,随着科学技术和经济发展活动的发展,货币价值不断演变。实物资产、非金属币、金属币、纸币都是有所关联的,最终产品对应的是中国各个历史发展时期的发展速度和进步。数字人民币的正式发行和货币流通评价机制,与人民币兑换是一致的,但币值的转移是以数字形式完成的;③人民币数字钱包是央行面向普罗大众的货币政策财产,以国家信用为支撑,有法定补偿。

(2) 数字人民币采取使用信息集中管理、双层网络运行的模式。数字人民币的适配权属于国家所有,中国人民银行在数字人民币的运营管理体系中处于实力和核心地位。负责向国有商业银行正式发行数字人民币,用来充当与指定经营有所关联的机构相交易的媒介,并向公众提供数字人民币的流通服务。

(3) 一方面,数字人民币定位为支票支付凭证(M0),将与人民币产品长期共存。数字人民币和实物人民币的兑换是央行货币政策专有利益,面向广大公众,具备同等实力和相关法律地位,具备较高的经济价值。另一方面,数字人民币将与实物人民币兑换同步发行,中国人民银行将两者合并统计,协同运行审核,统筹信息管理。全球许多经验表明,支付工具的多样性是一个完全成熟的经济单位的普遍特征,也是一种内在的必然性。

(4) 数字人民币是央行的一种零售型数字货币,主要用于满足国内零售支付需求。根据不同的用户和用途,央行数字货币可以分为两类。①央行批发数字货币,主要发行给商业银行等机构实体,多用于大额结算;②零售央行数字货币,面向公众发行,用于日常交易。主要国家或经济体在开发中央银行数字货币方面有不同的优先事项,其中一些侧重于批发交易,另一些侧重于提高零售系统的效率。数字人民币是一种向公众发行的零售央行数字货币。其推出将基于国内支付系统的现代化,充分满足公众的日常支付需求,进一步提高零售支付系统的效率,并降低整个社会的零售支付成本。

(5)在未来的数字零售支付体系中,数字人民币与指定经营机构的电子账户资金具有通用性,共同构成现金支付工具。商业银行和持牌非银行支付机构可在全面持续遵守合规和风险监管要求,包括反洗钱、反恐怖融资等活动,并经央行批准和支持,参与数字人民币支付服务体系,充分发挥现有支付等基础设施功能,为客户提供数字零售支付服务。

中国研发数字人民币系统的目的,是创造一种新型的数字形式的人民币,以满足数字经济条件下公众的现金需求。依托于零售支付领域可靠、稳定、快速、高效、持续创新、开放竞争的金融基础设施,支撑中国数字经济发展,提升普惠金融发展水平,提升货币和支付体系运行效率。其作用包括:

①丰富央行向社会公众提供现金的形式,满足公众对现金数字化形态的需求,助力普惠金融。随着数字技术和电子支付的发展,现金在零售支付领域的使用正在减少。中央银行作为公共部门,有义务维护公众直接获取法定货币的渠道,并通过现金的数字化确保数字经济下会计单位的统一。数字人民币系统将进一步降低公众获得金融服务的门槛,维护广泛人群和多种场景的法定货币供应。没有银行账户的市民可以通过数字人民币钱包享受基本金融服务。短期来华的境外居民无须在中国大陆开立银行账户,即可开通数字人民币钱包,满足在中国境内的日常支付需求。数字人民币"即付即结算"的特点,也有利于企业和相关方在享受支付便利的同时,提高资金周转率。

②支持零售支付平台的公平、效率与安全。数字人民币将为公众提供一种创新性的支付方式,极大地提高了支付工具的多样性,有助于提升整个支付体系效率和安全。目前,中国持续支持多样化的支付方式协同发展,因此,数字人民币与一般电子支付工具虽然处于不同维度,但能在交互中形成互补。数字人民币基于M0定位,主要用于零售支付,提升金融普惠水平是为其目标,电子支付技术和经验能够形成有益驱动作用。虽然支付功能相仿,但数字人民币和电子支付工具也存在着差异:首先,数字人民币是国家法定货币,具有最高的安全等级;其次,数字人民币具有价值属性,可在不依赖银行账户的条件下进行价值转换,并支持离线交易,具有"支付即结算"特性,灵活性强;最后,数字人民币支持可控匿名,有利于保护个人隐私和用户信息的安全。

③积极响应国际社会倡议,探索完善跨境支付。实现数字人民币跨境使用,推动人民币国际化,受到社会各界越来越多的关注。跨境支付涉及货币主权、外汇管理政策、外汇制度安排、监管合规要求等诸多复杂问题,也是国际社会正在努

力解决的难题。货币国际化是市场选择的自然过程。国际货币的地位从根本上取决于经济基本面和货币金融市场的深度、效率和开放程度。数字人民币具备跨境使用的技术条件,目前的应用主要集中于满足国内零售支付需要。

未来,央行将积极响应二十国集团(G20)等国际组织关于改善跨境支付的倡议,并仔细研究与探讨央行数字货币在跨境领域的适用性、实践性。依据国内试点情况和国际社会需要,在充分尊重双方货币主权、依法合规的要求下,央行将探索跨境支付试点,遵循"无损""合规""互通"三项要求[1]与有关货币当局建立法定数字货币汇兑部署及监管合作流程,坚持双层运营、风险为本的管理标准和模块化设计规则,以满足各国监管的合规性要求。

7.7.1.2 系统设计框架及运行机制

数字人民币体系设计坚持贯穿"安全普惠、创新易用、长期演进"设计理念,综合考虑货币功能、市场需求、供应模式、技术支撑和成本收益确定设计原则,在货币特征、运营模式、钱包生态建设、合规责任、技术路线选择、监管体系等方面反复论证、不断优化,形成适合中国国情、开放包容、稳健可靠的数字人民币体系设计方案。

(1)坚持依法合规。数字人民币体系制度设计严格遵守人民币管理、反洗钱和反恐怖融资、外汇管理、数据与隐私保护等相关要求,数字人民币运营须纳入监管框架;

(2)坚持安全便捷。数字人民币体系突出以广义账户为基础、与银行账户松耦合、价值体系等特征,适应各种线上线下支付环境,最大限度减少技术素养、通信网络覆盖等因素带来的使用障碍,满足公众对支付工具安全性、易用性的要求。数字人民币操作系统满足高安全性、高可用性、高可扩展性、高并发性和业务连续性的要求;

(3)坚持开放包容。充分发挥指定运营机构各自优势和专业经验,遵循长期演进技术政策,通过技术竞争和技术迭代保持整体技术先进性,避免系统运行风险过度集中。支持与传统电子支付系统的交互,充分利用现有金融基础设施,实现不同指定运营商钱包、数字人民币钱包和银行账户的互联互通,提高支付工具的交互性。

根据陈艳红等(2020)的说法,数字人民币的设计综合考虑了实物人民币和电子支付工具的优势。它不仅具有支付结算和实物人民币匿名的特点,还具有电子支付工具的特点,如成本低、便携性强、效率高、不易伪造等。主要有以下特性:

---

[1] 无损要求:央行数字货币应促进国际货币体系健康发展和金融稳定,一国数字货币不应损害其它央行的货币主权和政策独立性,同时,应保护消费者合法权益,促进公平竞争。合规要求:央行数字货币应具有完善的法律基础和稳健的运营体系,遵守各国关于外汇管理、资本管理等法律法规,做到信息流和资金流的匹配,以促进跨境贸易的发展,支持实体经济,符合反洗钱、反恐怖融资等监管要求。互通要求:央行数字货币可充分利用现有基础设施及金融科技手段,实现不同央行数字货币系统间及其与传统金融市场基础设施间的互联互通。同时,应有利于促进支付业务有序发展,杜绝碎片化局面。

（1）兼具账户和价值特征。数字人民币能够在基于账户(account-based)、基于准账户(quasi-account-based)和基于价值(value-based)三种方式中实现兼容,采用可变面额设计,以加密币串形式实现价值转移。

（2）不支付利息。数字人民币定位于 M0,与同属于 M0 范畴的实物人民币相当,因此不对其支付利息等其他费用。

（3）成本较低。数字人民币与实物人民币管理方式大致相同,人民银行不会从指定运营机构收取兑换流通服务费用,指定运营机构也不会从个人客户手中收取数字人民币的交易(包括兑出/兑回)服务费。

（4）支付即结算。从支付与结算效率的角度看,数字人民币与银行账户松耦合,因此,基于数字人民币钱包进行资金转移,能够实现支付即结算。

（5）匿名性(可控匿名)。数字人民币遵循"小额匿名、大额可依法溯源"的原则,高度重视个人信息和隐私保护,充分考虑现有电子支付体系下的业务风险特征和信息处理逻辑,满足公众小额匿名支付服务需求。同时,防止数字人民币用于电信诈骗、网络赌博、洗钱、逃税等违法犯罪行为,确保相关交易符合反洗钱和反恐融资要求。数字人民币系统所收集的交易信息比传统电子支付模式所收集的交易信息要少,除法律法规明确规定外,不会向第三方或其他政府部门提供交易信息。中国人民银行对数字人民币相关信息设置了"防火墙",通过专人管理、业务隔离、分级授权、岗位制衡、内部审计等制度安排,严格实施信息安全和隐私保护管理,禁止任意查询和使用。

（6）安全性。数字人民币综合使用数字签名、安全加密存储、数字证书体系等技术,实现不可非法复制伪造、不可篡改交易、不可重复花费及抗抵赖等特性,并已初步建成全方位安全防护体系,保障数字人民币全生命周期的风险可控和安全系数。

（7）可编程性。数字人民币通过加载智能合约,既能不影响货币功能又能实现可编程性,使得数字人民币在确保安全与合规的要求下,可根据交易双方商榷的条件与规则自动进行支付与交易的达成,促使业务模式创新。

根据中央银行承担的不同职责,法定数字货币运营模式有两种选择:第一是单层运营,即由中央银行直接面对全社会提供法定数字货币的发行、流通、维护服务;第二是双层运营,即由中央银行向指定运营机构发行法定数字货币,指定运营机构负责兑换和流通交易。数字人民币采用的是双层运营模式。中国人民银行负责数字人民币的发行、注销、机构间互联互通和钱包生态管理,审慎选择在资金和技术方面具备一定条件的商业银行作为指定经营机构,率先提供数字人民币兑换服务。在人民银行集中管理的前提下,充分发挥其他商业银行和机构的创新能力,共同提供数字人民币流通服务。具体而言,指定经营机构在中国人民银行的额度管理下,根据客户的识别实力,为客户开通不同类型的数字人民币钱包,并开展数字人民币兑换和提现服务。同时,指定运营机构与相关商业机构共同承担数字人民币流通服务,负责零售环节管理,实现数字人民币安全高效运营,包括支付产品设计创新、系统开发、场景开发、市场推广、业务处理、运维等服务。在此过程中,央行将努力保持公平的竞争环境,确保由市场能够充分发挥资源配置作用,以最大限度地调动参与各方的创造性和积极性,从而达到维护金融体系稳定的目的。双层运营模式能够充分利用指定运营机构资源、人才、技术等优势,实现市场驱动、竞争选优、促进创新。同时,双层运营模式保留了公众通过商业银行等机构处理金融业务的习惯,有利于提升社会对数字人民币的接受度。

数字钱包是数字人民币的载体,是接触用户的媒介。中国人民银行在数字人民币集中管理、统一识别、防伪的前提下,制定了相关规则,各指定运营机构通过共建共享的方式搭建移动端APP,管理钱包、验证数字人民币;开发钱包生态平台,实现自己的视觉系统和特色功能,实现数字人民币线上线下全场景应用,满足用户多主体、多层次、多品类、多形式的多样化需求,保证数字钱包的普适性,避免"数字鸿沟"带来的使用壁垒。

(1)根据客户身份识别强度数字钱包可分为不同等级。指定运营机构按照客户身份识别强度对数字人民币钱包进行分类管理,根据实名强弱程度赋予不同的单笔/单日交易及余额限制要求。依据匿名设计原则,最低权限钱包不要求提供身份信息。用户在默认情况下开立的是最低权限的匿名钱包,可根据自身需求升级为更高权限的实名钱包。

(2)根据开立主体数字钱包可分为个人钱包和对公钱包。自然人和个体工商户可以开立个人钱包,需要根据相应客户身份识别强度采用分类交易和余额限额管理;法人和非法人机构可开立对公钱包,并按照用户需求和开立模式确定交易、余额限额以及相关功能。

(3)根据载体不同数字钱包可分为软钱包和硬钱包。软钱包是指基于移动支付APP、软件开发工具包(SDK)、应用程序接口(API)等为用户提供服务的数字钱包。硬钱包则基于安全芯片等技术实现数字人民币相关功能,依托可穿戴设备、手机终端、物联网设备、IC卡等为用户提供服务。软硬钱包综合使用可以提升钱包生态体系的丰富性,满足不同人群需要。

(4)根据权限归属数字钱包可分为母钱包和子钱包。钱包持有主体可将主要的钱包设置成母钱包,并可在母钱包下开设多个子钱包。个人可以通过子钱包实现条件支付、限额支付和个人隐私保护等功能。企业和机构可以通过子钱包来实现资金归集、分发、财务管理等特定职能。

(5)中国人民银行、指定经营机构和社会有关机构将按照共建、共有、共享的原则,共同建设数字人民币钱包生态平台。根据上述不同维度,形成数字人民币钱包矩阵。在此基础上,人民银行制定相关规则,指定经营机构在提供各类基础功能的基础上,与相关市场主体进一步开发各类支付金融产品,构建钱包生态平台,满足多场景需求,实现自身特色功能。

央行数字货币的发行模式有两种:一种是超级央行模式(又称"单层投放模式"),即社会公众直接在一国中央银行账户系统开立数字账户,央行直接向公众发行 CBDC。公众在消费交易时,需登录其在央行开立的数字账户,将款项转移至收款方的央行数字账户,并经央行总账本记录结算和交易数据后,完成交易全流程;另一种是双层运营模式(又称"双层投放"模式),即只允许商业银行等特定机构在中央银行账户系统开立数字账户,社会公众则在商业银行等特定机构开立数字钱包账户。流程上,第一层由中央银行先将 CBDC 兑换给商业银行;第二层再由商业银行将 CBDC 兑换给公众,公众持有 CBDC 后,在消费等各类场景使用。对于 DC/EP 而言,双层运营模式更符合我国国情,主要原因在于我国地域辽阔、人口众多,东中西部地区在经济社会发展水平、人口受教育程度、互联网等基础设施完善程度等方面存在较大差异,因此,在设计央行数字货币系统时,需要充分考虑国情的复杂性、多样性,同时也要兼顾服务的可获得性和便捷性。在超级央行模式下,人民银行需要直接面对数以亿计的社会公众,环境极其复杂,考验极其严峻。而"央行-商业银行/商业银行-消费者"的双层运营模式,不会改变我国现有基础货币投放体系和二元账户结构,DC/EP 可依托商业银行网点、合作零售网点、供应链金融体系等,实现高扩展性和高并发性,也更适用于高频的小额零售场景。即使在无网络情况下,DC/EP 也可支持"双离线支付"的业务场景。不仅如此,人民银行还可与商业银行合作开发、运营 DC/EP,依托商业银行完善的 IT 基础设施服务体系,充分发挥商业银行人才和金融科技等技术优势,既满足消费者的多元化需求,又有利于发挥市场机制的作用,优化系统运行效率,促进市场竞争和创新(范一飞,2018)。

陈燕红等(2020)指出数字人民币需要兼顾责任合规和权益保护。如对反洗钱、反恐融资等合规责任以及对消费者权益加以保护。具体表现为:

(1)反洗钱、反恐融资和其他合规责任。数字人民币作为法定货币,适用于现行国际标准和国内反洗钱和反恐融资的法律要求。指定经营机构和其他负责交易和流通的商业机构是反洗钱义务的主体,并承担相应的反洗钱义务,包括客户尽职调查、客户身份信息和交易记录保存、大额和可疑交易报告等。指定经营机构和其他商业机构在履行反洗钱义务的同时,应当依法保护商业秘密、个人隐私和个人信息,不得泄露客户身份信息和交易记录。中国人民银行作为反洗钱行政主管部门,实施反洗钱监管,推动和督促各方履行反洗钱责任。

(2)消费者权益保护。在数字人民币体系中,消费者权益保护内容和责任分工与现金一致。人民银行和指定运营机构负责对数字人民币真伪进行鉴别,通过数字人民币的证书机制和数字冠字号验真。指定运营机构按照相应的争议处理机制,妥善解决各种可能的争议及用户损失。人民银行通过监管考核,对数字人民币兑换、流通中的消费者权益进行保护。

陈艳红等（2020）指出，数字人民币的技术路线选择将会是一个长期演进、不断迭代和动态升级的过程，这是以市场需求为导向的定期评估和持续优化改进。指定运营机构可以根据其实际需求和技术优势选择自己的技术路线，从而充分保持对未来技术的洞察力和前瞻性。数字人民币系统采用分布式和基于平台的设计，以增强系统弹性和可扩展性，支持数字人民币支付交易的快速增长。可信计算的集成应用，特殊加密技术的硬件和软件集成，确保系统的可靠性和鲁棒性；我们将构建多级安全系统，设计多点和多活动数据中心解决方案，确保城市级灾难恢复能力和业务连续性，并提供 7×24 小时连续服务。数字人民币系统融合了集中式和分布式架构的特点，形成了稳定与灵敏双模式并存、集中式与分布式融合发展的混合技术架构。数字人民币的研发也要符合中国的法律框架。根据《中国人民银行法》的规定，中国人民银行有权发行人民币，管理人民币的流通。中国人民银行拥有人民币的发行权和唯一发行权。目前公布的《中国人民银行法》修订草案（征求意见稿）进一步明确了"人民币包括实物形式和数字形式"。相关部门还需要针对数字人民币的特征制定专门的监管办法与要求。数字人民币监管应以保证法定货币属性、严格遵守风险底线、支持创新发展为原则。目标是建立数字人民币业务管理制度，明确指定经营机构的监管要求，落实反洗钱、反恐怖融资等法律法规，加强对用户个人信息的保护，营造安全、便捷、规范的数字人民币使用环境。

定义 7.9 央行数字货币体系

央行数字货币体系是由人民银行主导的，在保留传统纸质人民币发行机制的同时，发行以加密算法、账户松耦合形式为基础的，主要替代流通中现金（M0）的数字虚拟货币体系（陈燕红等，2020）。

陈燕红等（2020）认为，根据目前的研发设计，我国央行数字货币系统主要基于 D-RMB 系统展开。其中，D-RMB 指代基于密码学的数字货币，D-RMB 系统指代基于 D-RMB 交易的资金转移系统，该系统由人民银行与各商业银行联合运营、分级建设。具体而言，中央银行数字货币系统由人民银行负责运行维护，主要职责是数字货币的发行与验证监测等；商业银行数字货币系统由商业银行负责运行维护，其主要职能是从人民银行兑换到数字货币后，直接面向社会提供数字货币流通服务。D-RMB 体系的核心要素可以概括为"一种币、两类库、三个中心"（姚前，2020）。一种币，即"D-RMB"或 D 币，特指一串由央行签名的代表具体金额的加密数字串。两类库：是指 D-RMB 的发行库和银行库。数字货币在发行库中即表现为央行的数字货币基金；数字货币在银行库中即表现为商业银行的库存数字现金。三个中心：一个是登记中心，主要通过数字货币权属登记表和交易流水表，对货币发行、流通、清点核对、回笼等 DC/EP 生命全周期进行登记，并将登记结果通过分布式账本予以公布；另外两个是认证中心，即 CA 认证中心和 IBC

认证中心[①],主要功能是对用户身份进行认证管理、并颁发证书。

典型的数字货币特性对比如表 7-5 所示(蒋鸥翔等,2020)。

表 7-5 典型数字货币特性对比

项目	DC/EP	比特币	Libra
发行主体	中国人民银行	完全去中心化,基于密码编码和复杂算法产生	由 Facebook 等机构发起的 Libra 协会
研究时间	2014 年	2008 年	2018 年
发行目的	维护金融主权,并为公众提供更便捷和有保障的支付工具	建立点对点的电子现金系统	建立一套简单的、无国界的货币,为数十亿人服务的金融基础设施
信用基础	国家信用	—	储备资产的价值
使用范围	代替 M0	—	代替 M0、M1 和部分 M2
底层技术	不预设技术路线	完全去中心化的公有链	基于联盟链的稳定币
运营体系	"中央银行-商业银行"双层运营体系;实现"双离线支付"	总量 2 100 万枚,以虚拟挖矿形式产出,每 4 年产量减半,预计 2140 年挖完	Libra 协会根据授权经销商的需求来制造和销毁;必须在线认证,基于明确的账户概念
资产储备	商业机构向央行全额缴纳准备金	无真实资产储备	真实资产作为储备
落地场景	主要用于小额零售支付、跨境支付场景	没有明确场景,已在零售、跨境结算等诸多领域落地	跨境支付等
目标用户	中国用户	全球用户	全球数十亿人
监管形式	政府直接监管	无明确的监管机构	多国监管
发展现状	低调研发 5 年,已经呼之欲出	稳居虚拟货币市值榜首,2019 年 8 月成为世界第 11 大货币	白皮书于 2019 年 6 月 18 日发布

资料来源:Libra 白皮书,巴比特。

陈燕红等(2020)认为,我国纸币现行的发行流程主要包括三个环节:第一,发行基金调拨入央行发行库;第二,从央行发行库出库转入银行机构业务库;第三,从银行机构业务库进入流通领域。人民币 DC/EP 也同样沿用类似的设计架构和流程。在 DC/EP 的发行系统架构中,人民银行设有会计核算数据集中系统(ACS)和数字货币发行系统(DCIS)两个模块,商业银行设有前置机模块。

[①] CA 认证中心(Certification Authority)即电子商务认证授权中心,基于 PKI 体系对机构和用户证书进行集中管理。IBC 认证中心(Identity-Based Cryptograph),即基于标识的密码技术建立的认证中心。

人民币 DC/EP 发行的具体流程为：

(1) 数字货币发行系统接收来自商业银行前置机发送的数字货币发行请求；

(2) 数字货币发行系统对数字货币发行请求进行业务核查；

(3) 在核查通过的情况下，数字货币发行系统向 ACS 发送扣减存款准备金的请求；

(4) ACS 根据扣款请求扣减存款准备金，并向数字货币发行机构反馈对于扣款请求的应答；

(5) 数字货币发行系统在接收到 ACS 的扣款成功应答的情况下，生产数字货币；

(6) 数字货币发行系统将数字货币发送至商业银行的前置机[①]。

按照人民银行的设计架构，人民币 DC/EP 在货币流通环节中的交互系统主要包括货币终端、数字货币投放系统、额度控制系统。该系统通过生成新的数字货币、注销旧的数字货币等方式，实现交易过程中不同用户客户端之间数字货币的流通；同时，又可基于对金额的验证，保证货币流通的合理性。

如图 7-25 所示，DC/EP 的流通过程主要包括：

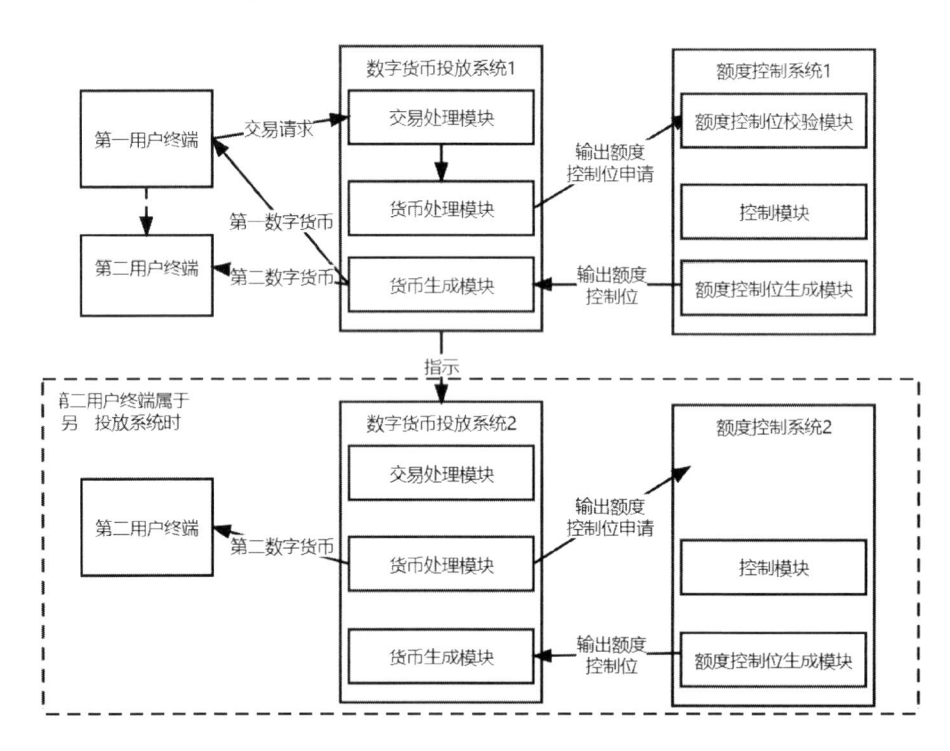

图 7-25　央行数字货币（DC/EP）流通总过程示意图

[①] 姚前，李会锋，温信祥，李连三，王栋兵，刘浩，赵欣，唐晓雪，刘文舒．数字货币系统[P]．北京：CN107230070A，2017-10-03．

（1）第一用户终端向同一个数字货币投放系统的第二用户客户端，或者向不属于同一个数字货币投放系统的第二用户客户端发起交易，如转账、汇款、收款等。当第一用户终端与第二用户终端属于同一数字货币投放系统时由该系统办理；当属于不同系统时，由第一用户终端所在的数字货币投放系统指示第二用户终端所在的数字货币投放系统生成第二用户终端的输出数字货币。

（2）数字货币投放系统获取第一用户终端的输入数字货币额度控制位，构建输出数字货币额度控制位申请，发送给额度控制系统。

（3）额度控制系统对输出数字货币额度控制位申请进行校验，校验通过后生成输出数字货币的额度控制位。

（4）数字货币投放系统在收到额度控制系统反馈的输出数字货币额度控制位后，根据输出额度控制位指示的金额生成对应的新的数字货币，同时在生成新的数字货币时，注销输入数字货币。

个人用户将其存于银行账户中的活期存款兑换为数字货币的具体操作流程为：

（1）根据用户的身份认证申请进行认证。

（2）若身份认证通过，接收兑换数字货币请求信息，兑换数字货币请求信息包括兑换金额、用户兑换指定的数字货币钱包和指定的银行账户。

（3）根据兑换数字货币请求信息从用户银行账户扣减相应金额，并生成扣款反馈信息。

（4）根据扣款反馈信息和兑换数字货币请求信息生成数字货币转移请求，发送至发钞行数字货币系统，以供发钞行数字货币系统进行数字货币的转移并生成转移反馈信息。

（5）接收发钞行数字货币系统的转移反馈信息，并且根据转移反馈信息将数字货币记录在用户兑换指定的数字货币钱包中[①]。

人民币 DC/EP 货币回笼的具体流程如 7-26 所示。

（1）数字货币回笼系统接收商业银行前置机发送的数字货币回笼请求，在数字货币回笼请求中包括待回笼的数字货币。

（2）数字货币回笼系统对数字货币回笼请求进行业务核查，在业务核查通过的情况下，向 ACS 发送增加存款准备金请求。

（3）ACS 根据增加备付金请求，增加备付金，并将

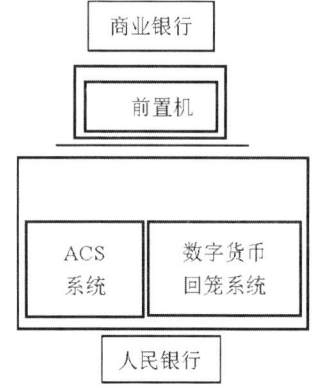

图 7-26　人民币 DC/EP 货币回笼系统架构图

[①]　发明专利：一种数字货币钱包支付的方法和系统（CN107330691A），中国人民银行数字货币研究所，2017 年 6 月 26 日。

对该请求的应答发送给数字货币回笼系统。

(4)在接收到ACS发送的增加存款准备金成功应答的情况下,数字货币回笼系统将数字货币回笼应答发送至商业银行的前置机[①]。

7.7.2 国外法定数字货币

7.7.2.1 石油币(Petro)

施晓康等(2019)认为,近年来,委内瑞拉政治经济深陷恶性循环状态。自2014年国际油价断崖式下跌以来,委内瑞拉国内经济严重受挫。此后,委内瑞拉反对派民主团结联盟获得国会控制权,国内政治斗争激化,陷入政治、经济和社会危机。与此同时,委内瑞拉面临着美国不断加码的经济制裁和金融封锁。为缓解危机,委内瑞拉政府正式宣布开发石油币(Petro),将其作为该国法定货币,可用人民币、美元等法定货币和比特币、以太币等虚拟货币购买。2018年初,委内瑞拉成为全球首个发行法定数字货币的国家,同年11月,委内瑞拉国民立宪会议批准新法律,允许使用石油币购买商品和服务。

孙月等(2018)提到,2018年2月20日,委内瑞拉总统尼古拉斯·马杜罗宣布发行"石油数字货币",并表示石油币是基于委内瑞拉石油资源的官方加密货币,每个"石油币"的价值等于一桶原油。8月17日,马杜罗宣布,未来石油币将成为该国的国际记账单位,以及国内工资、商品和服务定价的基准,并将与目前的货币玻利瓦尔一起作为官方货币存在。10月1日,马杜罗在"委内瑞拉国家数字货币监管中心"开幕仪式上宣布,石油币官网平台即日起已向所有用户开放注册;从11月5号起,石油币正式向公众开放出售,随后将在六家主流国际虚拟货币兑换所交易和流通。如图7-27是石油币从发行至2021年7月的价格走向图。

委内瑞拉石油币自2018年1月开始发行,其发展大致经历了三个阶段。

(1)初始预售阶段(2018年1月30日至3月20日)。2018年2月,委内瑞拉正式开始预售加密石油币,使用重油带阿亚库乔1区块53.42亿桶原油作为支持。委内瑞拉是世界上第一个发行虚拟加密货币的国家,创立石油币是为了突破美国封锁和制裁,吸引外资和增加国际支付手段,因此"这是具有历史性意义的一天"。但各种看衰石油币的声音也此起彼伏,时任美国总统特朗普还签署法令,禁止美国人或在美国境内同委方进行任何数字货币或与虚拟货币有关的任何交易。

(2)公开发行阶段(2018年3月21日至11月15日)。2018年3月,石油币进入第二阶段初始代币发行(ICO)。在第一阶段预售期,委方称已有超过50亿

---

① 发明专利:数字货币的回笼方法和系统(CN107341727A),中国人民银行数字货币研究所,2017年6月26日。

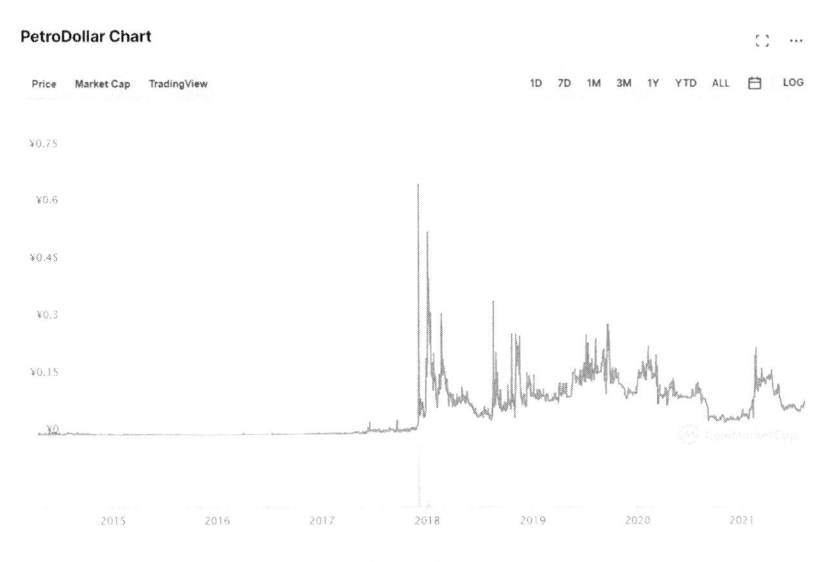

图 7-27 石油币价格走向图(至 2021.07)

美元的购买意向,待到第三阶段石油币进入自由交易二级市场,将不再提供折扣。石油币将成为委内瑞拉第二种记账货币,物价和工资将与石油币挂钩,以保持物价和人民购买力的稳定。

(3)继续推广阶段(2018 年 11 月 16 日至今)。2018 年 11 月,委内瑞拉制宪大会(ANC)审议通过《虚拟加密资产综合系统法》,旨在巩固和规范石油币等虚拟加密货币在全国范围的使用和流通。政府称 2019 年起使用石油币交易原油,原油出口将逐步使用石油币结算,打破美元一统天下石油交易的情况。2019 年 1 月,马杜罗发表新年贺词称,通过推广使用"爱国卡"及发行石油币,政府很好地应对了经济挑战。

石油币的发行要点包括:①总发行量为 1 亿枚,参考价格为 60 美元/枚;②公开发行 4400 万枚石油币,根据认购时间获得折扣,剩余石油币由加密货币管理机构持有;③石油币在委国内和国际上的数字加密货币交易所进行二级市场交易;④发行收入 15% 投入科技研发,15% 投入数字加密货币生态环境建设,15% 投入石油币相关项目,其余 55% 将进入国家主权基金。石油币可用于购买商品和服务,可在官方换汇点兑换,也可通过专门的电子账户和其他用户之间相互转账。石油币与委内瑞拉当地货币玻利瓦尔的兑换价格取决于全国官方兑换点的交易总量。

就石油币的本质而言,孙月等(2018)提出,石油币采用加密数字技术,但技术特征和宏观环境的局限使它又不同于传统的网络货币。具体体现在:

(1)石油币不具有货币属性。石油币号称全球首个官方加密数字货币,可实际上却没有货币属性。

- 从货币种类上来看,石油币只与代币略有相同

石油币没能在委内瑞拉国内所有领域做到强制流通,且以原油资源做担保而非国家信用。石油币倾向于一种可以在市场上流通的虚拟货币,即代表实物货币,并且其面值与货币所代表的实际价值并不完全相符,但可以兑换成实际货币的一种代币。但石油币既不能兑换石油又不能用玻利瓦尔购买(石油币在发行之初是无法用玻利瓦尔购买石油币的,但委内瑞拉试图在货币改革完成后,形成一个石油币等于 3600 主权玻利瓦尔的汇率,结果如何目前尚处在未知状态),虽然当局允许用石油币兑换法定货币或虚拟资产,但认可度极低。

- 石油币无法履行基本的货币职能

石油币流通范围狭窄,只能以委内瑞拉税收、公共服务等少数无形产品来衡量。如果不能定价,就不能流通。除了委内瑞拉政府要求接受石油币作为支付方式的一些具体项目外,很少有企业主动承认石油币的地位。在世界范围内的流通已被美国明确禁止。美元和石油币之间没有汇率,而美元是世界上占主导地位的货币。美国财政部发布公告,禁止美国公民购买石油币等行为也阻断了石油币的国际流通路径。此外,石油币持有者更注重援助或投机,很少用于储存。石油币不能履行货币的五大基本功能:即价值尺度、流通手段、价值储存、支付手段和世界货币。可以看出,石油币与传统货币在货币类型和功能上几乎没有相似之处。

(2)石油币更类似国债。石油币在委内瑞拉是一种新的获取外汇的融资方式,原有的融资渠道主要是银行贷款、股票筹资、融资租赁和债券融资等,从这个意义上说,以政府官方名义发行的石油币更接近于国债。从发行价格上来看,石油币发行价格是固定的 60 美元,但是前四个阶段的石油币会有逐步递减的折扣激励,类似国债的平价发行和折价发行;从发行方式来看,石油币有非公开预算和公开 ICO(Initial Coin Offering,首次币发行)两种发行方式,类似国债的公募私募。从购买方式来看,石油币的购买需要通过互联网进行,个人信息需要输入注册账户,但购买时不会公布私人信息,每枚石油币上也没有特殊的所有者信息标记,类似于秘密出售国债。从交易费用来看,石油币将在全球电子交易所自由交易,在委内瑞拉支付服务费或税费时会有折扣,类似于国债免税无交易费用的特点;从利息的角度来看,石油币的售价低于同类债券。此外,用户在持有石油币一段时间后将获得额外的石油币。类似债券的利息和石油币的总量未来也会按照"利率"缓慢增长;从流动性上来看,石油币在 ICO 完成后通过二级市场购买,可流通国债发售之后亦可在二级市场上流通;从资金用途来看,石油币发行收入的 55%用于国家主权基金,也就是委内瑞拉国内生产建设或进口产品物资,15%投入科研项目,15%用于建设数字加密货币环境,15%用于石油币有关项目,而一般国债用途有赤字国债、建设国债、特种国债、战争国债,石油币相当于综合了赤字国债和建设国债两大用途。但在二级市场上的证券价格上,石油币价格会随着油价波

动,而国债一般是稳定的、波动幅度较小。它们都是平衡市场货币量的筹码,而石油币更倾向于单向地获取外汇而非双向地控制外汇储量。

7.7.2.2 电子克朗(E-krona)

曾繁荣(2019)对瑞典央行2017年10月在第一份中期报告中提出的一个整体的E-krona概念进行了说明①。从E-krona与现金的异同上看,E-krona几乎类似于瑞典本国货币克朗,与现金或私人银行账户中的克朗价值相同。瑞典央行根据公众需求决定发行数量,不存在信用或流动性风险。与现金一样,它与银行提供的支付平行运作,并成为其替代或补充。私人银行账户中的克朗和E-krona之间的交换必须简单,且这种交换可以比现金更快。

E-krona可基于价值或基于账户。曾繁荣(2019)认为,前者可被描述为在本地存储的预付价值,如在卡片上或手机APP中,而后者可描述为由瑞典央行维护的中央寄存器(underlying central register)中的余额。从用户角度看,两者很相似,尽管底层流程不同,但对用户使用几乎没有差异。两者都有一个底层中央寄存器,E-krona的持有者和数量将以不同方式登记,支付都可追溯,都可创建在线和离线功能。但两者属性不同,因为分属不同法律,前者属电子货币,受《电子货币支付指令》约束,不能付息;后者被归类为存款,可以付息。根据反洗钱法规,前者在低于250欧元时允许匿名付款(可能降至150欧元),但前提是付款人要购买预付卡(该卡已存储E-krona并可转给其他人)。E-krona项目组不主张引入新的匿名支付方式,认为应尽可能避免洗钱。基于价值和基于账户的E-krona的属性对比如表7-6所示。

表7-6 两种E-krona的属性

可能属性	基于价值的E-krona	基于账户的E-krona
即时付款	是	是
底层寄存器	是	是
法律形式	电子货币(预付价值)	存款(账户余额)
利息	不	是
匿名支付	是(当低于250欧元时)	否
可追溯性	是	是
离线支付	是	是

---

① 当时对E-krona概念的认识是:它是由瑞典央行发行的数字货币,与现金一样,都是对瑞典央行的债权,以克朗表示;可供大众全天候使用,即时付款;最初是无息的;即使无现金,E-krona也能让公众获得央行资金;存储在瑞典央行的账户中(即基于账户),或存储在本地卡或APP中(即基于价值)。

在E-krona可能的系统设计上,曾繁荣(2019)认为,瑞典央行将提供一个平台或技术基础设施,包含基于账户的E-krona的账户结构和一个能发行和赎回基于价值的E-krona的中央寄存器。E-krona平台还需与用户应用程序、外部系统、内部支持系统和结算系统等各类系统和APP交互。

(1)E-krona平台。它包含持有E-krona的中央寄存器以及适用的监管框架和条件、处理支付所需的逻辑。它是该系统的核心部分,负责管理与其他系统和参与者的所有交互,对用户之间的支付进行清算。其监管框架归瑞典央行所有。

(2)用户APP/用户。家庭和公司使用E-krona时需要可用于支付的APP或价值载体,如移动电话上的支付APP、网站(如在线银行)和内置芯片的支付卡,也可能是有内置功能的其他东西(如手表、戒指)。瑞典央行本身并不需向家庭和公司提供e-krona,它只须提供一个开放的基础设施,由其他代理商向公众提供支付服务。

(3)外部系统。E-krona的设计决定了E-krona平台需要与哪些外部系统连接。若想在ATM上管理E-krona,则要与提供该服务的公司连接。想提供E-krona账户或其他服务的支付服务提供商,或者代理商、公司和组织想使用E-krona向E-krona账户持有人付款,都要与该平台连接。若E-krona想通过卡提供服务,则要与底层卡基础设施(如发卡机构)连接。若家庭和公司想通过E-krona向Bankgiro或Postgiro账户支付账单,则要与支付基础设施(通常是清算组织,如Bankgirot)连接。

(4)内部支持系统。E-krona平台还要连接到内部支持系统以进行管理和各类控制,包括管理系统和控制系统。管理系统的例子有管理技术管理(以支持和证书的形式)或为费用分配提供借项通知(debit notification)的系统,以及管理各种统计和报告的系统;控制系统的例子有检查洗钱和恐怖分子融资的系统。

(5)结算系统。E-krona平台要与央行资金结算系统相连,保障E-krona平稳安全地进出,控制平台上每个时点的E-krona数量。E-krona系统要与央行结算系统RIX连接,实现即时支付。因此,从E-krona平台向银行账户或从银行账户向E-krona平台支付的款项将在瑞典央行与相关银行之间的结算系统中结算。

图7-28是E-krona系统设计图。

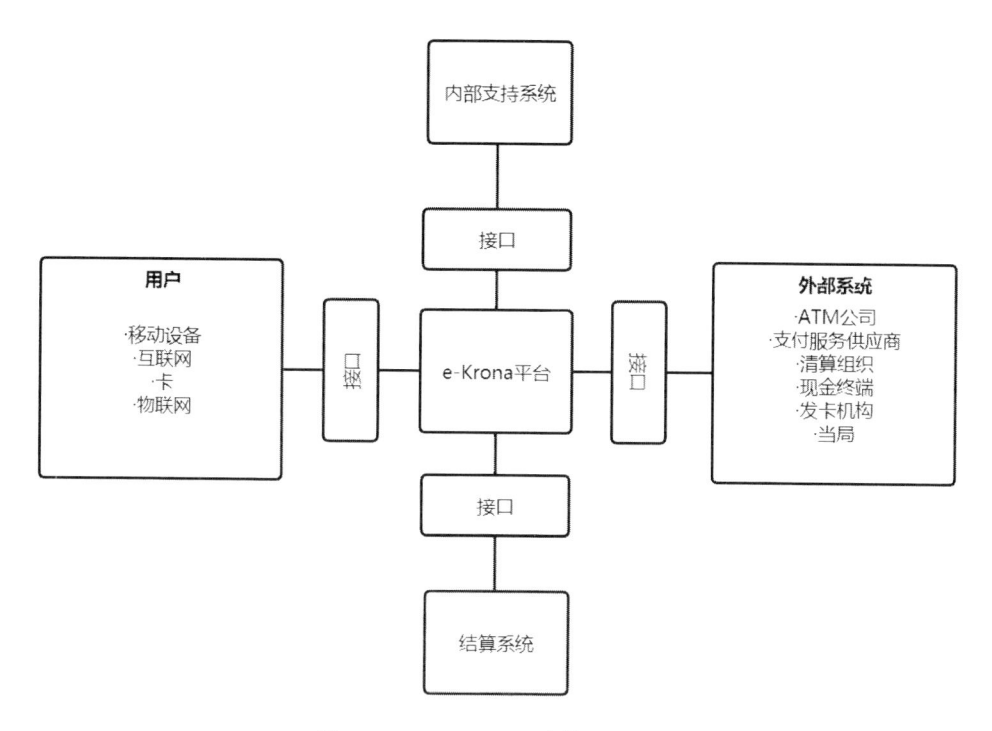

图 7-28　E-krona 系统的设计架构

参考文献

[1] 边万莉. 央行解读数字人民币:与现钞长期共存　非指定运营机构也可参与[N]. 21世纪经济报道,2021(001).

[2] 陈伟恕. 黄金非货币化是历史的必然[J]. 经济研究,1982(07):54-59.

[3] 弗里德里希·冯·哈耶克著,姚中秋. 货币的非国家化[M]. 北京:新星出版社,2007.

[4] 陈燕红,于建忠,李真. 中国央行数字货币:系统架构,影响机制与治理路径[J]. 浙江社会科学,2020.

[5] 杜川. 试点场景超 132 万个　央行解密数字人民币图景[N]. 第一财经日报,2021(A03).

[6] 范一飞. 中国法定数字货币的理论依据和架构选择[J]. 中国金融,2016(17):10-12.

[7] 范一飞. 范一飞:关于央行数字货币的几点考虑[N]. 第一财经日报,2018(A05).

[8] 郭昶皓,陈果. 比特币能作为控制通货膨胀的工具吗?[J]. 商业研究,2018(05):96-102.

[9] 高荣贵. 马克思的货币理论与电子货币[J]. 当代经济研究,1994(02):47-51.

[10] 郝芮琳,陈享光. 比特币及其发展趋势的马克思主义分析[J]. 经济学家,2018(07):20-27.

[11] 黄振东. 区块链 2.0 实战:以太坊+Solidity 编程从入门到精通[M]. 北京:电子工业出版社. 2018.

[12]蒋海曦.当代货币形式的演变及成本——基于马克思货币理论视角[J].政治经济学评论,2018,9(05):3-19.

[13]蒋鸥翔,张磊磊,刘德政.比特币、Libra、央行数字货币综述[J].金融科技时代,2020(02):57-68.

[14]蒋勇.白话区块链[M].北京:机械工业出版社,2017.

[15]李林鸾,许予朋.数字人民币五大特点要谨记[N].中国银行保险报,2021(003).

[16]李建军,朱烨辰.数字货币理论与实践研究进展[J].经济学动态,2017(10):115-127.

[17]李国辉,马梅若.数字人民币研发试点取得积极进展[N].金融时报,2021(001).

[18]刘明晶,刘政权.数字化货币[M].深圳:海天出版社,1999.

[19]马艳,肖雨.比特币的虚拟性分析[J].海派经济学,2016,14(01):124-134.

[20]宁迪.央行发布白皮书勾画数字人民币未来[N].中国青年报,2021(005).

[21]盛松成,蒋一乐.央行数字货币才是真正货币[J].中国金融,2016(14):12-14.

[22]盛松成,张璇.虚拟货币本质上不是货币——以比特币为例[J].中国金融,2014(01):35-37.

[23]施晓康,王天娇,夏凉.对委内瑞拉发行石油币的思考和分析[J].国际石油经济,2019,27(02):11-19.

[24]孙月,孙竹,王立峰.委内瑞拉"石油数字货币"的本质及其对国际金融秩序的影响[J].国际经济合作,2018(11):67-72.

[25]王丹,蔡韬.数字货币的理论基础与演化路径——基于马克思主义政治经济学视角[J].特区经济,2021(05):88-92.

[26]王娜.马克思主义政治经济学视角下两种数字货币的本质及发展趋势[J].经济纵横,2017(07):15-21.

[27]王素珍.从货币本质看比特币[J].中国金融,2014(09):16-18.

[28]许金叶,许玉琴.区块链"数字货币"的价值之谜——基于劳动价值论的价值分析[J].会计之友,2019(03):149-153.

[29]姚前.中央银行数字货币原型系统实验研究[J].软件学报,2018,29(09):2716-2732.

[30]姚前.法定数字货币的经济效应分析:理论与实证[J].国际金融研究,2019(01):16-27.

[31]袁秋梅.比特币究竟是不是货币?——基于货币与财富关系的探析[J].南方金融,2018(06):28-32.

[32]袁晓东.与数字人民币同行 你准备好了吗[J].数据,2021(08):29-31.

[33]杨晓晨,张明.Libra:概念原理、潜在影响及其与中国版数字货币的比较[J].金融评论,2019,11(04):54-66+125.

[34]周丹丹.电子货币对货币乘数的影响分析[J].金融发展研究,2015(07):56-60.

[35]曾繁荣.瑞典央行e-krona项目的最新研究进展[J].金融会计,2019(02):69-75.

[36]张锐.数字货币Libra:内涵、影响与前景展望[J].南方金融,2019(09):12-19.

[37]张荣丰,董媛.关于数字货币的发行与监管初探[J].华北金融,2017(1):3.

[38]朱兴雄,何清素,郭善琪.区块链技术在供应链金融中的应用[J].中国流通经济,

2018,32(03):111-119. 2018.03.013.

[39] Adrian, Tobias, and Tommaso Mancini-Griffoli. The rise of digital money[J]. Annual Review of Financial Economics,2021,13:57-77.

[40] Imran, Bashir. "Mastering Blockchain: Distributed ledger technology, decentralization, and smart contracts explained.". Packt Publishing Lt(2018).

[41] Catalini Christian, Gratry Oliver, Hou J. Mark, Parasuraman Sunita, and Wernerfelt Nils. "The libra reserve."Libra White Paper(2019).

[42] Nakamoto,Satoshi. "Bitcoin:A peer-to-peer electronic cash system." https://bitcoin.org/bitcoin.pdf,2008.

[43] Swan,Melanie. Blockchain:Blueprint for a new economy. "O'Reilly Media,Inc.",2015.

[44] Wattenhofer, Roger. The science of the blockchain. CreateSpace Independent Publishing Platform,2016.

本章习题

1. 简述货币形式的五个发展阶段。
2. 简述常见的几种加密数字货币的钱包类型。
3. 简述 DC/EP 的一种发行系统架构以及流通过程。
4. 简述个人用户将其账户存款兑换为数字货币的主要过程。

8 智能合约

学习要点和要求

- 智能合约的运作机理与基本架构(考点)
- 智能合约的编程语言(掌握)
- 智能合约的漏洞与审计(了解)
- 智能合约的实现(熟悉)
- 智能合约的应用场景(掌握)
- 预言机的机制和作用(了解)

8.1 智能合约的概念

8.1.1 定义与运作机理

智能合约(Smart contract)是由事件驱动的、具备状态的、部署于可共享的分布式数据库上的计算机程序(贺海武等,2018)。

密码学家 Szabo(1994)首次提出智能合约的概念,他将其描述为"执行合约条款的可计算交易协议"。与传统合约不同,智能合约是一段双方商议好的共识程序,并以计算机指令的方式实现了合约的自动化执行。类似于自动售货机在检测到"硬币投入"以及"商品选择"两项操作完成后会自动放出所选商品,智能合约也必须根据计算机指令自动执行指定的条款。

Szabo 的最初想法是通过将智能合约部署于物理实体,从而创造各类灵活可控的智能资产。但由于当时技术的限制和应用场景的匮乏,智能合约并未受到广泛关注或被应用于实际场景中(袁勇等,2016)。直至区块链技术出现,智能合约才真正走进大众视野。区块链通过将智能合约作为区块链顶层应用和自动化的关键,重新定义了智能合约。在区块链中,智能合约是在交易双方对区块链资产进行交易时,因为达到了提前约定好的某种条件,而触发执行的代码。因为会按照商定好的规则执行操作,智能合约具有确定性和自治性,因此不需要交易双方彼此信任,也不依赖于可信第三方,可大大缩减交易成本。在本章,我们讨论的都是区块链中的智能合约。

区块链中的智能合约是一种旨在以信息化方式传播、验证或执行合同的程序代码,具有情景-应对型的程序化规则和逻辑。签署合约的各参与方会就合约内容、违约条件、违约责任和外部数据源等达成统一,检查并测试合约代码以确保无误后,将其部署在区块链上。智能合约的运作机理如图 8-1 所示:智能合约经各方签署后,以代码的形式发布到区块链平台上,通过 P2P 网络传播和节点验证后记入区块链的新区块中。智能合约的代码预置了触发场景和响应规则,可根据区块链平台外部和内部的数据自动判断触发条件是否被满足,若满足则自动进行响应。

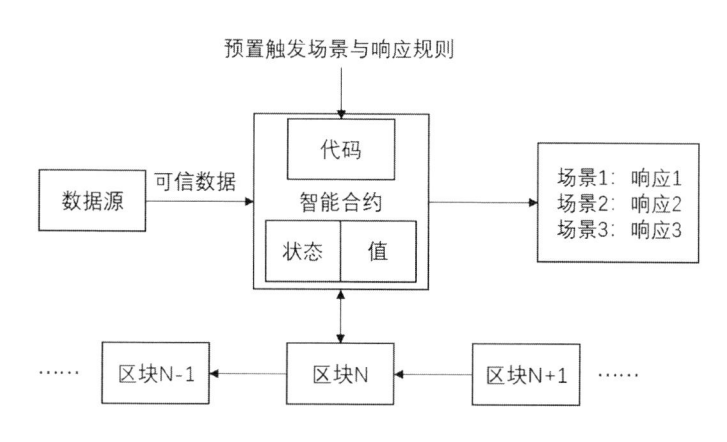

图 8-1 区块链中智能合约运作机理

"遗产继承"是区块链智能合约的一个简单例子。例如,在孙子 18 岁生日(条件一)或祖父母去世的那一天(条件二),孙子可以继承祖父母的遗产。以此可以创建一个区块链上的智能合约,当条件一或者条件二被满足时,智能合约会自动将祖父母的遗产转移至孙子名下,但在两个特定条件未满足时,无论外界环境发生什么变化,该智能合约都不会执行。对于条件一,可以利用时间戳及其他技术设置合约的执行日期,以及检查合约是否已经达到执行时间。对于条件二,可以使用预言机(Oracle machine),如借助预言机确认在线死亡数据库中是否有祖父母的死亡信息。总而言之,智能合约不会让以前不可能发生的事情变为可能。相反,它们尝试最小化解决问题所需的信用需求。而最小化信用需求通常会让问题更加容易被解决,因为它排除了人的判断,使流程达到完全的自动化。

8.1.2 基本架构

区块链智能合约的基本架构可分为 6 大部分,分别为数据层、传输层、执行层、合约层、验证层以及应用层(贺海武等,2018)。

8.1.2.1 数据层

数据层中的数据包括合约数据(如合约代码)、状态数据、交易数据和其他数据(如应用数据)等。状态数据和交易数据一般选择链上存储,合约代码和应用数据的储存方式则分为链上和链下两种。链上储存指将数据储存到区块

图 8-2 智能合约基本架构

链上,优点是数据会被永久保存并且不能够被篡改,缺点是链上数据会随时间累积,易占用过多的储存资源。链下储存指将合约代码等数据的散列值放置于区块链上,并通过以散列值为索引的链下存储网络来保存完整的数据,借助链上散列值的不可篡改性保障链下数据的正确性,可有效减轻区块链的储存负担(贺海武等,2018)。

8.1.2.2 传输层

传输层包含了用于支持区块链"链上内部"或"链上与链下之间"两种路径进行通信和数据传输的 P2P 网络、传输协议和认证机制。以 Hyperledger Fabric 中的 Gossip 数据传播协议为例,在 Gossip 协议中一个 Peer 节点同时从多个 Peer 节点接收数据,然后会从同一个通道中其他的 Peer 节点里选择一部分,将数据发送到这些被选中的 Peer 节点当中。

8.1.2.3 执行层

执行层封装了智能合约运行环境的相关软件。当前智能合约运行环境主要分为两类,分别为虚拟机(Virtual machine)和容器(Container)。虚拟机和容器的作用都是在一个和外部隔绝的沙箱中执行智能合约,并通过对资源的访问进行限制以保障其安全性。这一部分会在 8.4 中做进一步阐述。

8.1.2.4 合约层

合约层为智能合约主体,包括标准协议、业务逻辑和附件模块。标准协议是由官方机构发布的合法文本的程序化描述,是所有智能合约业务逻辑的基础框架。业务逻辑中包括各个参与方达成一致的合约条款的程序化描述以及其中蕴

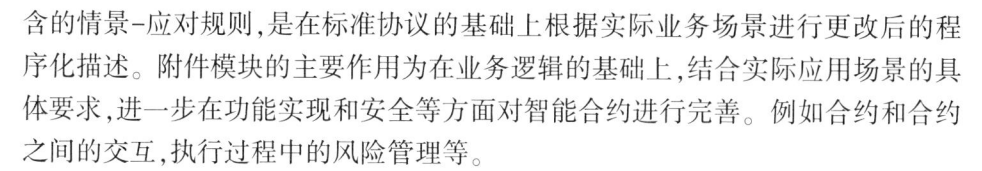

含的情景-应对规则,是在标准协议的基础上根据实际业务场景进行更改后的程序化描述。附件模块的主要作用为在业务逻辑的基础上,结合实际应用场景的具体要求,进一步在功能实现和安全等方面对智能合约进行完善。例如合约和合约之间的交互,执行过程中的风险管理等。

8.1.2.5 验证层

验证层包含一些智能合约审计方法,一方面用于保障智能合约代码和原始的合约文本之间保持统一,另一方面用于保证合约所涉及的核心利益(如数字资产)的安全性。智能合约是对业务逻辑的程序语言描述,对安全性和逻辑完善性有非常高的需求。因此验证层的主要作用就是在正式部署前对智能合约进行审计,保障合约能够按照正确的逻辑执行,并排除尽可能多的漏洞。目前,形式化验证是智能合约领域的主流审计方式,此外,还包括但不限于利用模糊测试、符号执行、污点分析等方法进行智能合约的审计。这一部分会在8.3节做进一步阐述。

8.1.2.6 应用层

应用层是指在其余五个层次的基础上产生的各种应用。通过API,外界能够与智能合约进行交互,这些应用得以在智能合约的基础上为使用者提供各类的服务。当今区块链智能合约在金融、数字身份、物联网、医疗健康、供应链等多个领域被应用。这一部分会在8.5中做进一步阐述。

8.1.3 三要素与特点

智能合约与其他传统合约的不同在于,其具有自治性、自足性和去中心化等三要素,三要素是智能合约最基本的特点,决定了智能合约的运作机制。此外,智能合约也存在一致性、确定性、可终止性、可观察性和可验证性、高效性与低成本性等诸多特点。

8.1.3.1 三要素

(1)自治性。自治性也称为自动执行性,指当智能合约启动并运行后,合约同其发起者之间不需要进一步的联系。智能合约是用计算机或目标机器能够理解的语言编写的一段程序,体现着各方商定的所有业务逻辑。达成某些规定的条件时,智能合约会按照预期自动强制执行合约条款。需要强调的是,在自动执行的过程中,智能合约不应依赖传统合约的强制执行方法。如借助法院或者法律监督执行。相反,它们应该遵循"代码就是法律"的原则自动执行,不需要合约发起者、仲裁员或第三方来控制或影响(Lessig,2019)。

此外,由于智能合约需要在自动执行的过程中确保执行的安全和顺利,开发人员在设计时需要保证它们的容错性,避免它们受外部环境干扰的影响。当运行的环境或其所依赖的外部因素偏离了正常或预期的状态,智能合约不应出错或中止,而应该能够继续执行并保持良好的内部状态,根据逻辑编码的指令在合理的时间内正常执行。

在完全自动执行这一点上,某些研究人员认为智能合约不需要完全自动执行,相反,由于在某些场景中需要人工输入,它们相对自动更能够提高效率。例如,医疗专业人员可能需要手动验证病历。在类似情况下,智能合约完全自动化可能无法达到很好的效果,而人为的输入和控制更加合适。但事实上,要真正让一份合约"智能",它必须实现完全自动化,一些需要由人们提供的输入也可以并且应该通过预言机的使用来实现自动化。

(2)自足性。自足性指智能合约在资源调配方面是自给自足的,它们通过提供服务或发行资产来筹集资金,并将这些资金用于获得诸如处理能力或存储能力等自身所需的资源。智能合约的自足性对于其顺利运作至关重要。

(3)去中心化。智能合约的去中心化是指其并不依赖单个中心化的服务器,而是分布在区块链的各个节点上自动执行。去中心化意味着智能合约的输出结果可以被区块链上的每个节点验证,因此个人难以篡改合约内容或者干涉合约的执行。即使区块链上的某个节点出于私利对合约内容进行篡改,区块链网络上的其他节点也会发现该行为并使得这一篡改无效。智能合约的这一特性,让其本身成为了签署合约的各方之外坚实可靠的第三方,保障了业务逻辑能够按照约定好的规则正常执行。

8.1.3.2 特点

(1)一致性。智能合约应与现行合约文本相统一,同时不能够与合同法等现行法律相矛盾,部署前必须通过专业人士的制定和审查。智能合约的审计和监管保证了智能合约一致性的特点。

(2)确定性。由于智能合约的运作机制是不同的输入对应不同的输出,只要输入相同,无论运行智能合约的时间或者节点发生什么样的变化,输出一定是相同的。确定性保证了系统中账本的一致性。

(3)可终止性。智能合约能够在有限的时间内完成运行,不会出现无法停止的情况。区块链上的智能合约保证可终止性的途径有非图灵完备、计价器(如以太坊中的gas机制)、计时器等。

(4)可观察性和可验证性。可观察性指每一合约参与方都能通过特定的交互方式来观察并记录合约、合约状态以及合约的执行过程;可验证性指智能合约所产生的结果能够通过重复运行合约代码来验证。

(5)高效性与低成本性。智能合约无需第三方的参与,能自动地实时响应客户需求,大大提升了服务效率;同时节约了大量人工执行合约条款所消耗的人力物力,有效降低了成本。

8.1.4 法律与智能合约

智能合约,其英文名为 smart contract,其中的 contract 译为"合约",但智能合约与普通的合约存在诸多不同。首先,智能合约在表述上不同于传统的合约或法律条文。一方面,尽管它们能够通过代码的形式代表并执行合约条款,但碍于表述方式,法院并不能够充分理解智能合约所表述的含义;另一方面,部分主观性较强或程度无法量化的条款内容无法准确地转换为代码。例如某些条款会包含"在合理范围内"的表述,但这一类表述往往需要法院或签订者人为判断,计算机无法理解并给出客观的判断(Giancaspro,2017)。

其次,相较于传统合约,智能合约在全球范围内存在监管问题。区块链具有跨国跨地区传输价值的特性,使得智能合约能够面向全球不同地区与人群进行合约的要约、签订和履行,这就让传统的法律法规难以适用,单一国家的法律构架也会失去应有的作用。此外,区块链网络虽然记录了全部交易及合约历史,但在现实中真正参与合约的各方却难以查证,这也为犯罪活动提供了温床(倪蕴帷,2019)。

最后,智能合约具有的自治性虽然大大提高了合约履行的效率,并在理论上消除违约可能,但是相较于传统合约,智能合约可能无法应对代码中未考虑到的未知情形。

这一系列的不同引发了各类智能合约在法律领域内的讨论,如"智能合约能否以在法庭上容易被接受和理解的方式发展""如何在合约代码内避免原文本表述的模糊产生的争议"和"智能合约和传统合约能否并存于一个法律框架"等。这些讨论也自然而然地引发出部分人"智能合约可能会影响合同法"的观点,即当前合同法与智能合约并不完全匹配,可能需要一套新的法律来区分技术上有约束力的代码合约和其他由人类代理人自行决定遵守或违反的合约。

智能合约不仅可能影响合同法,而且可能更广泛地影响社会中的契约概念。在对未来的构想中,人们可以借助被明确至合约层面的法律框架保证智能合约的合规运行。就像存在多种货币一样,可能存在多种经过审查的、固定的法律框架。编写智能合约时,各方可以选择一个法律框架作为智能合约的基础。随着智能合约发展,法律框架也将变得更加庞大和个性化,而这种法律框架无疑会对社会中的契约概念造成冲击。无论如何,如果基于区块链的智能合约要普及,其将会给社会,尤其是法律领域,带来很大的影响,并且需要相当长的适应期。

8.2 智能合约编程语言

Szabo(1997)指出,"智能合约通过使用协议和用户接口促使合约的执行"。这一切完成的基础是智能合约的编程语言,Solidity 是智能合约编程语言中应用最为广泛的语言之一。表 8-1 列出了部分智能合约编程语言的特点对比。

表 8-1 部分智能合约编程语言对比

语言	平台	图灵完备	类型系统
Solidity	以太坊	是	静态
Vyper	以太坊	否	动态
Serpent	以太坊	是	动态
Flint	以太坊	是	静态
LLL	以太坊	是	静态
Bamboo	以太坊	是	静态
Obsidian	Hyperledger Fabric	否	动态
Pact	Kadens	否	动态

8.2.1 Solidity

Solidity 是一种运行在以太坊虚拟机（Ethereum virtual machine, EVM）之上的智能合约高级语言。Solidity 是针对 EVM 所设计的语言之一（此外还有 Serpent，LLL，Vyper 和 Mutan 等），是目前在以太坊及其他私有链平台中的主要编程语言。Gavin Wood 在 2014 年提出 Solidity 的语法概念，后来 Christian Reitwiessner 所领导的以太坊团队接手了有关的开发。它的语法接近于 Javascript，是一种面向对象的语言，同时支持强类型、继承、库以及用户自定义类型。此外，Solidity 也具有一些语言特性，例如：

（1）具有 address 数据类型。由于以太坊底层是基于账户的，因此，Solidity 有一个特殊的 address 类型，用于定位每一位用户和智能合约。

（2）支持支付。Solidity 从代码层面上提供了数字货币的支付机制，其中存在的 payable 关键字在修饰函数后便能够允许该函数接受以太币。

（3）数据具有两种储存方式。分别为 Memory 和 Storage，Memory 型变量使用完毕后，储存空间会被回收。Storage 型变量存放在区块链上，用以永久储存状态变量。

（4）合约或函数执行的调用方式发生变化。由于 Solidity 编写的智能合约运行在去中心化的网络上，原来一个简单的函数调用变为了一个网络上的节点中的代码执行。

（5）异常机制独特。若检测到异常（例如 gas 不足），所有执行将会被回滚，保证了合约执行的原子性以及状态数据的统一性。

（6）权限控制与特殊变量。函数和状态变量在合约内外以及继承关系中的调用与访问权限通过 4 种可见性定义进行管理,这 4 种可见性定义分别为 international、external、private 和 public。此外 Solidity 存在特殊的全局变量,用以获取以太坊区块链的相关信息,例如当前消息的发送者地址 msg.sender 和随当前消息发送的以太币数量 msg.value 等(范吉立等,2019)。

由于 EVM 不理解 Solidity 的高级结构,在 Solidity 中编写代码完成后,需要使用编译器将 Solidity 代码转换为 EVM 可理解的字节码(Modi,2019)。

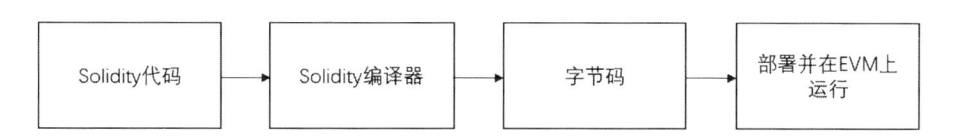

图 8-3 代码从在 Solidity 中编写到执行的完整过程

Solidity 编写的智能合约的 6 大基本结构包括:状态变量(State variable)、函数(Function)、函数修改器(Function modifier)、事件(Event)、结构体(Structure)和枚举(Enum)。算法 8.1 展示了一个由 Solidity 编写的智能合约。该智能合约完整地包含了 6 大基本结构,实现了部署者姓名基本信息的录入和后续该信息的获取。

算法 8.1 Solidity 编写的智能合约示例

```
1:    pragma solidity^0.8.0;//编译器版本
2:    //对合约的定义
3:    contract Example{
4:    //状态变量
5:        address personIdentifier;//address 类型
6:        basicInf person;//structure 结构体
7:        constructor(){
8:            owner=msg.sender;//在部署合约的时候,将 owner 设置为部署者的地址
9:        }
10:   //对枚举的定义(需要注意末尾不加";")
11:       enum gender{male,female}
12:   //对结构体的定义
13:       struct basicInf{
14:           string name;
15:           uint age;
16:           bool isMarried;
17:           gender Gender;
18:       }
19:   //修改器的定义
20:       modifier onlyif(){
```

续表

```
21:            if(msg.sender==personIdentifier){
22:                _;//"_"表示执行目标函数
23:            }
24:        }
25:        //对事件的声明
26:        event infRead(address,basicInf);
27:        //对函数的定义
28:        function enterInf(address_personIdentifier)onlyif() payable external returns(uint){
29:            person=basicInf("Bill",35,true);
30:            gender Gender=gender.male;
31:        }
32:        function getInf(){
33:            emit infRead(personIdentifier,person);
34:        }
35:    }
```

首先,是状态变量的声明,包括两部分:address 类型 personIdentifier 和结构体 person。这两个变量值永久保存在合约存储空间中。

其次,是枚举、结构体、修改器、事件的声明和定义。枚举主要用于声明自定义的性别变量;结构体中储存了姓名、年龄、婚姻状态、性别等个人信息;修改器可以看作执行目标函数前执行的函数,帮助查看有关条件是否满足,在此为确认调用者是否为合约的部署者;事件是以太坊虚拟机日志基础设施提供的一个便利接口,事件 infRead 被触发时,部署者地址、部署者信息等有关参数会被存储到交易的日志中。

再次,该合约使用了 constructor 函数(构造函数)。构造函数是一类特别的函数,当且仅当合约被部署的时候被调用,用于初始化某些状态变量。在此处构造函数将状态变量 personIdentifier 初始化为合约部署者地址。

最后,是函数的定义。两个函数实现了该智能合约的核心功能:信息的录入和事件的触发。enterInf 函数实现了对于调用者有关信息的录入,附加了修改器 onlyif() 保证了成功调用该函数的是合约的部署者;getInf 函数触发了事件 infRead,传递了姓名、年龄、婚姻状态、性别等个人信息。

8.2.2 其他语言

8.2.2.1 Serpent

Serpent 是一种运行平台为以太坊且图灵完备的智能合约编写语言。在具备低级语言高效易用的编程风格的同时,Serpent 与 Solidity 具有许多相同的特点:

(1)支持 Storage 型变量。

(2)支持通过 extern 语句调用其他智能合约或其他合约中的函数。

(3)支持"msg.sender"等针对智能合约特性的独特变量(范吉立等,2019)。

下面是一份由 serpent 编写的合约:

算法 8.2　serpent 编写的智能合约示例

```
1:      def register(key,value):
2:          # Key not yet claimed
3:          if not self.storage[key]:
4:              self.storage[key] = value
5:              return(1)
6:          else:
7:              return(0)   # Key already claimed
8:
9:      def ask(key):
10:         return(self.storage[key])
```

这是一份简单的名称注册合约。主要接口是一个 register(key,value) 函数,通过这个接口可以检查给定的 key 是否已经被使用,如果没有,则将这个 key 注册为指定的键值然后返回 1;如果已经被使用则直接返回 0。这个合约还提供另外一个接口 ask(key)用于获取指定 key 对应的键值。代码中,首先定义了 register 函数,这个函数接受 key 和 value 变量作为参数。第二行是注释,以#开头,帮助程序员更好地理解程序。然后是一个标准的 if/else 条件语句:先检查 self.storage[key]是否为 0(即表明这个 key 没有被使用),如果是 0 则执行赋值 self.storage[key] = value 然后返回 1,否则直接返回 0。self.storage 是一个伪数组,有和数组类似的行为但是实际上没有一块内存与之对应。

8.2.2.2　Pact

Pact 语言用于编写运行于 Kadena 区块链上的智能合约,具备高度的可扩展性和安全性。Pact 编写的智能合约包括三个核心要素,分别为模块(Module)、密钥集(Keysets)和表(Tables),模块负责合约代码,定义了智能合约的运行逻辑;密钥集负责对合约用户的授权和验证;表负责数据储存。该语言具有诸多特点[①],例如:

(1)图灵非完备。Pact 被设计为图灵非完备以故意限制其计算能力。这使得 Pact 为交易区块链解决方案提供需要功能的同时,能够保证其智能合约的安全性。

(2)代码人工可读。Pact 易于阅读和编写,有助于为其智能合约中的逻辑提

---

① https://docs.kadena.io/learn-pact/beginner/welcome-to-pact.

供完全的透明度，任何人在通过简单的学习后都能够理解代码逻辑。

（3）合约可升级。Pact 合约允许随着时间的推移修改和改进智能合约，有助于开发者在继续开发智能合约时提供新功能并修复错误。

（4）形式化验证。Pact 提供形式化验证工具套件，可以自动检查合约漏洞，保障合约安全性。

（5）全面治理。

（6）支持组件化设计和导入。

（7）类型推断。

（8）数据隐私保护。

算法 8.3　Pact 编写的"Hello world"智能合约

```
1:      ;;Keysets cannot be created in code,thus we read them in
2:      ;;from the load message data.
3:      (define-keyset' admin-keyset(read-keyset"admin-keyset"))
4:
5:      ;;Define the module.
6:      (modulehelloWorld' admin-keyset
7:      "A smart contract to greet the world."
8:      (defun hello(name)
9:         "Do the hello-world dance"
10:        (format"Hello||!"[name]))
11:     )
12:
13:     ;;and say hello!
14:     (hello"world")
```

上面是由 Pact 编写的"Hello world"智能合约，该合约的构建如下（";;"为注释的开头）：

（1）定义并读取名为 admin-keyset 的密钥集（密钥集需要从编辑器右侧面板中创建）。密钥集能够作为智能合约用户在该智能合约中的身份，通过智能合约代码可以限制拥有某一密钥集的用户的访问权限。

（2）智能合约模块构建。模块在 Pact 中是必不可少的，包含运行智能合约所需的所有逻辑。首先定义了一个名为 helloWorld 的模块。它还限制了仅有拥有 admin-keyset 密钥集的用户可以访问此模块中的代码。其次是创建合约函数。函数在 Pact 模块中使用关键字 defun 定义。在此定义了一个名为 hello 的函数，该函数接受一个名为 name 的参数。在此函数中可以使用关键字 format 编写一个格式化的行以输出到交互式编辑器。format 允许操作字符串并将帮助指定函数的输出。此处"(format"Hello{}!"[name])"是向交互式解释器输出一个字符串，上面写着Hello，然后是函数参数name的字符串输入。

（3）将"Hello World"写入交互式解释器。在调用该函数的模块下方写"(hello"world")"，其中"world"提供函数参数name的输入。

8.2.2.3 其他

目前已经开发了多种语言来构建智能合约，除了以上提到的Solidity、Serpent和Pact，许多的开发语言在诞生和发展。有一些平台甚至已经支持使用主流语言而非针对于智能合约的语言进行有关开发，比如支持JavaScript的Lisk，另一个例子是Hyperledger，它支持用于智能合约开发的Golang、Java和JavaScript。高健博等（2022）等中国学者开发了一种命名为RegLang的编程语言，该语言是一种面向监管的智能合约编程语言，实现了监管规则的数字化。

8.3 智能合约的审计

8.3.1 智能合约漏洞

目前，区块链上的智能合约存在着诸多的安全挑战，代码重入、整数溢出等漏洞会给用户带来巨大损失。此外，由于不可篡改性的存在，智能合约在被部署到区块链上后无法修改。因此在正式部署之前，需要对智能合约进行合约审计，识别合约代码中的错误和漏洞，并检查程序的运行逻辑，尽可能避免部署后可能产生的安全问题。部分以太坊智能合约漏洞如表8-2所示（钱鹏等，2022）。

表8-2 以太坊智能合约漏洞

漏洞分类	漏洞类型	漏洞原因	安全问题
Solidity代码层	可重入漏洞	fallback函数中存在对外部合约函数的递归调用	无法存储和保护合约代币或数据
	整型溢出漏洞	数值超出或低于定义的整数类型范围	整数范围错误
	权限控制漏洞	函数或变量的访问被限制为public类型	函数或变量被任意用户或变量调用
	异常处理漏洞	函数调用后未检查返回值和类型	异常处理失败
	拒绝服务漏洞	意外执行自毁指令；访问控制策略出错；gas达到区块上限；非预期异常抛出	代币冻结；无法存储和保护合约代币或数据

续表

漏洞分类	漏洞类型	漏洞原因	安全问题
Solidity 代码层	类型混乱漏洞	变量类型定义错误	无法存储和保护合约代币或数据
	未知函数调用漏洞	函数调用和转账操作引起 fallback 函数自动触发	无法存储和保护合约代币或数据
	以太冻结漏洞	合约被未经授权的用户销毁	不适当的合约或函数访问
EVM 执行层	短地址漏洞	合约地址不符合规范(小于20个字节)	无法存储和保护合约代币或数据
	以太丢失漏洞	合约地址错误或为空	无法存储和保护合约代币或数据
	调用栈溢出漏洞	合约或函数的调用次数超出 EVM 上限	缓存溢出问题
	tx.origin 漏洞	tx.origin 全局变量用于智能合约身份验证	不适当的合约或函数访问
区块链系统层	时间戳依赖漏洞	区块时间戳被赋值给可预测的变量	无法使用安全的随机数
	区块参数依赖漏洞	区块相关参数或信息赋值给可预测的变量	无法使用安全的随机数
	交易执行顺序依赖漏洞	交易顺序不一致	竞争条件/非法预先交易

合约审计是安全团队借助专业方法对合约代码进行审查核验,检测程序实现和交易逻辑是否存在重大缺陷和安全漏洞,并提出适当的修改意见(付梦琳等,2019)。审计可以分为人工审计和自动化审计两类。人工审计高度依赖于安全团队的经验积累,要求审计人员能够快速阅读代码并厘清智能合约运行逻辑。其优点是能够从代码的层次理解代码的逻辑并识别逻辑漏洞,同时优秀的审计人员可以及时了解各种安全情报,并立即检查合约以实现快速的反馈。然而,人工审计存在以下的缺点:一方面,由于智能合约技术的快速发展,审计人员需要一直跟踪智能合约安全的相关动态,以及时了解各类攻击方式和新型漏洞;另一方面,人工审计效率相对低下,且基于经验的人工审计容易产生遗漏(He et al.,2020)。自动化审计是指借助工具对智能合约代码进行自动检测,是一类更加高效准确的审计方法,可以轻松定位常见漏洞。但自动化审计工具可能无法理解开发人员的原本意图,导致漏判业务逻辑问题。因此,完整的审计过程需要将人工审计和自动化审计结合起来,以增强对潜在漏洞的检测。审计结束后,安全团队需要出具审计报告。报告中应详细列出发现的问题、建议、冗余代码示例以及编码错误所在位置等。

传统的自动化审计可以分为4类：形式化验证、模糊测试、符号执行以及污点分析。除传统方法，越来越多漏洞检测方法采纳了机器学习的思想或方法，通过对合约代码进行特征提取和模型训练，有效提升了漏洞核查效率，在扩展性和准确率方面也进步明显。在本章，我们将主要介绍自动化审计的方法。

8.3.2 审计方法

8.3.2.1 形式化验证

智能合约的形式化验证是指在智能合约的生命周期内用数学手段以及智能化分析工具对合约智能合约文档和代码进行形式化建模、数学推导与证明，以验证智能合约是否满足一致性、无二异性、可观察性、可验证性和接入控制等关键特征（胡凯等，2016；王化群等，2019）。

基本上，智能合约的形式化验证包括三个步骤：①对合约需要完成的功能进行形式化描述；②合约代码的形式化描述；③验证。形式化验证为智能合约提供了更高的安全性，但同时自动化水平更低，成本更高，研究难度更大（Peng et al.,2021）。以下是几种常见的形式化验证漏洞检测工具：

（1）F*framework。F*是一种形式化验证框架，通过Solidity*和EVM*两个工具模块将智能合约源码和字节码转化成函数编程语言F*，以便分析和验证合约的安全性和功能正确性，检测以太坊智能合约漏洞。

（2）Isabelle/HOL。Isabelle/HOL是一种基于形式化验证的智能合约审计方法。类似于F*framework，该方法同样能够实现EVM的语义表示。Isabelle/HOL在将字节码序列构造成直线代码块或将合约拆分成基本块的基础上，进行逻辑推理验证。

（3）VaaS。VaaS是由链安公司开发的基于形式化验证方法的自动化智能合约安全检测平台，能够对多个区块链平台的智能合约进行审计，可检测的漏洞包括整型溢出漏洞、可重入漏洞、拒绝服务漏洞、tx.origin漏洞、交易执行顺序依赖漏洞、时间戳依赖漏洞等10余种漏洞，并且能够快速确定漏洞位置并生成审计报告。

（4）ZEUS。ZEUS是一种基于形式化验证的静态分析工具，利用抽象解释和符号模型检查以及约束语句来进行智能合约漏洞的检测，可检测的漏洞包括整型溢出漏洞、可重入漏洞、异常处理漏洞等。Zeus原型已经测试了超过22400个智能合约，表明这些合约中约有94.6%存在漏洞（Sayeed and Caira，2020）。

目前，国内诸多项目可以提供基于形式化验证的自动审计服务，来自清华大学、北京大学以及电子科技大学等诸多高校的研究团队也进行了有关项目的研发。作为最常见的审计和验证方法之一，形式化验证是未来智能合约的关键发展方向，开发完备的、规范的、可靠的形式化验证框架极具现实意义（王化群等，2019）。

8.3.2.2 模糊测试

模糊测试是一种通过构造随机的输入数据作为测试用例，检测程序在运行过程中的异常从而确定漏洞等安全问题的动态安全检测技术。使用模糊测试方法对智能合约进行审计时,首先需要利用随机引擎生成大量的随机数据构成合法交易,而后将这部分交易作为样例进行测试,监控分析运行的过程和结果来寻找漏洞。测试完成后再将结果反馈至随机引擎,生成新的数据反复测试。以下是常见的模糊测试漏洞检测工具。

(1) ContractFuzzer。ContractFuzzer 为首个基于模糊测试的以太坊智能合约安全漏洞动态分析工具,能够检测 7 项合约漏洞。其基于智能合约 ABI 规范生成测试用例,并记录智能合约运行时的行为,通过分析记录的日志来检测漏洞。该工具可能由于测试用例的覆盖率不佳而导致漏报。

(2) SFuzz。SFuzz 是一款基于模型的智能模糊测试工具。该模糊测试工具主要包含 runner、libfuzzer 和 liboracles 这 3 个组件;首先,runner 建立一个用于部署测试合约的私有测试网络;其次,libfuzzer 进行测试样例的生成;最后,liboracles 负责检测测试样例的执行并检查合约是否存在漏洞。

(3) ILF。ILF 是一种基于神经网络的智能合约模糊测试器。该测试器将漏洞分析与机器学习相结合,利用符号执行引擎生成测试和调用序列后,对神经网络进行训练,从而优化漏洞检测效果。

8.3.2.3 符号执行

符号执行的核心思想是使用符号值替换具体值作为程序的输入数据,探究不同变量下的执行路径。环境变量和输入等不确定的变量都可以采用符号值代替。借助符号执行方法检测智能合约漏洞的过程主要分为三步:①符号化未知的变量;②逐条执行智能合约中的指令,每当遇到判断或跳转语句,符号执行工具都会将当前执行路径的所有路径约束收集到约束集中[1],为保证遍历程序中所有的路径,该方法在分支节点处会进行分支执行;③使用约束求解器求解约束集,可以获得路径的可达性[2]并搜寻漏洞。在时间和计算资源充裕的理想情况下,符号执行可以遍历目标程序的所有路径,并判断这些路径的可达性(付梦琳等,2019)。以下是几种常见的符号执行漏洞检测工具:

(1) Oyente。Oyente 是一个基于符号执行的以太坊智能合约审计工具。Oyente 发布于 2018 年,是最早的智能合约漏洞静态检测工具之一,支持 Docker 安装、pip 安装、手动编译和安装三种安装方式,可检测的漏洞包括异常处理漏洞、可重入漏洞、时间戳依赖漏洞、交易执行顺序依赖漏洞等类型。

(2) MAIAN。MAIAN 是一类自动检测 3 种特定类型漏洞的以太坊智能合约

---

[1] 其中路径约束是指与程序分支指令中的输入符号关联的条件分支的值,路径约束集是指每个路径的约束的集合。

[2] 如果约束求解器能够解出解,则表示路径可达,否则路径不可达。

审计工具。3 种漏洞类型分别为：无限期冻结资产的贪婪合约漏洞、合约可被任何人随意销毁的自杀合约漏洞、易泄露资产给陌生账户的浪子合约漏洞。

（3）Mythril。Mythril 是一种用于分析 Solidity 编写的以太坊智能合约的开源安全分析工具，可使用符号执行、污点分析和 SMT 解决方案检测智能合约中包括可重入漏洞、整数溢出漏洞、异常处理漏洞等在内的常见的漏洞类型。但它无法核查代码中的业务逻辑，同时容易误报。

（4）Securify。Securify 是一种用于以太坊智能合约的开源静态安全分析工具。Securify 主要对 EVM 字节码进行安全分析，也能够分析 Solidity 编写的智能合约，但是在正式分析之前会将其编译为 EVM 字节码。在安全分析过程中，其从字节码入手分析依赖关系图并提取出语义信息来检查合约的漏洞。

8.3.2.4 污点分析

在使用污点分析进行漏洞挖掘时，将所需要研究的外部输入数据标记为污点数据，然后对该污点数据进行跟踪，确认其是否会对部分关键操作造成影响，从而判断是否存在漏洞等安全性问题。需要注意的是，污点分析的主要目的是进行精准的数据流分析，在分析漏洞时一般需要和其他漏洞检测技术共同使用（张潆藜等，2022）。常见的污点分析漏洞检测工具包括 Mythril 和 EasyFlow。EasyFlow 是一种判断以太坊智能合约中是否存在整型溢出漏洞的工具，能够识别并触发潜在的溢出。

8.3.3 Mythril

8.3.3.1 Mythril 介绍

Mythril 是一种智能合约静态分析工具，其使用概念分析、污点分析以及控制流验证来检测为 Ethereum、Hedera、Quorum、Vechain、Roostock、Tron 和其他 EVM 兼容区块链构建的智能合约中的安全漏洞，包括可重入漏洞、整数溢出漏洞、异常处理漏洞等。需要注意的是，Mythril 旨在查找常见漏洞，无法发现智能合约或应用程序业务逻辑中的问题。Mythril 可以使用 Docker 或者 pip 进行安装。表 8-3 为 Mythril 的 13 个分析模块以及每个分析模块能够检测到的智能合约漏洞 SWC 编号。

表 8-3　Mythril 分析模块

模块名称	SWC 编号
Delegate Call To Untrusted Contract	112
Dependence on Predictable Variables	120/116
Ether Thief	105
Exceptions	110
External Calls	107

续表

模块名称	SWC 编号
Integer	101
Multiple Sends	113
Suicide	106
State Change External Calls	107
Unchecked Retval	104
User Supplied assertion	110
User Supplied assertion	124
Arbitrary Jump	127

8.3.3.2 使用 Mythril 对智能合约进行检测

（1）整型溢出。下面是一个简单的存在整型溢出漏洞的智能合约以及使用 Mythril 进行检测获得的输出。

算法 8.4 integerexample.sol

```
1: pragma solidity 0.4.3;
2: contract Overflow_Add{
3:     uint public balance=1;
4:     function add(uint256 deposit) public{
5:         balance +=deposit;
6:     }
7: }
```

Mythril 针对 integerexample.sol 的输出内容

====Integer Arithmetic Bugs====:

SWC ID:101

Severity:High

Contract:Overflow_Add

Function name:add(uint256)

PC address:153

Estimated Gas Usage:6024-26119

The arithmetic operator can overflow.

It is possible to cause an integer overflow or underflow in the arithmetic operation

----

In file:integerexample.sol:5

balance +=deposit

Mythril 的输出内容以"====漏洞名称==="作为起始，以"——————
—————————"作为结束，包含 SWC 编码、严重程度、合约名、函数名、详细的漏洞解释、漏洞出现位置等。该合约漏洞为"Integer Arithmetic Bugs"，即为算术错误。整型溢出属于算术错误，Mythril 的判断正确。输出的正式内容中，Mythril 首先给出了 SWC 编码，并对严重程度进行了判断。而后"Function name:add(uint256)"表明了漏洞出现的函数位置。此外，Mythril 给出了对该合约漏洞分析的详细文字解释，表明该函数中的算术操作会导致整型溢出。这部分文字解释有助于使用者理解漏洞发生的原因。由"———————————————"划分出的最后一部分中直接给出了漏洞出现的代码位置合约代码第 5 行，为"balance+=deposit"，帮助使用者迅速定位，对漏洞进行修改。该合约较简单，人工审计和自动化审计的区别并不明显，但若合约代码更加复杂，人工审计在速度和准确度上可能会远远低于 Mythril 等自动化审计工具。根据 Mythril 的输出结果，审计人员能够非常快速地判断合约的漏洞并做出修正，有效提高效率。

（2）无保护的自毁。下面是一个简单的无保护的自毁漏洞的智能合约以及使用 Mythril 进行检测获得的输出。

算法 8.5　killbilly.sol

```
1:   pragma solidity 0.5.7;
2:   contractKillBilly{
3:       bool public is_killable;
4:       mapping(address=>bool)public approved_killers;
5:       constructor()public{
6:           is_killable=false;
7:       }
8:       functionkillerize(address addr)public{
9:           approved_killers[addr]=true;
10:      }
11:      functionactivatekillability()public{
12:          require(approved_killers[msg.sender]==true);
13:          is_killable=true;
14:      }
15:      functioncommencekilling()public{
16:          require(is_killable);
17:          selfdestruct(msg.sender);
18:      }
19:  }
```

Mythril 针对 killbilly.sol 的输出内容

====UnprotectedSelfdestruct====

SWC ID:106

Severity:High

Contract:KillBilly

Function name:commencekilling()

PC address:354

Estimated Gas Usage:974-1399

Any sender can cause the contract to self-destruct.

Any sender can trigger execution of the SELFDESTRUCT instruction to destroy this contract account and withdraw its balance to an arbitrary address. Review the transaction trace generated for this issue and make sure that appropriate security controls are in place to prevent unrestricted access.

In file:killbilly.sol:17

selfdestruct(msg.sender)

分析结果中漏洞名称为"Unprotected Selfdestruct", Mythril 首先给出 SWC 编码和严重程度。然后给出发生该漏洞的函数名。不同于我们给出的 integerexample.sol 中智能合约 Overflow_Add 只存在一个函数,该例中智能合约存在多个函数,给出函数名有助于我们快速定位。在详细的文字解释中,Mythril 指出在合约 killbilly.sol 中,任何人都可以通过自毁指令使得合约自毁并且将合约的余额提取到任意地址,这无疑是非常严重的漏洞。在具有 selfdestruct 方法的智能合约中,如果访问控制缺失或不足,恶意者可以使该智能合约自毁。同时,Mythril 给出建议,表明"检查为此问题生成的交易,并确保适当的安全控制措施到位,以防止不受限制的访问。"最后,给出漏洞的详细代码位置。

8.4 区块链中智能合约的实现

区块链中智能合约的实现在不同的运行环境当中有所不同。目前,智能合约的主流运行环境可以分为 2 类:虚拟机和容器。无论是虚拟机还是容器,它们的作用都是在一个沙箱中独立执行合约代码,并对合约所使用的资源进行有效的隔离和限制,从而避免区块链的数据结构遭到合约的破坏。

8.4.1 虚拟机运行

8.4.1.1 EVM

虚拟机通常是指通过软件模拟的具备完整硬件功能的、能像真实机器一样执行程序的计算机的软件实现(贺海武等,2018)。虚拟机是一台由诸多计算机作为节点组成的巨大的全球计算机。出于降低资源开销、提升性能和兼容性的目的,绝大多数区块链会采用如 EVM 的轻量级的虚拟机结构。

EVM 是所有以太坊账户和智能合约存在的环境。以太坊协议本身存在的目的就是保持 EVM 连续、不间断和不可篡改地运行。EVM 被部署于执行智能合约操作码的各个以太坊节点之中,负责对智能合约进行指令解码并依靠堆栈完全顺序执行代码。

当用户通过以太坊节点上传智能合约时,它会被打包进入最新的区块中,并在网络中传播,存储在网络中的其他节点上。合约执行时,作为块处理协议的一部分,EVM 中的每个节点都要运行相同的代码。每个节点高度并行且独立地遍历它们正在处理的块,并运行交易中包含的任何代码。虽然表面上看起来每一个节点执行相同的操作是高度冗余的,但这是一种统一全球分类账的有效方法(Dannen,2017)。以下为与 EVM 相关的部分概念:

(1)EVM 指令集。EVM 是基于栈的虚拟机,以字为单位进行操作,可容纳最多 1024 个字。为了与 Keccak-256 哈希算法和椭圆曲线算法相匹配,字被设计为 256 位。

编译后的智能合约字节码作为 EVM 操作码执行,这些操作码会执行标准的堆栈操作。由于操作码被限制在一个字节以内,EVM 指令集的容纳极限是 256 条指令,当前已有超过 140 条指令被定义。这些指令包括了按位运算指令、算术运算指令、比较操作指令、跳转指令、密码学计算指令、栈、内存、存储操作指令、区块指令和智能合约相关指令等(宋晶晶,2020)。

(2)gas 计费机制。为避免区块链网络资源滥用或由图灵完备引起的无限循环故障,以太坊中任何可编程的计算,包括智能合约创建、消息调用、账户存储访问以及在虚拟机操作执行等,都受到计费限制。该计费机制以 gas 为单位,每一种计算都对应一定的 gas 计费标准(Wood,2014)。每一笔交易都会有对应的计费限制 gasLimit,如果该交易所消耗的 gas 超过 gasLimit,整个交易将会被视为无效。

(3)交易。交易是来自以太坊账户的加密签名指令,可以分为两种类型:部署合约的交易和导致消息调用的交易。部署合约的交易会使得智能合约被部署在 EVM 上,一个包含该智能合约字节码的新合约账户会被创建。导致消息调用的交易指某一个以太坊账户调用已部署在 EVM 中的智能合约,智能合约被调用时,会根据交易输入自动执行其字节码。无论是部署合约还是导致消息调用,交易都会消耗 gas。

(4)状态机。以太坊的状态是一个庞大的数据结构,它不仅包含所有的账户和余额,而且是一个机器状态(Machine state),可以根据一组预定义的规则伴随着新区块的产生发生变化,并且可以执行任意的机器代码。

状态随新区块产生而改变的具体规则由 EVM 规定,EVM 是一种特殊的状态机。换言之,EVM 的行为就像一个数学函数:给定一个输入,它会产生一个确定性的输出,具有状态转换功能。给定一个旧的有效状态(S)和一组新的有效交易(T),以太坊状态转换函数 $Y(S,T)$ 产生一个新的有效输出状态 S'。

$$Y(S,T) = S' \tag{8.1}$$

8.4.1.2 智能合约在 EVM 上的实现

EVM 部署在以太坊节点上,负责合约的执行。如上文所述,合约的部署和执行过程是一种特殊的交易过程。当合约在 EVM 中初始化时,由于数据储存是基于账户的,新的合约账户将会被创建,该合约账户会包括账户地址、存储空间、以太币余额和合约主体代码等信息。与对 EVM 状态机的描述相对应,合约的执行则是在接收一系列智能合约字节码以及环境数据元组之后,以太坊状态根据给定的规则发生相应的转变。

智能合约的详细部署流程如图 8-4 所示:①使用智能合约编译器将智能合约源代码编译为 EVM 字节码;②向区块链节点的 RPC API 发送合约创建交易请求;③验证交易是否合法;④合法交易被识别为合约创建交易,进入交易池;⑤矿工打包该交易生成新区块,借助 P2P 网络广播;⑥节点接收到该交易的区块后对交易进行验证和处理,为合约创建 EVM 环境并生成智能合约账户地址,将区块入链;⑦API 获取智能合约创建交易的回执,获得智能合约账户地址,部署完成(范吉立等,2019)。

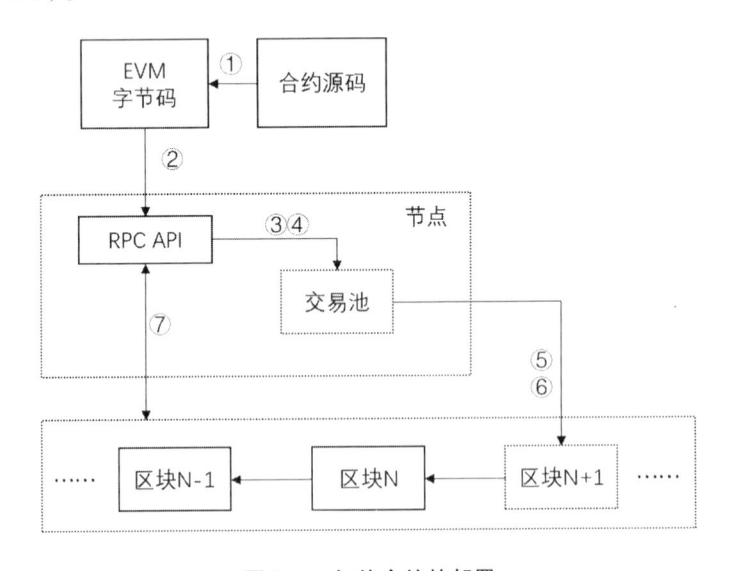

图 8-4 智能合约的部署

智能合约的调用流程与部署流程相类似,也是通过 RPC API 创建交易,并由验证节点对交易进行处理,调用 EVM 实例,进行状态的变更。

8.4.2 容器运行

8.4.2.1 Docker

容器是除虚拟机外另一种实现虚拟化的软件。借助容器引擎,开发者可以打包应用代码以及其依赖资源到一个与外界相隔绝的容器中以实现虚拟化。Docker 和 kubernetes(k8s)是目前容器领域的主流技术,Docker 负责将主机上的应用放到容器化的沙箱运行,k8s 负责统一管理集群中多个主机上的容器化应用。

Hyperledger Fabric 使用 Docker 作为智能合约的执行环境。使用 Docker 作为智能合约执行环境,具有以下特点:①Docker 本身没有采用虚拟化技术,而是在操作系统层面虚拟化,程序直接在底层操作系统上运行,因此能够高效且便捷地执行代码;②智能合约作为独立程序运行在与外界隔绝的安全的容器当中,外部程序无法直接访问该容器,只能借助于背书节点[1]间接访问;③由于 Docker 相较于轻量级虚拟机而言架构较大,部署和启动 Docker 本身需要消耗大量的计算资源以及时间(贺海武等,2018;侯培宇,2021)。

8.4.2.2 chaincode

在 Hyperledger Fabric 中,智能合约被称作链码(Chaincode)。

1. 链码分类

(1)系统链码[2]。系统链码在节点启动或者初始化新链结构等情况时完成部署,用于进行系统交互,可分为 5 类。

- 配置系统链码(Configuration system chaincode,CSCC):负责处理对通道的配置。
- 生命周期系统链码(Lifecycle system chaincode,LSCC):负责管理用户链码的生命周期,如打包、安装、实例化、升级、调用、查询等链码操作。
- 背书系统链码(Endorsement system chiancode,ESCC):负责对模拟执行结果背书签名,并创建提案响应消息,同时设置管理背书策略。
- 验证系统链码(Verification system chaincode,VSCC):负责对交易数据进行验证,并检查签名背书信息是否满足预定的背书策略。
- 查询系统链码(Query system chaincode,QSCC):负责查询区块链账本和区

---

[1] Peer 节点当中的一类节点,详见第 9 章。
[2] https://hyperledger-fabric.readthedocs.io/en/release-2.5/smartcontract/smartcontract.html#system-chaincode

块链信息。

（2）用户链码。用户链码是指用户编写的智能合约代码，通常运行在 Docker 容器内，支持打包、安装、实例化、升级、调用等链码操作。

2. 链码生命周期

chaincode 的生命周期（运行过程）分为 5 个阶段：打包、安装、实例化、升级和删除（王群等，2020）。

（1）打包。创建包并对包签名。具体是指将使用开发语言编写的源代码按照 chaincode 部署规范（Chaincode deployment spec，CDS）重新定义，生成 CDS 包，并通过对 CDS 包签名来检查和确认 chaincode 的所有者。

（2）安装。将 CDS 包安装在一个将要运行该合约的 Peer 节点上。chaincode 只能够被安装在合约所有者的背书节点上，该过程需要 Peer 节点调用生命周期系统链码的 install 方法。

（3）实例化。调用生命周期系统链码，在通道上启动一个 Docker 容器，实现 chaincode 与通道的绑定。实例化成功后，处于激活状态的 chaincode 将监听并接收交易请求。

（4）升级。升级的方法和实例化相类似，即将新版本的 chaincode 与通道绑定。更新过程中需要验证旧版本的实例化策略以保证合法性。更新后其他与旧版本 chaincode 绑定的通道仍旧运行旧版本的 chaincode。

（5）删除。删除 chaincode 对应的 Docker 容器以及每个安装 chaincode 的背书节点上的 SignedCDS 包。

8.4.2.3 chaincode 的安装部署及运行

具体过程如下：①打包；②安装和实例化；③应用程序向背书节点发送交易请求；④背书节点执行交易，检查结果正确性从而进行背书，并向应用程序反馈执行结果；⑤应用程序收集结果后将结果发送给 Orderer 节点[1]；⑥Orderer 节点执行共识过程并生成区块验证结果；⑦背书节点验证交易并提交到区块中（范吉立等，2019）。

步骤⑦中，背书节点分两个阶段对交易进行验证。首先，检查交易以确保它已根据背书政策由足够的组织签署。其次，检查以确保世界状态的当前值与背书节点签署时交易的读取集匹配且没有中间更新。如果一个交易通过了这两个测试，就会被标记为有效。无论是有效还是无效所有交易都会被添加到区块链历史记录中，但只有有效的交易才会导致世界状态的更新。

---

[1] Fabric 中进行排序服务的节点，详见第 9 章。

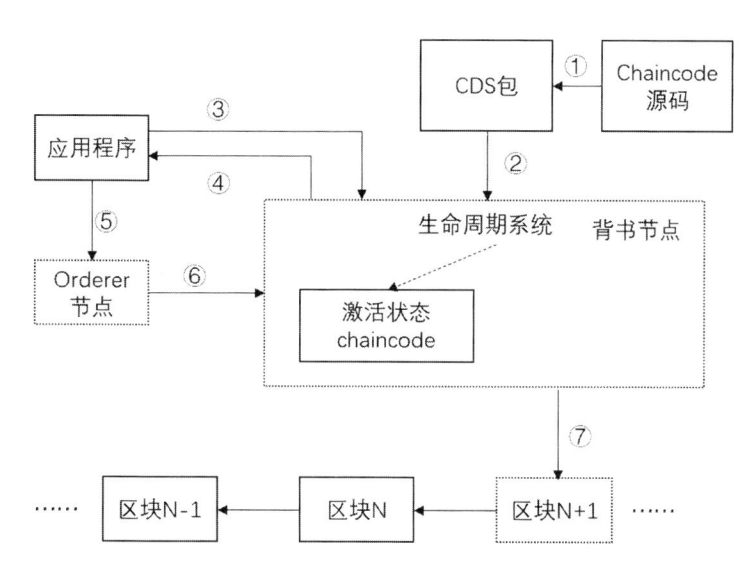

图 8-5 chaincode 的部署和运行流程

8.5 智能合约的应用场景

8.5.1 供应链金融

目前，供应链金融在我国快速发展，存在巨大需求：从行业角度，涵盖汽车、钢铁、医药等多个领域；从融资类别角度，应收类融资、预付类融资、存货类融资需求急速增长。然而，传统供应链金融的过程繁琐，安全问题也层出不穷，导致其实际规模远远不能满足巨大需求。尤其是供应链中的中小微企业，由于其在资金提供方眼中并不具有高可信度，融资非常艰难，亟需提出新的技术帮助优化授信模式、融资流程（朱兴雄等，2018）。

而区块链和供应链金融存在着天然的匹配性（段常伟，2018）。随着区块链等技术的发展，越来越多专业人士尝试将其应用于供应链金融当中。首先，区块链可以帮助提升供应链金融的透明度。其次，区块链为供应链金融提供了高级别的数据安全性。最后，区块链还能够降低供应链金融交易成本并可以提高买家、供应商和机构的融资效率。而智能合约在区块链于供应链金融的应用中发挥着关键作用，以数字化的形式被写入区块链中，是应用架构中不可缺失的一环。

智能合约会参与整个融资流程，从资信评估、正式签约到放款、还款，智能合约都会根据触发条件自动执行。智能合约也会结合具体的供应链金融场景在区块链中提供相应的功能。例如，在仓单质押融资中，智能合约会涉及仓单所有权的转移;在应付账款融资中,智能合约会涉及应付账款的转移;在信用证融资中会涉及信用额度的检测。

- 信用授信融资模式

该模式下银行会给予核心企业一定量的信用额度,核心企业在和上下游企业进行交易时可以选择将信用额度转移给供应链上的其他公司,从而缓解资金压力。信用额度可以在供应链上的各公司中转移。需要融资时,供应链上公司可以使用信用额度向银行进行申请,还款时间到达时由核心企业偿还贷款。参与方包括银行、核心企业、供应链上下游公司和 Oracle 节点。该模式流程如下:

步骤 S1:在平台部署授信智能合约。

步骤 S1.1:核心企业节点在与银行节点线下商定细节之后在平台上部署授信融资合约;

步骤 S1.2:核心企业节点、银行节点检查合约内容并进行签名。

步骤 S2:核心企业与贷款方签订贸易合同,贸易合同上链。

步骤 S2.1:核心企业节点在与贷款方节点洽谈协商之后在平台上部署贸易合同,签名确认后通知贷款方节点;

步骤 S2.2:贷款方节点检查贸易合同内容并进行签名。

步骤 S3:运输单、信用转移凭证的签发。

步骤 S3.1:贷款方节点委托第三方物流节点运送货物,第三方物流节点在区块链平台上签发运输单;

步骤 S3.2:贷款方节点对运输单进行签名;

步骤 S3.3:核心企业节点收到货物后对运输单进行签名;

步骤 S3.4:核心企业节点在区块链上签发信用转移凭证并通知贷款方节点;

步骤 S3.5:贷款方节点对信用转移凭证进行签名。

步骤 S4:贷款方节点部署和签发融资申请书,银行节点审查相关单据、贷款方信用额度及贷款方节点链下的征信数据后,部署和签发贷款协议书。

步骤 S4.1:贷款方节点在区块链上部署融资申请书并进行签名,然后通知银行节点;

步骤 S4.2:银行节点收到贷款方节点的融资申请后,通过区块链上的贸易合同、运输单、信用转让凭证审查贷款方节点和核心企业节点之间贸易的真实性,并检查目前贷款方节点已有的信用额度;

步骤 S4.3:若符合融资条件,银行节点同意贷款方节点的融资申请,在区块链上部署贷款协议书并签名,通知贷款方节点;

步骤 S4.4:贷款方节点检查贷款协议书的合同内容无误后签名确认。

步骤 S5:银行节点向贷款方节点发放融资款项,扣除相应信用额度。

步骤 S5.1:银行节点将融资款项转入卖方节点账户,通知 Oracle 查询转账数

据并上链;贷款方节点相应信用额度自动被扣除,形成单据;

步骤 S5.2:贷款方节点对转账记录进行签名。

步骤 S6:贷款到期时,核心企业节点进行还款。

步骤 S6.1:贷款到期时,核心企业节点将款项转入银行节点的回款账户,通知 Oracle 查询转账数据并上链;

步骤 S6.2:银行节点对转账记录进行签名;

步骤 S6.3:若核心企业节点未按时还款,将收到警告。警告发送后一段时间内核心企业节点仍然未还款,违约情况会被自动记入链中。

算法 8.6　公司 A 向公司 B 转移信用

输入:A 公司名字 nameA、B 公司名字 nameB、转移的信用额度 amt
输出:若信用转移成功,生成对应票据

```
1:    if keccak256(nameA) ≠ keccak256(nameB) then
2:        if amt>0 then
3:            for i←1 to m do
4:                if keccak256(nameA) = keccak256(companies[i].companyName) then
5:                    NameA_Valid=true;
6:                    companyA_Index=i;
7:                end if
8:                if( keccak256(nameB) = keccak256(companies[i].companyName) then
9:                    NameB_Valid←true
10:                   companyB_Index←i
11:               end if
12:           end for
13:       end if
14:       if NameA_Valid=true and NameB_Valid=true then
15:           /*条件:需要公司已有的信用额度多余转移的信用额度*/
16:               if companies[companyA_Index].creditAsset >=amt then
17:           /*调用合约中的另一个函数 newReceipt 生成收据*/
18:                   newReceipt(nameA,nameB,amt,false,false)
19:           /*修改区块链中记录的公司信用额度*/
20:                   companies[companyA_Index].creditAsset←
       companies[companyA_Index].creditAsset−amt
21:                   companies[companyB_Index].creditAsset←
       companies[companyB_Index].creditAsset+amt
22:               end if
23:           end if
24:       end if
```

算法 8.7　银行准备向申请融资公司提供资金

输入：银行名字 bName、申请融资公司名字 cpName、融资额 amt
输出：若成功完成相应准备，生成对应单据

```
1:    if amt>0 then
2:        /* 利用名字遍历找到银行、公司 */
3:        for j←1 to m do
4:            if(keccak256(bName) = keccak256(banks[j]bankName) then
5:                bName_Valid←true
6:                b_Index←j
7:            end if
8:        end for
9:        for i←1 to n do
10:           if(keccak256(cpName) = keccak256(companies[i]companyName) then
11:               cpName_Valid←true
12:               cp_Index←i
13:           end if
14:       end for
15:       /* 条件:输入的银行名、公司名需要有效 */
16:       if bName_Valid=true and cpName_Valid=true then
17:           /* 条件:公司所持信用额度需要大于等于融资额 */
18:           if companies[cp_Index]creditAsset >= amt then
19:               newReceipt(bName,cpName,amt,true,true)
20:               /* 额度减少 */
21:               companies[cp_Index].creditAsset←companies[cp_Index].creditAsset-amt
22:               /* 待转账真实资金增加 */
23:               companies[cp_Index].realMoney←companies[cp_Index].realMoney+amt
24:           end if
25:       end if
26:   end if
```

8.5.2　证券

姚前（2021）提出 Trade 智能合约设计，将当前的证券交易业务逻辑转化为智能合约代码，在分布式账本平台上自动执行，提高交易效率及交易安全性。传统的证券交易系统运行的是一套部署于证券交易所的中心化服务器的订单匹配算法，该算法可以转换为智能合约的形式，在证券登记结算的分布式账本上自动执行。订单匹配算法所涉及的函数如表 8-4 所示。订单的参与方包括卖方和买方。流程如下：

步骤 S1：买卖双方创建订单，包含证券标的、数量、价格、执行时间、订单有效期。双方使用各自的私钥对订单进行签名,签名后将订单发送至证券交易智能合约(以下简称"Trade 智能合约")。

步骤 S2：Trade 智能合约利用订单匹配算法搜索匹配的买方订单和卖方订单,若匹配成功,Trade 智能合约将自动创建结算指令并对其签名,而后系统通知买方和卖方对结算指令进行签名。三方的数字签名不仅是判断交易有效的条件,也能够避免三方违规操作损害其他参与方的利益或交易安全性。例如,交易在签名的作用下变得"不可抵赖",无法被买方或者卖方撤回,Trade 智能合约也无法在缺失买卖双方签名时自主发起交易造成混乱。

表 8-4 订单匹配算法涉及函数

函数	作用
Settle	订单信息相匹配后使买卖生效,确认结算金额、结算证券及数量、执行期限
Invalid	结算成功后将列表中的订单更改为无效,使其无法再与其他订单匹配

算法 8.8 简化订单匹配

输入：买方订单列表 Bid=$[b_1,b_2,\cdots,b_m]$,卖方订单列表 Offer=$[o_1,o_2,o_n]$
输出：若匹配成功,则调用 Settle 函数进行结算

1：   for i ← 1 to m do
2：   for k ← 1 to n do
3：   if bi. validity = true and ok. validity = true then
4：   if bi. stock = ok. stock then
5：   if bi. price = ok. price then
6：   if bi. amount = ok. amount then
7：   if bi. time = ok. time then
8：   Settle(bi, ok)
9：   Invalid(bi)
10：   Invalid(ok)
11：   end if
12：   end if
13：   end if
14：   end if
15：   end if
16：   end for
17：   end for

8.5.3 众筹

众筹指借助网络平台发布筹款项目并募集资金。众筹开放性更高,灵活性更强且门槛更低(黄洁华等,2017)。同时,众筹需要较高的数据真实性和可靠性,与智能合约的特点十分匹配,众筹智能合约应运而生。不同参与方商定责任、义务及众筹业务逻辑后,在区块链平台上部署众筹智能合约,通过该合约在无第三方的参与下自动完成众筹。众筹算法所涉及的函数如表8-5所示。众筹参与方包括众筹平台方、集资方和用户(投资者)。流程如下:

步骤S1:平台生成合约代码。

步骤S1.1:平台方在与集资方确定筹资细节之后在区块链上部署众筹智能合约,签名确认后通知集资方节点;

步骤S1.2:集资方检查部署的合约后对其进行签名。

步骤S2:用户进行投资。

步骤S2.1:用户在众筹平台上选择参与的项目,需要向区块链平台发送参与项目请求。若参与项目请求被审查通过,则用户账户中的资金根据请求中的约定数量转移至合约账户当中;若审查未通过(如用户账户资金不足),则参与项目请求无效。

步骤S3:众筹完成与后续还款。

步骤S3.1:若众筹失败(未在规定时间达到规定金额),合约账户的资金会被退回到用户账户;若成功,集资方可以提取筹集款项;

步骤S3.2:集资成功后,集资方需按众筹合约中的规定进行还款。集资方把需要还款的资金存入合约账户,合约账户在规定还款时间到达后会自动触发还款,资金将被转移到对应用户的账户中。若还款时间到达后,合约账户中还款资金不足,集资方与平台方会收到还款警告,警告发出后一定时间内若合约账户资金仍然不足,违约合约会被触发。

表8-5 众筹算法涉及函数

函数	作用
start	开始众筹
accumulate	根据投资请求增加所获得资金数
finalize	众筹成功,关闭智能合约
fail	众筹失败,关闭智能合约

算法8.9 众筹

输入:最大众筹金额max、最小众筹金额min、时间time_crowdsale、最小投资金额mininvest

输出:若众筹成功,则调用函数finalize,按规则发放数字代币;若众筹失败,则调用函数fail,根据投资记录退回所有资金

续表

```
1:   start( )
2:   total←0
3:   crowdsaleclosed←false
4:   while crowdsaleclosed = false do
5:       if investrequest = true then
6:           accumulate( total)
7:       end if
8:       if time_crowdsale < deadline then
9:           if total >= max then
10:              crowdsaleclosed←true
11:              finalize( )
12:          end if
13:      else
14:          crowdsaleclosed←true
15:          if total < min then
16:              fail( )
17:          else
18:              finalize( )
19:          end if
20:      end if
21:  end while
```

8.5.4 其他应用

智能合约的自治性、自足性、去中心化、可验证性等要素和特点,与金融、医疗、信息安全等多个领域具有高匹配性,其应用随着区块链技术的逐渐兴起日益广泛。除以上提到的供应链金融、证券、众筹,智能合约还在许多产业发挥作用。

在金融交易中,不仅是证券,各类传统金融交易都需要交易所等中央机构作为参与方协调甚至监管,而智能合约的自治性和高效性可以有效降低交易成本,提高效率,从而避免繁琐的清算和交割。

在信息领域,智能合约允许个人拥有数字身份。数字身份是涵盖个人真实信息的数字代码,可通过网络进行管理。数字身份允许个人在需要向交易对手披露数据时,可以有选择地只披露交易所需的部分,提升交易效率的同时保障了信息的安全性和隐私性。此外,智能合约还能够帮助进行信息记录。例如各个组织的财务部门可以利用智能合约,将财务数据准确、透明地记录在区块链上。若不同组织间需要进行财务数据的核查和统一,智能合约可以通过数据格式的统一和自动化审计有效降低人力成本和时间成本。

在供应链管理中,智能合约能够提高管理效率。智能合约可以对供应链中的每一个环节进行实时追踪和记录,这有助于提高供应链的透明度,使供应链中的每一步对于各个参与方实时可见,实现精细准确的库存跟踪,降低供应链中的盗窃和欺诈风险。同时,智能合约还可以与物联网结合,使得供应链中各个设备能够被智能合约实时控制或是向智能合约传递需要的信息,有效降低人力成本。

此外,凭借自身特性,智能合约还可被应用于汽车保险、医疗健康、数字版权管理、智能交通等领域。相信随着智能合约技术的进一步发展,应用智能合约的企业和领域会越来越多。

8.6 预言机

8.6.1 介绍

预言机是将区块链与外部世界相连接,帮助智能合约获取链外数据或将链上数据传递到外部世界的工具。

智能合约是区块链应用的关键,但却在数据获取方面存在缺陷性,不能直接获取外部数据,而这些数据可能是执行某些业务逻辑时不可或缺的。例如通过智能合约发放股息时,智能合约需要知道实时的股票价格。而预言机解决了这一外部数据获取问题,智能合约订阅预言机后,可以主动从预言机提取数据,预言机获取到新数据后也会及时推送给智能合约。

图 8-6 显示了预言机和智能合约生态系统的一般模型:预言机允许区块链连接到任何的 API,实时动态地为智能合约提供外部的可信数据。根据区块链类型,预言机使用不同的方法将数据写入区块链。同时,区块链和智能合约也能够借助预言机向链外系统发送数据或命令。

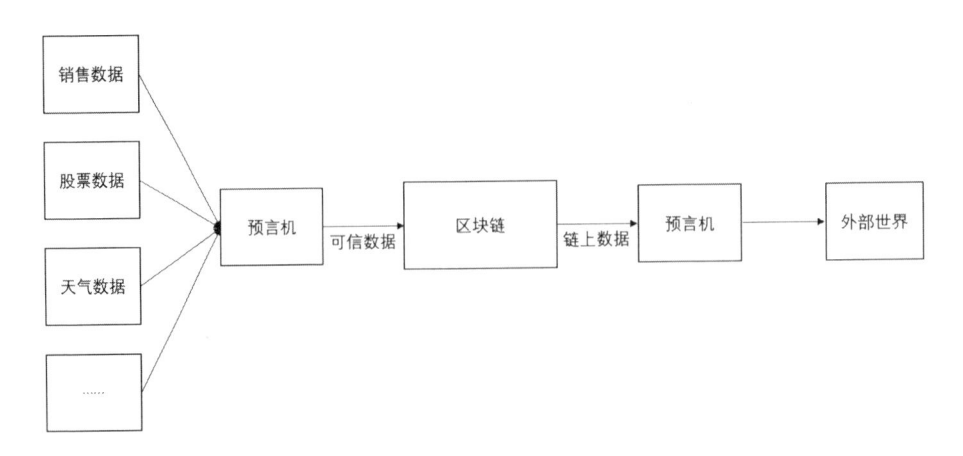

图 8-6 预言机一般模型

根据行业和应用场景的要求,预言机可以提供不同类型的外部数据,包括但不限于金融信息、天气报告、新闻消息、企业活动信息以及来自物联网设备的数据。例如,在供应链金融中,各个参与方需要知道资金在现实世界中的转账情况,便需要借助预言机与银行的转账系统相连接,获取银行的转账信息。又或者在供应链管理中,预言机可以通过与物联网设备的连接帮助管理者获取货物的入库、出库时间以及库存量等信息。

若预言机提供的数据不能够保证是真实的,将会从外部为区块链和智能合约带来巨大的信任危机,尤其是在金融这类市场数据必须准确可靠的领域。因此,预言机强大的数据获取功能存在一个前提,即数据的真实性。预言机可以从多个方面保证数据的真实性。

①数据来源真实。预言机能够对数据进行数字签名保证提供数据的来源真实。
②数据未被篡改。预言机可以通过使用各种公证方案保证提供的数据不被篡改。
③数据本身真实。预言机需保证第三方数据提供者提供数据本身的真实性。

预言机的数据来源可以是单一的,例如声誉良好的气象报告机构或转播航班延误的机场信息系统。对于合约设计者来说,虽然接受由一个大规模的、有信誉的、受信任的第三方提供的预言机数据是可行的,但是数据的来源仍然存在集中化的问题。这种提供单一数据来源的预言机无法保证第三方提供数据的真实性,并且对该第三方提供者存在极大的依赖性。为解决数据来源单一的问题,确保数据本身的真实性,另一种数据获取方法被广泛应用,即预言机从多个数据来源获取数据,而后将数据进行汇总。如果从多个来源提供大量相同的信息,那么这些数据很有可能是正确的并且可信的。

绝大多数预言机根据 API 从线上数据库等实时在线获得和发送数据,该类型预言机被称为软件预言机。因为需要来自硬件设备的真实世界数据或对硬件设备进行操作指令,研究人员还引入了另一个概念:硬件预言机。硬件预言机为区块链网络和物联网(Internet of Things,IoT)之间的数据交换提供了通道。例如,车辆穿过装有运动传感器的特定障碍时,可以检测车辆的移动并将数据发送给智能合约。需要注意的是,硬件预言机需要一种硬件设备防篡改的机制,这可以通过使硬件设备提供数据的加密证明等方式实现。

除了获取外部数据外和将链上的数据传递到链下,预言机还可以实现不同区块链之间信息的交互,甚至是提供链下计算服务。这一系列的功能使得预言机成为一个强大的数据处理工具,有效提高了智能合约的可扩展性,是智能合约能够被广泛应用于不同场景的关键因素。

8.6.2 分类

(1)输入预言机(Input oracles)。允许智能合约从链外获取数据的预言机。

作为当今应用最为广泛的预言机类型,输入预言机从现实世界获取数据,并将其提交到区块链网络上用于智能合约的运行。例如,输入预言机可为智能合约提供金融市场数据、银行转账信息的链上访问。

(2)输出预言机(Output oracles)。允许智能合约向链外系统发送命令,触发链外系统执行某些操作的预言机。例如可借助输出预言机通知银行网络进行支付,或通知物联网系统对设备进行操作。

(3)跨链预言机(Cross-chain oracles)。可以在不同区块链之间读取和写入数据的预言机。跨链预言机能够实现在区块链之间移动数据和资产的互操作性,例如使用区块链 A 上的数据触发区块链 B 上的操作,或者跨链桥接资产,以便资产可以在发布它们的区块链之外使用。

(4)支持计算的预言机(Compute-enabled oracles)。使用安全的链外计算提供去中心化服务的预言机。由于技术、法律或财务的限制,某些服务无法在链上完成,支持计算的预言机的出现解决了该问题。该类型预言机在链下实现计算功能,一方面避免了链上限制,在降低成本的同时提升了智能合约的可扩展性以及隐私性,另一方面为智能合约带来公允排序、可验证随机数等一系列功能。作为一种新型计算机,支持计算的预言机被运用得越来越广泛[①]。

8.6.3 当前市场上的预言机项目

(1)Witnet。Witnet 构建了一个多链去中心化预言机网络,目前可在以太坊、Polygon、Avalanche、Celo、Harmony、Metis、Boba、Conflux、KCC 和其他区块链上使用。Witnet 协议创建了一个由对等节点组成的分布式网络,将智能合约连接到任何在线数据源。Witnet 获取数据时,会随机选取网络中的节点并要求它们各自从一个或多个来源检索数据。通过比对它们提供的数据,Witnet 可以保证最终提供的数据的真实性。节点报告正确的数据可以获得 Wit 代币作为奖励,反之会受到惩罚。

(2)Chainlink。Chainlink 的目的是创建一个完全去中心化的预言机网络,兼容以太坊、比特币和 Hyperledger。与 Witnet 相类似,Chainlink 借助 LINK 代币以及奖惩机制为预言机建立了一个良性循环的生态系统:有良好行为(如提供正确数据)的预言机节点会受到奖励,有恶意行为(如提供错误数据)的节点会受到惩罚。

(3)DOS Network。DOS Network 是一种 layer2 去中心化预言机网络,由链上智能合约与链下 P2P 网络两部分组成。除了普通的数据馈送,DOS Network 还能够为主流区块链提供支持计算的预言机,目前已经在以太坊和 Huobi HecoChain 上线。

---

① https://chain.link/education/blockchain-oracles

（4）Paralink。一个开源去中心化预言机方案，适用于以太坊、Binance Smart Chain、Polygon、Polkadot、Plasm 等主流区块链。类似于其他预言机项目，Paralink 中同样存在奖惩机制。提交有效数据的节点将获得奖励，而提交错误数据的节点会受到惩罚，收入和信誉值都会被扣除。Paralink 的亮点之一便是独创的查询语言 Paralink Query Language（PQL）。作为一种高级查询语言，PQL 能够帮助开发者快速地提出对特定数据的索取请求，使得开发更加高效和便捷。

（5）Provable。一个中心化预言机方案，支持以太坊、Rootstock、R3 Corda、Hyperledger Fabric 和 EOS 等区块链。Provable 认为，去中心化的预言机网络不仅需要一个预定义的数据格式标准，而且在时间和代币花费上效率过低，存在严重的局限性。因此，Provable 选择开发并提供中心化预言机服务。为证明数据的可靠性，Provable 通过多种技术实现获取数据的"真实性证明"，并将该真实性证明附在数据上一并提交。

8.6.4 应用场景

（1）去中心化衍生品。去中心化衍生品是发行、运作和清算基于智能合约和区块链技术的衍生品，是 DeFi 的重要组成部分。当前，DeFi 市场中的非中心化衍生品种类繁多，其中包括期权、期货、合成资产等，而这些衍生品的实际应用则主要集中于以太坊和其他公链之中。预言机可以为衍生品提供价格馈送等核心服务，是去中心化衍生品运作中不可或缺的一部分。

（2）稳定币。稳定币是与法定货币或其他链下资产挂钩的链上代币。预言机可以帮助智能合约获取稳定币所锚定的链下资产的相关数据。

（3）供应链。智能合约可以参与供应链管理。从材料采购到将货物交付给最终客户，智能合约对于供应链的管理都离不开各式各样的外部数据获取和物理设备操作。预言机便是智能合约和外部世界之间沟通的媒介，将供应链智能合约与线上数据库或者现实世界的传感器相连接，帮助智能合约获取定位、温度、速度、加速度、湿度、光度等数据，或是下达对于仓库门、传送带等的指令。

（4）智能合约保险。借助预言机和可靠的外部数据支撑，保险产品可以被转化为智能合约，自动分析赔付条件是否被满足。例如，农民可为自己的种植物购买智能合约保险，该保险通过预言机可以获取外部的天气数据进而判断情况，自动推进赔付流程。Etherisc 去中心化保险应用平台是当前的商业案例之一。

（5）支付。智能合约中，支付手段往往为其原生区块链的加密货币，例如以太坊智能合约以以太币进行支付。然而，由于加密货币资产的不稳定性风险以及支付偏好等原因，智能合约需要支持多种类型的支付选项。通过将输出从智能合约推送到外部 API，预言机可以促进包括银行转账支付、其他区块链平台的加密货币支付（例如以太坊智能合约以比特币进行支付）等各种支付服务的实现。

参考文献

[1] 范吉立,李晓华,聂铁铮,于戈.区块链系统中智能合约技术综述[J].计算机科学,2019,46(11):1-10.

[2] 付梦琳,吴礼发,洪征,冯文博.智能合约安全漏洞挖掘技术研究[J].计算机应用,2019,39(07):1959-1966.

[3] 高健博,张家硕,李青山,陈钟.RegLang:一种面向监管的智能合约编程语言[J].计算机科学,2022,49(S1):462-468.

[4] 贺海武,延安,陈泽华.基于区块链的智能合约技术与应用综述[J].计算机研究与发展,2018,55(11):2452-2466.

[5] 侯培宇.面向Hyperledger Fabric区块链应用的网络设施支持平台的设计及实现[D].南京大学,2021.

[6] 胡凯,白晓敏,高灵超,董爱强.智能合约的形式化验证方法[J].信息安全研究,2016,2(12):1080-1089.

[7] 黄洁华,高灵超,许玉壮,白晓敏,胡凯.众筹区块链上的智能合约设计[J].信息安全研究,2017,3(03):211-219.

[8] 倪蕴帷.区块链技术下智能合约的民法分析、应用与启示[J].重庆大学学报(社会科学版),2019,25(03):170-181.

[9] 钱鹏,刘振广,何钦铭,黄步添,田端正,王勋.智能合约安全漏洞检测技术研究综述[J].软件学报,2022,33(08):3059-3085.

[10] 宋晶晶.以太坊智能合约的自动化漏洞检测方法研究[D].北京交通大学,2020.

[11] 王化群,张帆,李甜,高梦婕,杜心雨.智能合约中的安全与隐私保护技术[J].南京邮电大学学报(自然科学版),2019,39(04):63-71.

[12] 王群,李馥娟,王振力,梁广俊,徐杰.区块链原理及关键技术[J].计算机科学与探索,2020,14(10):1621-1643.

[13] 姚前.基于智能合约的证券交易与中央对手方清算[J].清华金融评论,2021(11):87-92.

[14] 袁勇,王飞跃.区块链技术发展现状与展望[J].自动化学报,2016,42(04):481-494.

[15] 张潆藜,马佳利,刘子昂,刘新,周睿.以太坊Solidity智能合约漏洞检测方法综述[J].计算机科学,2022,49(03):52-61.

[16] 朱兴雄,何清素,郭善琪.区块链技术在供应链金融中的应用[J].中国流通经济,2018,32(03):111-119.

[17] Dannen, Chris. Introducing Ethereum and solidity. Vol. 1. Berkeley:Apress,2017.

[18] Giancaspro, Mark. "Is a 'smart contract' really a smart idea? Insights from a legal perspective." Computer law & security review 33.6(2017):825-835.

[19] He, Daojing, Zhi Deng, Yuxing Zhang, Sammy Chan, Yao Cheng, and Nadra Guizani. "Smart

contract vulnerability analysis and security audit." IEEE Network 34.5(2020):276-282.

[20]Lessig,Lawrence. Code:And other laws of cyberspace. ReadHowYouWant.com,2009.

[21]Modi,Ritesh. Solidity Programming Essentials:A beginner's guide to build smart contracts for Ethereum and blockchain. Packt Publishing Ltd,2018.

[22]Peng,Kai,Meijun Li,Haojun Huang,Chen Wang,Shaohua Wan,and Kim-Kwang Raymond Choo. "Security challenges and opportunities for smart contracts in Internet of Things:A survey." IEEE Internet of Things Journal 8.15(2021):12004-12020.

[23]Szabo,Nick. "Formalizing and securing relationships on public networks." First monday (1997).

[24]Szabo,Nick. "Smart contracts." (1994).

[25]Wood,Gavin. "Ethereum:A secure decentralised generalised transaction ledger." Ethereum project yellow paper 151.2014(2014):1-32.

本章习题

1. 简述智能合约的运作机制。
2. 简述智能合约的基本架构。
3. 智能合约的主流编程语言有哪些？将它们进行简单的对比。
4. Solidity 编写的智能合约具有的六大基本结构是什么？简述修改器的作用。
5. 区块链中智能合约实现的主流运行环境有哪两类？它们有什么样的共同点？
6. 简述引入区块链技术的信用授信融资的主要流程。智能合约在这之中起了什么样的作用？

9 区块链平台

学习要点和要求

- 以太坊的系统设计、特点及应用场景(考点)
- Hyperledger Fabric 的系统设计、特点及应用场景(掌握)
- FISCO BCOS 的系统设计、特点及应用场景(了解)
- 其他区块链平台(了解)

9.1 以太坊

9.1.1 以太坊介绍

以太坊(Ethereum)是一个具有智能合约功能的去中心化开源公共区块链平台。

程序员 Vitalik Buterin 受比特币启发后,于 2013 年首次提出以太坊的概念,称其为"下一代加密货币与去中心化应用平台"。以太坊的目标是创建一个永不停止、无审查、自动维护的去中心化的世界计算机。以太坊于 2014 年通过 ICO 众筹开始发展,于 2015 年 7 月 30 日正式上线。

如果比特币相当于区块链 1.0,以太坊则为区块链 2.0。作为一种分布式计算平台,以太坊除了可基于内置的以太币(Ether, ETH)实现数字货币交易,还提供了一套内置的、图灵完备的脚本语言,允许通过智能合约编写代码,首次实现将智能合约应用于区块链,进一步增强了去中心化(Buterin, 2014)。

在以太坊诞生之前,开发区块链应用通常采用的方法是在比特币区块链的源代码的基础上对底层代码进行修改,从而在共识算法或者加密算法等机制上做出改变,开发出一套新的区块链应用,在比特币之后出现的很多山寨币就是以这种方式开发出来的。以太坊平台转换了区块链应用开发的思维模式,对底层区块链技术进行了封装,让开发者可以直接在以太坊平台上调用底层功能模块进行开发,使开发者将注意力集中于应用产品本身,无须研究底层的实现过程,从而大大降低了区块链应用的开发难度。开发人员目前可以在以太坊中搭建各种各样的应用,借助智能合约完成任何能够想到的业务,包括但不限于投票、金融交易、众筹、公司管理、知识产权管理。

9.1.2 以太坊系统设计

9.1.2.1 系统架构

如图 9-1 所示,以太坊基础架构可分为三层,分别为基础层、核心层以及应用层。

9 区块链平台

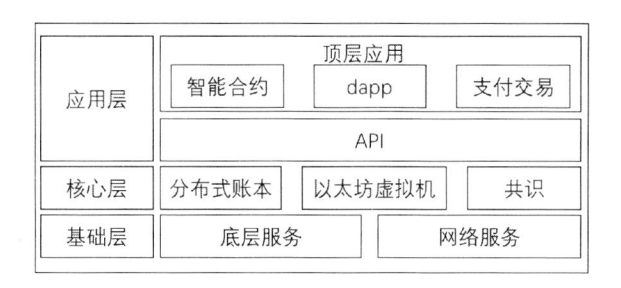

图 9-1 以太坊系统架构

1. 基础层

● 底层服务：数据库（LeavelDB 等）、密码学（椭圆曲线算法等）、基础算法（MPT/布隆/RLP 等）。

● 网络服务：点对点节点发现及链接服务，区块链同步服务。基础层中建立了一个 P2P 网络，节点可以在该网络中进行通信。

2. 核心层

● 分布式账本：包括交易、区块、区块校验工具、回执、状态数据、交易池相关信息。其中回执记录了关于每一笔交易的处理结果信息。

● 以太坊虚拟机：以太坊智能合约的运行环境。

● 共识：共识算法是以太坊维持账本一致性的关键机制，以太坊公链的共识机制于 2022 年 9 月 15 日从 PoW 转换为 PoS。

3. 应用层

● 顶层应用：以太坊的顶层应用是以太坊通过基础层以及核心层实现功能的最终服务对象，包括智能合约、去中心化应用（Decentralized application，dapp）以及普通支付交易等。

● API 接口服务：提供 Http、TCP 相关的接口 RPC 框架服务。

9.1.2.2 关键技术及核心功能

1. 网络

网络是指用于进行开发、测试或布置生产用例的各种不同以太坊环境。以太坊作为一个去中心化的系统，其底层个体相互间的通信非常重要，网络作为通信的基础和环境，是以太坊系统的构建根基。以太坊是一种协议，因此除公共网络以外，还可以有多个符合该协议且彼此不会影响的独立"网络"。以太坊账户可在不同的网络上使用，但是账户余额和交易历史记录不会结转到以太坊主网以外。

(1) 公共网络

● 以太坊主网

主网是指主要的以太坊生态区块链，所有具有实际价值的交易都发生在该链的分布式账本中。当交易所和大众谈论到 ETH 价格时，指的是以太坊主网的

ETH。以太坊的开发计划共分为 4 个部分：边境（Frontier）、家园（Homestead）、都会（Metropolis）、宁静（Serenity）。以太坊主网在这个过程中发生着变化和升级[①]。

边境（2015 年）

以太坊的公共区块链于 2015 年 7 月 30 日启动，最初版本称为"边境"，使用的是 PoW 作为共识机制。启用后不久进行了第一次分叉，调整未来挖矿的难度。边境刚刚启动时只能进行挖矿，主要功能是让使用者有足够的时间加入以太链，启动数天后才能够进行交易、使用智能合约。

家园（2016 年）

以太坊于 2016 年春进行了第二次分叉，释出了第一个稳定版本，称作"家园"。2016 年 6 月，以太坊上的一个去中心化自治组织 The DAO 被入侵，造成市值五千万美元的以太币被移动到只有该黑客可以控制的"分身 DAO"中。由于程序设定，黑客无法立即提取被转移的以太币，以太坊使用者有足够的时间商议解决方案。讨论中产生了加密社区关于以太坊是否应该执行有争议的"硬分叉"以重新分配受影响资金的辩论。

最后在 2016 年 7 月 20 日，以太坊决定进行硬分叉，做出一个向后不兼容的改变，让所有的以太币（包括被黑客转移的）回归原处，而不接受此改变的区块链则成为以太坊经典。这是历史上首次有主流区块链借助分叉更改交易记录来补偿投资人。为了应对在分叉时产生的两个区块链之间可能发生的重放攻击以及其他的网络攻击，以太坊和以太坊经典又各自进行了数次分叉。

都会（2017~2019 年）

"都会"的开发通过三次分叉完成，分别是 2017 年 10 月的"拜占庭"，2019 年 2 月的"君士坦丁堡"和"圣彼德堡"，以及 2019 年 12 月的"伊斯坦堡"。这些升级主要用于改善智能合约的编写、提高安全性、加入难度炸弹以及一些核心架构的修改，以协助以太坊未来从 PoW 转至 PoS。

宁静（2020 年至今）

"宁静"又称为"以太坊 2.0"，是以太坊开发计划的最终阶段。以太坊主网须满足可扩展性需求，即满足全球交易处理速度的需求。如果无法满足，区块链容量将被大量待处理交易占据，从而造成网络拥塞。但随着区块链日渐普及，原有的基础架构无法扩展运行，难以满足全球日益增长的需求。为解决可扩展性缺乏的问题，以太坊团队提出命名为"以太坊 2.0"的一系列升级，用以促进以太坊区块链的发展。升级分为信标链（The Beacon Chain）、The Merge、The Surge、The Verge、The Purge 以及 The Splurge 等。

信标链于 2020 年 12 月 1 日上线。该链将 PoS 共识机制引入以太坊生态系

---

① https://en.wikipedia.org/wiki/Ethereum

统。信标链与原有的主网并行运行。信标链并未处理主网原有的交易,而是在质押人开始验证真实的以太坊交易之前管理和协调以太坊质押人网络。

The Merge 即以太坊主网的合并,于 2022 年 9 月 15 日完成。合并集成了以太坊生态系统中两个原有的独立链,将原有的主网并入到信标链中。在合并之后,信标链接受来自原有以太坊链上的交易,把交易打包进区块,随后再将区块组织到一条运行 PoS 共识机制的区块链上。与此同时,原有的以太坊客户端停止挖矿、区块传播及旧的共识逻辑,并将这一切转交给信标链。

The Surge 是以太坊分片的引入。分片将把整个以太坊网络进行分割,得到 64 个分片链,每个分片将包含自己的交易历史,使以太坊能够更快更容易地完成交易。

The Verge 主要是透过引入"Verkle 树"的设计来对原本区块链设计中的 Merkle 树进行优化。在原来区块链的设计中,如果客户端想要确认一个交易的状态,会需要用到 Merkle Proof,而在引入 Verkle 树后,因为所占用的空间将大幅减少,也令"Stateless Client"的概念变得可行。Stateless Clients 就是"不需要储存所有状态,却能参与交易验证"的角色,现在区块链网络里所有的共识和验证都是由全节点完成的,但有了 Stateless Clients 之后,将不再需要花大量的记忆体储存相关的数据,令整条区块链更有效率。

The Purge 目的是实现 TPS(每秒交易次数)的增加。现在以太坊的验证者需要下载自 2014 年开始的整个以太坊交易历史数据,占用的记忆体空间太大,甚至还随时间流逝而不断增加。而 The Purge 减少节点的存储需求,甚至不需要节点储存历史数据,从而大大提高效率,增加 TPS。

The Splurge 会是一些细微处的升级和以上各个升级后的协调,旨在减少漏洞的出现并确保网络能正常高效地运作。

- 以太坊测试网

除了主网外,以太坊还有公开的测试网。以太坊测试网是用于模拟以太坊生态环境的网络,在将编写的合约代码部署到主网之前,智能合约开发者可以使用它们测试尚未部署在主网上的新编写的智能合约。

大多数测试网最开始使用 PoA 作为共识机制,即选择少量节点来验证交易并创建新区块。部分测试网最开始也会使用 PoW 作为共识机制。在为主网合并做准备的过程中,这些使用 PoA 和 PoW 的测试网转向使用 PoS。

测试网上的以太币没有实际价值。因此没有测试网以太币的相关市场。由于与以太坊进行实际交互需要使用以太币,因此大多数人需要从水龙头(Faucet)获取测试网以太币。大多数水龙头是网络应用程序(Webapp),用户可以向其中输入一个以太坊账户地址并要求向该地址发送测试网以太币。

(2)私有网络

如果以太坊网络的节点未连接到公共网络(即主网或测试网),则该以太坊网络为私有网络。私有网络与公共网络是分隔开的,数据并不互通,主要用于以太坊应用程序的开发或者不同机构间以及机构内部搭建私有的区块链。

- 开发网络

开发网络用于在新开发的 dapp 部署在以太坊公共网络前,将其在本地运行以了解运行情况。为了测试开发的 dapp,需要使用开发网络创建一个本地的区块链,而后将有关的智能合约部署在上面进行测试。相较于公共测试网,以太坊开发网络提供了更好的开发环境,更加方便快捷(例如不需要从测试网获取以太币)。有一些项目和工具专门协助这方面的工作,例如 Ganache 和 Hardhat。

- 联盟网络

联盟网络指只针对特定某个群体的成员和有限第三方的以太坊网络。如果公共以太坊网络类似于公共互联网,那么联盟网络就像一个与外界隔绝的局域网或私有内部网。共识过程由一组预先选择的受信任节点控制。例如,在由一条供应链上的参与者组成的联盟网络中,每个参与者管理若干个预选节点,供应链参与者提交的交易会被打包进入新区块,新区块的产生由所有预选节点共同决定。

2. 节点和客户端[①]

(1)节点。以太坊有三种不同类型的节点,分别为全节点、轻节点和归档节点(Archive node)。归档节点存储全节点中保存的所有内容,并建立历史状态存档。若需要查询某一区块中的账户余额等数据或者对一组交易进行简单测试而不使用跟踪挖掘它们,则需要归档节点。这些数据使用太字节(Terabytes)作为单位,这使存档节点对普通用户的吸引力降低,但为诸如区块浏览器、钱包供应商等服务带来很大的便利性。以归档以外的任何方式同步客户端将导致区块链数据被精简。数据被精简后全节点虽然没有所有的历史状态,但能够在需要时借助归档节点构建它们。

(2)客户端。客户端是一种验证每个区块中的所有交易从而确保网络安全和数据准确的以太坊实现。

以太坊节点的行为是由其运行的客户端控制的。不同于其他大部分区块链依赖于单一客户端,以太坊中存在多个客户端,每个都由不同的团队通过不同的语言开发和维护。这些客户端按照一套相同的规范开发,确保相互之间能够实现无缝通信,具有相同的功能并提供一致的用户体验。这种存在多个独立开发和维护的客户端的特性被称为客户端多样性。客户端多样性是以太坊独有的优势,使区块链网络面对攻击和漏洞具有更好的恢复能力。目前各节点所采用的客户端分布并不均匀,理想情况下各个客户端的节点数量应大致平均分布,以便在网络上最大程度地发挥客户端多样性的全部潜力。

---

① https://ethereum.org/en/developers/docs/nodes-and-clients/

3. 以太币

以太币是以太坊上的原生加密货币。以太币存在的目的是允许算力市场的存在。算力市场为参与者提供了一种经济激励，以验证并执行交易请求，为网络提供计算资源。任何广播交易请求的参与者也必须向网络提供一定数量的以太币作为奖励。这笔奖励将颁发给最终验证交易、执行交易并将其提交到区块链，并在网络中广播的任何人。

奖励的以太币数量对应于进行计算所需的时间。这类奖励也可以防止恶意参与者通过请求执行无限循环或资源密集型脚本来故意堵塞网络，因为这些参与者将为自己的计算时间付费。

4. 以太坊账户

以太坊账户是一个具有以太币余额，可以在以太坊上发送交易的实体。账户是以太坊的基本单元，以太坊会记录并追踪所有以太坊账户的状态，以太坊区块链的状态转换本质上为账户的状态变化。以太坊账户的概念与银行的储蓄账户比较相似：银行储蓄账户记录着储户当前的资产余额，余额的变化代表着资产的转移；以太坊账户记录着储户当前的以太币余额，余额的变化代表着以太币的转移。

需要注意的是，以太坊账户、以太坊地址、以太坊钱包是三个相互联系但有所区别的概念：

- 以太坊账户是一个能够发送交易、拥有余额的实体。
- 类似于电子邮箱有一个地址，以太坊账户有一个以太坊地址。可以使用该地址向以太坊账户发送资金。
- 钱包是一款让使用者管理以太坊账户的产品（一个界面或者应用程序），支持使用者查看账户余额、发送交易等。

（1）账户类型

以太坊中的账户有且只有两种类型，分别是外部所有账户和合约账户。前者由用户控制，后者由智能合约代码控制。

- 外部所有账户

外部所有账户（Externally owned account）是以太坊中由私钥持有者控制的账户。外部所有账户是由一对密钥定义的，每一对密钥包括一个私钥和一个公钥，公钥的后20位作为账户地址，私钥由用户掌握用以控制账户。外部所有账户不具有任何代码，但可以发起一笔交易以及与其他的外部所有账户进行账户之间的ETH和代币交易。创建一个外部所有账户时：

①首先将生成一个随机的私钥。私钥由64个十六进制字符组成，可以用密码加密保存，例如：fffffffffffffffffffffffffffffffebaaedce6af48a03bbfd25e8cd036415f。

②使用椭圆曲线数字签名算法从私钥中生成公钥。

③通过获取公钥Keccak-256哈希的最后20个字节并在前面添加0x，可以为

账户获取地址。

- 合约账户

合约账户(Contract accounts)是智能合约被部署后生成,由该智能合约的代码控制的账户。当交易发送到合约账户中时,合约账户中的智能合约代码会自动执行。合约账户同样存在地址,不同于外部所有账户根据公钥获得地址,合约账户通过合约创建者的地址和该地址发出过的交易数量计算获得地址。知道合约账户的地址,就可以调用这个合约。

- 外部所有账户和合约账户的区别与联系

这两种账户类型都能接收、持有和发送 ETH 和 token 并且与已部署的智能合约进行交互。对于大部分用户来说,这两类账户的区别是控制者不同:外部所有账户通常是由人类用户来控制的,因为人类用户控制着私钥,进而控制外部所有账户;而合约账户都是由其内部代码管理的,如果说它被人类用户控制,其实是因为通过编程使它受到了外部所有账户的控制,间接被外部所有账户所有者控制。

交易是外部所有账户和合约账户之间的联系点:以太坊区块链的所有动作都由外部所有账户发起的交易来驱动,每当合约账户接收到一项交易时,由发送来的交易参数指引其代码的执行。合约代码由每个网络参与节点的以太坊虚拟机运行,这也是节点验证新区块的一个环节。

(2)账户结构

账户结构通常包含下面 4 个字段,如图 9-2 所示。

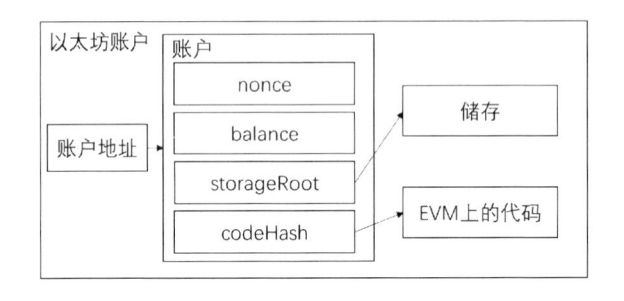

图 9-2 以太坊账户结构[①]

- nonce:显示从账户发送的交易数量的计数器。当一个账户发送一笔交易时,该数字会进行累加。例如账户发送了 5 个交易,则 nonce 为 5。借助该计数器可以确保交易只处理一次。在合约账户中,这个数字代表该账户创建的合约数量。
- balance:账户的以太币余额。
- codeHash:以太坊虚拟机上的账户代码的哈希。合约账户具有编程的代码

---

① https://ethereum.org/en/developers/docs/

片段,可以执行不同的操作。如果合约账户收到消息调用,则执行此 EVM 代码。外部所有账户由于不存在智能合约代码,codeHash 字段是空字符串的哈希。与其他账户字段不同,该字段不能更改。所有代码片段都被保存在状态数据库的相应哈希下,供后续检索。

- storageRoot:有时也被称为 storage hash。一个根哈希值,指向的是一棵 Merkle Patricia 树(Merkle patricia trie,MPT),其中有合约中相关状态的存储,包括每个变量的取值。默认情况下为空。

(3)与比特币的区别

在比特币中不存在账户概念,区块链中只储存状态转换的历史过程。作为对比,假设 Alice 既使用比特币也使用以太坊,并且都为初次使用,没有任何资产,那么 Alice 在两者中的账本信息如图 9-3 所示。

比特币	以太坊	
历史记录	历史记录	当前余额
Bob转入10	Bob转入10	7
Lily转入12	Lily转入12	
Alice转出15	Alice转出15	
……	……	

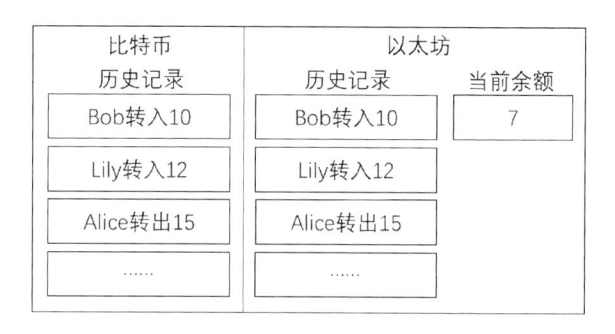

图 9-3 比特币和以太坊账本信息举例

假设共产生 3 次资产的转入及转出:①Bob 向 Alice 转入 10ETH;②Lily 向 Alice 转入 12ETH;③Alice 转出 15ETH。可以看到,无论是比特币还是以太坊,3 次状态转换的历史过程都会被记录,但以太坊中由于具备账户的概念,可以直接通过"balance"字段获得 Alice 的资产余额,该余额相当于 Alice 资产当前的状态。而比特币中只存在每一次的转账信息,要获得 Alice 当前的资产,只能通过遍历账本获得。

5. 储存

(1)Merkle Patricia 树。MPT 是一种用于存储键值对数据的数据结构。其融合了前缀树及 Merkle 树的特点,树中的每个分支节点最多允许 16 个扩展节点,树中每个扩展节点有一个哈希字段,由该节点的所有子节点的哈希值运算得出。由下往上,便可推出 MPT 的根哈希值。

在用 key 从上至下查找 value 的时候,是根据 key 在 MPT 某节点 A 内部,获取下一个节点 AA 的哈希值,再根据该哈希值从底层数据库 LevelDB 中取出节点 AA 的数据,而后再使用 key,去节点 AA 中查询再下一个节点 AAA 的哈希值,直至到达所需 value 所在的扩展节点。

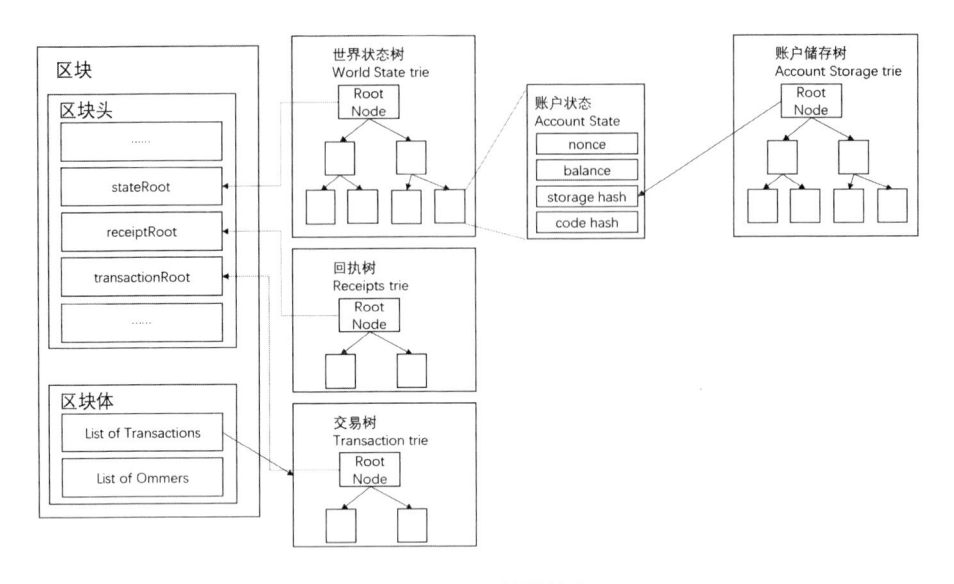

图 9-4 以太坊的储存

以太坊中使用 MPT 作为储存结构。在区块头,有 3 个 MPT 的根,分别为状态树的根 stateRoot、回执树的根 receiptsRoot 和交易树的根 transactionsRoot。其中世界状态树储存世界状态,由账户数据的根哈希值作为扩展节点,随着账户数据的变化而变化。而账户中 storageRoot 字段是账户储存树的根,存放了所有合约数据,每个账户都有一棵单独的存储树。

(2) 底层数据库。LevelDB。LevelDB 是一个由 google 研发的高效的键值储存嵌入式数据库,具有性能高、结构简单等一系列特点。以太坊区块链的所有数据采用 LevelDB 数据库进行存储,其中存储着两类相对独立但又有联系的数据:区块链数据库(chainDB)和账户状态数据库(stateDB)。

区块链数据库是一个区块编号和区块内容对应关系的数据库,所有区块链上的查询,以区块编号等作为查询输入。账户状态数据库是一个维护链中所有账户地址和其状态对应关系的数据库,以账户地址为 key,以账户状态(包含 nonce,balance,codeHash,storageRoot)为 value。账户状态维护的是账户余额变动历史和合约账户执行历史,每次余额变动或合约代码被执行,都会生成一条记录。所有账户状态数据库的查询,以账户地址为查询输入。技术上,可以理解为按照模块垂直划分成 2 个数据库实例。业务上,可以理解为交易流水账一个数据库实例,账户分户账一个数据库实例。

6. 以太坊虚拟机、交易、gas

以下三个概念,详见第 8 章。

- 以太坊虚拟机:所有以太坊账户和智能合约存在的环境。
- 交易:交易是来自账户的加密签名指令。有两种类型的交易,分别为导致合同创建的交易和导致消息调用的交易。
- gas：以太坊系统中的计费单位。

7. 共识

（1）工作量证明（Proof of Work，PoW）。PoW 是比特币以及原本的以太坊主网中使用的共识算法。其核心思想是通过节点间的哈希权力竞争来分配记账权利和报酬。基于前一个块的信息，区块链网络中的节点会就解决一个数学问题展开竞速比赛，首先解出该问题解的节点会被赋予创建下一个块的权利，并获得一定数量的比特币或以太币作为奖励。

（2）权益证明（Proof of Stake，PoS）。PoS 是以太坊完成合并后使用的共识算法。在 PoS 中，区块链网络根据相关加密货币持有量选择验证者，验证者将以太币质押到特殊的智能合约中。验证者负责检查在网络上传播的新区块是否有效，自身也会创建和传播新区块。若验证者表现出不诚实或懒惰的状态，被质押的以太币就会被销毁。相较于 PoW，PoS 拥有更低的能源消耗和硬件门槛。

（3）权威证明（Proof of Authority，PoA）。PoA 是大多数以太坊测试网最开始使用的共识算法。PoA 是一种基于身份的共识机制，能够提供相对快速的交易。PoA 的基本思路是选出权威节点作为验证者统一所有节点的状态。PoA 网络上通常也是采用分布式记账的方式，每个节点手中都有一个账本，PoA 共识算法需要保证各个节点状态一致。每当产生交易，验证者统一对交易进行验证，在验证者处验证并签署交易之后，其余的普通节点都通过验证者对自己的账本进行数据同步。

8. dapp

dapp 是在去中心化网络上构建的结合了智能合约和前端用户界面的应用程序。

dapp 是基于智能合约的应用，主要目标是在智能合约与用户之间构建一个沟通的界面，同时 dapp 也会引入包括星际文件系统（Inter planetary file system，IPFS）在内的其他与应用相关的技术。与传统的 Web 应用 app 类似，用户可以借助 dapp 的前端与后端进行交互从而达到相应的目的。但两者之间仍然存在不同：传统的 Web 应用 app 的后端代码运行在中心化服务器，该中心化服务器一般由服务提供商提供，所有的交互和数据存储都集中于一处，用户对服务提供商存在过强的依赖性；dapp 的后端代码是在一个去中心化 P2P 网络上运行的智能合约，通过提交交易到区块链上进行数据的储存，有效避免了依赖性的产生和中心化的危害（胡键伟等，2018）。dapp 具有以下特点：

- 去中心化：dapp 在以太坊上运行，这是一个开放的公共去中心化平台，没有任何一个单独的人或团体可以对其进行控制。同时，数据储存于区块链上，代码由各个节点执行，避免了中心化带来的安全问题。

- 确定性：无论执行的环境如何，都执行相同的功能。
- 图灵完备：dapp 可以根据所需资源执行任何操作。
- 隔离性：dapp 在 EVM 中执行。即使智能合约出现问题，也不会妨碍区块链网络的正常运行[①]。

9.1.3 以太坊特点

- 开创性的智能合约功能：以太坊是第一个整合智能合约平台的数字货币网络。
- 状态机：以太坊本质上是一个基于交易的状态机。
- dapp：以太坊平台使开发人员能够构建具有内置经济功能的强大去中心化应用程序。在持续自我正常运行的同时，它还减少或消除了审查，第三方界面和交易对手风险。
- 代币：智能合约可以创造代币供 dapp 使用。dapp 的代币化让使用者、投资者以及管理者能够统一彼此之间的利益。此外，还能够在以太坊中发行与真实资产挂钩的代币，拓宽金融边界。
- PoS 共识机制：在以太坊正式合并后，共识变为 PoS。相较于 PoW，PoS 拥有更低的能源消耗和硬件门槛，可节省大量在挖矿时浪费的电脑资源。
- gas：以太坊提出 gas 的概念，将其作为交易手续费，在执行各种运算时需计算 gas 消耗量并缴纳费用。gas 计费机制为智能合约的运行提供了机制层面的安全保障。
- 与现实世界相连接：以太坊与现实世界充分连接，是区块链技术在现实中的应用的开拓者。在过去几年中作为第二大数字货币网络，以太坊正对整个世界产生越来越强大的影响。

9.1.4 以太坊应用场景

9.1.4.1 支付与储蓄

类似于比特币，以太币也被赋予一定程度的货币职能。使用以太币的支付会通过节点网络进行验证，并被写入区块链账本。当然，和智能合约结合后，以太币也可实现安全储蓄。Buterin(2014)曾提出一个将智能合约作为储蓄钱包的示例，假设 Alice 想确保她的资金安全，但她担心丢失私钥或者被黑客盗走私钥，决定将以太币放入和 Bob 签订的一个智能合约里，合约主要内容如下所示：

- Alice 每天最多可独自提取 1% 的资金。
- Bob 每天最多可独自提取 1% 的资金，但 Alice 可以用她的私钥创建一个

[①] https://ethereum.org/en/developers/docs/

交易取消 Bob 的提取权限。

- Alice 和 Bob 一起可以任意提取资金。

一般而言,每天 1%的提取额度对 Alice 是足够的,如果 Alice 想提取更多资金,她可以联系 Bob 寻求帮助;如果 Alice 的私钥被盗,她可以立即找到 Bob 把她的资金转移到一个新合约中;如果 Alice 丢失了自己的私钥,Bob 可以分多次将钱提出;如果 Alice 认为 Bob 不再值得信任,可以取消 Bob 的提现权限。

9.1.4.2 证券代币化

代币化指的是发行代表真实可交易资产的区块链代币,包括涉及到公司股票、商品、艺术品、房地产、货币以及其他资产的代币。将证券代币化,指发行代表企业部分股份等证券的代币到区块链上。这一类代币被称为证券型代币,可以由政府或者企业等实体进行发布。

发行证券类代币被称作证券型代币发行(Security token offering,STO)。STO 创建的代币可根据区块链的计算机编码规则进行创建、转让、购买、销售和销毁。区块链可专门为交易而搭建,或可使用以太坊等现有平台。

STO 可在交易所发行上市,且可能仅对专业投资者开放购买资格。证券型代币与普通的股票、债券等产品具有相同的投资作用,通过提供资金获得证券型代币,即相当于获得这些代币所代表的证券资产。证券型代币发行的一般流程如下所示。

(1)准备。在制定了构想/商业计划后,发行人会准备针对其目标投资者的融资推介演示稿。投资者融资推介演示稿应包含概述商业计划、收益预测、资本金要求以及独立估值等信息。

(2)设计发行方案。发行人决定代币的结构,包括代币数量、单个代币价值、软资本、嵌入期权和发行期限。

(3)选择服务提供商。服务提供商包括区块链平台、技术和金融中介机构。在该阶段,发行人需选择一个区块链平台(例如以太坊),创建证券型代币并重新发售给目标投资者。部分区块链平台还为投资者提供数字钱包,用于储存代币。发行人需对区块链平台的挂牌规则予以评估。发行人还应指定一家信誉良好的服务提供商,以托管标的资产,保管和促进现金收入,并营销代币。代币经销商(即经纪人)应对发行人和投资者信息执行全面调查,以确保信息的准确性和完整性。

(4)募集资金。在经纪人的协助下,发行人确定目标投资者,举行路演和会议,并向目标投资者分发融资推介演示稿。随后,经纪人向投资者募集资金,并将代币分发给投资者。

(5)在交易所挂牌交易。根据交易平台的不同,通常已发行代币会先出售给特殊目的载体(Special purpose vehicle,SPV),再在交易平台上重新发行(德勤有限公司,2021)。

Currency.com 是全球第一家受监管的代币化证券交易所。该平台使用比特币或以太币在全球金融市场交易,由白俄罗斯高科技园区(欧洲区块链监管机构)授权并监管,该平台界面如图 9-5 和图 9-6 所示。

图 9-5　Currency.com 中的代币化股票交易界面

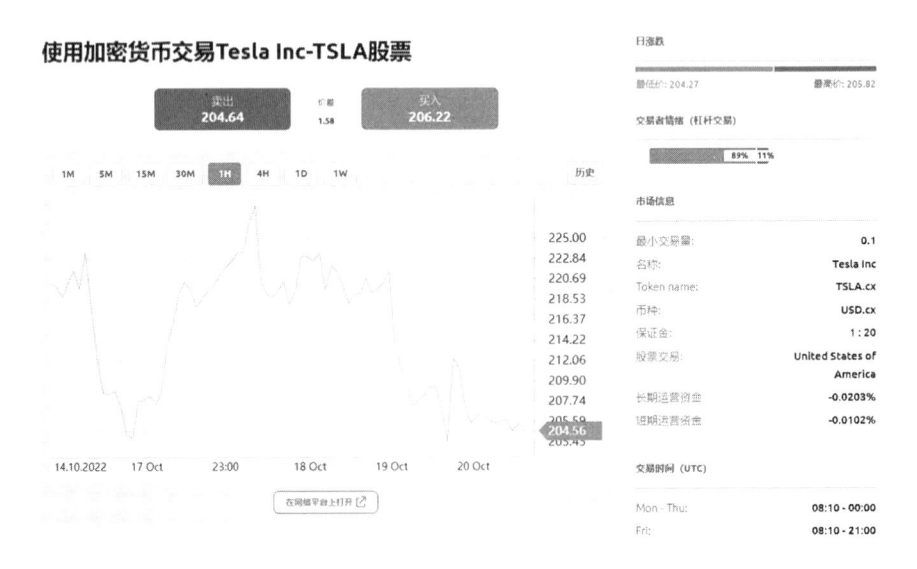

图 9-6　使用加密货币交易 Tesla Inc-TSLA 股票

9.1.4.3 去中心化自治组织

去中心化自治组织(Decentralized autonomous organization, DAO)是一种由编码为计算机程序的规则所管理的拥有一定数量成员或股东的组织。有时也被称为去中心化自治公司(Decentralized autonomous corporation, DAC)。

1. 运作机制

DAO 的代码是用智能合约编程语言编写的,通过部署在以太坊区块链上激活。智能合约是 DAO 的核心,界定了组织的规则,并持有组织的资金库。DAO 的主要活动包括两个,一个是提出提案,例如有关项目/组织的开发建议,另一个是对提案做出投票,决定该提案是否通过。DAO 的最终目的是成功运行项目,并进行必要的开发以支持项目的增长。通常,成员根据其拥有的代币数量获得投票权,但 DAO 也可以选择其他的投票方式。DAO 投票方式对于确保成员参与,以及决定组织的未来行动方案非常重要。

DAO 不需要集中管理机构。一旦在以太坊上启用合约,除非 DAO 中的表决通过,任何人都不能修改其规则。任何违背代码规则和逻辑的行为都将失败。由于资金库由智能合约定义,任何人都不能未经组织批准而挪用资金。相反,组织集体通过表决做出决定后,有关的支付会在表决通过后自动获批。之所以能够做到这些,是因为智能合约一旦在以太坊中生效,就无法被篡改。一切都是公开的,只要修改代码(即 DAO 的规则)就会被立即发现。DAO 运作机制如图 9-7 所示。

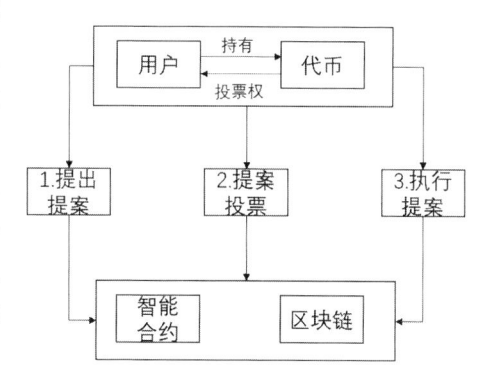

图 9-7 DAO 运作机制

2. DAO 成员管理

DAO 的成员管理模式可以决定投票方式和其他 DAO 的关键事项,具体的管理模式可参见表 9-1。

表 9-1 DAO 成员管理的模式

成员管理模式	基于代币	基于份额	基于信誉
投票权/所有权	代币	份额	信誉(无所有权)
是否许可	否	是	否
是否购买投票权	是	否	否
适用 DAO	协议/代币管理	团体组织、协议/代币管理	协议/dapp 开发与管理、团体组织

(1)基于代币(Token)的成员管理。基于代币的 DAO 是完全无许可的,其中存在各自的治理型代币,这些代币代表着 DAO 中的投票权。DAO 的治理型代币大部分可以在去中心化交易所进行无限制交易。此外,也可以通过提供流动性或者进行工作获取。无论代币的来源是什么,只要持有代币就可以参与 DAO 的投票。

该模式通常用来管理去中心化协议以及代币本身。一个著名的案例就是 MakerDAO。MakerDAO 的代币 MKR 可在各大去中心化交易所中进行交易,任何人都可以通过购买 MKR 获得对 Maker 协议未来行动的投票权。

(2)基于份额(Share)的成员管理。基于份额的去中心化自治组织中,份额直接代表投票权和所有权。尽管加入基于份额的 DAO 或者参与投票都需要许可,但其仍然是相当公开透明的。任何有意向加入的人都可以提交加入 DAO 的申请,申请通常需要体现你的某种价值,可以是持有一定数量的代币或者具有足够的工作贡献。成员可以随时带着自己所占的份额退出。

该类 DAO 通常用于联系更紧密、以人为中心的组织,例如慈善机构、工人团体和投资俱乐部等,也可以用于管理协议和代币。例如,MolochDAO 致力于为以太坊项目募集资金。任何人想要成为 MolochDAO 的成员,首先需要进行申请,以便组织可以评估其是否具有判断以太坊项目的资助方的专业知识。此外,无法通过直接购买代币来加入该组织。

(3)基于信誉(Reputation)的成员管理。在该类 DAO 中,信誉是成员参加 DAO 活动的证明,并授予成员 DAO 中的选举权。不同于前两种模式,基于信誉体系的 DAO 不会将所有权转让给贡献者。信誉不能被购买、转移或授予,只能通过参与活动获得。该类 DAO 是无许可的,潜在成员可以自由申请加入 DAO,并通过做出贡献换取信誉积分和代币。

该类 DAO 通常用于协议和去中心化应用程序的去中心化开发和治理,但同时非常适合慈善机构、工人团体、投资俱乐部等各类组织。例如,DXdao 是一个全球主权集体,自 2019 年以来致力于构建和管理去中心化协议和应用。它利用以信誉为基础的治理来协调和管理资金。

3. 案例:MakerDAO[①]

MakerDAO 是 2014 年在以太坊区块链上创建的开源去中心化自治组织,是一个自动化抵押贷款平台,同时也是稳定币 Dai 的提供者。通俗地说,MakerDAO 通过智能合约来质押用户的数字资产(如以太币),再借给用户同等金额的稳定币 Dai 供他们自由使用。

该项目发行一种名为 MKR 的治理型代币,全世界范围内持有该代币的人均

---

① https://makerdao.com/en/whitepaper/

可参与项目治理。通过由执行投票(Executive voting)和治理投票(Governance polling)组成的科学型治理系统,MKR持有者可以管理Maker协议及稳定币Dai的金融风险,从而确保该协议的稳定性、透明性和高效性。MKR投票权重与投票者存在投票合约DSChief中的MKR数量成正比。换言之,投票者在DSChief合约中锁定的MKR代币数量越多,其拥有的决策权就越大。

需要注意的是,Dai和MKR是两种不同的代币。一种为稳定币Dai,是通过MakerDAO最终能借到的币。另一种为权益代币和管理型代币MKR,用于治理MakerDAO的Maker协议。通过双币机制,MakerDAO使得整个去中心化的质押贷款体系得以运转。

(1)Maker协议。Maker协议构建在以太坊区块链上,是以太坊区块链上最大的去中心化应用之一,也是第一个获得大规模采用的去中心化金融应用。该协议目前由稳定币Dai、Maker担保物金库(Maker collateral vault)、信息输入系统(Oracle预言机)和投票机制组成。用户可以通过Maker协议创造Dai。MakerDAO依靠MKR持有者的投票决定关键的参数(例如,稳定费率、担保物类型/质押比率等)对Maker协议进行治理。投票合约中锁定的每一个MKR代币均等同于一票。

- 稳定币Dai

稳定币Dai是一种去中心化的软锚定美元的资产担保型加密货币,Dai已在以太坊区块链和其他的部分区块链上发行,持有Dai需要用到加密货币钱包或者加密资产平台。

Dai的生成、访问和使用门槛都很低。用户有多种途径可以获得Dai。首先,用户可以通过使用Maker协议创建命名为"Maker Vault(Maker金库)"的智能合约并向其中存入资产来生成Dai。被生成的Dai进入流通领域,用户也通过生成Dai获得流动性。此外,用户也可以从中介或交易所处购买Dai。或者,只要愿意接受他人使用Dai向自己进行支付,用户也能够获得Dai。

- Maker金库

所有经过批准的担保品资产都可以存入使用Maker协议生成的Maker金库智能合约来生成Dai。用户可以通过多种用户界面(即网络访问门户)访问Maker协议并创建金库。这些用户界面包括Oasis Borrow以及由社区构建的各种界面。创建金库并不复杂,但是生成Dai意味着用户对系统有了一笔债务。用户需要归还Dai并支付额外的Dai作为稳定费,才能取回金库中锁定的担保物。

(2)运作机制。

- 创建金库并锁入担保物:用户通过Oasis Borrow门户或InstaDApp、Zerion、MyEtherWallet等由社区创建的界面来创建金库,并锁入特定类型和数量的担保物来生成 Dai。存入资金之时,该金库即被视为有担保的。

- 通过有担保的金库生成 Dai:将担保品资产锁入一个金库之后,该金库所有者便可使用任意非托管型密码货币钱包来发起、确认交易,生成出一定数量的 Dai。
- 偿还债务并支付稳定费:若想取回部分或所有担保物,金库所有者必须部分或全额偿还其通过金库所生成的 Dai,并支付 Dai 未偿还期间不断累积的稳定费。稳定费只能用 Dai 支付。
- 取出担保物:在偿还了 Dai 并支付了稳定费之后,金库所有者可以将部分或全部担保物退回自己的钱包。在完全偿还了 Dai 并取出所有担保物之后,金库就会空置下来,以待其所有者再次锁入资产。尤为关键的是,不同的担保品资产需分置在不同的金库中。因此,一些用户会拥有多个金库,不同的金库采用的担保物类型和担保水平各不相同。

9.2 Hyperledger

9.2.1 Hyperledger 介绍

Hyperledger 是由 Linux 基金会在 2015 年 12 月主导发起的旨在推动区块链跨行业应用的开源项目。根据 Blockdata 的研究,Hyperledger 是世界前 100 家上市公司应用最多的区块链平台,应用场景涵盖金融、物联网、供应链、制造以及科技等多个行业(The Linux Foundation,2021)。

比特币网络主要的功能集中于比特币这一加密数字货币之上,应用非常有限。以太坊相较于比特币的一大进步就是提供了智能合约的开发和部署。然而提供的功能远远不足以高效开发企业级应用。由此,区块链技术在各个行业以及跨行业的企业级应用中可能存在以下问题。

- 建设成本问题:由于比特币和以太坊本身仅仅提供较为基础的功能,使用这两者搭建企业级应用对于很多用户而言建设成本较大。
- 应用场合适配问题:一方面,由于仅提供基本功能,在比特币和以太坊中根据特定场景实现某些特定的功能存在一定开发上的困难;另一方面,公司内部的账本审计等应用场合并不需要比特币和以太坊的数字货币功能。
- 共识算法适配问题:大部分应用场合不适合选择 PoW 作为共识算法。一方面,无法满足商业应用的效率问题;另一方面,PoW 等共识算法无法提供最终确定性[①],只能够保证高程度的近似,这对于现有的工商业应用而言可用性不足。
- 隐私问题:比特币等公有链上传输和存储的数据对任何人都是可见的,隐

---

① 交易的最终确定性指特定的某笔交易是否会最终被包含进区块链中。

私保护力度不足。对于涉及商业机密和利益的业务场景来说,数据的高暴露性不满足相应的监管要求和业务规则。

于是,Hyperledger应运而生。Hyperledger实际上是一套开发框架或一组开发资源,其目的是打造一个跨领域的区块链应用。Hyperledger区块链网络并不存在,企业或者组织借助Hyperledger技术来构建专属于自己的满足需求的网络。Hyperledger主要包含如下的框架项目和工具项目。

9.2.1.1　Fabric

Fabric是一个用于提供分布式分类账解决方案的平台。该平台的架构具有模块化特征,具有高度的灵活性、机密性、弹性以及可扩展性,这些特性使得基于Fabric开发的解决方案能够适应任何行业。首先,Fabric的架构允许组件(如共识和会员服务)即插即用。它对各种可插拔组件的支持使其可以针对不同的用例进行定制,适应现实存在的复杂性。其次,它利用容器技术来托管被称为"链码"的智能合约,这些合约包含系统的业务规则。同时,Fabric运行用通用编程语言编写的分布式应用程序,而不依赖于任何本地加密货币。这与大多数其他运行智能合约的区块链平台形成了鲜明对比,后者要么要求代码使用特定领域的语言编写,要么依赖加密货币。此外,Fabric还可以创建通道,使一组参与者能够创建单独的交易分类账,该分类账上的数据对通道外的人不可见,满足了部分用户对于数据隐私的需求。

9.2.1.2　Sawtooth

Sawtooth是一个用于构建、部署和运行分布式分类账的模块化平台,目标是保持分布式账本的分布式特征,并使智能合约在企业使用中更加安全。类似Fabric,Sawtooth是高度模块化的,可以根据自己的需要组装不同的功能模块。Sawtooth支持一种名为时间消逝证明(Proof of elapsed time)的全新共识,该共识具有PoW的可扩展性,但却没有高功耗的缺点。此外,Sawtooth还具有动态共识、并行交易执行等一系列创新。

9.2.1.3　Iroha

Iroha最初由Sotamitsu公司开发,于2016年10月加入Fabric和Sawtooth,成为Hyperledger旗下的第三个分布式账本平台。Iroha项目的目的是将分布式账本技术便捷地应用于现有的基础项目上,是对Fabric和Sawtooth的补充,主要提供移动端的开发,具有以下特点:实施简易;采用了领域驱动C++设计;提供移动应用的开发支持;支持一种名为Sumeragi的拜占庭容错共识算法。

9.2.1.4　Burrow

Burrow项目最初是由Monax开发,于2017年4月成为Hyperledger的第四个分布式分类账平台。Burrow提供了一个模块化的区块链客户端,它带有一个许可的智能合约解释器。由于Burrow部分是按照以太坊虚拟机的规范开发的,可以被看作一个智能合约机,可以执行符合以太坊规范的智能合约代码。Burrow 主要包含 4 个组件:共识引擎、应用程序区块链接口、智能合约应用引擎以及网关。

9.2.1.5　Indy

Indy 是一个由 Sovrin 基金会发起的区块链数字身份项目,旨在为区块链生态系统构建数字身份认证工具。Indy 项目使得用户在需要向他人证明自己的身份时,可以使用零知识证明来选择性地披露所需的特定数据,提高了身份认证效率的同时保障了信息的安全(The Linux Foundation,2018)。

9.2.2　Hyperledger Fabric 系统设计

9.2.2.1　系统架构

Hyperledger Fabric 架构与其他 Hyperledger 平台具有相同的参考架构,分为三个模块:

1. 成员服务(Membership services)模块

成员服务模块对成员的身份进行管理。所有成员在加入 Fabric 之前,都需要经过注册,该步骤通过证书颁发机构(Certificate authority,CA)颁发数字证明完成。正式加入 Fabric 区块链网络后,CA 和会员服务提供商(Membership service provider,MSP)会共同参与对成员的身份管理和身份审核。

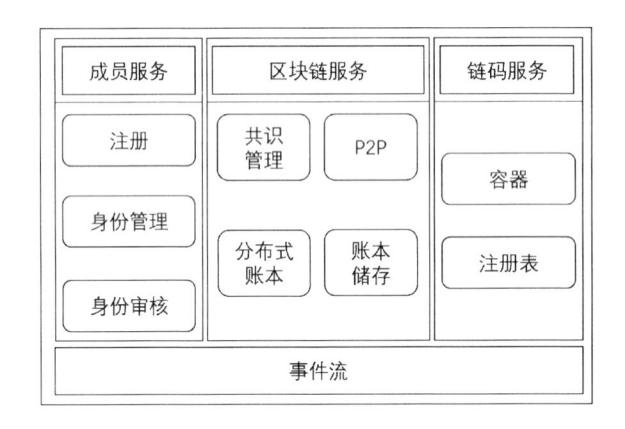

图 9-8　Hyperledger Fabric 架构图

2. 区块链服务(Blockchain services)模块

区块链服务模块负责账本的读写及存储、共识机制和通信机制等,为区块链的主体功能提供了底层支撑。区块链服务模块包含共识管理、P2P 协议、分布式账本以及账本存储四大部分。共识管理负责 Fabric 的共识机制;P2P 协议负责区块链网络的连接以及通信;分布式账本负责管理数据的读写,具有极高的安全性;账本存储负责区块以及世界状态的保存。

3. 链码服务（Chaincode services）模块

链码为 Fabric 中的智能合约。链码运行于单独的容器内，能够根据提交至区块链的交易自动执行成员提前商定的业务逻辑对 Fabric 账本进行更新。安装和实例化后通过 gRPC 与节点相连接。链码和底层账本是解耦的，链码的更新不会影响原有的数据。

9.2.2.2 关键技术及核心功能

1. 数字身份

Fabric 区块链网络中的每一名参与者都拥有一个确定该参与者在区块链网络中拥有的对资源以及信息的访问权限的数字身份。该数字身份被封装于 CA 颁发的 X.509 数字证书中。

CA 通过生成一对和每一位参与者一一对应并绑定的公钥和私钥，为各个参与者颁发数字证书，每一份数字证书都会由 CA 进行数字签名。证书中包含参与者的公钥，而不包括参与者的私钥，因此可以在区块链网络中广泛传播，用于对来自该参与者的消息进行验证。参与者获得封装数字身份的数字证书后，还需要通过区块链网络对数字身份的验证，才能够获得相应的权限。MSP 就是 Fabric 中用于对数字身份进行验证的权威机构，允许数字身份被网络其余部分信任和识别。

CA、MSP 与数字身份之间的联系可以通过在商店中使用信用卡的例子理解。发卡行向消费者提供信用卡，商店在允许消费者使用信用卡消费之前，需要确认该信用卡的发卡行处于商店自身的信任列表中。相类似的，CA 如同一个发卡行，分发许多不同的数字身份，而 MSP 如同商店的发卡行信任列表，帮助确认数字身份是否为区块链网络的受信任成员。若该数字身份通过 MSP 的验证，MSP 会将数字身份拥有者转变为区块链网络的成员。

2. 节点

（1）Peer 节点。Peer 节点在 Hyperledger Fabric 中至关重要，被认为是 Fabric 网络的基本构建模块。Peer 节点管理链码（Hyperledger Fabric 中的智能合约）的同时还通过各自管理账本副本保持账本的一致性。从 Hyperledger Fabric v2.4 开始，Peer 节点还通过运行 Fabric Gateway 服务来管理交易提议和背书。客户端应用程序和管理员必须与 Peer 节点交互才能访问区块链平台中的各种资源。

Fabric 区块链网络由 Peer 节点组成，每个节点都存储和管理着账本和智能合约的副本。在图 9-9 中的例子中，Fabric 网络 N 由对等节点 P1、P2 和 P3 组成，每个节点都维护着各自的分布式账本副本，各自调用相同的链码 S1 来访问它们各自的分布式账本副本。Peer 节点根据功能的不同可以分为提交节点（Committer peer）和背书节点（Endorser peer），一个 Peer 节点可以既是提交节点，又是背书节点。

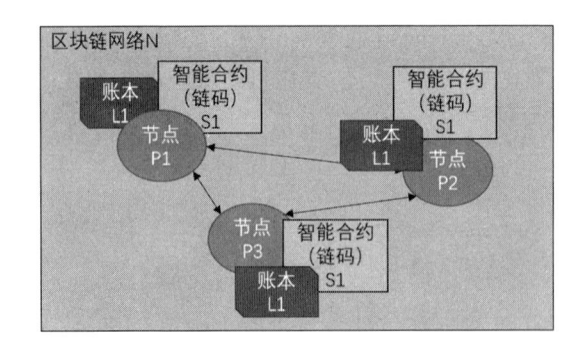

图 9-9　Peer 节点构成的区块链网络

- 提交节点：负责维护世界状态数据和账本的副本。每个 Peer 节点都可以视作一个提交节点。
- 背书节点：负责依照提前设定的背书策略，在交易被提交节点的账本副本接受之前对交易进行背书。背书策略在链码实例化的时候设置，会选择部分 Peer 节点担任背书节点。

（2）Orderer 节点。账本的更新需要网络中所有节点的同意，单个节点是无法自行更新账本的，而这一个共识的过程需要通过 Orderer 节点来完成。Orderer 负责接收包含背书节点已背书签名的交易，对其进行排序并打包生成新区块，而后将新区块广播给网络中的 Peer 节点对账本进行更新。

（3）CA 节点。CA 节点可以看作 Fabric 中的证书机构，负责组织内部成员用户的生成、数字证书的颁发、数字证书生命周期的管理以及用户权限的控制。

3. 客户端

客户端是与 Fabric 网络组件发送请求进行交互的接口，包括：

（1）Fabric-CA 客户端。负责节点在 Fabric 网络中的注册登记，与 CA 节点进行交互提供登记注册用户信息、获取注册证书与私钥信息等功能。

（2）Fabric 客户端。负责对通道、节点以及链码的管理，例如具有创建通道、安装链码、提交交易等一系列功能。此外，Fabric 客户端具有查询功能，能够查询 Fabric 网络中的信息，例如通道配置、链码的安装情况和交易数据等。

4. 共识[①]

在 Fabric 区块链中由 Orderer 节点进行的排序服务，事实上就是共识的过程。Orderer 节点以先到先处理的方式为网络上所有通道做交易排序，并广播给节点。Fabric 中排序服务是以可插拔组件的方式实现的，目前默认实现了 Solo、Kafka 和 Raft（Replication and fault tolerant），未来可能还会实现 PBFT 和 SBFT。

---

① https://hyperledger-fabric.readthedocs.io/en/release-2.5/orderer/ordering_service.html?highlight=raft#the-ordering-service

（1）Raft（目前推荐）。从 v1.4.1 开始，Raft 是一个基于 etcd 中 Raft 协议实现的崩溃容错（Crash fault tolerant，CFT）排序服务。Raft 是一个基于领导者与追随者（Leader and follower）模型的共识算法，在通道的每个组织中会选取节点作为领导者，其决策由追随者复制。Raft 排序服务相较于基于 Kafka 的排序服务更容易进行设置和管理，并且允许不同的组织为排序服务贡献节点。

（2）Kafka（在 v2.x 中已弃用）。与基于 Raft 的排序类似，Kafka 是一个 CFT 排序服务，它使用基于领导者与追随者模型的节点配置，使用 ZooKeeper 集合（ZooKeeper ensemble）进行管理。基于 Kafka 的排序服务从 Fabric v1.0 开始可用，但管理 Kafka 集群的额外开销较大。

（3）Solo（在 v2.x 中已弃用）。排序服务的 Solo 实现仅用于测试，并且仅包含单个排序节点。它已被弃用，可能会在未来的版本中被完全删除。Solo 的现有用户应迁移到单节点 Raft 网络以实现相同的功能。

5. 账本

Fabric 的账本由世界状态和区块链两部分组成，其中世界状态储存账本的当前值，而区块链储存着账本的整个交易历史，如图 9-10 所示。这与以太坊的账本有一定的相似点。

（1）世界状态（World state）。世界状态可以看作存储了一组账本状态的当前值的数据库。通过世界状态，可以直接访问一个账本状态的当前值，不需要遍历整个交易日志来计算状态当前值。世界状态脱链保存在 LevelDB 或者 CouchDB 两种状态数据库中，以键值对形式表示。

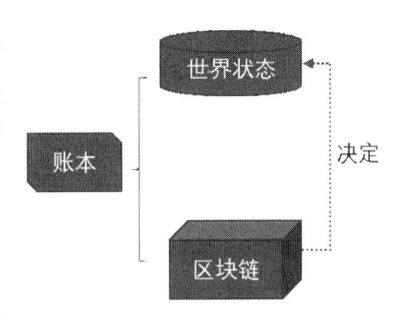

图 9-10 Fabric 账本的结构[①]

CouchDB 是 Fabric 中可选的一类状态数据库，可以替代默认的 LevelDB。CouchDB 使用 JSON 作为数据储存格式，不仅能够和 LevelDB 一样针对键进行查询，而且允许针对数据的值进行查询，使得读取账本数据变得更加容易，可以满足许多 LevelDB 不支持的用例审计和报告要求。此外，若选择 CouchDB 作为底层数据库，可以使用链码部署索引，索引能够提高查询效率，并支持查询大型数据集。

（2）区块链。和其他的区块链平台一样，Fabric 区块链可看作交易日志。它对世界状态的每个先前版本和促成当前世界状态的所有交易进行了记录。不同于世界状态可以进行更新，区块链上的数据被写入后就无法修改，具有不可篡改的特性。区块链被构造为相互连接的区块的顺序日志，其中每个区块包含一系列

---

① https://hyperledger-fabric.readthedocs.io/en/release-2.5/ledger/ledger.html

交易,每个交易代表对世界状态的查询或更新。Fabric 通过 Orderer 节点进行排序服务对块以及块内的交易进行排序。

因为账本在每一个独立节点中存在副本,账本数据的安全性得到保障。即使管理账本的某一个节点尝试对数据进行篡改,它也无法轻易让其他节点对篡改后的数据产生信任。

6. 通道

通道(Channel)是两个或多个特定网络成员之间进行隐私通信的子网。

通道的组件包括 Peer 节点、链码应用程序和 Orderer 节点。通过注册登记的 Peer 节点不能够立即进行交易,必须在通过通道的 MSP 进行身份验证并成功加入该通道后,才能够在该通道上进行交易。网络上的每笔交易事实上都在某个通道上执行的。

如图 9-11 所示,一个节点可以加入多个不同的通道,如节点 1 同时加入了通道 1、通道 2 和通道 3,同时不同的通道包含的节点不同,如通道 2 包含节点 1、节点 2,通道 3 包含节点 1、节点 3。尽管任何一个节点都可以属于多个通道,因此维护多个分类账,但没有分类账数据可以从一个通道传递到另一个通道(王群等,2020)。例如图中通道 1、通道 2 和通道 3 的分类账数据不共享,尽管它们可能具有相同的节点作为成员。交易信息、账本状态和通道成员资格等数据,仅限于在加入通道的节点之间传播。这种通过通道隔离 Peer 节点和分类账数据的方式,允许需要私人和机密交易的网络成员与商业竞争对手和其他受限成员在同一个区块链网络上共存。需要注意的是,同一个组织可能具有多个 Peer 节点,它们可以共同加入某一个通道,也可以加入不同的通道。

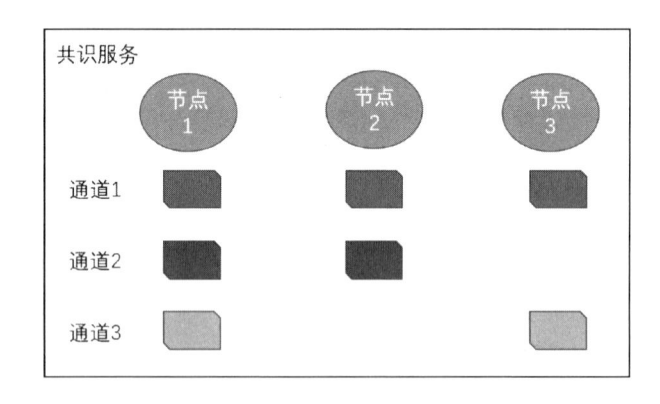

图 9-11　Hyperledger Fabric 的多通道机制

通道中的 Peer 节点存在两类特殊节点,分别为锚节点(Anchor peer)、主节点

（Leader peer）：
- 锚节点:锚节点是用于通道中节点发现的点。每个通道上有一个或多个锚节点,通道中每个组织都有自己的锚节点。每个 Peer 节点都能够从锚节点获取其已知的节点信息,同时组织中的一个锚节点和另一个组织的 Peer 节点通信后便能知道该 Peer 节点所属组织的所有节点信息,随着 gossip 通信的不断进行,每一个锚节点都能够获取频道内所有节点的信息,一个组织的 Peer 节点也可以通过查找锚节点来发现通道内其他组织的所有节点。
- 主节点:采用基于领导者和追随者模型的共识算法时,频道中起领导作用的节点即为主节点。频道中的每一个组织都有一个或多个主节点,负责代表组织与 Orderer 节点进行通信,将共识后的新区块传播给组织内其他节点。

7. 链码

链码是 Fabric 的智能合约,详见第 8 章。

8. Docker

Docker 是 Fabric 中链码的执行环境,详见第 8 章。

9.2.3 Hyperledger 特点

（1）模块化。Hyperledger 正在开发模块化、可扩展的框架,这些框架具有可重用的通用构建块。一方面,这种模块化方法使开发人员能够随着组件的发展对不同类型的组件进行试验,并在不影响系统其他部分的情况下更改单个组件。这有助于开发人员创建可组合的组件来构建高度适配不同需求的分布式分类账解决方案。另一方面,这种模块化方法还意味着不同的开发人员社区可以在不同的模块上独立工作,并在多个项目中重用公共模块,提高开发效率。

（2）高安全性。由于具有较大的代码库、大量网络节点和有价值的数据流,分布式分类账时常被作为攻击的主要目标。而企业级区块链由于用例涉及许多高额交易或敏感数据,安全性更是重中之重。Hyperledger 项目通过各类设计,尽可能地提高区块链的安全性。

（3）互操作性。在未来许多不同的区块链网络将需要相互通信和交换数据,以形成更复杂和强大的网络。而 Hyperledger 中的大多数智能合约和应用程序应在许多不同的区块链网络上可移植,Hyperledger 这种高度的互操作性将有助于满足区块链和分布式账本技术的日益广泛的应用。

（4）对加密货币不可知。Hyperledger 项目聚焦于企业级场景,而非管理任何加密货币,因此 Hyperledger 对所有的加密货币和代币无任何的概念,并且永远不会发行自己的加密货币。然而,Hyperledger 的设计仍允许其创建用于管理数字对象的代币的能力,这些代币可以代表货币,但代币并不是 Hyperledger 区块链网络运行的必要条件。

(5) API 完整性。所有的 Hyperledger 项目都提供了丰富且易于使用的 API，与其他系统具有互操作性，使外部客户端和应用程序能够快速、容易地与 Hyperledger 的核心分布式分类账基础设施进行交互。这些 API 为丰富的开发人员生态提供了支持，并帮助区块链和分布式分类账技术更广泛地被应用于各个行业(The Linux Foundation,2018)。

9.2.4 Hyperledger 应用场景

9.2.4.1 银行业务中的身份验证

银行只想要借款给风险评估良好的借款人，因此会从每个申请贷款的人那里收集详细的个人身份信息(Personally identifiable information,PII)，如出生日期、年收入、身份证号码等，而后使用 PII 来评估申请人的信用评级。但储存过多的 PII 会让银行的数据库成为黑客的目标。同时，由于信息的收集流程复杂、耗时长，贷款的过程对借款人来说也变得更加困难。

Hyperledger Indy 为银行业务中的身份验证提供了一个变革性的解决方案。在该方案中，任何贷款申请人的 PII 并不是放在银行的数据库中，而是放在区块链上的。申请贷款时，申请人不需要向银行提供任何 PII，而是可以生成零知识证明向银行表明自己的身份信息符合贷款条件，例如"年龄超过21岁"、"税收收入超过了规定阈值"、"持有有效的身份证"或是"信用评分达到规定阈值"。基于分布式账本的身份信息为银行和监管机构等提供了有价值的信息。此外，申请人可以在毫秒内向多个不同的贷款机构进行申请，减少重复准备资料向不同银行进行申请浪费的时间和精力。因此，市场可以更有效地运作，银行可以有信心地提供贷款，而申请人可以有效地保护他们的 PII。

除贷款外，Indy 的这一类解决方案也可用于银行账户的申请，案例之一便是 Kiva。Kiva 是一家专注于金融普惠性的美国非营利组织，它建立了 Kiva 协议来帮助实现普遍性的金融接入。Kiva 协议是使用 Hyperledger Indy、Aries 和 Ursa 构建的。

2019 年，拥有约 700 万人口的西非国家塞拉利昂推出了国家数字身份平台(National digital identity platform,NDIP)，该平台使用 Kiva 协议为其公民提供便捷、安全的身份验证。Kiva 协议允许塞拉利昂公民在大约 11 秒内使用他们的身份证号码和指纹进行电子的"了解客户"(Electronic know your customer,eKYC)验证。通过这种验证，该国没有银行账户的人可以更为容易地开立储蓄账户。

Kiva 的运作流程如图 9-12 所示：①身份管理机构向 ID wallet 发送证书；②

金融机构从用户处收到申请信息后向 ID wallet 进行求证;③金融机构借助 ID wallet 完成 eKYC;④金融机构整合信息,向监管机构进行报告;⑤监管机构对 eKYC 进行监管(The Linux Foundation,2018)。

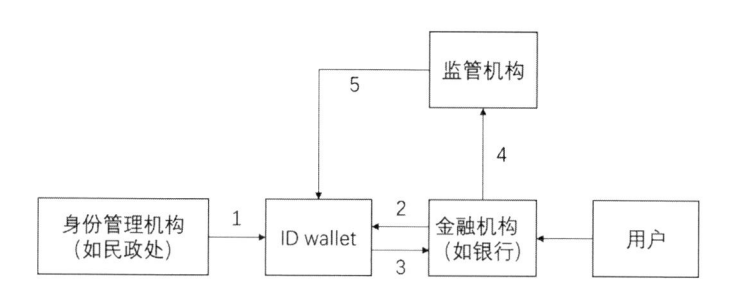

图 9-12 Kiva 的运作流程

9.2.4.2 供应链溯源

ScanTrust 是一家提供防伪二维码和软件平台的公司,它使用 Hyperledger Swatooth 框架,实现了基于区块链的供应链溯源。Swatooth 框架专注于物联网实施,其架构能够满足整个物联网链条上各种需求的多样性,并支持许可和无许可的部署①。

ScanTrust 公司帮助咖啡公司 Cambio 实现了其咖啡产品的可追溯性。如果从 Cambio 购买一包咖啡,并用智能手机扫描咖啡包装上的二维码,将能够看到这包咖啡的整个生产运输过程。从咖啡豆在秘鲁的收获和装运,再到上海的烘焙,最后到从商店至客户的配送,这包咖啡生产运输中的每个环节都被记录在区块链中,所有信息和数据都不会被篡改并且对购买咖啡的用户而言是透明的。这种数据的不可篡改性和供应链的透明性有助于 Cambio 向客户展现其供应产品的可靠性,满足客户需求,提高公司声誉,并利于产品宣传。

该架构涉及一个 3 节点 Hyperledger Swatooth 集群,每一个节点都会参与整条供应链信息的处理,确保录入区块链的数据的准确性和不可篡改性。区块链网络和物联网设备相连,及时更新生产运输信息。ScanTrust 可以将品牌方提供的信息(如营养价值)与区块链中的数据(供应链中的生产运输信息等)相结合,并在自定义的应用程序中向扫描二维码的消费者进行展示,如图 9-13 所示。

---

① https://www.hyperledger.org/learn/publications/scantrust-case-study

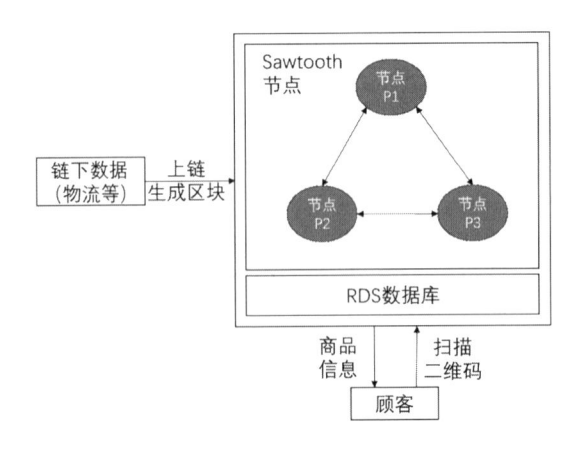

图 9-13　咖啡产品的可追溯性架构

9.3　FISCO BCOS

9.3.1　FISCO BCOS 介绍

深圳市金融区块链发展促进会（以下简称"金链盟"）成立于 2016 年 5 月，由微众银行、腾讯、前海金控、深证通、顺丰控股、深圳市金融科技协会等二十余家金融机构和科技企业共同发起，2019 年 11 月正式注册为社会团体法人。至今，金链盟成员已涵括银行、证券、基金、保险、地方股权交易所、科技公司等六大类行业的 100 余家单位，已是国内最大的区块链组织和最具国际影响力的区块链联盟之一。

FISCO BCOS 是金链盟开源工作组研发的企业级联盟链底层技术平台，于 2017 年正式对外开源。该区块链在安全保障、隐私保护、运行效率和便利程度等多方面具有优势，被应用于产权保护、司法存证等多个领域。当前 FISCO BCOS 的开源社区已发展成为中国最大、最活跃的联盟区块链生态系统，数千家机构和数万名个人开发者在其中共同合作。

9.3.2　FISCO BCOS 系统设计

本节主要介绍 FISCO BCOS 2.0+版本的系统设计。

9.3.2.1　系统架构

如图 9-14 所示，按照自底向上的顺序，FISCO BCOS 整体上可以划分为基础层、核心层、管理层、接口层 4 个层次（李辉忠等，2020）。

（1）接口层。是 FISCO BCOS 和用户互动的关键以及应用落地的基础，提供各类协议的 RPC 接口、SDK 和交互式控制台；

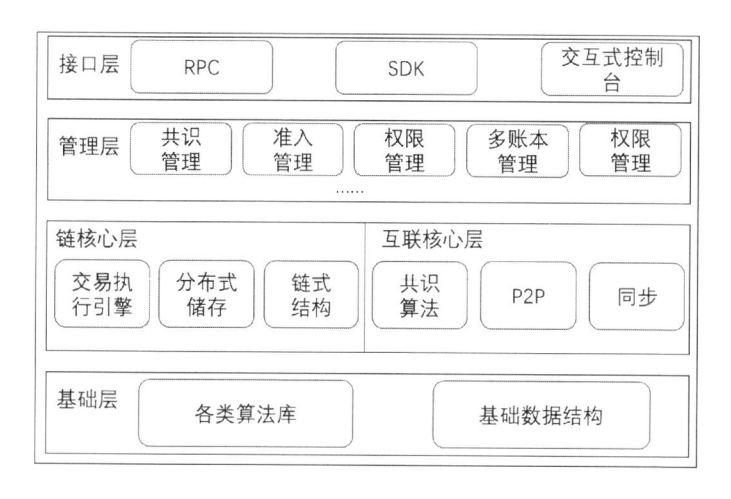

图 9-14 FISCO BCOS 2.0+版本系统架构

（2）管理层。对区块链进行全方位管理，包括准入管理、共识管理、参数管理、权限管理、CNS 合约命名、链上信使协议、多账本管理等；

（3）核心层。提供区块链的核心机制，按照功能可以划分为链核心层和互联核心层两大部分。其中链核心层着重于实现交易的执行和数据的储存，包括交易执行引擎、区块链链式结构和各类存储驱动等，互联核心层着重于实现区块链网络内部的互通，包括区块链的 P2P 网络通信、共识机制以及区块同步机制等；

（4）基础层。提供区块链的基础数据结构和算法库，如密码学算法库及隐私算法库等。

9.3.2.2 关键技术及核心功能

1. 群组架构

考虑到真实的业务场景中，不同机构之间需要同时进行多个业务的需求，与 Hyperledger Fabric 中的通道类似，FISCO BCOS 引入多群组架构，实现单链多账本，支持区块链节点启动多个群组，群组间交易处理、数据存储、区块共识相互隔离，保障区块链系统隐私性的同时，降低系统的运维复杂度。

例如，机构 A、B、C 所有节点构成一个区块链网络，运行业务 1，共同维护业务 1 账本。一段时间后，机构 A、B 启动业务 2，且不希望该业务相关数据、交易处理被机构 C 感知，不需要重新搭建一条新的链，只需要新建一个群组 2，共同维护业务 2 账本即可。同理，机构 A、C 启动业务 3，且不希望该业务相关数据、交易处理被机构 B 感知，只需要新建一个群组 3，共同维护业务 3 账本。

2. 共识

FISCO BCOS 基于多群组架构实现了一套可扩展的共识框架，可插件化扩展不同的共识算法。不同群组可运行不同的共识算法，组与组之间的共识过程互不

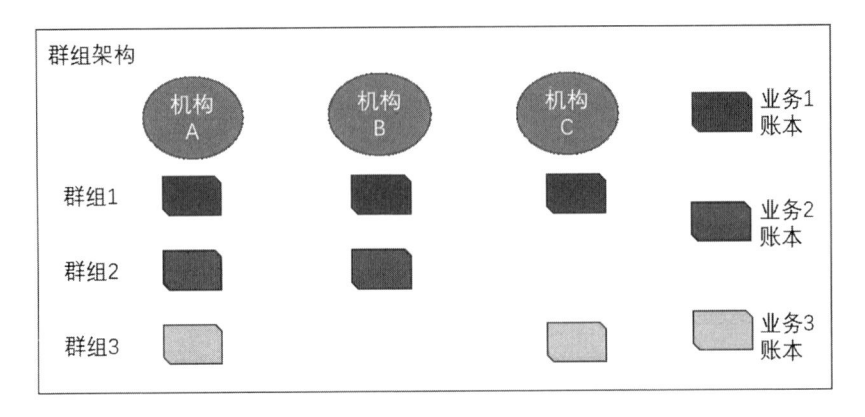

图 9-15　群组架构与单链多账本

影响。FISCO BCOS 目前支持 PBFT 和 Raft 两种共识算法：PBFT 适用于安全性要求较高的场景，Raft 适用于对节点可信度较为乐观的场景。

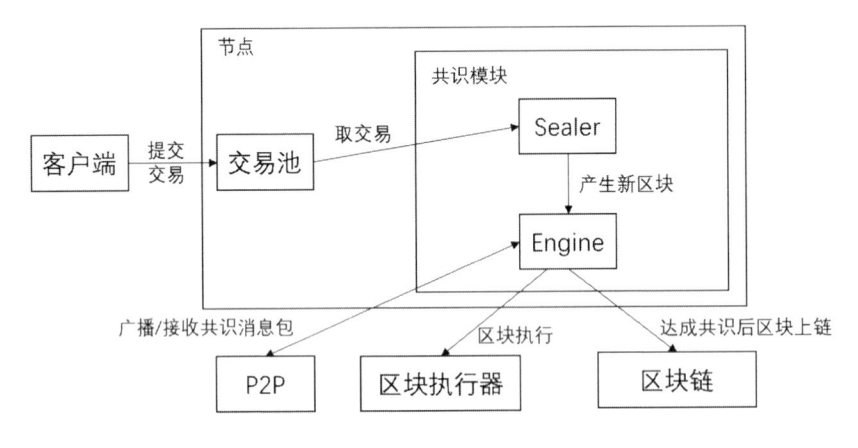

图 9-16　FISCO BCOS 的共识模块框架

Sealer 线程和 Engine 线程共同组成了 FISCO BCOS 的共识模块。Sealer 线程是交易打包线程，负责从交易池取出客户端提交的交易，并基于节点最高块打包交易，产生新的区块，产生的新区块会被交给 Engine 线程处理。Engine 线程是共识线程，负责从本地或通过网络接收新区块，并根据接收的共识消息包完成共识流程，最终将达成共识的新区块写入区块链，区块上链后，从交易池中删除已经上链的交易。PBFT 和 Raft 的交易打包线程分别为 PBFTSealer 和 RaftSealer，共识线程分别为 PBFTEngine 和 RaftEngine。

3. 并行交易处理

并行交易处理指区块内的交易被并行执行，在保证并行执行结果与串行执行结果相同的基础上，可明显提升交易执行的效率。FISCO BCOS 的交易并行处理设计分为可并行合约开发框架及并行交易执行引擎两部分。前者为用户提供了编写并行合约的接口,后者提供了并行交易的执行环境。

可并行合约开发框架为开发者提供了定义互斥参数的接口。通过该接口,开发者可以根据应用的业务逻辑定义合约中每一个接口的互斥参数。在合约被部署到区块链上后,接口的互斥参数定义一同被写入区块链上。当一笔交易调用到相应接口时,框架能够根据开发者定义的互斥参数将互斥变量从交易中提取出来。

并行交易执行引擎负责执行交易。通过调用并行合约开发框架,并行交易执行引擎可以获得区块中每一笔交易的互斥变量,依据互斥变量的信息来判断是否与其他交易冲突,构建交易依赖关系有向无环图(Directed acyclic graph,DAG)。而后,并行交易执行引擎以区块为单位,根据交易依赖关系 DAG 的结构,尽可能地并行执行区块内的交易(李辉忠等,2020)。

4. 储存

(1)储存模块。FISCO BCOS 的存储模块主要包括世界状态和分布式储存(Advanced mass database,AMDB[①])两部分:

- 世界状态:可进一步划分成 MPTState 和 StorageState。

MPTState:使用 MPT 树存储账户的状态,与以太坊一致。

StorageState:使用分布式存储的表结构存储账户状态,不存储、维护历史信息,去掉了对 MPT 树的依赖,具有更高的性能。

- AMDB:通过抽象表结构,实现了 SQL 和 NOSQL 两种数据库类型的统一,通过实现对应的存储驱动,可以支持各类数据库,目前已经支持 LevelDB、RocksDB 和 MySQL。

(2)AMBD。以太坊采用的基于 MPT 的存储需要巨量的哈希计算,打散了底层数据存储的连续性,在性能和扩展性方面存在劣势。为提升区块链储存的效率、适用性,FISCO BCOS 引入了 AMDB(李辉忠等,2020)。

AMDB 通过对表结构的设计,既可以对应到关系型数据库的表,又可以拆分使用 KV 数据库存储。通过实现对应于不同数据库的存储驱动,AMDB 理论上可以支持所有关系型和 KV 的数据库。此外,AMDB 支持 MySQL 集群、分库分表等平行扩展方式,理论上存储容量无限。引入了 AMDB 后,数据读写请求不经过 MPT,直接访问存储,结合缓存机制,存储性能相比基于 MPT 的存储有大幅提升。在 FISCO BCOS 中,存在三种 AMDB 表,分别为系统表(默认存在,由存储驱动保证系统表的创建)、用户表(用户调用 CRUD 接口所创建的表)和 StorageState 账户

[①] https://fisco-bcos-documentation.readthedocs.io/zh_CN/latest/docs/design/storage/storage.html

表(表中存储外部账户①相关信息)。此外,在 FISCO BCOS 中 AMDB 的使用还存在以下注意事项。

- CRUD 数据、区块数据默认情况下都保存在 AMDB,无需配置,合约局部变量存储可根据需要配置为 MPTState 或 StorageState,无论配置为哪一种,合约代码都不需要变动。
- 当使用 MPTState 时,合约局部变量保存在 MPT 树中。当使用 StorageState 时,合约局部变量保存在 AMDB 表中。
- 尽管 MPTState 和 AMDB 最终数据都会写入 RocksDB 等数据库,但二者使用不同的 RocksDB 实例,彼此之间并不互通,因此当合约局部变量储存使用 MPTState 时,提交数据时若出现异常可能导致两个 RocksDB 数据不能够匹配。

AMDB 表结构

AMDB 表结构共包含 4 个部分。

- Table:存储表中的所有数据。Table 中存储 AMDB 主 key 到对应 Entries 的映射,可以基于 AMDB 主 key 进行增删改查,支持条件筛选。
- Entries:Entries 中存放主 Key 相同的 Entry 数组。AMDB 的主 Key 与 Mysql 中的主 key 不同,AMDB 主 key 用于标示 Entry 属于哪个 key,相同 key 的 Entry 会存放在同一个 Entries 中。
- Entry:对应于表中的一行,每行以列名作为 key,对应的值作为 value,构成 KV 结构。每个 Entry 拥有自己的 AMDB 主 key,不同 Entry 允许拥有相同的 AMDB 主 key。
- Condition:Table 中的删改查接口支持传入条件,这三种接口会返回根据条件筛选后的结果。如果条件为空,则不做任何筛选。

示例 1:公司员工领用物资登记表(见表 9-2)

表 9-2 公司员工领用物资登记表

Name	item_id	item_name
Alice	1001001	laptop
Alice	1001002	screen
Bob	1002001	macbook
Chris	1003001	PC

①表中 Name 是 AMDB 主 key。

---

① 和以太坊类似,FISCO BCOS 中存在外部账户和合约账户。

②表中的每一行为一个 Entry。一共有 4 个 Entry，每个 Entry 以 Map 存储数据。4 个 Entry 如下：

Entry1：{Name：Alice，item_id：1001001，item_name：laptop}

Entry2：{Name：Alice，item_id：1001002，item_name：screen}

Entry3：{Name：Bob，item_id：1002001，item_name：macbook}

Entry4：{Name：Chris，item_id：1003001，item_name：PC}

③Table 中存有 3 个 Entries 对象。第 1 个 Entries 中存有 Alice 的 2 条记录，第 2 个 Entries 中存有 Bob 的 1 条记录，第 3 个 Entries 中存有 Chris 的一条记录。

④调用 Table 类的查询接口时，查接口需要指定 AMDB 主 key 和条件，设置查询的 AMDB 主 key 为 Alice，条件为 item_id=1001001，会查询出 Entry1。

示例 2：StorageState 账户表（见表 9-3）

表 9-3　StorageState 账户表

key	value
balance	
nonce	
code	
codeHash	
alive	

①表中 key 是 AMDB 主键。

②表中的每一行为一个 Entry。一共有 5 个 Entry。

③Table 中存有 5 个 Entries 对象。每一个 Entries 中分别存有 balance、nonce、code、codeHash、alive 的 1 条记录．

（3）储存架构（李辉忠等，2020）。如图 9-17 所示，储存架构一个分可为 3 层，分别为状态层、分布式存储层及驱动层。

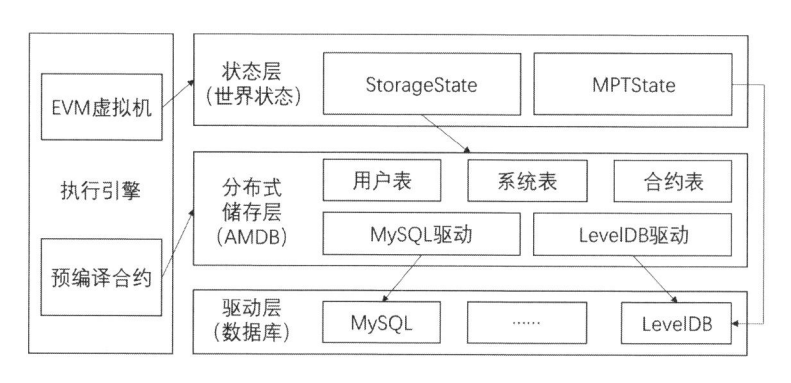

图 9-17　储存架构

- 状态层抽象了智能合约的存储访问接口，由 EVM 虚拟机调用，分为分布式存储适配层 StorageState 和 MPT 适配层 MPTState 两部分。
- 分布式存储层抽象了分布式存储的类 SQL 接口，由 Storagestate 层和预编译合约调用。通过实现对应的存储驱动，可以支持 LevelDB 或 MySQL 等各类数据库。
- 驱动层中包括各类数据库，如本地数据库 RocksDB、LevelDB 或 MySQL 或者外部数据源预言机等，是储存架构的构建基础。

5. 节点准入机制[①]

FISCO BCOS 的节点准入机制可以分为网络准入机制和群组准入机制。网络准入过程涉及 P2P 节点连接列表添加和证书验证，同一条链上节点的证书均由所有节点都信任的第三方证书颁发机构颁发。在网络准入阶段，节点间需要进行双向 SSL 认证以确认节点是否许可加入某条链。节点在 handshake 的过程中，会交换验证对方证书，从对方节点提供的证书中获取对方节点的节点 ID，并检查该节点 ID 是否处于自身的 CA 黑名单中，若是则关闭该连接，否则与对方节点建立会话。

网络准入后，节点尚未加入任何群组时为游离节点，游离节点无法参与任何群组的共识和同步，不能获得任何数据或者进行交易。群组准入涉及系统管理员的授权，获得授权的节点能够加入群组。群组节点可以分为共识节点和观察节点，但不能够既为共识节点又为观察节点。FISCO BCOS 中的节点关系如图 9-18 所示。

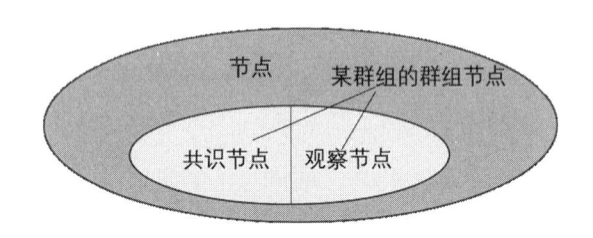

图 9-18 FISCO BCOS 中的节点关系

- 群组节点：完成网络准入并加入群组的节点。
- 游离节点：完成网络准入但没有加入群组的节点。游离节点尚未通过群组准入，不参与共识和同步。
- 共识节点：参与共识出块和交易/区块同步。
- 观察节点：只参与区块同步。

[①] https://fisco-bcos-documentation.readthedocs.io/zh_CN/latest/docs/design/security_control/node_management.html

9.3.3 FISCO BCOS 特点

9.3.3.1 高性能

FISCO BCOS 通过引入交易并行执行模型及预编译合约框架有效提升性能。基于交易并行执行模型,用户可在合约方法中自定义交易互斥变量。在执行交易时,系统会根据交易互斥变量及交易间顺序自动构建交易依赖关系 DAG,借助交易 DAG 并行执行独立的交易,明显加快执行交易的速度。

在预编译合约框架中,FISCO BCOS 支持采用 C++编写智能合约。利用 C++语言的高响应速度、高运行速度、低资源消耗及易于并行计算等特点,有效提升系统的效率。根据中国信息通信研究院于 2019 年组织的可信区块链性能评测结果,FISCO BCOS 单链 TPS 高达 2 万,足以覆盖金融级高频交易场景需求。

此外,FISCO BCOS 还引入了多群组架构。不同群组代表不同的账本,群组之间彼此独立、数据隔离。借助群组架构,FISCO BCOS 进一步扩大了业务规模和系统吞吐量。

9.3.3.2 高安全

作为一款最初为金融行业量身定制的区块链底层平台,FISCO BCOS 始终将安全性作为开发重点,分别在网络层面和存储层面进行严格的安全控制。在网络层面,首先,为了保证通信数据的机密性,节点间使用 SSL 连接进行通信。其次,引入节点准入机制和群组白名单机制,使得只有加入群组的节点才能够参与共识,不同群组之间数据隔离,保障系统的安全性和数据的隐私性。若群组中节点作恶,可将其从群组中删除甚至从共识节点中删除。此外,引入 CA 黑名单机制,在节点作恶时可及时与其断开网络连接。CA 黑名单和节点准入机制的结合可进一步确保安全性。

在储存层面,FISCO BCOS 基于分布式储存提出分布式存储权限控制机制。灵活、细粒度地控制外部账户对于储存的访问,对敏感数据进行有效保护。此外,在密码学技术方面,FISCO BCOS 还支持同态加密、零知识证明、群/环签名等技术避免信息或者数据发生泄漏,保障交易的高度隐私性和安全性。

9.3.3.3 高可用

通过简化建链过程、适应多种环境的部署方式、全局配置更新、7×24 小时运行等设计,FISCO BCOS 达到金融级高可用性。目前,FISCO BCOS 开源生态圈已汇聚了上万名个人开发者、超 3000 家机构与企业,在政务、金融、公益、版权、供应链、教育等不同领域已有 200 余个落地应用[①]。

---

① http://www.fisco-bcos.org/

9.3.3.4 易用性

FISCO BCOS 提供了包括 Java、Node.js、Go、Python 等在内的多种编程语言的 SDK 工具。在 SDK 的基础上,开发者可开发面向最终用户的客户端程序,调用链上节点的功能接口,用户在客户端即可访问链上部分或全部数据,向区块链发起交易。

在设计上,SDK 能够提供业务级别的接口,开发者想要实现业务合约的管理、执行、交易查询功能,只需关注业务数据的字段以及调用返回结果,不需要了解更深层次的技术细节。除面向业务以外,SDK 还可以直接调用区块链底层功能。开发者不再需要对于底层的技术细节有过多的了解,只需要熟悉区块链节点所提供的底层功能接口、基本数据结构以及节点的部署情况。FISCO BCOS 除了提供减少开发中的重复性工作的 SDK,还会向开发者提供说明文档和使用范例,有效降低开发门槛和成本,帮助开发者高效率进行开发,明显提升易用性(李辉忠等,2020)。

9.3.4 FISCO BCOS 应用场景

9.3.4.1 司法存证

互联网案件的爆发带来的是对电子证据的审查,但电子证据的虚拟性导致司法人员审查认定困难,且目前数据存证市场缺乏管理标准,电子证据存证单位合规可信度低。利用"安存枢纽链",能够以严格审核接入标准及多种机制确保各数据来源安全可靠、真实不可篡改,并可智能核实电子证据真实性、智能辅助法官办案,简化电子证据采信工作,提升证据的调取、查验、及鉴别效率,解放法官繁琐事务性工作,引领司法服务数字化转型升级。"安存枢纽链"基于 FISCO BCOS 区块链底层技术研发,整体架构分为三层一平台:基础核心层、服务层、应用层和运维管理平台[1]。

(1)基础核心层。提供区块链跨链基础设施,由区块链节点和消息网络组成,包括跨链技术实现,区块链接入适配,数据跨链扭转,CA 认证管理等功能。核心层可以通过弹性平滑扩展提升交易处理能力。企业可以快速部署自有的核心层,也可以接入基础平台供应商的核心层。

(2)服务层。服务层借助基础设施实现了关键功能,隔离了核心层的复杂性,为应用层提供实现区块链应用所需要的服务,如银行存证系统、仲裁业务系统、公证业务系统等。

(3)应用层。向终端用户提供各种应用,如供银行贷款业务、仲裁判决、公证处公证等。

(4)运维管理平台。实现对核心层、服务层以及应用层的全息监控,同时能够配合 CA 管理服务以及权限管理服务,提供系统权限设置等服务。

---

[1] https://www.hub-chain.com/home/solution

具体的安存枢纽链司法存证网络如图 9-19 所示，借助该网络，各有关机构可以高效、可靠地进行司法相关的事务性工作。

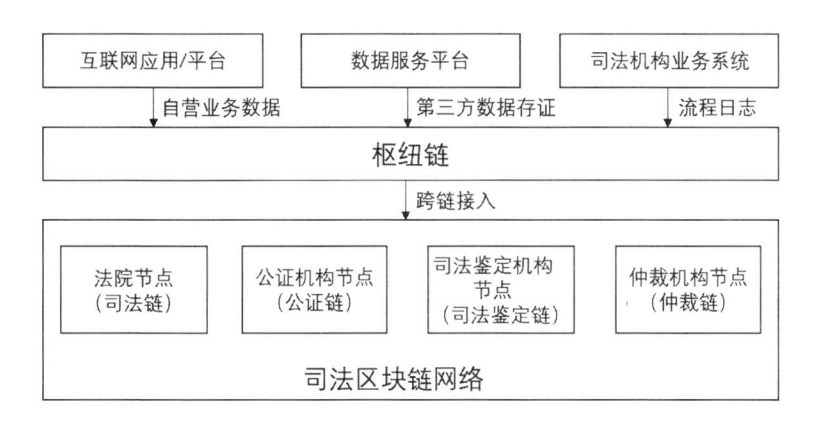

图 9-19 安存枢纽链司法存证网络

- 法院：存证数据加密存储在电子证据平台，一键调取，辅助法官取证及验证。
- 公证机构：一键调取电子证据，完成审查与认定，出具公证结果实时传输至司法联盟链。
- 司法鉴定机构：电子证据在线调取、审查与认定，鉴定结果实时传输至司法联盟链。
- 仲裁机构：在线调取存证数据，完成材料核对与整理，订立的仲裁协议实时传输至司法联盟链。

9.3.4.2 绿色出行普惠平台

在 2021 年全国两会上，"碳达峰"和"碳中和"被首次写入《政府工作报告》，我国争取在 2030 年前实现"碳达峰"，2060 年前实现"碳中和"。随着经济社会的快速发展、工业化和城镇化进程不断加快，交通运输领域作为碳排放大户，一直是各国"碳中和"行动的关注重点。然而，在社会文明治理中，存在诸多痛点：缺乏鼓励行善的有效机制、对于小善行为激励成本过高、欠缺量化牵引等。

2020 年 6 月，北京环境交易所（环交所）联合微众银行、北京绿普惠科技公司（绿普惠）共同搭建绿色碳交易积分区块链，结合 FISCO BCOS 区块链开源技术及微众银行社会治理框架"善度"，完成"绿色出行普惠平台"的建设。该平台通过统计终端用户减排量对其个人绿色减排行为进行量化，发行积分作为奖励，积分可以用于公益和兑换。图 9-20 为该平台的功能模块示意图。

绿色出行惠普平台借助区块链技术链接政府、车主、出资企业和技术提供企业等参与方，探索出推广公众绿色出行的科技新模式。车主通过微信小程序

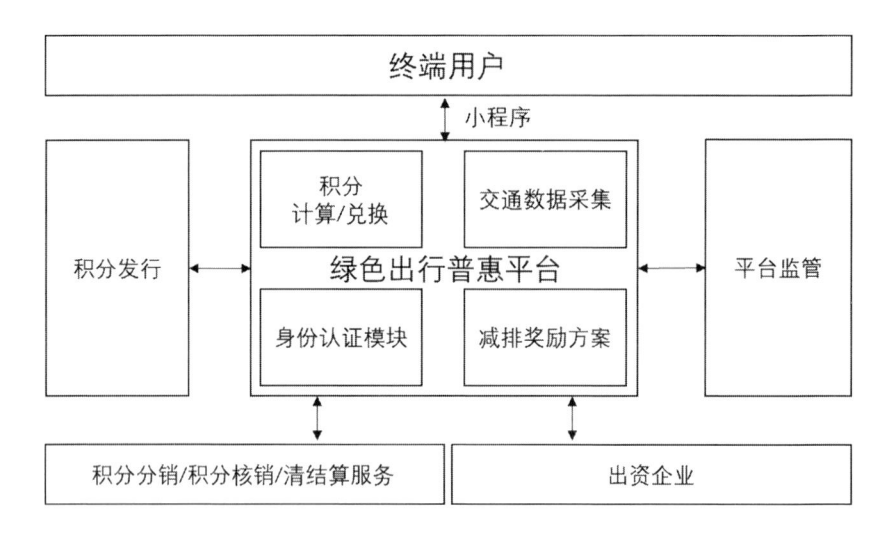

图 9-20　绿色出行普惠平台示意图

参与减排活动成为终端用户,在与区块链网络相连接的设备的记录下,车主的低碳出行行为得以被证明并上传至区块链平台,车主获得相应的绿色积分和奖励。身份认证、数据储存、积分计算和奖励兑换等一系列流程都在 FISCO BCOS 区块链中进行,保证数据和流程的公平公开和透明可信。该平台参与者具有以下几类:

(1) 环交所。环交所是项目发起者和监管者,制定官方的低碳行为衡量标准的同时,提供监管背书,并负责监督其他机构参与者落实合规、反欺诈和消费者权益保护责任。随着更多参与者角色的接入,监管者的内涵可以进一步扩展,除了环交所,其他的金融交通、政务、审计、司法等机构也可根据实际需要而接入,进行穿透式的监管、指导、裁决和审计等。

(2) 绿普惠。绿普惠通过公众号小程序等方式服务终端用户,支持了绿色出行方式的普及,同时给自身用户带来了绿色低碳出行的激励,提供了增值服务,有效增加平台活跃度和用户粘性。此外,绿普惠在获得终端用户授权后,从区块链中获得了用户的出行数据和停驶数据。

(3) 保险公司、公益基金等机构。这些机构为赞助者,为终端用户提供回报或激励,这些回报或激励包括但不限于免费乘坐地铁等公共交通工具、免费获得相关保险保障和其他权益商品等。对于赞助者而言,既可以承担自身的企业社会责任,也有利于树立正面品牌形象。

(4) 持牌银行机构。整个平台运作过程中,不同的参与者会产生必要的账目或者资金往来。持牌银行机构能够为各个参与者提供各项账务、资金或收入相关的清结算服务,进行相关资金的账户托管,并面向其他机构参与者角色执行"了解客户"和反洗钱义务。

(5)终端用户。终端用户是认可绿色低碳出行方式的车主。在与区块链网络相连接的设备的记录下,终端用户的低碳出行行为得以证明并上传至区块链,终端用户获得相应的绿色积分和奖励。

9.4　其他平台

区块链技术近年来快速发展,飞速普及,除以太坊、Hyperledger 和 FISCO BCOS 外还有诸多针对不同行业或应用的平台相继诞生。2016 年 2 月,BigchainDB 公司发布了可扩展开源区块链数据库 BigchainDB,在分布式数据库中引入了不可篡改性等区块链特性。2016 年 4 月,R3 公司发布了针对金融机构及金融应用场景的分布式账本平台 Corda。Corda 与传统的区块链平台不同的是,其注重保障数据隐私性,交易数据仅对参与方可见。2017 年 1 月,众享比特团队发布了数据库应用平台 ChainSQL。ChainSQL 将区块链与传统数据库相结合,兼备两者的优点,在保留了传统数据库的快速查询、数据结构优化的特性的基础上,吸收了区块链的分布式、多中心化、可审计的特性。2017 年 4 月,腾讯发布了可信区块链平台 TrustSQL,提供企业级区块链基础设施及区块链云服务,致力于提供供应链金融和政务等多个场景的解决方案。TrustSQL 具有支持多种共识算法、海量数据存储、兼容以太坊智能合约等多个优势。2019 年 4 月 9 日,京东区块链底层框架系统 JD Chain 正式对外开源,其在性能、安全、隐私保护等多方面做出提升,支持万级 TPS,共识、账本、合约、存储各自相互独立,标准接口交互通信,不同密码算法灵活切换。

尽管未来充满了挑战,仍然会有更多的区块链平台诞生。无论是公有链还是私有链的数量,都会随着技术的进一步提升、应用场景的细分、需求的进一步细化,而出现更多的增长。

9.4.1　Corda

Corda 是一个由 R3 公司推出的用于记录和处理财务协议的分布式分类账平台,最初的设计目的是满足受监管金融机构的需求。Corda 借鉴了如 UTXO 模型和智能合约等区块链特性,但在本质上和比特币以及以太坊等区块链存在区别,其面向对象主要为银行与银行的商业用户,不存在基础货币、挖矿激励或者交易费用。Corda 的基本构建块是"状态对象"(State object),状态对象并不对所有人可见,只对合约参与方可见,这与所有数据都对网络内任何人可见的区块链平台形成对比(Hearn et al.,2016)。

9.4.1.1　分类账与状态对象

在 Corda 中,分类账被定义为一组不可变的状态对象。状态对象表示特定合约的特定实例,可以将其视为表示现实世界中的合约的一部分。它是一个数字文档,记录两个或多方之间合约的存在、内容和当前状态,并且只对与那些有正当理由看到它的人可见,如图 9-21 所示。在合约当前状态发生变化后,Corda 会生成新版本的状态对象,并将新版本的状态对象与原状态对象相链接以提供来源链(Chains of provenance)。在并非所有数据都对所有参与者可见的前提条件下,为了确保全球共享系统的一致性,Corda 在很大程度上依赖于安全的加密哈希来识别各参与方和数据。

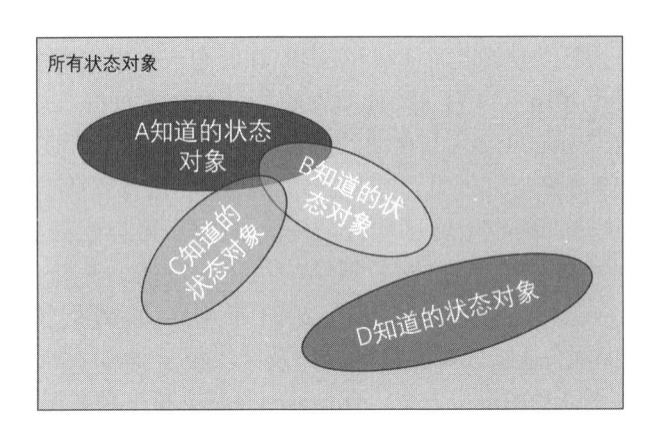

图 9-21 Corda 系统中的任何人只能看到部分数据

9.4.1.2 共识

与其他区块链平台相同,Corda 也使用交易对分类账进行更新。交易消耗现有的状态对象并产生新的状态对象,从而创建来源链。Corda 交易需要达成有效性共识和唯一性共识:

- 有效性共识:有效性共识需交易涉及的每个参与方都确认交易数据有效。各个参与方可以通过独立运行相同的智能合约代码和验证逻辑,就交易的有效性达成一致。为达成有效性共识,各个参与方一方面需要检查该交易是否符合每个输入状态和输出状态所引用的合约的约束条件,另一方面需要检查相应参与方的签名是否齐全。由于 Corda 中分类账为一组状态对象,每个节点仅仅存储着与自己业务相关的交易数据而不储存全局统一总账,为确保发送者提供的交易具有可靠的来源,需要针对每个输入状态沿着 UTXO 模型一直回溯至最初的发行交易,以从其他的节点获取到当前交易涉及的所有历史交易,并验证它们全部都是有效的(邵奇峰等,2019)。

- 唯一性共识:唯一性共识需各方确定未发生双花,即所述交易是其所有输入状态的唯一消耗者,没有之前已经达成共识的其他交易消耗过本次输入的状态对象。Corda 依靠 Notary 服务完成唯一性共识,每笔交易提交前必须获得

Notary 服务的签名，以证明交易的每个输入状态所引用的资产都是未被花费的。

Corda 具有"可插拔"的共识机制，提供了高信任场景下的单节点 Notary、基于 Raft 的 Copycat 和基于 PBFT 的 BFT-SmaRt 共 3 种类型的共识服务，允许根据不同的 Notary 服务需求来选择其中一种。此外，Corda 网络支持同时部署多种 Notary 服务，各个 Notary 服务互不干扰且能够并行运行，各个应用场景可依据需求选择适合的 Notary 服务。

9.4.1.3 智能合约

Corda 通过智能合约代码执行业务逻辑。Corda 中的智能合约是一个纯粹的函数，其职责是接受或拒绝被提议的交易，它可以由更简单、可重用的函数组成。交易通过智能合约来输入状态并生成输出状态，并且在符合有效性共识和唯一性共识后才有效。

类似于以太坊和 Hyperledger Fabric，Corda 中节点将在一个自定义沙箱内下载并运行合约。该自定义沙箱在 Java 虚拟机的基础上进一步增强，不仅保留了 Java 虚拟机拥有丰富的现有库和大量的技术积累的特点，而且具有更强的限制性，加强了安全需求，也提升了对确定性执行（Deterministic execution）执行的要求。

9.4.2 Ripple

Ripple 是美国旧金山的一家公司于 2012 年发布的开放分布式互联网支付协议，专注于实时结算、货币兑换以及汇款，旨在实现"任何规模的安全、即时和几乎免费的全球金融交易"。通过 Ripple，银行能够实现高效的跨境支付，大幅降低跨境支付的成本和时间。在 Ripple 中存在三个不同的角色：进行/接收支付的用户、做市商以及执行共识协议的验证者（Armknecht et al.，2015）。

9.4.2.1 跨账本协议（Inter-ledger protocol，ILP）

Ripple 中的 ILP 在保持银行等金融机构各自记账系统的不同的基础上，对所有金融机构的账本进行同步，成为不同记账系统之间的沟通桥梁。一方面，不同银行不需要采用统一的记账系统，各自的记账系统可以通过软件接入 Ripple 网络互相自由地传输货币。另一方面，银行间的交易可以借助加密算法隐藏，除参与方外的其他人无法看到交易的详细内容，保证了交易的安全，降低结算风险。

9.4.2.2 共识

Ripple 采用独特的 Ripple 协议共识算法（Ripple protocol consensus algorithm，RPCA），在保持较高吞吐量的同时，实现较好的一致性和正确性。RPCA 中的节点分为追踪节点和验证节点，追踪节点响应客户端的请求并广播交易信息，而验证节点既能够执行追踪节点功能也能够进行投票共识。为了防止某些验证节点影响系统整体效率,每个验证节点都维护一份可信任节点名单(Unique node list, UNL)。当某个验证节点存在多次不响应或响应较慢的情况时,就会被剔除出UNL,以保证系统整体的高效性。

RPCA中每隔几秒达成一次共识,以便维持分类账的正确性和一致性。每一次的共识步骤如下所示。

(1)交易收集。验证节点在接收到交易请求后,会首先通过核实交易发送者的公钥,并检查相应签名的有效性以检查交易真实性,配备有效签名的交易被临时存储在本地交易候选集中以用于后续验证。而后验证节点检查存储在交易候选集中的交易的正确性,这包括通过检查与该账户有关的所有交易的历史或者发送者和接收者之间的信任路径的存在等,来验证交易发送者是否值得信任。通过两步检查的交易会被打包形成提案并发送至所有的UNL节点。

(2)共识阶段和账本关闭阶段。每个UNL收到提案后,在一定的时间段内进行投票。若某一交易的投票率达到五分之四。该交易将被写入到各个UNL节点的账本中,并将其从候选集中移除,此时各个UNL的账本被称为最后关闭账本(Last closed ledger,LCL)。而后,UNL节点会对LCL账本进行签名并广播,当链上被广播的相同LCL累计到特定数量后,其余的验证节点便开始同步自己的账本。在关闭分类账后,将处理在共识阶段收到的交易,并开始下一轮。(Armknecht et al.,2015;邓小鸿等,2022)

9.4.2.3 基础货币:瑞波币

和以太坊等区块链相同,Ripple网络也有自己的基础货币瑞波币。瑞波币在Ripple网络中存在两大作用,一是防止恶意攻击,保障安全。由于Ripple协议本身具有开源性,恶意攻击者能够人为生成海量的无意义账目,引起网络瘫痪。为防止该情况发生,Ripple引入了类似于以太坊gas的计费机制,每个Ripple账户都至少持有20个瑞波币,每一次交易都会销毁十万分之一个瑞波币。对于正常交易者而言,销毁的瑞波币过少,交易几乎不存在任何成本;但对恶意攻击者而言,瑞波币会由于大量的交易次数消耗巨大,攻击成本飞升。二是充当桥梁货币,与Ripple网络中的美元等现实货币和比特币等虚拟货币建立联系,成为各种货币兑换的中间桥梁。

9.4.2.4 做市商机制

不同于传统模式中需要中间方协助进行货币兑换,Ripple中存在足够的金融机构作为做市商提供货币兑换服务。通过众多的做市商,Ripple网络为市场疏通了交易渠道,为各方提供了更多的汇率信息,有效降低了交易成本。需要进行跨境支付的汇款人通过Ripple网络中的算法能够自动挑选出提供最优汇率的做市商完成货币兑换,从而进行跨境支付。若没有寻找到合适的做市商,瑞波币作为该网络的基础货币可以作为兑换的桥梁,双方先将货币兑换为瑞波币再进行交易(周梓勋等,2022)。

参考文献

[1] 德勤有限公司. 证券型代币发行:金融市场演进的下一阶段? [EB/OL]. [2023-01-27]. https://www2.deloitte.com/content/dam/Deloitte/cn/Documents/audit/deloitte-cn-audit-security-token-offering-zh-sc-210412.pdf

[2] 邓小鸿,王智强,李娟,王俊彬,黎康婷. 主流区块链共识算法对比研究[J]. 计算机应用研究,2022,39(01):1-8.

[3] 胡键伟,尹丰. 去中心化应用(Dapp)技术原理和质量评测分析[J]. 中国新通信,2018,20(17):100.

[4] 李辉忠,李陈希,李昊轩,白兴强,石翔. FISCO BCOS技术应用实践[J]. 信息通信技术与政策,2020(01):52-60.

[5] 邵奇峰,金澈清,张召,钱卫宁,周傲英. 区块链技术:架构及进展[J]. 计算机学报,2018,41(5):969-988.

[6] 邵奇峰,张召,朱燕超,周傲英. 企业级区块链技术综述[J]. 软件学报,2019,30(09):2571-2592.

[7] 王群,李馥娟,王振力,梁广俊,徐杰. 区块链原理及关键技术[J]. 计算机科学与探索,2020,14(10):1621-1643.

[8] 周梓勋,张子悦,洪莹. 区块链技术在跨境支付中的发展与展望[J]. 中国商论,2022(11):16-19.

[9] Armknecht, Frederik, Ghassan O. Karame, Avikarsha Mandal, Franck Youssef, and Erik Zenner. "Ripple: Overview and outlook." Trust and Trustworthy Computing: 8th International Conference, TRUST 2015, Heraklion, Greece, August 24-26, 2015, Proceedings 8. Springer International Publishing, 2015.

[10] Buterin, Vitalik. "A next-generation smart contract and decentralized application platform." white paper 3.37(2014):2-1.

[11] Hearn, Mike, and Richard Gendal Brown. "Corda: A distributed ledger." Corda Technical White Paper 2016(2016).

[12] The Linux Foundation. "An Introduction to Hyperledger." (2018).

[13] The Linux Foundation. "An Overview of Hyperledger Foundation." (2021).

本章习题

1. 何谓以太坊?简述以太坊的系统架构。
2. 简述以太坊中账户的类型和结构。

3. 尝试举出以太坊的应用实例。
4. Hyperledger 有哪些主要的项目框架？它们各自有什么样的特点？
5. 尝试叙述 Hyperledger Fabric 的通道机制。该机制的优点是什么？
6. FISCO BCOS 的特点是什么？
7. 除了以太坊、Hyperledger、FISCO BCOS 之外还有什么区块链平台？它们的特点是什么？

10 区块链监管

学习要点和要求

- 世界主要国家区块链监管政策(了解)
- 联邦学习定义及模型(掌握)
- 安全多方计算定义及组成模型(熟悉)
- 可信执行环境(熟悉)
- 差分隐私分类及原理(掌握)
- 区块链技术在金融监管领域的应用(掌握)
- 区块链技术在供应链监管领域的应用(熟悉)
- 区块链监管在能源、医疗等领域的应用(了解)

10.1 区块链监管背景

10.1.1 世界主要国家区块链监管政策研究

美国法律分为联邦立法和独立于联邦立法的州立法。美国对区块链技术的监管不仅需要符合联邦立法,还需要符合州立法。相比之下,美国对区块链技术的监管比其他国家更为严格。随着区块链技术的不断发展,美国联邦和州立法一直对其保持谨慎态度,鼓励在合规运营和发展的前提下进行技术创新和发展。美国作为区块链技术开发和应用的领先国家,在积极探索区块链在各行业的应用潜力的同时,也重视区块链和加密货币的网络监管。2013 年,美国财政部金融犯罪执法网络司颁布的《银行保密法》将虚拟货币运营商视为资本服务业务中的资本输送者,并制定了针对恐怖融资和非法交易的监管政策(刘宗媛等,2020;苏剑等,2019);2014 年,美国国税局(Internal Revenue Service,IRS)发布了《虚拟货币交易使用税务指南》,从税收政策的角度严格控制了由虚拟货币带来的交易风险,并将虚拟货币纳入监管范围。2017 年,特朗普签署了《2018 年国防授权法案》,其中对区块链技术等分布式数据库技术进行了监管评估;2019 年 7 月发布的美国 G7 会议草案和美国国会于 2020 年发布的《2020 年加密货币法案》,加强了对数字资产的监管标准。此外,美国每年都会举行数次听证会与调查,从源头上对区块链进行监管(陈伟光等,2020)。

相比美国,英国对区块链和数字货币的发展则保持着积极的态度,并鼓励金融机构为加密货币提供相关的服务。2016 年 1 月,英国政府发表的《分布式账本技术:超越区块链》指出,政府正在衡量区块链技术的潜力并试图将其用于减少金融欺诈,同时降低成本;2018年4月,英国金融市场行为监管局(Financial Conduct Authority,FCA)发布的《对于公司发行加密代币衍生品要求经授权的声明》指出,公司在获得FCA授权的前提下,可通过ICO(Initial Coin Offering)发行加密代币或其他代币的衍生品交易、提供买卖或其他服务;2019年7月,英国金融市场行为监管局发布了《加密资产指南》,界定了加密资产的类型、属性和使用范围,明确了对从事加密资产领域活动的市场参与者的监管规则。

日本对区块链技术的正式监管则是始于全球最大的比特币交易所MtGOX遭到黑客攻击。这次攻击导致MtGOX被窃取了85万比特币,损失近5亿美元。这一事件引起了日本监管机构的注意,并导致了针对虚拟货币交易的监管行动的开展。2016年,日本出台了大量区块链监管措施以建立完整的监管体系,它也是最早建立区块链和比特币监管机制和制度的国家之一(黄震,2018)。在日本政府的监管下,ICO合规得到了发展,金融机构、政府、上市企业和传统企业在基础设施、法律和应用层面形成了多层次的联动。2016年5月通过的《支付服务法》标志着虚拟货币正式成为合法的支付手段,被纳入法律体系,并引入注册制度对从事数字资产交易的平台进行监管。2017年3月,《资金结算法实施令》和《虚拟货币交易所经营者内阁令》明确规定了资金结算、资金转移、纠纷解决、注册从业者协会等内容。2019年3月,日本虚拟货币商业协会发布了《关于ICO新监管的提案》,调整了代币的差异化和限制程度,并规定不应对虚拟货币交易施加过多的义务;2019年5月,日本通过了《资金结算法》和《黄金业务法》修正案,将"虚拟货币"的名称改为"加密资产",为虚拟货币交易制定了规则。

新加坡承认数字货币的合法性,同时进行积极监管,允许在符合监管的条件下进行数字货币交易和ICO。新加坡是继英国之后第二个落地金融科技企业沙盒监管的国家。之前,新加坡政府与IBM合作建立区块链技术创新中心,并且出资支持区块链记录系统项目,重力打造为期5年的2.25亿美元金融科技投资计划。2017年9月,新加坡通过MAS推出一系列计划来支持金融技术行业,还推出一个名为"Ubin项目"的代币版的新加坡元。这是一项基于区块链的计划,旨在将"新加坡元的代币形式置于私有的以太坊区块链上"。该项目是中央银行与区块链联盟R3的合作,它专注于开发区块链试点,以促进跨境支付。另外新加坡还制定计划来监管数字货币,保护ICO相关活动的开展(张深,2022)。

澳大利亚则开放政策,积极与各大交易所寻求合作关系,并且大力支持区块链技术的创新发展,注重区块链技术的应用和标准的制定。2016年3月,澳大利亚邮政(国内最大的快递服务公司)开始探索区块链技术在身份识别中的应用。2017年,澳大利亚证券投资委员会公布了一项信息,为打算推出ICO的企业提供指导方针,其对新技术和初始阶段的商业模式抱持开放态度,认为正确的监管环境将使金融科技创新蓬勃发展,并且认为区块链技术具有从根本上改变市场和金融系统的潜力。目前,澳大利亚某证券交易所早已与多家加密货币公司建立合作关系,将利用区块链技术为澳大利亚证券市场研发解决方案(孙小越和徐苗苗,2021)。

10.1.2 中国区块链监管政策研究

自 2008 年比特币首次出现以来,各种虚拟货币的快速发展使得国内一些企业和个人逐渐进入虚拟货币领域,类似 ICO 项目的融资频率也开始增加。然而,各种以 ICO 为名的融资项目在中国迅速发展,严重扰乱了社会经济秩序,形成了风险隐患。区块链监管政策的实施也被提上了日程。图 10-1 展示了中国区块链监管政策的主要时间线。

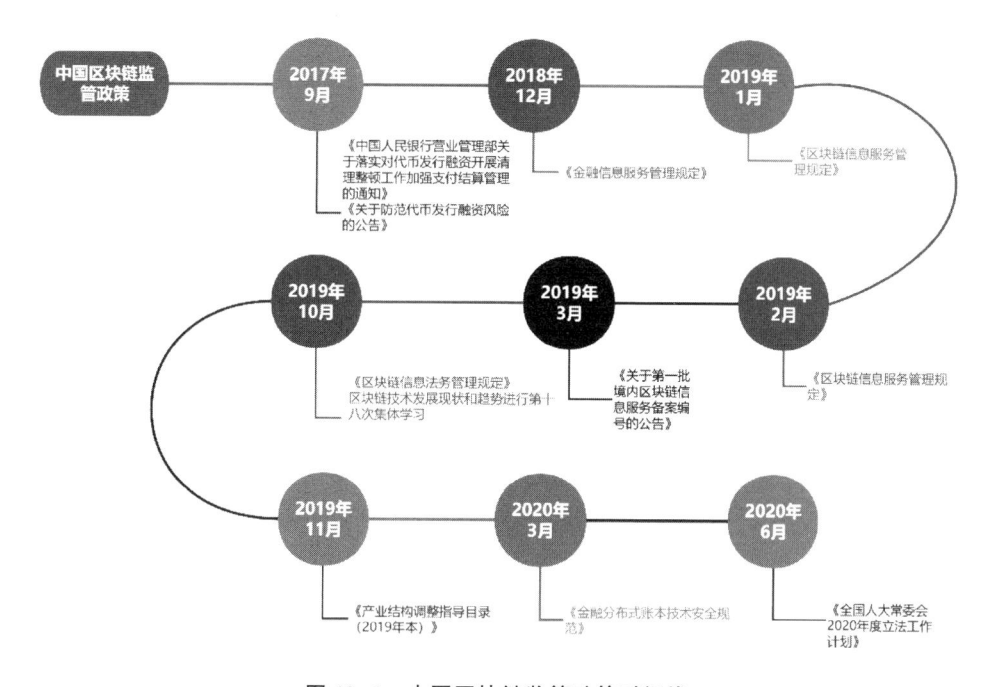

图 10-1 中国区块链监管政策时间线

2017 年 9 月 4 日,中国人民银行营业部发布《中国人民银行运营管理部关于开展代币发行融资清理整顿工作和加强支付结算管理的通知》,要求各银行立即停止现有代币发行融资交易平台的非柜台支付结算业务。同时,中共中央网络安全和信息化委员会办公室(以下简称"中央网信办")、中国人民银行等机构联合发布《关于防范代币发行融资风险的公告》,从六个方面提醒投资者及相关金融机构预防代币发行融资风险:准确认识代币发行融资活动性质;任何个人和组织不得从事非法代币发行融资活动;加强代币融资交易平台的管理;非银行支付机构和金融机构不得开展与代币发行融资交易相关的业务;应高度警惕代币发行交易和融资存在的潜在风险;发挥行业群体的自律作用(马治国等,2020;汤玮晨,2020)。

2018年12月,中央网信办发布的《金融信息服务管理条例》明确规定,金融信息服务提供者不得制作、复制、发布、传播虚假金融信息,应加强金融信息服务提供者的自律意识,加强信息管理,并制定服务规范(陈春,2019;刘哲等,2020)。

2019年1月,中央网信办发布的《区块链信息服务管理规定》从备案、监管制度与身份认证制度、安全评估等方面,建立了区块链信息服务管理的基本框架;并规范了我国区块链产业发展的备案依据。此规定的出台,也意味着区块链信息服务的"监管时代"已经到来。2019年3月,国家互联网信息办公室(以下简称"国家网信办")发布《关于第一批国内区块链信息服务备案号的公告》,公开发布了第一批197个区块链信息服务名称和备案号。上榜公司类型包括金融机构、互联网公司、上市公司和事业单位等,其中溯源、区块链技术平台、防伪、确权和供应链金融是重点关注方向。2019年10月,国家网信办发布《区块链信息依法管理规定》公报,明确了区块链的监管对象和范围,以及相对宽松的监管原则。公报要求区块链信息服务提供商向网信办注册,并核实区块链用户的身份。同时,在第十八次区块链技术发展现状和趋势的集体学习中,中共中央政治局指出,区块链技术的应用在产业变革中具有重大作用,要以区块链作为核心技术进行自主创新,确定重点领域,加大投入。2019年11月,多地央行和监管部门对数字货币交易相关活动发布风险警告,随后,对各交易平台进行了彻底调查,并将其关闭整顿。

2020年3月,中国央行《金融分布式账本技术安全规范》规定了金融分布式账本技术的安全体系,包括基础软件、基础硬件、节点通信、加密算法、共识协议、账本数据、智能合约、隐私保护、身份管理、运维要求、监管支持和治理机制。2020年6月,全国人大常委会印发《全国人大常委会2020年度立法工作计划》,重点研究人工智能、基因编辑、区块链等新技术新领域相关法律问题。

《"十四五"规划和2035年远景目标纲要》指出,要推进共识算法、智能合约、分布式系统、加密算法等区块链技术创新,以联盟链为重点,在金融科技、政府服务、供应链管理等领域发展区块链服务平台和应用程序,完善监管机制。只有监管政策到位,才能将区块链技术真正推广应用,凸显出区块链监管的重要性。

10.1.3 区块链监管的优势与挑战

10.1.3.1 区块链助力传统行业监管

与传统互联网信息传递不同,区块链是通过连接用户节点实现全网的广播,以此形成自信任机制和共识机制,从而进行价值创造和传递。如今,区块链不仅是数字货币的专属底层技术,同时也逐渐渗透到物联网、政府、溯源防伪、金融监管、征信等领域,与监管科技(RegTech)的结合越发紧密。在监管领域,区块链已经打开了新的路径,也影响了传统的监管思路和监管范式。

区块链包括了分布式账本、实时动态在线、全网广播等核心,这些内核使其与金融高度契合,并且在反洗钱、金融监管、金融风险控制等领域都展现出了巨大潜力。区块链全网记录、跨时空连接和自信任机制的特点,能够有效地提高监管的效率,把监管放到创新链上,实时动态更新,提高监管的安全性和透明化,避免"摆钟式"监管和"信息暗箱"(陈伟光等,2020)。

1. 保障监管数据安全透明

区块链的核心功能之一是记账,从远古时期人类的结绳记账,到近代发展出的单向记账、复式记账,再到以区块链技术为基础的分布式记账方法,反映出记账模式的进化演变规律。在区块链技术背景下,区块中记录的信息通过哈希函数和加密算法保存,每个区块与前一个区块间都有唯一的哈希值。由于哈希函数的不可逆性,前后区块之间也是不可逆的,必须按照生成的时间先后顺序以时间戳的形式标记。已记录上链的信息在区块链中进行全网广播,所有节点中都有备份,也可以看到在其他节点上链的信息,所以仅仅修改某个节点区块的数据无法实现数据的修改。由于区块链的防欺诈等优势,利用区块链进行记账,可以使金融机构数据和监管数据更加安全透明。传统金融监管要求金融机构上报大量文件材料,且需要进行繁琐复杂的会计和审计、尽职调查等程序,耗费大量人力物力与时间,而以区块链构建的监管科技平台可以实时存储企业数据,企业仅需将公司信息上链,便可以在区块链上进行发布行业公告等。一旦信息上链,则不可再被修改,这对减少实践中出现的财物造假、获取内幕信息的问题有重大帮助,同时,监管机构可以及时得到真实数据,也可以随时进行查看和分析(袁勇和王飞跃,2016)。

2. 形成新型信任机制

作为推动互联网进化的重要技术,区块链技术不仅提供了一种新型的底层架构和记账模式,更重要的是,其在普遍缺乏信任的互联网环境中建立起了信任,完成了由信息互联网向信任互联网的转变。通过区块链,在世界不同地区的网络主体,能在没有接触过的条件下建立起信任,从而达成交易。与传统的血缘信任不同,也与近现代的契约信任不同,亦不同于现代社会的国家信任,区块链信任是基于算法与技术产生的,算法与技术乃至建立在数学问题上的奖励机制所具有的客观性和中立性,使人们会自然相信其逻辑的自洽和真实性,这实现了信任的重构。在传统金融监管中比较明显的问题在于监管者和被监管者之间缺乏信任,金融科技初创企业、市场主体钻监管漏洞,进行监管套利的现象十分常见。在二元金融体制下,地方与中央监管部门之间没有建立良好的信任机制,中央的政策能否有效传导到地方,地方如何执行、执行的程度如何,都影响着监管政策效果的发挥。打造基于区块链的监管平台,有利于促进监管机构和被监管方在线上交流互动,及时沟通计划和动向,增强金融监管中各方主体的相互信任(何蒲等,2017)。

3. 推动监管政策智能化

以智能合约为代表的区块链2.0将智能合约置于分布式结构的上层,用编程式的合约规范经济关系。智能合约也可以应用到行政规制的金融监管领域,通过假设条件、事实与结果三段论的逻辑结构来构建监管政策。智能合约具有良好的兼容性和延展性,可以根据实际情况进行更新和迭代。由于底层框架的稳定不变,在此基础上修改逻辑层与应用层,其成本将远低于从监管层从无到有制定法律法规,以及增删修改现有法规。由于在代码层和技术层做出的变动,对金融机构产生的直接效果更明显、约束力更强,未来区块链智能合约发展的趋势之一,很可能是通过底层合规和技术合规推动金融机构智能化调整并使其符合监管规范。此外,获利于智能合约,监管当局的政策法规成本大大降低,根据金融机构的动态和风险情况,监管机构和监管科技企业可以灵活调整监管阈值,以编程化、数字化的法规、部门规章以及软法代替制定健全的监管政策,在智能化过程中加速动态合规,让监管科技和政策能够智能应变、协同调整。区块链凭借去中心、公开透明和不可篡改的特性与大数据价值实现的透明性需求相契合,能够克服当前数据治理存在的问题(洪学海等,2020)。

10.1.3.2 区块链技术自身亟需约束

在助力传统监管模式的同时,区块链自身所具备的特点也无法避免地带来了一定隐藏的风险,总的来说,可以分为技术风险、人为风险与法律风险三大类。

1. 技术风险

区块链技术作为一项科学技术,虽然带来了很大的变化,但仍存在一些需要克服的问题。从结构上看,区块链由于其非对称加密技术而难以破解,所以拥有高安全性;而其数据难以被篡改或破坏,故稳定性高。但目前,区块链技术的研发还处于起步、建设阶段,无法与金融领域完全结合(黄国辉等 2020)。

2018年2月26日,《人民日报》经济版整版刊发了区块链署名评论文章,在肯定技术创新进步的必然性的同时,也呼吁要重视风险加强监管。2019年3月30日,国家互联网信息办公室发布了第一批境内区块链信息服务备案清单,其中共有197个区块链信息服务名称及备案编号,涉及包括百度、阿里巴巴、腾讯、京东、中国平安等巨头在内的164家公司,其中上市公司24家。2019年10月18日,第二批境内区块链信息服务备案清单相继发布。清单的落地对区块链行业来说是区块链技术在行业积极良性发展的机会,同时对于监管部门来说,提交备案信息后监管也能更加有的放矢地进行。欧盟也在区块链监管方面强调数据隐私和保护。2018年,欧盟颁布了《通用数据保护条例》,适用于区块链技术中处理的个人数据。欧盟还在2020年提出了"数字金融包"计划,旨在为加密资产和区块链技术制定适当的监管框架。日本在鼓励区块链技术发展的同时也强调了监管的重要性,其《支付服务法》对加密货币交易所的注册和合规进行了规定,以确保投资者的资金安全。

2. 人为风险

由于经营者操作失误,可能导致区块链问题,进而对金融服务构成一定风险,加上监管机构有时候也无法全面地监管区块链,初期的区块链结构安全性较低,当网络中超过51%的节点被非法人员掌握,区块链中的交易数据和个人信息将有被随意修改的风险,区块链数据库的可控性将大大降低,财务安全将无法保证。此外,三明治攻击、女巫攻击等攻击也会对区块链构成威胁(邵宇,2017)。

2019年1月10日,中国国家互联网信息办公室发布了《区块链信息服务管理规定》(国家互联网信息办公室令第3号),该规定自2019年2月15日起生效。作为中国第一个由中央国家机关颁布的专门针对区块链的规范性法律文件,该规定主要针对区块链信息服务提供者、监管机构、行业自律及社会监督、备案管理的必要性,以及违反规定的法律责任等方面进行了相关规定。该规定的出台对于规范区块链市场、保护投资者和从业者的合法权益、打击利用区块链进行诈骗、洗钱、非法集资等犯罪活动,具有重要意义(赵磊,石佳,2020)。

同时,美国证券交易委员会(SEC)对区块链项目提出了严格的反欺诈法规,要求发行代币的项目披露充分的信息,以保护投资者免受虚假陈述和欺诈行为的影响。美国的金融监管机构也要求加密货币交易所和钱包服务提供商遵守反洗钱法规,进行客户身份验证,并报告可疑交易。2020年1月,欧盟通过第五反洗钱指令规定了对加密货币交易所和钱包提供商的反洗钱法规,要求进行客户身份验证,并监测和报告可疑交易。2021年3月25日,韩国颁布了虚拟资产服务提供商法,要求虚拟货币交易所和钱包服务提供商遵守反洗钱法规,进行客户身份验证,并报告可疑交易。

3. 法律风险

法律风险则主要出现于区块链金融的监管领域。金融行业对区块链的应用主要包括分布式账本和智能合约等。在此之前,监管模式仍为集中分管,并没有针对区块链的技术特点提出监管策略。传统监管的缺点是难以对交易信息进行技术层面的监管,从而导致监管的不到位。区块链的特点容易被犯罪分子利用,导致案件侦破难度加大,也使得区块链金融的司法监管难度加大(朱娟,2018)。

2019年7月,美国国会通过了《区块链促进法案》,要求在联邦政策层面成立区块链工作组,并制定统一的区块链技术定义和标准、规定区块链在非金融等领域的应用,从而巩固了美国在新一代信息技术创新和发展中的领先地位。受Libra白皮书的影响,英国金融市场行为监管局发布的《加密资产指南》也定义了基于区块链技术的加密资产的类型、属性和使用范围。2018年12月,瑞士联邦委员会通过了《关于区块链在金融领域法律框架的报告》,指出将进一步完善区块链技术框架,为区块链在瑞士的发展提供可持续的条件。与上述国家相比,目前我国在区块链技术的定义、类型、属性、适用范围等领域还没有具体的法律法规。因此,中国应加快区块链相关法律法规的制定,同时在区块链可以使用的部分领域构建国家主导、各国政府和相关单位实施细分监管(陈伟光等,2020)。

10.2　区块链在金融监管领域的应用

10.2.1　金融监管概述

政府通过特定的机构,如证券交易委员会、中央银行等对金融交易行为主体做的特定规定或限制被称为金融监管,其本质是一种具有特定特征和内涵的政府规制行为。当今世界金融持续向一体化与自由化趋势发展,金融监管在促进金融领域进步的时候,也表现出一定的不足和缺点,尤其在近来一段时间,金融危机出现频次增加、间隔缩短且影响的范畴也越发广泛,造成的破坏更为深远,将金融系统自身的脆弱性和金融系统崩溃的风险性展示在大众面前。在上述情况下,全球各个国家开始将更多的重视给予其内部金融系统的安全和外部环境的变动,如何全面提高金融系统运作的安全性与平稳性成为当下需要尽早处理的关键问题。由此看来,金融监管异常关键(胡继晔,2021;李爱君,2022)。

金融科技创新是指,利用新技术改变金融结构的基本要素,提高金融效率,降低金融成本,实现金融价值,提升金融服务体验。如今,随着金融科技创新的发展,法律的不完善问题日益突出,包括但不限于法律的缺位和空白、法律的滞后和法律的冲突。金融业的发展演变证明了新兴科技是金融创新取得快速发展的主要原因。而现代金融科技创新的主要动因正是21世纪互联网技术、信息技术和区块链技术。

区块链对于金融监管有着巨大的价值。首先,区块链提高了金融监管的"标准化能力"。穿透式监管这一监管方法和理论的提出是为了解决金融技术不断创新带来的风险隐蔽性和金融结构复杂性带来的监管痛点。它起源于美国的《1940年投资公司法》和《1940年投资顾问法》,而我国首次提出金融穿透监管是在《互联网金融风险专项监管实施方案》中。随后,金融监管部门在互联网金融整治中相继制定了金融穿透式监管的规范。金融穿透监管的目的与"标准化能力"的一致主要体现在以下方面。

(1) 从界定二者的本质上看,两者的目的是一致的。"标准化能力"是指对造成损害的行为进行标准化识别的能力,既包括通过行为的表象识别行为的本质,也包括估计行为的损害程度;穿透监管则是指通过监管手段,对涉及金融业务和行为的资金的开源、运营和投资全链条进行"实质重于形式"的监管,对金融业务和行为的性质进行监管。从这两个定义可以看出,两者的本质都是对行为的认知和评价。

(2)金融穿透监管的目的与"标准化能力"一致。金融穿透监管的目的是预防"以合法形式掩盖非法目的"的风险,保护其他主体的合法权益,与"标准化能力"一致。

(3)金融穿透监管的方式与"标准化能力"的本质是一致的。金融穿透监管的方法如下:底层穿透通过检查资金最终流向和流动性、充分披露相关信息、评估项目风险、详细记录底层资产最终状态等识别其风险;上层穿透则是检查投资者的投资收益是否与风险匹配,是否符合"合适的产品卖给合适的投资者"的要求。中间通过信息披露对金融交易的全过程进行检查,防止关联套利。从这些方面来看,金融监管要处理金融法律法规的隐蔽性问题,防止因金融风险的隐蔽性和突发性而对金融消费者权益造成侵害,引发系统性风险。

图 10-2 展示了金融二级市场的简单监管框架。

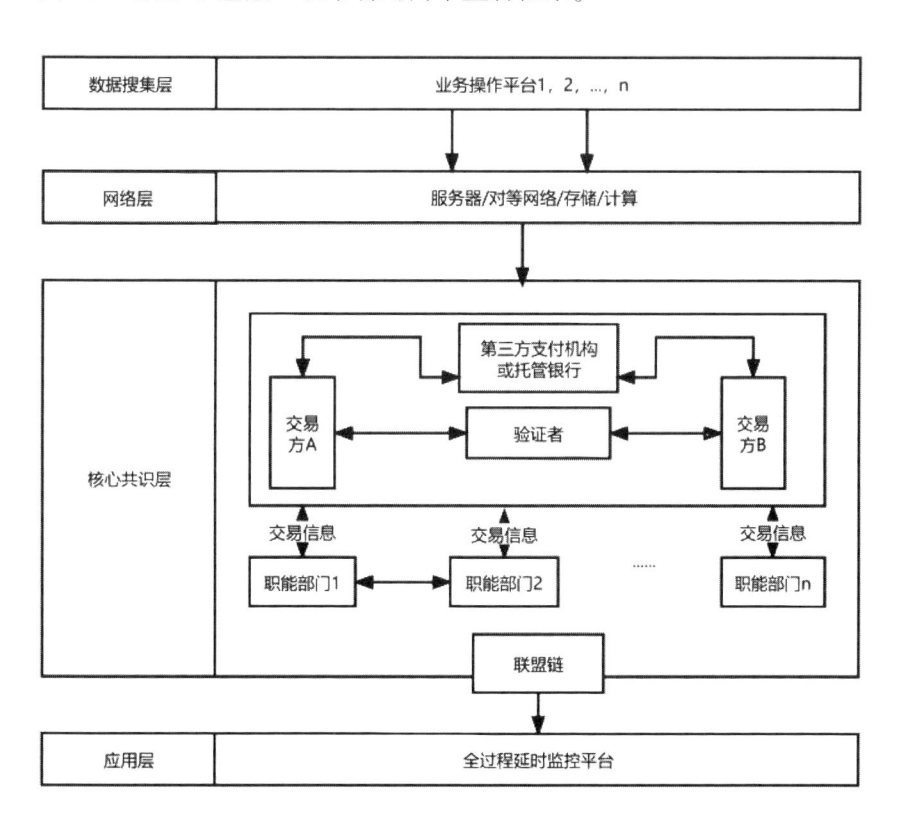

图 10-2 基于区块链的嵌入式金融监管机构

区块链是金融穿透监管的工具，金融穿透监管又可分为横向穿透和纵向穿透。横向穿透是指，通过静态金融行为的表面形态来监督其真实行为。纵向穿透则是指通过动态金融行为过程的表面形式对真实行为过程进行监管。目前，穿透调控多为横向穿透，其对象为静态金融行为，属于金融监管部门；纵向穿透监管的是动态金融行为，通常表现为跨行业、跨监管部门。在分业监管的背景下，缺乏穿透式监管的方法，增加了金融监管价值实现的难度，降低了金融监管的"标准化能力"。在分业经营、监管的背景下，不同的监管机构有不同的监管对象、监管内容和监管标准，数据不共享等导致金融行为纵向监管价值的实现陷入困境。建立信息披露机制是纵向金融穿透监管的关键，通过信息来识别和判断金融行为的合法性和合规性、其违法性和违法性的损害程度以及负外部性。目前，由于各金融监管机构金融基础设施相互碎片化，数据标准不统一，数据不共享且缺乏协调机制等原因导致了信息壁垒的存在，同时也缺乏信息沟通机制，导致金融数据碎片化且标准不一致。因此，有必要从当前的监管方法和手段中寻找能够突破难点的技术，从而实现穿透式监管的价值。

区块链技术与金融监管领域的融合可以提高监管技术的监管水平，增强对跨行业、跨市场金融风险的识别、防范和化解能力。区块链技术提升了金融监管的"标准化能力"，体现在以下方面：一是区块链技术的透明化提高了金融监管机构的识别能力。区块链所有节点记录的数据都是公开透明的，任何节点都可以被跟踪和查询。区块链是为了确保多方同时访问相同的数据而构建的，它比传统系统提供了更多的透明度。金融机构在区块链上记录与业务行为相关的数据，监管机构可以通过区块链的透明度随时监控金融机构的金融行为数据，及时实现穿透式监管，识别和判断违规行为和风险，防范风险隐患。通过区块链技术的可追溯性，提高了金融监管机构的识别能力，也为金融监管提供了相应的证据。这两个特点可以实现金融交易在区块链的穿透，进而实现监管的穿透。

同时，"区块链+智能合约"实现了金融监管的"剩余执法权"。"区块链+智能合约"是指智能合约借助区块链技术实现对交易数据的监控，其通过智能合约的程序设置，实现事前、事中、事后的监管以及实时监管执法。智能合约以区块链作为实现智能合约的基本技术手段，将事先商定的规则和条件设置为代码，写入区块链的底层。一旦系统满足代码的条件，系统就会自动执行。监管机构可以作为区块链上的普通节点，利用区块链的技术设置，根据需要随时从区块链中提取特定的数据和信息提高监管的效率。同时，还可以设立专门的节点，根据监管的需要建立智能合约的规则，实现全覆盖监管。

其次，可以利用区块链技术对资金链和金融监管穿透方面的法律法规进行数字化编码，基于区块链技术将其写入智能合约，以编程方式实现对金融行为的全过程监管，对不符合监管要求的金融行为直接叫停。

最后,区块链实现了财务全程监管的价值,保证了财务数据的真实性,其可追溯性也保证了财务数据的完整性。

10.2.2 基于联邦学习的信贷风控监管

基于联邦学习(Federated Learning,FL)和区块链技术的金融监管是一种创新的方法,旨在提高金融领域监管的效率、透明度和安全性。它将联邦学习和区块链相结合,以实现数据共享、模型协同训练和监管合规性的一体化。在这种方法中,金融机构可以通过区块链共享数据,确保数据的真实性和完整性,并使用智能合约确保合规性要求的自动执行。区块链作为分布式账本,具有去中心化、可追溯性、篡改难等特点,可以透明地记录数据处理过程,可以满足边缘计算的可审计性要求。通过与联邦学习相结合,它们可替代中央服务器进行模型参数集成,避免单点故障攻击。

在信贷风控监管领域,基于联邦学习和区块链技术的信贷风控监管将联邦学习和区块链技术相结合,以提高信贷风险管理和监管的效果,并确保数据隐私和安全。在这种方法中,区块链技术用于构建信贷数据的分布式、透明和不可篡改的存储。每个金融机构将其信贷数据记录到区块链中,以确保数据的完整性和真实性。同时,通过智能合约等功能,可以实现信贷条款和条件的自动化执行和验证。

基于联邦学习和区块链技术的信贷风控监管方法具有以下优势:①数据隐私和安全性:区块链技术确保信贷数据的隐私和安全,在数据共享和协同训练过程中保护敏感信息;②增强模型准确性:联邦学习通过多个机构的参与,提高了信贷风险评估模型的准确性和泛化能力;③去中心化和透明性:区块链作为分布式账本,实现了信贷数据的去中心化存储和透明可追溯,增加了监管的可信度;④自动化合约执行:智能合约可以自动执行信贷条款和条件,提高了操作效率和交易的可信度。

在分布式场景下,传统机器学习算法的训练需要用户将数据上传到数据中心。但是,这些数据可能包含一些个人信息,一些用户不愿意分享自己的数据,这导致了严重的数据孤岛,阻碍了机器学习的持续发展。为了解决这一问题,谷歌在2016年提出了一种新的分布式机器学习框架——联邦学习,建立移动终端与服务器之间的共享模型,实现终端数据不在本地时的"可用且不可见"数据。在该框架中,基于本地数据集,每个分布式终端训练其机器学习模型,然后将模型参数发送至中央服务器。服务器随后聚合所有上传参数,获得全局模型,并发送到每个终端,随后更新自己的本地模型(方晨等,2021)。

联邦学习可分为纵向联邦学习、横向联邦学习与联邦迁移学习三类。目前,联邦学习已经可以参与风控流程的各个环节,包括反欺诈、白名单初筛、信贷预审、贷中和贷后预警评分等,并根据企业及机构业务需求,可进行多维度合作。后续联邦学习将通过深入信贷风控主流程进一步用联邦建模渗透至信贷审核各环节,实现数据隐私保护下的数据连接及合作。

结合银行在传统的风险管理体系中缺乏央行征信报告之外的重要信息,而小微企业信贷评审数据稀缺、不全面、历史信息沉淀不足等问题的应用实际,下文将借助纵向联邦学习来介绍小微企业与银行之间的贷款风控处理过程。

在纵向联邦建模中,银行 B 是拥有需要预测的标签数据 Y(此处 $Y \in \{0,1\}$,代表为是否发放贷款)的一方,引入其他业务公司 A 与银行联合训练一个机器学习模型,出于数据隐私和数据安全的考虑,银行与其他业务公司不能直接交换数据,因此需要引入可信的第三方合作者 C,即联邦服务器。第三方可以是权威机构(如政府)或一个安全计算节点(如 Intel Software Guard Extensions,SGXs)。

如图 10-3 所示,纵向联邦学习由两部分构成:第一步为加密的样本对齐,系统使用加密的用户 ID 对齐技术确认出银行与其他业务公司的公共客户。在这个过程中,系统不会公开非公共的客户,即公司 A 与银行 B 没有暴露各自的数据;第二步为加密的联邦学习训练,在第一步的基础上,使用公共样本的数据来训练机器学习模型,训练过程可以分为 4 个步骤:

(1)联邦服务器 C 创建并向公司 A 和银行 B 发送公共密钥。

(2)公司 A 和银行 B 进行损失函数和梯度的计算,加密并交换中间结果。

(3)公司 A 和银行 B 分别计算加密梯度和额外的掩码(Additional mask),银行 B 计算加密损失函数,公司 A 和银行 B 将加密后的结果发送给联邦服务器 C。

(4)联邦服务器 C 解密并将解密后的梯度和损失函数发给公司 A 和银行 B,公司 A 和银行 B 解除掩码并更新相应的模型参数。

重复步骤(1)~(4),直至模型收敛。

由于信贷风控问题仍然是一个二分类问题,银行的标签数据 Y 为二分类结果,$Y \in \{0,1\}$,其中 $Y = 1$ 表示贷款应该发放,或认为该贷款不会发生违约,$Y = 0$ 表示贷款不应该发放。因此,依然选择将逻辑回归加入纵向联邦学习框架,形成纵向逻辑回归(Hetero-LR)。设其他业务公司 A 的数据集为 $D_A = \{x_i^A\}_{i \in D_A}$,银行 B 的数据集为 $D_B = \{x_i^B, y_i\}_{i \in D_B}$,$A$ 和 B 的模型参数分别为 Θ_A 和 Θ_B,

联合对数损失函数为:

$$L = \sum_{i=1}^{n} \{ -y_i \cdot (\Theta_A^T \cdot x_i^A + \Theta_B^T \cdot x_i^B) + \ln(1 + e^{\Theta_A^T \cdot x_i^A + \Theta_B^T \cdot x_i^B}) \} \quad (10.1)$$

令 $u_i^A = \Theta_A x_i^A$,$u_i^B = \Theta_B x_i^B$ 则联合损失函数可以写为:

$$L = \sum_{i=1}^{n} \{ -y_i \cdot (u_i^A + u_i^B) + \ln(1 + e^{u_i^A + u_i^B}) \} \quad (10.2)$$

出于隐私保护的目的,在训练过程中使用同态加密算法对 u_i^A 和 u_i^B 进行加密。由于同态加密只能计算多项式函数,所以将损失函数在 0 点泰勒展开,因 $\ln(1 +$

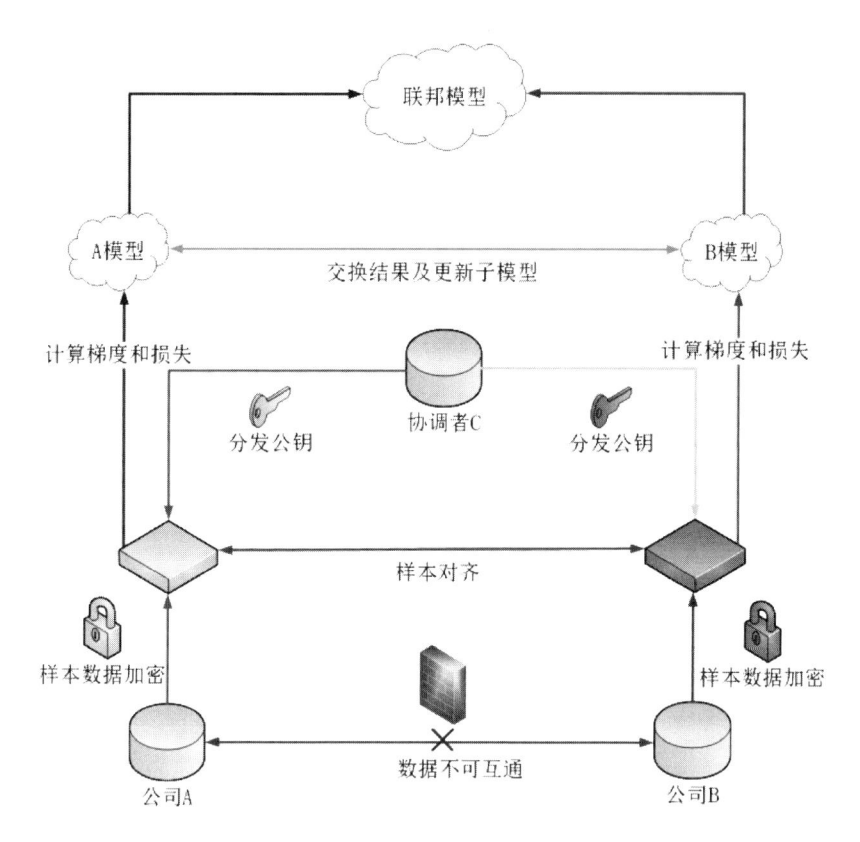

图 10-3　联邦学习系统架构

$e^x) \approx \ln 2 + \frac{1}{2}x + \frac{1}{8}x^2 + o(x^4)$，故联合损失函数可以转换为：

$$L = \sum_{i=1}^{n} \{ -y_i \cdot (u_i^A + u_i^B) + \frac{1}{2}(u_i^A + u_i^B) + \frac{1}{8}(u_i^A + u_i^B)^2 + \ln 2 \} \quad (10.3)$$

因 ln2 为常数，在最小化损失函数时不影响最终结果，因此以下将其忽略。
[[·]] 表示公共密钥加密后的结果，即：

$$L = \left[\left[\sum_{i=1}^{n} \{ -y_i \cdot (u_i^A + u_i^B) + \frac{1}{2}(u_i^A + u_i^B) + \frac{1}{8}(u_i^A + u_i^B)^2 + \ln 2 \} \right]\right]$$
$$(10.4)$$

令 $[[L_A]]$、$]]L_B]]$、$[[L_{AB}]]$ 分别为：

$$[[L_A]] = [[\sum_{i=1}^{n}((u_i^A)^2)]] \quad (10.5)$$

$$[[L_B]] = [[\sum_{i=1}^{n}((-y_i)^2)]] \quad (10.6)$$

$$[[L_{AB}]] = [[L]] - [[L_A]] - [L_B] \quad (10.7)$$

加密梯度为：

$$\left[\left[\frac{\partial L}{\partial \Theta_A}\right]\right] = \sum_{i=1}^{n}\left\{\left(-[[y_i]] + \frac{1}{2} + \frac{1}{4}[[(u_i^A + u_i^B)]]\right) \cdot x_i^A\right\} \quad (10.8)$$

$$\left[\left[\frac{\partial L}{\partial \Theta_B}\right]\right] = \sum_{i=1}^{n}\left\{\left(-[[y_i]] + \frac{1}{2} + \frac{1}{4}[[(u_i^A + u_i^B)]]\right) \cdot x_i^B\right\} \quad (10.9)$$

令 $[[d_i]]$ 为：

$$[[d_i]] = -[[y_i]] + \frac{1}{2} + \frac{1}{4}[[(u_i^A + u_i^B)]] \quad (10.10)$$

则

$$\left[\left[\frac{\partial L}{\partial \Theta_A}\right]\right] = [[d_i]] \cdot x_i^A \quad (10.11)$$

$$\left[\left[\frac{\partial L}{\partial \Theta_B}\right]\right] = [[d_i]] \cdot x_i^B \quad (10.12)$$

下面用上述符号来进一步阐述纵向联邦学习训练过程的4个步骤。

(1) 公司 A 和银行 B 初始化参数 Θ_A 与 Θ_B，联邦服务器 C 创立公共密钥，并将其发送给公司 A 和银行 B。

(2) 公司 A 计算 $[[u_i^A]]$ 与 $[[L_{AB}]]$，并将其发送给银行 B；银行 B 计算 $[[u_i^B]]$、$[[d_i]]$ 和 $[[L]]$，并将 $[[d_i]]$ 发送给公司 A，将 $[[L]]$ 发送给联邦服务器 C。

(3) 令 R_A、R_B 分别为公司 A 和银行 B 的掩码，公司 A 计算 $\left[\left[\frac{\partial L}{\partial \Theta_A}\right]\right] + [[R_A]]$ 并将其发送给联邦服务器 C；银行 B 计算 $\left[\left[\frac{\partial L}{\partial \Theta_B}\right]\right] + [[R_B]]$ 并将其发送给联邦服务器 C；联邦服务器 C 将 $[[L]]$ 解密，并将 $\frac{\partial L}{\partial \Theta_A} + R_A$ 发送给公司 A，将 $\frac{\partial L}{\partial \Theta_B} + R_B$ 发送给银行 B。

(4) 公司 A 和银行 B 分别更新参数 Θ_A 与 Θ_B。

以上就是纵向联邦学习的基本过程，在加密样本对齐与模型训练的过程中，公司 A 和银行 B 的数据被保存在本地，训练中的数据交互不会导致数据隐私泄露（杨强，2019）。

可以看到，联邦学习作为一种新的分布式机器学习框架，能够在只共享模型参数的前提下，与多个本地设备协作训练机器学习模型，可以很好地避免数据从本地设备直接传输到边缘节点导致隐私泄露的风险。联邦学习可用于在各个金融机构之间进行模型共享和合作训练，从而提升监管模型的准确性和鲁棒性，同时保护敏感数据的隐私。各个金融机构共同参与模型训练，但不需要共享原始数据。每个机构在本地使用自己的数据和模型进行训练,然后通过加密技术将模型参数上传到区块链网络中。区块链网络中的智能合约负责协调各个机构上传的模型参数,并执行共识算法来确定最终的全局模型。参与共识的机构只能看到经过加密处理的模型参数,而无法获取其他机构的原始数据。这种方式保护了数据隐私,同时实现了模型的合作训练和共享。

10.2.3 基于安全多方计算的金融监管

在金融监管中,安全多方计算可以用于实现隐私保护和数据共享的平衡。金融数据涉及敏感的个人或机构财务信息,需要同时满足保护隐私和实现监管的需求。区块链作为一个去中心化的分布式账本技术,可以提供安全可信的数据存储和共享平台,而安全多方计算则可以在保护隐私的前提下对这些数据进行计算和分析。

10.2.3.1 安全多方计算的定义与特点

安全多方计算(Secure Multi-party Computation,MPC):假设存在 n 个参与方 $P_1, P_2, \cdots P_n$,每个参与方都有一个私有输入数据 x_i,所有参与方共同计算某个函数 $f(x_1, x_2, \cdots, x_n)$,且要求在计算结束时,每个参与方 P_i 只能得到私有输入数据 x_i 的输出,而不能获取其他参与方的输入信息及输出结果信息(蒋凯元,2021)。

安全多方计算技术架构如图 10-4 所示。MPC 计算任务后,通过路由寻址,根据需要的类型选择进行协同计算的数据。根据节点反馈的数据,它先从本地数据库查询数据,然后进行计算。在整个计算过程中,数据始终存储在本地数据库中,消除了数据泄漏问题的风险,并根据数据参与者的需求,实现数据共享,确保所有参与者都能访问到真实的数据,以确保计算的正确性。

安全多方计算理论的目的主要在于解决每个数据参与者的信息保护和计算正确性问题,在没有第三方的情况下,实现计算的正确性,同时保护数据不泄漏。其具有以下特点:

- 去中心化:采用协议替代第三方,不存在可信第三方或特权参与者。通过该协议,保证所有数据参与者的权力和地位平等,任何数据所有者都可以启动计算任务。
- 计算正确性:数据参与者按照约定进行任务计算,并通过协议对计算数据进行查询和协同计算,以确保计算正确性。
- 输入隐私性:在执行计算任务时,根据节点的计算结果在本地查询数据,然后由计算任务进行数据计算。在整个过程中,数据存储在本地数据库中,解决了数据泄露的问题,保证了输入数据的私密性。

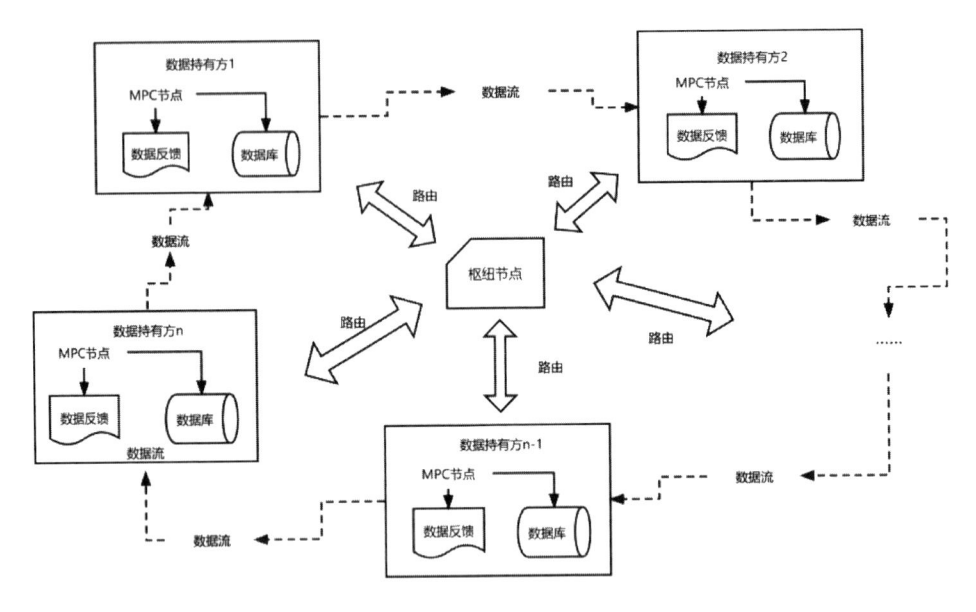

图 10-4　MPC 技术架构图

10.2.3.2　安全多方计算的组成模型

安全多方计算的构件模型由协议参与者、协议攻击者、网络条件和通信通道四部分组成。以下简单介绍安全多方计算的这几大组成模型。

1. 协议参与者

将协议参与者按照协议执行过程中的行为,可将协议参与者分为以下三类。

- 诚实的协议参与者:理想的协议参与者,在计算任务时按照约定的流程,根据协议执行每一步;
- 半诚实的协议参与者:这些参与者会根据现实情况收集所需的数据,并猜测其他参与者的输入数据,而不是像诚实参与者那样遵循协议的每一步,但不会主动攻击或加入其他数据参与者来破坏协议。但他们也因此很难被检测到,给协议带来了安全隐患。一旦其被收买或被攻破,收集到的数据就会被泄露;
- 恶意参与者:被攻击者伪装或容易被攻击者收买,非法获取数据的参与者。

实际情况中主要为半诚实的协议参与者与恶意的参与者。

半诚实模型和恶意模型如下文所述。

- 半诚实模型(Semi-honest model):参与者按照协议流程执行协议,但可能被恶意攻击者监控而去获取参与者的输入输出和协议执行过程中获得的信息。

- 恶意敌手模型(Malicious model):在协议执行过程中,攻击者通过其控制的参与者的非法输入或恶意篡改输入,分析诚实参与者的隐私信息,并通过拒绝参与或提前终止的方式终止协议。

2. 协议攻击者

协议攻击者的目的与恶意参与者的目的相同,都是通过非法手段获取数据。但是,与恶意参与者的不同之处在于,协议攻击者可以控制参与者,从而篡改协议参与者的步骤,使参与者继续按照自己的意愿执行协议。攻击者对不诚实参与者的控制又分为下列两种情况:

- 主动攻击者:攻击者会改变不诚实参与者的行为。攻击者除了窃听或获取不诚实参与者在协议过程中获得的信息外,还会让不诚实参与者按照自己的意愿参与协议,窃取信息;
- 被动攻击者(窃听者):不诚实参与者仍然按照协议执行协议步骤,但会对信道进行窃听或获取不诚实参与者在协同计算过程中获得的信息。

3. 网络条件

安全多方计算的数据所有者需要通过网络介质进行连接,以完成协同计算任务。所有数据参与者在同步网络介质中共享一个全局时钟。所有信息将在同一时间段内交付,每个数据参与者都可以在下一个时间段内收到自己的数据信息。然而,在非同步网络介质中,所有数据参与者不能拥有一个公共的全局时钟。从数据参与者的本地数据库发送信息后,数据参与者的接收方可以在一定时间内接收到自己的数据信息。同时,由于接收到的数据信息来自不同的参与者,参与者接收到的数据信息的顺序可能与实际发送的顺序不同。

4. 通信通道

安全多方计算的参与者之间的网络介质需要通过通道进行连接,以达到与其他参与者进行数据交换的目的。由于协议攻击者在一定程度上控制了不诚实的协议参与者,因此通信通道分为三个级别:安全通道、不安全通道和未认证通道。攻击者无法控制安全通道。通过不安全通道,攻击者可以窃听到参与者的通信信息,但不能篡改通信内容;攻击者可以完全控制未经身份验证的通道,甚至伪装成诚实的参与者参与协议。

10.2.3.3 安全多方计算的金融监管应用

在传统的金融监管中,各个银行之间往往难以实现有效的数据共享和风险管理合作,因为涉及到敏感的交易数据和合规性要求。然而,基于安全多方计算和区块链的解决方案可以改变这种情况。

通过安全多方计算技术,各个银行可以在加密的环境中进行计算,不泄露原始数据,而只共享计算结果。同时,区块链技术提供了透明、不可篡改的数据存储和审计的能力。金融监管机构可以基于区块链构建一个安全的数据共享网络。

各个金融机构可以将自己的数据加密后上传到区块链上,并在需要的时候通过 MPC 协议进行计算,在不暴露敏感信息的情况下提供必要的统计和分析结果。这样可以确保数据的隐私性,同时监管机构可以利用这些共享的计算结果进行风险评估、反欺诈分析、监测市场操纵行为等监管活动。同时,由于区块链的特性,监管机构和各个银行之间也可以实现更加有效的合规性验证和交互。监管机构可以通过访问区块链网络,获取到银行间的共享计算结果,而不需要直接访问原始敏感数据。这种方式既保护了数据隐私,又实现了监管机构对金融交易的审计和风险管理。

基于安全多方计算的区块链应用可以提供众多优势。如:①隐私保护:金融数据在加密的状态下存储和计算,确保敏感信息不会暴露给未授权的参与方;②数据共享:金融机构可以通过区块链共享数据,而不必直接共享原始数据,保护了数据所有者的商业机密和隐私;③监管合规:监管机构可以通过 MPC 协议获得必要的统计指标,进行监管和风险管理,同时确保不侵犯金融机构和客户的隐私权;④透明度和审计能力:区块链记录所有的交易和操作,可以提供可追溯性和审计能力,增加监管的透明度和效能。

10.3　区块链在供应链监管领域的应用

10.3.1　区块链在供应链金融的应用现状

作为近年来兴起的一种以互联网为基础的线上供应链应收账款票据化创新模式,供应链金融借助处于优势地位的大型企业集团下的优质企业,在真实采购销售贸易的前提下,对供应链上的信息流、商品流、物流以及资金流进行系统性的分析,以此为供应链上每一个环节的参与者及供应商客户提供一种综合性的金融产品以及供应链金融服务的创新模式。近年来,国家大力鼓励产业金融发展,通过推动供应链金融服务领域的实体经济、服务小微企业和民营企业、帮助解决中小企业的发展难题等方式,加速国内国际双循环新发展格局的诞生。在贯彻新发展理念、构建新发展模式、加快企业高质量发展的背景下,供应链金融的研究具有很大的发展空间和现实意义。

随着区块链近年来的发展,一些研究逐渐聚焦于区块链与供应链金融的融合。基于区块链分布式账本等底层技术以及其防篡改、公开透明、可追溯等特点,两者的融合可以很好地解决上述信息孤岛问题,同时有助于转移企业核心信用,智能合约融合,完善企业信用体系(朱兴雄等,2018)。

然而,供应链金融风险仍然难以控制。在我国,还没有形成权威健全的企业信用体系,部分供应链金融业务(如保理业务)还没有建立完整的法律体系。供应链金融业务的多样性、灵活性和复杂性也增加了风险控制的难度。金融机构在识别、评估、防范客户信用风险和追究法律责任方面存在一定困难。区块链技术避免了传统供应链金融模式中私人合谋的发生,使多家机构在互相合作、监督的场景下共存。在公开透明的机制下,机构的信用状况将得到所有参与者的确认,这也使得在连续交易中不再需要检查各种文件的真实性。交易行为的相互验证会产生传统信用技术和交易模式难以产生的"信用自我认证"和"信用自我增值",这也体现了区块链对供应链金融信用提升的作用。区块链技术有助于形成客观、公平、可信的交易环境,减少不信任带来的财务成本和交易摩擦,有助于对一系列风险点进行有效管理。

以票据为例,近年来,尽管中国监管部门不断完善监管规则,加强对票据市场的监管,但"多卖一票"、空壳公司发行虚假商业票据等风险事件仍时有发生,实践中仍存在较大挑战。基于此背景,基于区块链技术的数字票据对于控制票据风险具有重要意义。首先,票据信息的分布式存储和发布,极大地提高了票据市场数据信息的安全性和容错性;其次,数字票据不再高度依赖第三方机构进行交易背书或担保验证,而是通过共同的信任算法建立相互信任,避免了高度集中化带来的风险;再次,可以减少价值交换中的摩擦,在保证数据透明的前提下,保证双方的匿名性,保护个人隐私;最后,智能合约可以对票据的价值交换活动进行编程,从票据的用途、流通方向等限制方面有效控制票据的风险点。除了法律和民事合同约束外,还增加了智能技术支持的信用约束(许荻迪,2019)。

通过化解信息不对称问题,区块链技术营造了更为严格的监管环境,无论中小企业信用度多高、合谋所能分得的收益分配比例为多少,高透明的业务监管环境有效破解了中小企业与金融机构间决策无法达到稳定状态的难题,从而降低了供应链金融中存在的信用风险。通过长期演化,区块链技术不仅使系统趋于稳定,同时也大大缩短了主体演化的决策时间,金融机构接受业务申请的意愿逐渐增强,中小企业融资难题也得以解决(孙睿等,2022)。

将区块链用于仓单质押融资,贷款方将货物储存至物流仓储方形成仓单,再利用仓单向银行申请贷款。贷款期间,仓单债权人将被修改为银行,同时仓单将被冻结。待贷款方还款后,仓单质押人将更改为贷款方,仓单解冻。利用区块链技术将电子仓单作为质押物,智能合约将自动执行仓单的交易,具备规范性高、操作性强、流转速度快、实施过程更加便捷等特点。并且,考虑质押融资在仓储金融领域下进行,电子仓单由物流仓储节点来进行背书。同时,物联网技术能够保证线下质押物上链信息的真实性和可追溯性,仓单信息上链后便无法更改,实现质押物全程的可视化管理,RFID芯片(电子标签)与区块链的结合保证质押物状态受控,有效降低质押物风险。图10-5为基于区块链的仓单质押融资架构图。

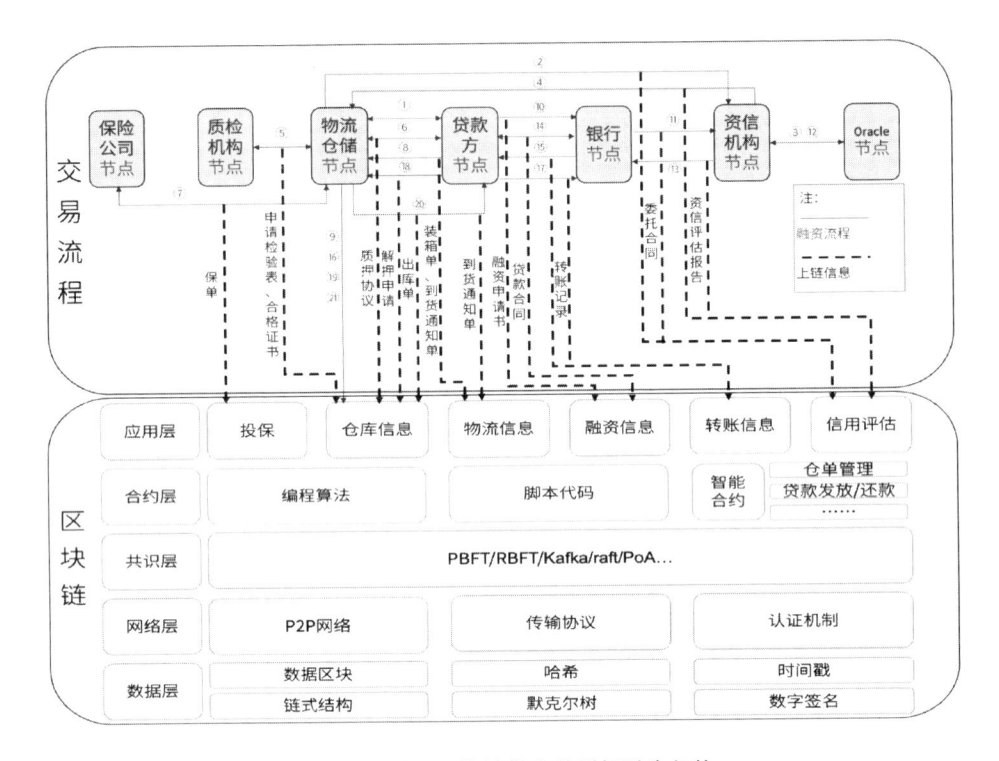

图 10-5　基于区块链的仓单质押融资架构

保理融资是供应链金融领域的主要业务种类，属于应收账款融资中的重要类型。现有保理业务是指保理商以受让供应商因销售商品或提供服务而产生的应收账款为前提，为供应商提供应收账款融资、销售分户账管理、账款催收和坏账担保的综合性金融服务。国内卖方单保理是指卖方（应收账款债权人）将其在国内贸易中因向买方（应收账款债务人）提供商品或服务所产生的应收账款转让给银行（或保理商）。按是否可以向卖方（应收账款债权人）追索，此类业务可分为有追索权保理和无追索权保理。在供应链金融 4.0 阶段，此类融资方式虽然可以在一定程度上解决中小企业"融资难、融资贵"的困境，但是银行在接受保理融资时，需要承担大部分的风险。这些痛点问题主要包括：贸易真实性问题导致银行需要花费高昂的调查成本，买方无力支付或者恶意拖欠的违约风险，信息孤岛问题造成核心企业的信用不能向二级供应商流转，以及因信息不对称问题形成卖方重复保理、虚构贸易背景现象严重。本申请提供了一种基于区块链的国内卖方单保理融资方法，以解决现有国内卖方单保理融资效率低、成本高、难度大且风险大的技术问题。基于区块链的保理融资架构图如图 10-6 所示。

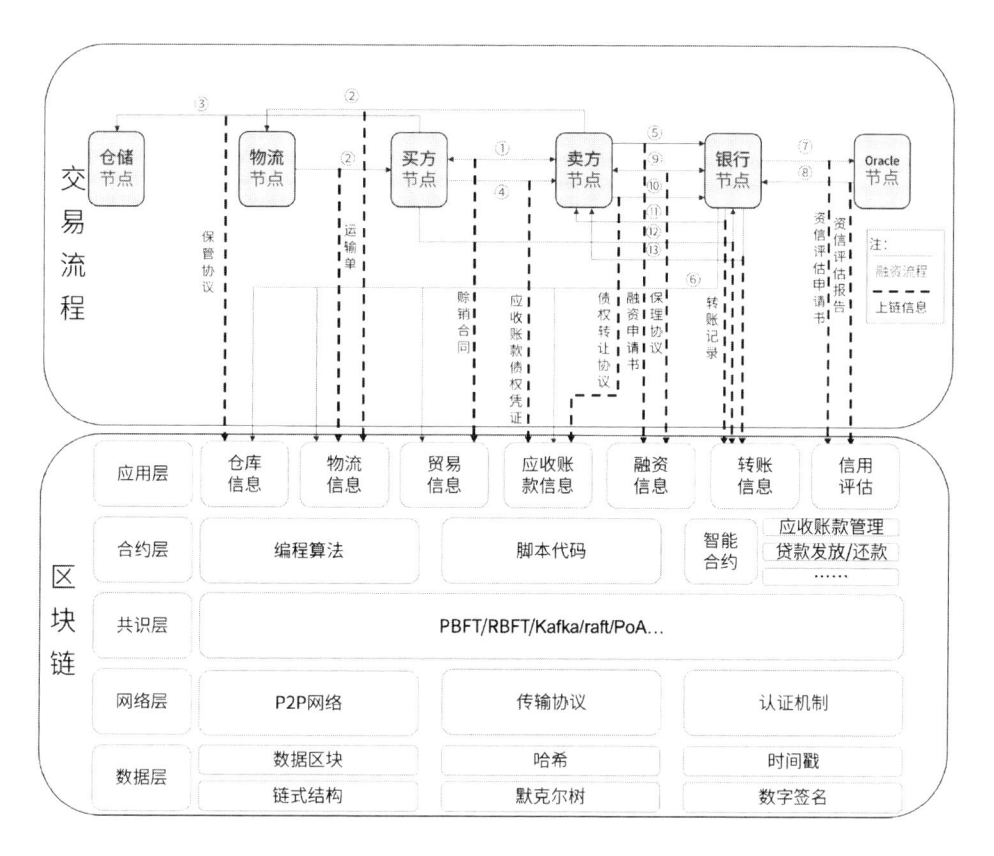

图 10-6 基于区块链的保理融资架构

预付款融资也是供应链金融的一大组成部分,将区块链运用于这一领域,保障了供应链信息及融资信息的安全可靠。在图 10-7 所示的架构中,贷款方为位于供应链下游的中小企业,购买上游核心企业货物时存在资金短缺的问题。预付款融资方案即为银行为贷款方垫付货款,核心企业将货物运输至物流仓储企业。此后贷款方定期支付押金,从物流仓储方提取部分货物,直至所有货物全部被提取。

10.3.2 区块链在供应链监管防伪溯源的应用

在供应链运作过程中,由于供应链关键数据和信息的真实性、复杂性以及各类产品的可追溯性,不可避免地会遇到一些挑战。目前供应链防伪溯源系统面临的挑战包括信息孤岛、篡改和伪造信息、企业与消费者信息不对称以及传统监管体系效率低下等问题。防伪追溯体系各环节参与企业众多,包括原材料生产商、供应商、仓储企业、加工企业、物流企业、经销商等。在供应链和溯源环节,各企业主体普遍存在数据标准差异和存储格式不一致的问题。同时,目前市场缺乏统一的监督管理体系,导致不相邻经营主体之间关联性小,信息流通性差、流转时间长,部分关键数据的隐私性和安全性无法得到保障,存在丢失或篡改的风险

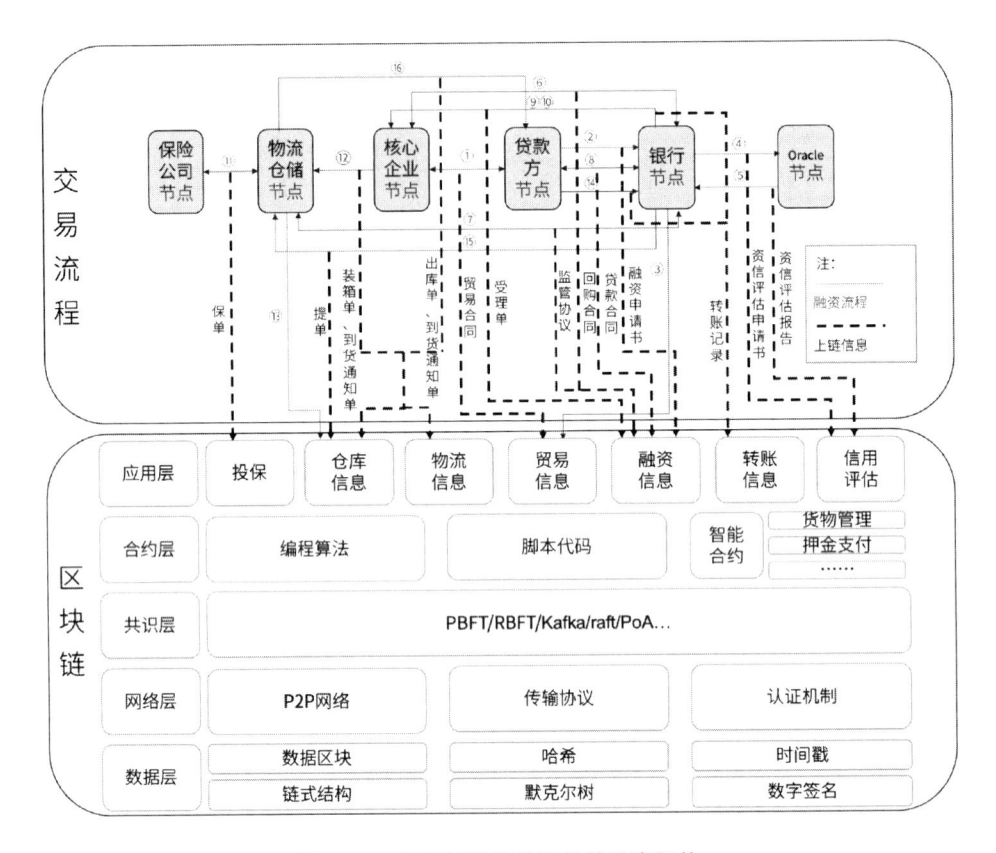

图 10-7 基于区块链的预付款融资架构

（Sihite et al., 2021）。不利于供应链与追溯节点之间的信息传递以及相关部门的监管。此外,由于防伪溯源系统流通周期长,各环节信息不对称,监管部门很难确定问题产品到达消费者手中的主要环节,问题也无法确定,亟待构建安全高效的监督管理体系（Zhang et al., 2011）。

Tan 等（2022）提出了基于区块链和物联网（Internet of Things, IoT）的供应链监管系统架构。基于区块链和物联网的完整供应链系统分为数据采集和数据处理两个层面。其中,供应链中的数据是通过视频、音频、生产线编码或扫描等方式采集的。智能合约在数据收集中发挥着至关重要的作用,它需要保证区块链网络中各个节点上传的数据和运行结果完全相同,以便供应链的各个节点和参与者能够在生成的区块中验证智能合约的执行结果是否正确通过上传到区块链的数据。数据传输过程还需要保证智能合约执行的完整性和正确性。同时,数据采集、设备接入、设备控制、数据传输都需要物联网的支持。收集到的数据将被加密并分发存储在 ECS 上。这些数据将用于 AI 训练、数据比对、智能分析、数据挖掘。在这个体系中,还应该有数据监管层面。该层次结构由政府、企业和消费者角色组成。政府和企业将确保数据采集结果与实际情况一致,消费者在不知不觉中通过防伪码扫描、原材料溯源等方式帮助企业完成防伪溯源。完整的系统架构如图10-8所示。该层次结构由政府、企业和消费者角色组成。政府和企业将确保数据采集结果与实际情况相符,消费者在不知不觉中通过防伪码扫描、原材料溯源等方式帮助企业完成防伪溯源。

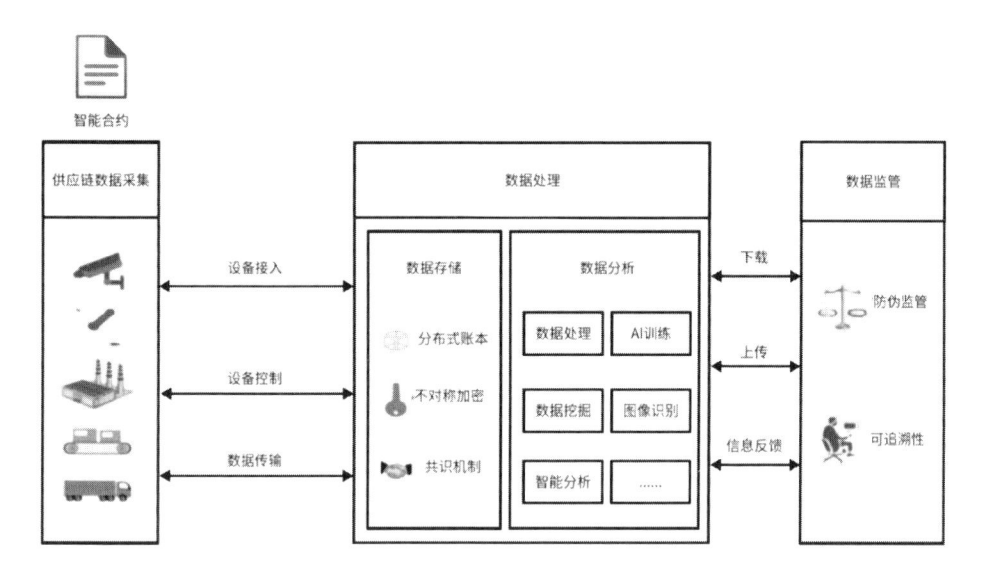

图 10-8　基于区块链的供应链监管防伪溯源架构

在供应链中,每个参与者拥有的数据包含许多重要的组成部分,但这些组成部分基本上可以分为公共数据和加密数据。要建立一个可供整个供应链各个参与者使用的系统,需要对参与者上传的数据进行标准化、管理和监督。根据防伪溯源供应链现状,设置4种不同类型的用户:完整用户、轻量级用户、监管者、消费者。

(1)完整用户。需要存储所有数据,包括原材料、生产、物流、销售等;同时还需要上传、下载、删除、修改、查询数据。

(2)轻量级用户。存储一些数据,例如,物流企业只需要存储供应链中物流相关的数据,同时需要对数据进行上传、下载、删除、修改、查询。

(3)监管者。不需要存储数据,需要查看上传、下载、删除、修改、查询等所有操作记录,按级别查看企业上传的数据。

(4)消费者。不存储数据,但需要上传和查询数据。

行业背景研究发现,供应链上的不同企业拥有不同的数据中心。根据企业规模的不同,数据中心的规模也有所不同。中小企业的数据中心还不完善,不具备较强的数据处理能力,甚至有的企业没有数据中心。因此,数据模型中需要两种不同的服务器集群:供应链联盟服务器和监管联盟服务器。供应链联盟服务器存储完整且轻量级的数据,而监管联盟服务器仅存储监管机构和普通用户的操作数据,用于数据流通。利用共识机制,可以有效利用供应链参与企业的现状,实现去中心化、安全、快速的数据共享。

为了保证记录的内容可信且不被篡改,模型记录了所有关键数据摘要,并以分层机制存储。将数据的哈希值存储在数据单元中,然后计算每个数据单元的哈希值并将其放入数据单元块结构中,可以有效降低搜索难度,加快搜索进度。由于比特币区块链采用工作量证明机制,每 10 分钟稳定生成一个区块,因此模型中每 10 分钟冻结一次数据,供应链联盟服务器中当前记账人自动提交生成类似比特币交易信息的数据,真正实现生产数据不可篡改。在数据层次结构中,有每个数据单元中的信息数据。可以通过算法确定在当前数据流下获取最合适的数据量。每个包含三部分信息:公钥、元数据和数据摘要。数据摘要有两种标识:被标识为哈希值的为加密数据,而未被标识为哈希值的为公开数据。由于每个数据单元块都存储了数据单元的哈希值和头部信息,因此不仅有利于每个块在点对点网络中的传输,而且还降低了数据验证的成本,如图 10-9 所示。

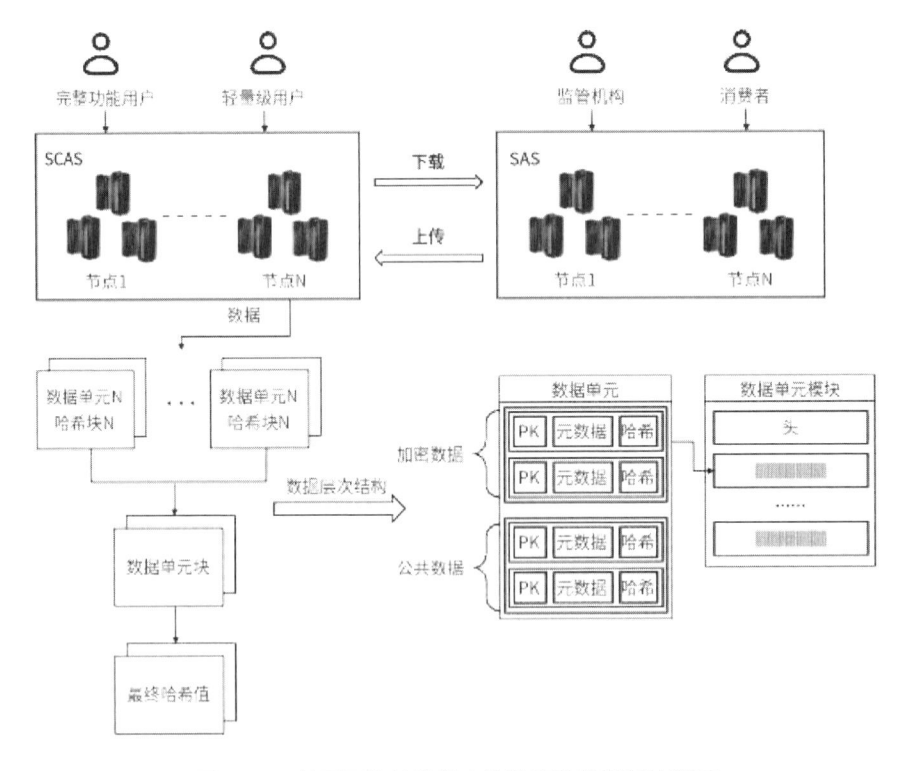

图 10-9 基于区块链的供应链监管防伪溯源流程图

10.4 区块链在能源监管领域的应用

10.4.1 能源监管领域现状

监管机构对能源生产运输、交易等领域的监管称为能源监管。区块链秉承信用互联、信任互联、价值互联、全程监管的核心理念，正在向开放透明、去中心化、万物互联、跨界融合的多中心治理转型，升级为全网背书、多方信任、共建共享的公共基础服务平台。区块链创造了一种新的信任机制，基于哈希函数和密码学原理、非对称加密、数字签名等技术，从算法角度减少恶意节点对数据的篡改，保证交易可靠，解决交易过程中所遇到的所有权确认问题（李达等，2021）。

许多传统能源大跨度供应链管理业务存在流程繁琐、需要多个业务部门反复确认等问题。区块链技术通过数据共享和激励机制解决这些问题，推动产业供应链上下游企业部门的数据整合以降低全链节点信息获取的难度，并突破供应链各个环节的信息壁垒。通过智能合约范式，各产业单元可以连接到关联产业链上，实现产业链上下游业务的信息共享，构建基于区块链的"虚实并行产业链"，并借助智能合约的自动触发机制以推动能源业务流程的自动化，实现业务独立运营。综上所述，区块链可以降低能源市场的监管成本，并解决其效率问题。

在安徽省合肥市，国家电网在能源数据聚合方面做了很多尝试，比如建设能源数据中心。通过汇总电力公司的电力数据和政府的经济发展数据，该举措取得了一些成功。尽管如此，在更广泛的范围内汇总能源数据仍然存在难以克服的困难。一方面，能源结构优化决策需要更广泛的能源数据聚合，进行联合分析和建模；另一方面，数据的共享和聚合必须遵守相关法律法规，如个人信息保护法、网络安全法等。

基于区块链的能源数据监管架构，如图10-10所示，可以根据不同业务对象的管理需求分别使用私有链和联盟链实现不同的数据监管功能。能源公司使用私有链来存储和管理本地数据，以确保数据从源头上真实有效。政府能源监管部门采用联盟链以实现对能源企业数据上传的有效监管。

除此之外，还有一系列研究试图从加密方法或数字水印到访问控制方面保护数据隐私。然而，由于原始数据已发出，所有解决方案都无法消除转售行为。受其动机的启发，数据购买者通常只需要分析结果而不是整个数据集，这是隐私不敏感的。例如，合肥能源数据中心需要了解特定时期内的能源生产总量和消费总量。各区、县只需分别向能源数据中心提供该时段的统计数据即可。基于这样的考虑，数据出售者可以只向数据购买者提供分析结果，而不发送原始数据或直接访问权。而可信执行环境集成的基于区块链的系统，可以用于可信能源数据共

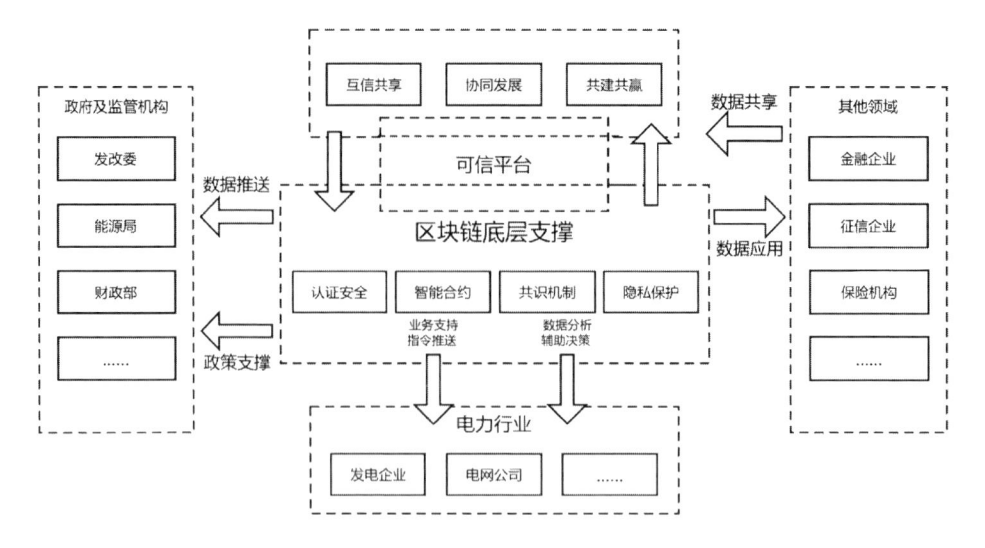

图 10-10　基于区块链的能源数据监管技术架构图

享,解决数据孤岛问题。

定义 10.1　可信执行环境(Trusted Execution Environment,TEE):通过硬件和软件两种方式,在 CPU 内部构建安全区域,保证 CPU 内部加载的程序和数据的保密性和完整性。

可信执行环境的概念由开放移动终端平台(OMTP)于 2006 年提出,这是一个双系统解决方案,用于保护移动设备上的敏感信息,最终目的是为了在传统的富执行环境(Rich Execution Environment,REE)之外为处理敏感数据提供一个隔离的安全系统。2010 年 7 月,全球平台(Global Platform,致力于安全芯片的跨行业国际标准组织)开发出一套可信执行环境的系统标准,随后成为许多开源产品定义其各种接口的标准参考(Xiao,2022)。

TEE 之所以更安全是因为它提供了一个与 REE 隔离的环境来存储用户的敏感信息。TEE 可以直接访问 REE 信息,但 REE 不能访问 TEE 信息。用户支付时,使用 TEE 提供的接口进行验证,确保支付信息不被篡改、密码不被劫持、指纹信息不被窃取。在 TEE 上运行的应用程序称为可信应用程序(Trusted Applications,TA)。受信任的应用程序使用与密码相关的技术来确保它们彼此隔离,并且不会任意读取和操作来自其他受信任应用程序的数据。此外,受信任的应用程序在执行之前需要完整性验证,以确保应用程序没有被篡改。受信任的应用程序可以直接与触摸屏、摄像头、指纹传感器等外设交互,不需要使用 REE 提供的接口,因此更加安全。

随着 TEE 技术和标准的日趋成熟,基于 TEE 的开发框架和应用也不断涌现。如表 10-1 所示,目前很多公司都开发了其相应的 TEE 系统。例如,诺基亚和三星已经公开了各自的 TEE 框架。诺基亚和微软整合的 TEE 框架称为 ObC,目前已经部署在诺基亚流光设备上。此外,还有一些未公开的 TEE 框架,如 Trustonic 的<t-base 框架等。

表 10-1 各大公司 TEE 系统

TEE	供应	安全储存	安全 UI	网络交互
ObC	开放供应,内容管理不需要可信中心的批准	密封存储采用 AES-EAX 认证,密钥来自一次性,可编程的持久性芯片已定义	已定义	专用接口
<t-base	安装在 TEE 上需要使用平台密钥的以所有者为中心的供应模型	不基于文件系统的密封存储,存储单元是被组织成树状形式的对象,容器受密钥保护	已定义	全球平台组织 TEE 客户 API
Andix OS	未定义	密封存储	未定义	全球平台组织 TEE 客户 API
TLK	未定义	密封存储	未定义	专用接口
TLR	未定义	防止回滚攻击的密封存储机制	未定义	.NET Remoting
SafeG	未定义	未知	已定义	安全 PRC

可信应用程序使用与密码相关的技术来确保它们彼此隔离,并且不会任意读取和操作来自其他可信应用程序的数据。此外,可信应用程序在执行之前需要完整性验证,以确保应用程序没有被篡改。TEE 可以在一个复杂且相互联系的系统中提供良好的安全性,目前多数 TEE 应用场景均指向智能手机端。在该场景下,TEE 能够提供的安全性服务包括:隐私保护的票务服务、在线交易确认、移动支付、媒体内容保护、云存储服务认证等。此外,TEE 也可在仅基于软件的情况下实现可信平台模块(Trusted Platform Module,TPM),目前的一个研究趋势是使用 TEE 去保障各种嵌入式系统平台的安全,如传感器和物联网等。

10.4.2 基于可信执行环境的能源监管应用

Chen 等(2022)提出了一种与可信执行环境集成的基于区块链的系统,用于可信能源数据共享与监管。根据两种不同的场景,他们提出了两种解决方案来解决能源领域存在的问题,即实现具有隐私保护的可信能源数据共享。对于第一种场景,只有一个能源企业,分析程序在企业侧执行;第二种场景是多个能源企业的情况,必须对它们的数据进行联合分析。在这种情况下,分析程序在买方(例如数据中心)侧执行并且需要加密数据传输。下面对这一案例进行详细介绍。

简化假设有多个数据提供者(能源企业)和一个数据分析者(国家电网数据中心)。数据分析者希望对数据提供者的数据进行一些分析任务,即只需要分析结果而不需要原始数据,而数据提供者则希望防止自己的数据被泄露。与 MPC 和联邦学习中常用的半诚实设置相比,Chen 等(2022)研究了更困难的恶意设置,这意味着各方都可能任意偏离协议。例如,数据分析者可能在执行分析程序的过程中窃取隐私数据,而数据提供者可能执行错误的程序或提供不正确的数据或结果。

目前有一系列基于硬件的解决方案称为可信执行环境,其中包括 Intel 的 SGX 和 AMD 可以保证程序在受保护的环境中运行,实现了程序代码不可篡改和中间变量无法被受保护程序本身以外的其他方获取这两个基本目标。Chen 等(2022)使用了 Intel 的软件防护扩展(SGX),其设计原理是在 CPU 电路层对受保护的内存访问增加一个权限判断(具体来说,受 TEE 保护的内存地址段是外部无法访问的,包括操作系统和未受保护的内存。但是,一些可信的方法程序可以指定被外部调用,这种方法的类型称为 eCall)。

在 Intel 的 SGX 中运行的可信程序称为 Enclave。Intel 提供了两个 Enclave 之间安全数据传输的功能,称为本地认证和远程认证,实现了从一个 Enclave 到另一个 Enclave 的数据传输,同时将隐私数据保留在安全域之外。前者用于两个 Enclave 位于同一平台的情况,后者用于位于不同平台的 Enclave 之间的身份认证和数据传输(这里的身份认证包括身份的确认和检查目标 Enclave 的哈希值)。例如,在涉及多个能源企业的情况下,数据提供者和数据分析者属于不同的平台,因此将使用远程证明。然而,远程证明的一个缺点是它要求两个 Enclave 都在线并且存在受信任的第三方。因此,实际上使用远程认证传输的数据量和频率是有限的,这意味着我们无法通过远程认证传输整个数据集。而该系统仅使用了一次远程认证,并且仅传输具有恒定长度的密钥(Sabt et al.,2015)。

接下来介绍第一种可信能源数据共享场景,即数据分析器仅需要每个数据提供者针对自己的私有数据的分析结果。这意味着不需要跨平台的数据协作,每个数据提供者可以单独工作。该场景适用于数据分析器需要所有原始数据的总和/平均值的情况。每个数据提供者计算自己的数据总和,然后发送到数据分析器。数据分析器只是收集各个总和并相应地计算总和。对于这个场景,Chen 等(2022)提出的解决方案应用了 SDTE 的思想,即数据提供者本地运行分析程序。整个过程中,数据没有离开数据提供者的平台。因此,显然数据不会离开安全域,隐私保护得到保证。然而,另一个问题是如何保证数据提供者的可信度。尤其,如何保证数据提供者给出的原始数据的正确性,如何保证分析程序被数据提供者正确执行,即数据提供者不篡改程序代码以及如何保证分析结果的正确性;发送到数据分析器的分析结果确实是分析程序返回的结果，而不是任意的。

　　Chen 等（2022）提出的 TEE 系统解决了以上问题：对于第一个问题，应用数据提供者先前在区块链上发布的元数据，相对于数据分析者想要的原始数据。数据分析器在设计分析程序时，会在程序开头添加一段代码来判断输入数据的哈希值是否与元数据匹配，后者被硬编码到程序中。如果输入不匹配，则原始数据被视为非法。当然，元数据的正确性不在本文讨论范围之内（可以通过数据提供者的信用值来证明）；对于第二个问题，数据分析器将 Enclave 安装包发送给数据提供者，数据提供者在本地安装 Enclave 并运行分析程序。SGX 的安全性保证了程序代码难以被篡改，所有中间值都难以获得。这样，一旦 Enclave 部署并执行，输出的确实是数据分析器所需要的正确分析结果，但仍然不能保证数据提供者将正确的结果发送给数据分析器，这就需要解决第三个问题——为了保证数据提供者给出的分析结果的正确性，系统应用了签名方案和数据分析器的公钥对。数据分析员在设计分析程序时，会在程序末尾添加一段代码，使用数据分析员的密钥对分析结果进行签名。程序将签名和分析结果一起输出。然后数据分析器将签名和分析结果发送到区块链，区块链同时执行验证和支付过程：如果签名通过验证，则分析结果被视为真实，因为除了数据提供者和 Enclave 之外，没有人具有生成有效签名的密钥。否则，结果将被视为错误，数据提供者将被扣押金作为惩罚。

　　而在第二种场景中，程序必须共同使用所有数据提供者的数据。对于这种更复杂的情况，如果数据集不太大，则允许数据传输，但原始数据的隐私性仍需保证。数据分析器仍然只需要分析结果而不需要原始数据。此场景对应的是数据分析人员希望使用所有数据来训练机器学习模型或进行其他相关统计的情况。为了从多个平台收集数据，数据传输是不可避免的。为了保护隐私，一种直接的方法是使用远程认证，如前所述，非常安全，将所有原始数据传输到数据分析器。然而，远程认证的带宽和频率是有限的，因为每次传输都需要与中心服务器交互。因此，原始数据量不足以支持远程证明，仍需要限制远程认证的大小和次数。

　　若要允许数据传输，另一种保护隐私的方法是在发送之前对原始数据进行加密。实际上，基于 MPC 的解决方案都有发送加密数据的过程，并且这些解决方案往往是多轮的。对于联邦学习解决方案，虽然只发送梯度信息，但没有数据聚合过程，这会损失部分准确性。对于这一情况，系统让分析程序在数据分析器的平台上执行，并让数据分析器收集来自所有数据提供者的所有数据。因此，无需保证分析结果的正确性，只需要保证原始数据不离开安全域，所以仍然需要 TEE 来防止数据分析者接触到原始数据。事实证明，用于加密原始数据的公钥的选择往往很重要。如果相应的密钥不安全，隐私泄露的可能性仍然很大，数据提供者仍然不愿意将其数据加密后发送出去。

　　公钥的一种正确选择是来自中心化一方的密钥。然而，这个系统是中心化的,需要额外假设中心化方的可信度;另一个正确的选择是使用从 Enclave 生成的公钥,因为 SGX 具有可以生成椭圆曲线密钥对的特殊功能。这种方法往往是安全的,因为只有 Enclave 有相应的密钥可以解密原始数据,并且 Enclave 本身可以保护隐私。然而问题是,没有令人信服的证据证明公钥确实来自 Enclave。所以,数据提供者仍然不愿意使用公钥来加密原始数据。尽管如此,Enclave 还是有最先进的方法可以给出"证明",这是任何其他方都无法生成的特殊签名,用于授予对生成的公钥的授权。然而,为了执行分析程序,数据分析器仍然需要在分析程序的 Enclave 中解密原始数据的密钥。数据提供者可以安装一个存储生成的密钥的 Enclave,然后对分析程序的 Enclave 建立远程证明,以传输密钥。值得注意的是,分析程序的 Enclave 需要公开,以使数据提供者相信整个 Enclave 不会泄露传输的密钥,否则相当于原始数据泄露。这一可信执行环境集成的基于区块链的系统,成功实现了可信能源数据共享与监管。

10.5 区块链在医疗信息监管领域的应用

10.5.1 医疗信息监管领域现状

技术的进步以其改进的功能和应用影响了人类生存的许多方面,这种发展为我们的日常生活带来了许多优势,尤其是在医疗保健领域。由于这项技术的发展,医疗保健行业取得了显著进步。医疗记录是以电子方式存储和维护的患者的敏感信息。然而,随着技术的进步,已经开发出许多方法来轻易破坏数字隐私和安全。医疗记录至关重要且私密,没有人愿意透露其敏感信息。这些记录包括私人信息,这也是医疗保健行业历来成为数据盗窃的热门目标的原因。对患者安全和隐私的威胁有所增加(Huang et al.,2020)。

除了在地下市场批量出售数据外,网络犯罪分子还发现了比之前的数据泄露事件更多的方式来使用电子健康记录中的信息。考虑到这一点,需要采取进一步的保护措施来保护医疗数据(Fuentes,2017)。此外,需要对所有实体(包括数据所有者、控制者和消费者)进行身份验证,以确保没有对手或攻击者能够访问网络,因此,需要强大的匿名技术来保护患者数据集的隐私。为了提高患者健康记录的安全性,人们提出了许多方法,其中包括对系统中涉及的各方进行身份验证。身份验证和安全性在维护数据隐私方面发挥着重要作用。

关于患者数据的"授权"指的是"隐私"的概念,这意味着只有经过身份验证的人才能访问数据。安全性是指确保个人数据免遭窃听,这意味着数据控制者将能够保护用户的私人信息免遭对手的攻击(Al Omar et al.,2019)。Hu(2020)提出了用于使用密码学、区块链、智能合约、混合区块链和通用数据保护条例(General

Data Protection Regulation, GDPR)交换医疗保健数据的规则。这些技术依赖于匿名过程,以确保没有个人的身份被暴露。此后,不同的数据匿名化模型被提出。

患者对个人信息的风险承受能力可能会有所不同,因此需要使用真正安全的数据交换方式。此外,现有的数据匿名化方法都是基于数据控制者或在信任他们的情况下外包。然而,数据控制者或第三方可能是对手,还可能受到属性泄露攻击、背景知识和同质性攻击的影响,而使用联邦学习(FL)中毒攻击是实现数据隐私的最严重的障碍。同样,当数据消费者收到使用弱技术匿名化的患者数据集时,他们可能会执行恶意活动,并且可能成为具有错误意图的攻击者,例如窃取敏感数据、滥用患者数据(Rodriguez-Garcia et al., 2017)。

如今实现这种安全性的一种重要手段是区块链技术。它以去中心化的方式确保患者数据集的隐私和身份验证。借助区块链技术,每个患者都可以控制自己的数据。因此,为了解决突出的问题,我们提出了一种新颖的语义方法,结合区块链、本地差分隐私(Local Differential Privacy, LDP)和 FL 来确保患者数据集的隐私。目前,FL 已融入到增强安全性的各个方面。当数据分散在不同实体中时,它可以教授机器学习模型。其主要好处是当数据分散在不同实体中时训练模型,同时保留数据本地化。而 LDP 是具最变革性的数据科学技术。FL 和 LDP 特性的结合,允许数据所有者保护他们的数据隐私。如果不为所有者提供强有力的隐私保护措施,收集所有必要的敏感信息将不再可行。

LDP 提供了如此强大且安全的隐私保证。数据中充满了噪声,以至于很难将其归因于特定个人。去中心化的区块链技术自动确保医疗数据的完整性和所有实体的身份验证。医疗数据分布在区块链中各方控制的许多存储设备上。如果少数方的数据发生更改或删除,不会对其他方的数据产生影响。因此,在共识过程下,区块链上的数据保持完整。区块链技术、FL 和 LDP 的结合创建了一个安全框架,用于与数据消费者交换患者数据,同时保持高水平的隐私。数据消费者、数据控制者和数据所有者的身份将通过在许可的区块链上注册来确认。

在数学上,差分隐私算法可以定义如下:

定义 10.2 差分隐私

如果对于所有数据集,$D1$ 和 $D2$ 最多在一个元素上不同,并且所有的 S 是 $Range(M)$ 的子集,随机函数 M 得到了 ε 的差分隐私。因此:

$$Pr[M(D1)\varepsilon S] \leqslant \exp(\varepsilon) \cdot Pr[M(D2)\varepsilon S] \qquad (10.13)$$

数据集 $D1$ 中管理员输出的 $M(D1)$ 分布与数据集 $D2$ 中的 $M(D2)$ 几乎相同,数据集 $D1$ 和 $D2$ 只有一个个体的记录不同,而 M 是保证 ε 微分隐私的随机化算法;ε 决定了两个数据集 $D1$ 和 $D2$ 的不可区分性,即对两个数据库集的查询响

应偏差由 ε 决定。这就提供了一个保证,即关于数据集中参与者的个人信息不会被泄露。差分隐私技术避免了关系资格数据,同时也使其他信息披露风险难以发生。

差分隐私技术的关键特征在于,它将隐私定义为使用参数 ε 的可量化度量,而不是二元逻辑,例如个人数据是否泄露。本质上,ε 决定了计算中增加了多少噪声,因此它可以被视为一个平衡私密性和实用性的调谐旋钮。可以对每个不同的私有分析进行调优,以提供更多或更少的隐私。

除此之外,(ε,δ) - 差分隐私的定义如下:

定义 10.3 (ε,δ) - 差分隐私

令 $A:D \to R$ 为随机算法,D 和 D' 是至多有一条不同记录的两个数据集,$O \in R$ 为算法 A 的输出,若算法 A 满足

$$Pr[A(D) = O] \leq e^{\varepsilon} Pr[A(D') = O] + \delta \tag{10.14}$$

则称 A 满足 (ε,δ) - 差分隐私。其中,ε 为差分隐私预算,该值越小则说明隐私保护的程度越高,但同时,其对于算法 A 的精度损失也越大;δ 则表示允许违背严格差分隐私的概率,一般值较小。

定义 10.4 敏感度

对于任意的查询函数 $f:D \to R_d$,D 为输入数据集,R_d 为函数输出的 d 维向量,则函数 f 的敏感度可定义为:

$$\Delta f = \max_{D,D'} \| f(D) - f(D') \|_p \tag{10.15}$$

其中,D 和 D' 为最多相差一条记录的相邻数据集,$\| \cdot \|_p$ 表示 Lp 范数。敏感度反映了查询函数 f 在一对相邻数据集上输出结果的最大变化范围。敏感度越小,则实现差分隐私时需要向输出结果添加的噪声就越少。

定义 10.5 高斯机制

若使用 L2 范数计算函数 f 的敏感度,则可以通过向函数 f 的输出添加高斯噪声来实现 (ε,δ) - 差分隐私,如下所示:

$$A(D) = f(D) + N(0,(\Delta f\sigma)^2 I) \tag{10.16}$$

其中,高斯噪声是满足均值为 0、协方差为 $(\Delta f\sigma)^2 I$ 的高斯分布,I 为单位矩阵。

在实现方面,差分私有算法是在关键点增加噪声的随机算法。具体来说,拉普拉斯机制可以使聚合查询(例如,count、sum、means 等)具有不同的私有性。这种方法使用以 0 为中心、以 $1/\varepsilon$ 为比例的拉普拉斯概率分布来对随机噪声进行采样,通过添加获得的噪声扰动实际值会导致屏蔽响应。

有许多相关算法的机制可以代替拉普拉斯机制,例如,指数机制、私有倍增权重算法或倍增权重指数算法等。有了这样的机制,基于差分隐私技术的软件系统是可能实现的,但仍存在实际的挑战。例如,如果相同的查询总是接收相同的噪

声响应,那么它需要查找历史响应的日志。由于答案保持不变,因此不会发生信息泄漏,但日志查找在空间和时间方面可能代价高昂(Dwork and Lei,2009)。

差分隐私有以下两个特点:
- 串行组合原理:其串行组合仍然满足差分隐私特性;
- 后处理性:如果某算法的输出结果满足差分隐私,则对该结果进行任何操作都不会造成额外的隐私损失。

10.5.2 基于区块链与差分隐私的医疗信息监管应用

Laraib 等(2022)提出了一个医疗数据交换框架,通过使用 LDP、区块链和 FL 来确保患者数据的隐私,实现对医疗数据的监管。这项工作的三个主要参与者是在许可的区块链网络上注册的数据所有者、数据控制者和数据消费者。区块链还用于发布需要的投标。数据所有者从不共享原始数据;相反,他们使用 LDP 对其进行匿名化,并使用 FL 将数据保存在本地。自我主权识别是一种允许用户管理其身份的数字身份,它使用户能够控制自己的身份。一方面,安全 P2P 通信通道用于将全球训练的模型发送给数据消费者并交换身份证明。整个网络确保所有实体都获得授权,并确保患者数据的安全;另一方面,当数据消费者使用 P2P 安全通道获取模型时,他将对收到的模型运行查询并获取所需的信息。网络模型描述了完整的网络,以安全可靠地共享数据集,而不会受到任何安全威胁。图 10-11 描述了准备这一框架的整体模型。

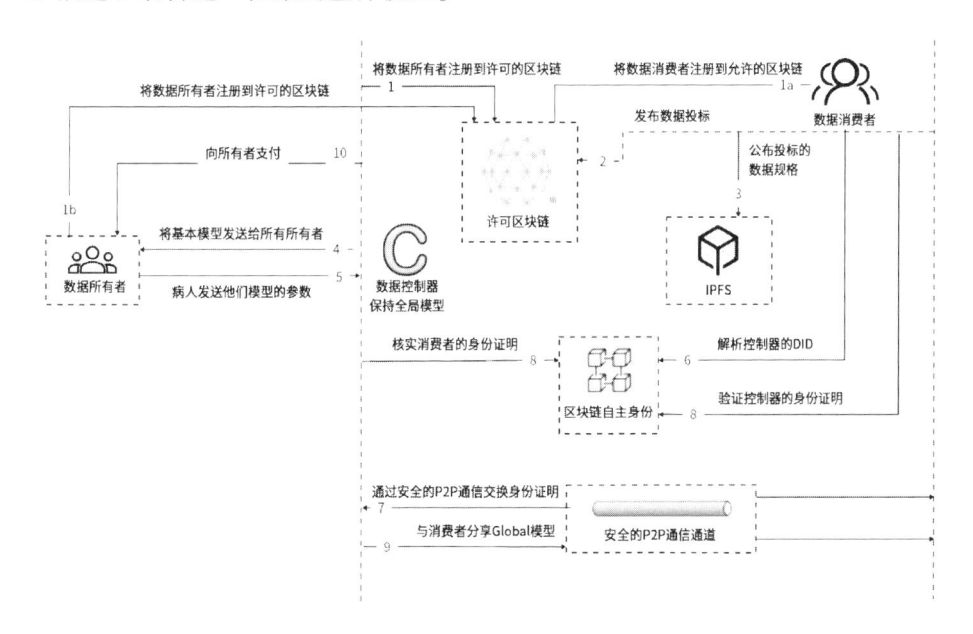

图 10-11 基于区块链与差分隐私的医疗数据交换模型

这一框架的操作步骤如下所示。

(1)在区块链上注册。验证在区块链上注册的身份、数据控制器、消费者和所有者。在许可区块链上注册保证所有实体都是授权和有效的。它将在数据共享过程中防止对手的干扰。

在区块链上发布日期出价和星际文件系统(InterPlanetary File System,IPFS)规范:首先,数据消费者在区块链上发布出价,并在IPFS上发布数据集规格。

(2)出价包含数据集规范的链接。例如{到期日期:2022月20日;金额:x ETH;标签:心脏专业},而IPFS上的数据集规范文件包含架构,如{年龄、性别、邮政编码、症状、医疗程序、最小记录数、分析隐私条件、描述}。IPFS是一个分布式P2P文件系统,提供内容寻址文件存储。存储在IPFS中的每个文件的数字指纹计算为文件全部内容的加密哈希函数。此内容标识符用作保存在IPFS平台上的文件的链接,以及用于确定文件内容是否已被篡改或损坏的校验和。IPFS是一个全球性的、开放的节点网络,但是,相同的开源软件可以创建具有相同功能的私有IPFS网络。

(3)从许可区块链获取和检测出价。数据控制器获取数据集规范并检测所有有趣的数据出价。

(4)请求获取数据。医院现在必须与数据所有者沟通以获取其数据集,但数据所有者永远不会提供原始数据。由于所有数据所有者都要求其敏感数据完全隐私,因此他们将使用LDP进行数据匿名化。将局部差分专用噪声添加到本地模型的参数后,FL过程将开始。数据控制器(医院)向所有数据所有者发送一个基本/初始模型,以训练其数据集。基本模型的参数将提供给所有数据所有者,他们根据数据对其进行训练。然后,所有所有者在本地模型的参数中添加差分私有噪声。所有用户在建议的框架中在其数据集中添加相同的噪声级别,但可以根据情况进行更改。本地训练完成后,所有参数都将返回给控制器,以供后续过程使用。数据控制器获取所有参数,并将其转换为全局模型。然后,数据控制器将该全局模型交付给所有所有者,指示他们重新训练全局模型以提高准确性。将执行迭代,直到达到阈值。最后,经过训练的全局模型将由数据控制器保存。

(5)发布数据集规范。数据控制器在获得更新的全球模型后,会通过出价响应出价。同时,数据控制器将在IPFS上发布报价的数据集规范,IPFS是一个链下存储系统。规范文件还包含控制器的公共分散标识符。而数据消费者将接受报价并从数据控制器发布的IPFS接收数据集规范。

(6)向控制者付款。接受报价后,数据使用者启动安全P2P通道并向数据控制者付款。

(7)解析控制器DID。数据使用者使用放置在IPFS规范文件中的自我主权身份分类账解析控制器DID。

（8）交换身份证明。它首先使用安全的 P2P 通信通道交换双方的身份证明。

（9）验证身份。数据控制器和使用者都使用自我主权身份分类账来验证彼此的身份。

（10）共享全局模型。建立验证后，通过安全的 P2P 通信通道与数据使用者共享全局模型。

（11）向患者付款。在完成数据共享过程后，数据控制者将向数据所有者付款。

区块链技术是互联网技术的延伸。作为一个崭新的科技，区块链并非来自教科书，而是来源于一些企业的实际应用。尽管如今各领域运用区块链的环境尚不完备，但伴随区块链在越来越多的领域落地，从事区块链监管应用的试验也有必要未雨绸缪，在已有实践的基础上探索在各传统领域中如何运用区块链科技，并力争在新的应用问题发生前找到正确的答案。

10.6 区块链在物联网监管领域的应用

10.6.1 物联网监管领域现状

第五代通信（5th Generation Mobile Communication Technology，5G）、物联网、区块链、人工智能等新兴技术齐心协力，将推动全球业务转型向前发展。5G 技术预计将通过为大量物联网设备提供海量连接、更快的数据速率、超低延迟和低成本访问，释放庞大的物联网生态系统。5G 网络的设计旨在带来大规模物联网所需的性能水平，并将实现一个完全无处不在的互联世界。与此同时，区块链被推广为未来物联网（Future Internet of Things，FIoT）新商业模式的基础。当前的物联网面临海量物联网设备接入、网络性能、安全、标准化、关键应用等诸多挑战。而 5G、零信任和区块链等新技术都将促进物联网的创新。物联网通过提供广泛的物联网应用程序，利用智能和高度异构设备的生态系统，显著改变我们与物理系统通信的方式。

区块链和物联网集成能够带来许多优势，如：①去中心化和分布式架构。物联网数据中心对庞大数据存储和处理的控制可以被分配到各个设备之间；②设备认证。当数据传输时，每个连接的设备都可以被识别，从而维护设备之间的信任关系，确保设备认证和授权过程的安全性；③不变性和可靠性。设备收到的实际数据将不会被篡改，且在出现错误时易于回溯；④自动操作。区块链允许将物联网中的设备在没有任何第三方干预的条件下进行通信（李祖龙，2022）。在此背景下，融合创新的物联网和金融领域不仅加速了金融机构的数字化转型，还成为实现普惠金融的有效途径。利用物联网技术，金融机构可以扩展信息采集渠道，实现对动产情况和状态变化的智能化监控和掌握,从而解决动产融资过程中信息不对称的问题,降低动产融资风险(孙维仁,2022)。

然而,FIoT 仍然存在许多新的技术要求和挑战需要解决,例如:①高速数据速率。许多新的物联网应用,如媒体流、游戏、大数据、增强现实、虚拟现实等,都需要超高的数据传输速度(Akyildiz and Nie,2016);②可扩展性。5G-IoT 包含海量的用户、设备、服务、应用和运营,要很好地满足这些需求是非常具有挑战性的。基于 NFV(Network Functions Virtualization)的细粒度技术可以提高 5G-IoT 的可扩展性;③超低延迟。特别是在实时应用中,在工业自动化、智能交通系统、医疗保健、增强现实、严肃游戏等领域,需要超低延迟,往返延迟为 1ms(Xu et al.,2014);④高可靠性。许多 IoT 应用对可靠性有严格的要求,例如在智能电网、车地通信、机器人等领域,5G-IoT 需要高可靠性和强大的恢复机制;⑤安全性。许多物联网系统(例如工业控制系统、监控和数据采集系统)都面临着严重的安全威胁,例如网络攻击、设备安全、分布式拒绝服务或数据安全。FIoT 的设计必须保证安全;⑥低能耗。对于由电池供电的物联网智能设备来说,能耗是影响物联网系统运行的一个重要问题,因此,节能物联网是 5G-物联网的发展趋势;⑦移动性。FIoT 通过手机、平板电脑和其他移动设备支持多种移动服务,因此为实体提供高移动性是 5G-IoT 的关键。

大多数当前的物联网解决方案假设应用程序将所有物联网生成的原始数据上传并存储到后台云服务器,后台云服务器能够使用多种技术(例如机器学习、大数据等)处理和分析这些数据。然而,当前的安全解决方案无法保护和管理不断增长的物联网应用。零信任安全模型在保护物联网安全方面显示出巨大的潜力,包括设备身份验证、最小特权访问、设备运行状况、持续更新、安全监控和事件响应,有利于帮助物联网实现设备认证等监管需求。零信任安全已在专用网络中广泛采用(Li,2020),这被认为是解决 5G-IoT 中大部分安全问题的选项之一。由于支持 5G 的物联网系统涉及大量物联网设备,零信任安全模型将帮助系统验证和识别所有物联网设备,并跟踪物联网设备的所有活动以发现系统内的任何故障。

零信任的概念自 2011 年由 Forrester 与美国国家标准与技术研究院合作推出以来一直存在(Kindervag,2010)。然而,启用技术支持其实施仍需要时间。零信任范式做了两个假设:

(1)网络上始终存在外部和内部威胁。因此,网络必须随时准备好抵御它们。

(2)仅仅因为网络是本地/内部的并不能使其受信任。具有横向移动的网络入侵(使用一个系统上的访问权限来访问网络更深处的另一个系统)是一种经过验证的攻击者策略。网络信任来自于确保对网络资源的访问得到有效控制。

零信任是一种范式,它认识到企业的机密不再安全地保存在公司边界后面并受到防火墙的保护,因此采用以数据为中心的安全方法,并假设环境恶劣,系统应该"从不信任,始终验证"。零信任没有统一的定义,但是以下3个概念通常与零信任相关。

(1)即时访问涉及基于在访问请求时做出的策略决策的身份验证和访问决策,而恰到好处的访问可确保仅为执行请求所需的那些特权提供给请求的持续时间。这需要访问控制子系统的支持,该子系统可以提供自动化的实时响应,并相应提高效率。

(2)数据的标记化或加密用于避免暴露敏感数据。通过使敏感数据成为非敏感数据(例如,通过用任意标识符替换名称),可以减少数据攻击面,因为没有敏感数据可供访问。这意味着可以避免大部分风险,尤其是数据泄露风险。

(3)访问控制策略必须是动态的,并且从尽可能多的数据源中计算出来,这些有时被称为自适应策略。

零信任并不是一种减少将保证应用于安全机制的需要的方法。例如,用于在保存个人信息的系统中实现隐私的安全机制。这些机制可能包括假名、基于角色的访问控制、加密等。为了让用户相信系统会维护用户隐私,必须有某种形式的保证,以确保安全机制能够正确地完成工作。零信任是一种访问控制方法,它消除了基于过去决策的信任假设,并确保每次在决策时都建立信任。通过这种方式,它增加了访问控制决策正确性的保证。

对于工业系统,包括工业控制系统(Industrial Control Systems,ICS)、监控和数据采集(Supervisory Control And Data Acquisition,SCADA)系统,由于前所未有的敏捷性,使用分段技术非常困难。零信任将使ICS和SCADA系统能够轻松分段过程控制网络,而无需对设备进行重新IP化。IoT为保护和防止物联网设备、数据和应用程序的安全漏洞提供了保证。零信任安全模型可以很好地监控和识别物联网系统内部或外部的用户或设备的恶意活动。

零信任模型也面临着挑战:①具体来说,零信任模型在大规模工程中成功运行,例如谷歌基础设施。然而,对于连接数百万台设备的物联网系统来说,制定5G网络上遵循的安全策略将非常复杂。此外,5G-IoT将涉及多接入边缘网络和网络切片,混合策略定义对网络服务提供商来说将是一个挑战;②零信任模型涉及对每个设备以及跟踪活动的持续监控和分析,这可能会阻碍延迟,因为它涉及中间监控应用程序需要花费一些时间来获取详细信息并将其发送到中央云。具体来说,物联网设备、用户或应用程序可能不属于物联网系统,并且设备/应用程序本质上不会受到信任。在支持5G的物联网中,不断发展的零信任方法将能够处理身份和身份验证机制,从而使5G-IoT能够保护网络安全。

10.6.2　基于零信任与区块链的物联网监管应用

Shan 等（2022）提出了一种用于 FIoT 的零信任安全架构，并提出了物联网环境中基于区块链的设备认证（Blockchain-based device authentication in IoT environment, BasIoT），可以在 FIoT 中提供大规模的安全设备访问。他们提出了一种基于区块链的安全解决方案，用于对物联网环境中的物联网设备、关键基础设施和物联网系统进行身份验证（BasIoT），该方案提供了一个有前途的高级安全系统，以保护物联网系统免受网络威胁。

基于区块链的物联网身份验证利用基于数字签名的身份和用户、设备和应用程序身份验证，从而保护物联网系统。BasIoT 通过使用私有许可区块链提供强大的安全身份验证，提供零信任软件定义的安全边界。RSA 签名允许 IoT 设备/用户在 IoT 动态安全边界内对资源访问进行身份验证和授权，同时系统为物联网系统中的用户、设备和关键基础设施提供零信任安全。在初始化状态下，用户或设备可以注册为物联网设备 u_i，其包括信息：{"device identifier: identifier", "device descriptor: device/user/apps"}，其中"device identifier"可以是名称、ID、序列号等，"device descriptor"是设备的一些详细描述，包括用途、服务类型等。每个设备 d_i 都需要在物联网系统的私有许可区块链上注册，区块链将创建设备区块链地址 $addr_{di}$，设备密钥 sk_{di}，BasIoT 包括以下 5 个主要步骤。

（1）如果用户或设备 d_i 想要访问 IoT 中的特定资源 s_j，为了实现安全访问，首先需要从区块链中检索资源 s_j 的公钥 cpk，一旦获取到资源的公钥 cpk 后，对其区块链地址 $addr_{di}$ 进行加密，以确保传输的安全性；

（2）设备 d_i 加密区块链地址，加密后的区块链地址会传输给物联网中的资源持有者 s_i，资源持有者 s_j 收到加密的区块链地址后，可以使用其私钥 sk_{sj} 进行解密，获得设备 d_i 的区块链地址；

（3）s_j 从区块链中检索 d_i 的公钥，为这次会话创建一个随机数。这个随机数在后续的加密和验证过程中扮演重要角色；

（4）s_j 使用 SHA256 生成带有时间戳的随机数的哈希值，并将加密的哈希值传输到 d_i；

（5）d_i 解密哈希并使用其私钥 sk_{di} 对哈希进行签名，这个数字签名是为了证明设备 d_i 的身份和数据的完整性；

（6）s_j 检查收到的签名是否真实，然后做出接受或拒绝的决定。

图 10-12 展示了上述详细流程，其中包括 3 个关键角色：物联网中的设备、区块链和资源持有者。

5G 有望为物联网提供高通信能力，满足新应用的需求。然而，在通信技术、5G-IoT 架构、安全问题等方面仍然存在许多研究挑战。5G-IoT 作为一个庞大的

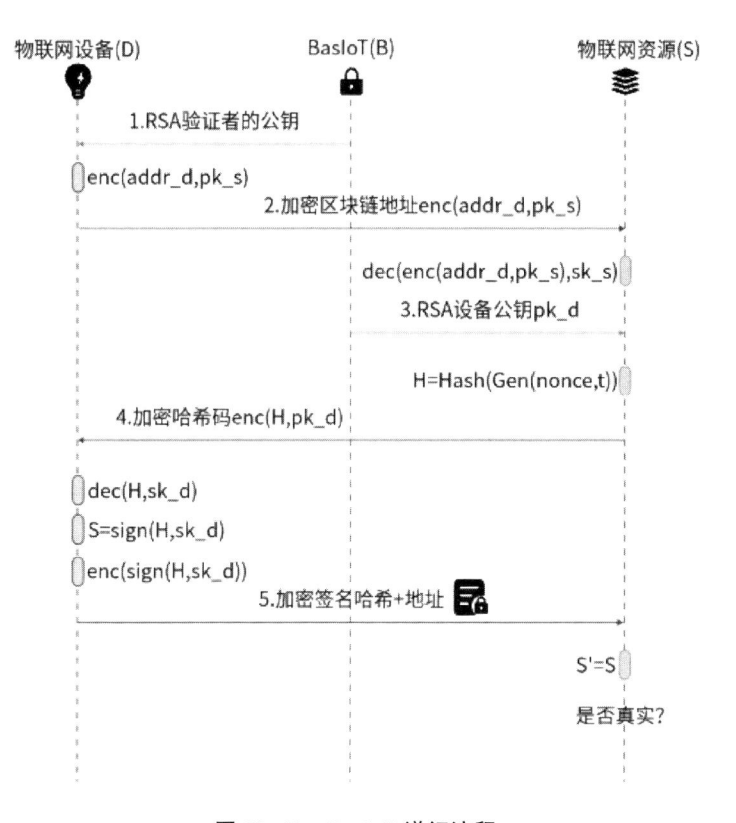

图 10-12 BasIoT 详细流程

系统,集成了许多关键使能技术,正在对技术的发展产生重大影响。而零信任安全模型将解决 5G 网络中的大部分安全问题,可以动态检测/识别用户/设备/应用程序的恶意活动。零信任安全解决方案将限制内部和外部对 5G 物联网资源的访问,助力未来物联网的发展。5G-IoT 也将新技术结合在一起,提供物联网新商业模式所需的强大和智能的功能,同时也有利于 5G-IoT 中的许多物联网应用,如互联汽车,消费品物联网,娱乐,农业,制造业和可变现实(Morgado et al.,2018)。

参考文献

[1]陈伟光,袁静. 区块链技术融入全球经济治理:范式革新与监管挑战[J]. 天津社会科学,2020(06):91-99.

[2]陈纯. 联盟区块链关键技术与区块链的监管挑战[J]. 电力设备管理,2019(11):20-21+28.

[3]陈良娟,叶春明. 基于区块链的药品供应链溯源系统设计与实现[J]. 物流科技,2022,45(09):57-62.

[4]方晨,郭渊博,王一丰,胡永进,马佳利,张晗,胡阳阳.基于区块链和联邦学习的边缘计算隐私保护方法[J].通信学报,2021,42(11):28-40.

[5]洪学海,汪洋,廖方宇.区块链安全监管技术研究综述[J].中国科学基金,2020,34(01):18-24.

[6]黄国辉,刘大为,李健聪.虚拟货币风险识别及监管建议[J].银行家,2020(02):33-34.

[7]黄震.区块链在监管科技领域的实践与探索改进[J].人民论坛·学术前沿,2018(12):24-32.

[8]胡继晔.虚拟数字货币监管与立法前瞻[J].人民论坛,2021(29):88-91.

[9]何蒲,于戈,张岩峰等.区块链技术与应用前瞻综述[J].计算机科学,2017,44(04):1-7+15.

[10]韩艺,刘璨.区块链赋能:"互联网+政务服务"运行中的数据安全治理之道[J].广西师范大学学报(哲学社会科学版),2022,58(05):86-99.

[11]蒋凯元.多方安全计算研究综述[J].信息安全研究,2021,7(12):1161-1165.

[12]李爱君.论区块链的金融监管价值——以金融科技创新为视角[J].西北工业大学学报(社会科学版),2022(01):103-110.

[13]李达,杨珂,王栋,郭庆雷."十四五"区块链应用在能源领域规划之展望[J].中国能源,2021,43(12):14-22+73.

[14]刘俊英.区块链技术之于社会治理创新的影响分析——基于多中心治理理论的视角[J].社会科学战线,2021(06):209-216.

[15]罗强,苏恒,黄肇敏,朱国平.基于云的区块链节点主动发现系统及方法[P].北京市:CN110381167B,2022-02-08.

[16]林群丰.区块链赋能政府治理的实现机理及其法律规制[J].河北经贸大学学报,2022,43(03):84-92.

[17]刘懿中,刘建伟,张宗洋,徐同阁,喻辉.区块链共识机制研究综述[J].密码学报,2019,6(04):395-432.

[18]刘哲,郑子彬,宋苏,张兆田.区块链存在的问题与对策建议[J].中国科学基金,2020,34(01):7-11.

[19]李祖龙.金融科技在物联网中的应用研究——基于区块链的视角[J].产业创新研究,2022(21):115-117.

[20]刘宗媛,黄忠义,孟雪.中外区块链监管政策对比分析[J].网络空间安全,2020,11(06):19-24.

[21]马治国,刘慧.中国区块链法律治理规则体系化研究[J].西安交通大学学报(社会科学版),2020,40(03):72-80.

[22]潘吉飞,黄德才.区块链技术对人工智能的影响[J].计算机科学,2018,45(S2):53-57+70.

[23]苏剑.我国区块链监管体系建设对策研究[J].金融发展研究,2019(12):83-88.

[24]汤玮晨.关于中国实施"区块链应用"的政策监管建议[J].中国发展,2020,20(06):

89-92.

[25] 邵宇. 区块链技术对金融监管的挑战[J]. 上海政法学院学报(法治论丛), 2017, 32(04):30-40.

[26] 孙小越, 徐苗苗. 全球区块链发展现状分析[N]. 中国计算机报, 2021-12-20(012).

[27] 孙睿, 何大义, 苏汇淋. 基于演化博弈的区块链技术在供应链金融中的应用研究[J/OL]. 中国管理科学:1-18[2022-08-18].

[28] 孙楠. 可信执行环境基于密码算法的安全功能实现[D]. 山东大学, 2020.

[29] 孙维仁. 推动金融科技高质量发展的实践研究--聚焦物联网技术在银行业的创新应用[J]. 金融电子化, 2022(4):21-23.

[30] 王劲松, 吕志梅, 赵泽宁, 张洪玮. 面向区块链交易可视分析的地址增量聚类方法[J]. 计算机工程, 2020, 46(08):14-20.

[31] 许荻迪. 区块链技术在供应链金融中的应用研究[J]. 西南金融, 2019(02):74-82.

[32] 俞成功, 丁静. 基于区块链的健康医疗大数据平台构建[J]. 电子技术与软件工程, 2020(06):176-179.

[33] 袁勇, 王飞跃. 区块链技术发展现状与展望[J]. 自动化学报, 2016, 42(04):481-494. DOI:10.16383/j.aas.2016.c160158.

[34] 杨强. AI与数据隐私保护:联邦学习的破解之道[J]. 信息安全研究, 2019, 5(11):961-965.

[35] 闫树, 吕艾临. 隐私计算发展综述[J]. 信息通信技术与政策, 2021, 47(06):1-11.

[36] 伊然. 区块链技术在司法领域的应用探索与实践——基于北京互联网法院天平链的实证分析[J]. 中国应用法学, 2021(03):20-34.

[37] 张伟娜, 黄蕾, 张箴. 人工智能与区块链技术融合发展研究[J]. 电子技术应用, 2021, 47(10):26-28+37.

[38] 朱娟. 我国区块链金融的法律规制———基于智慧监管的视角[J]. 法学, 2018(11):129-138.

[39] 张健毅, 王志强, 徐治理, 欧阳雅菲, 杨涛. 基于区块链的可监管数字货币模型[J]. 计算机研究与发展, 2018, 55(10):2219-2232.

[40] 朱兴雄, 何清素, 郭善琪. 区块链技术在供应链金融中的应用[J]. 中国流通经济, 2018, 32(03):111-119.

[41] 张深. 新加坡的加密货币监管[J]. 中国货币市场, 2022(05):69-72.

[42] Mondal, Arup, Yash More, Ruthu Hulikal Rooparaghunath, and Debayan Gupta. "Flatee: Federated learning across trusted execution environments." arXiv preprint arXiv:2111.06867(2021).

[43] Al Omar, Abdullah, Bhuiyan, Md Zakirul Alam, Basu Anirban, Kiyomoto, Shinsaku, and Rahman, Mohammad Shahriar. "Privacy-friendly platform for healthcare data in cloud based on blockchain environment." Future generation computer systems 95(2019):511-521.

[44] Treiber, Amos, Dirk Müllmann, Thomas Schneider, and Indra Spiecker genannt Döhmann. "Data Protection Law and Multi-Party Computation: Applications to Information Exchange between Law Enforcement Agencies." Proceedings of the 21st Workshop on Privacy in the Electronic

Society. 2022.

[45] Peterson, Larry, and Bruce Davie. Computer networks: a systems approach. Elsevier, 2007.

[46] Brakerski, Zvika, and Vinod Vaikuntanathan. "Fully homomorphic encryption from ring-LWE and security for key dependent messages." Annual cryptology conference. Berlin, Heidelberg: Springer Berlin Heidelberg, 2011.

[47] Basnolli, Adelina, and Hasan Cana. "A novel sensor-based architecture using 5G and Blockchain for remote and continuous health monitoring." International Symposium on Health Information Management Research. 2020.

[48] Chen Shuo, Ma Junjie, Peng Xiaowu, Hu Hao, Zhang Zhao and Zhang Jinbo, "A Cross-Platform and Trusted Energy Data Sharing System." 2022 IEEE 5th International Conference on Information Systems and Computer Aided Education(ICISCAE). IEEE, 2022.

[49] Dwork, Cynthia, and Jing Lei. "Differential privacy and robust statistics." Proceedings of the forty-first annual ACM symposium on Theory of computing. 2009.

[50] Diao Xiaohong, Jiang Linru, Jin Yuan, Cheng Lin, Li Taoyong and Li Bin. "Intelligent computing scheme of blockchain based on trusted execution environment." 2022 IEEE International Conference on Artificial Intelligence and Computer Applications(ICAICA). IEEE, 2022.

[51] Ferrag, Mohamed Amine, and Leandros Maglaras. "DeepCoin: A novel deep learning and blockchain-based energy exchange framework for smart grids." IEEE Transactions on Engineering Management 67.4(2019):1285-1297.

[52] Fuentes, Mayra Rosario. "Cybercrime and other threats faced by the healthcare industry." Trend Micro 5566(2017).

[53] Holdings. "Building a secure system using trust-zone technology." (2005).

[54] Gentry, Craig. A fully homomorphic encryption scheme. Stanford university, 2009.

[55] Javed, Laraib, Adeel Anjum, Bello Musa Yakubu, Majid Iqbal, Syed Atif Moqurrab and Gautam Srivastava. (2023). "ShareChain: Blockchain-enabled model for sharing patient data using federated learning and differential privacy." Expert Systems 40.5(2023):e13131.

[56] Li, Shan, Muddesar Iqbal, and Neetesh Saxena. "Future industry internet of things with zero-trust security." Information Systems Frontiers(2022):1-14.

[57] Lu, Qinghua, and Xiwei Xu. "Adaptable blockchain-based systems: A case study for product traceability." Ieee Software 34.6(2017):21-27.

[58] Sihite, Mislan, Sardjana Orba Manullang, and Budi Sulistiyo Nugroho. "Relevance of mastery of information systems skills and success of business management in the digital age: a systematic review." International Journal of Social Sciences and Humanities 5.2(2021):68-78.

[59] Chen, Changxi, and Xiaohua Xu. "Design and application of traceability and supervision platform for broiler based on Internet of Things." Transactions of the Chinese Society of Agricultural Engineering 33.5(2017):224-231.

[60] Christidis, Konstantinos, Dimitrios Sikeridis, Yun Wang, and Michael Devetsikiotis, "A framework for designing and evaluating realistic blockchain-based local energy markets." Applied

Energy 281(2021):115963.

[61] Kindervag, John. "Build security into your network's dna: The zero trust network architecture." Forrester Research Inc 27(2010).

[62] Morgado, Antonio and Huq Kazi Mohammed Saidul, Mumtaz Shahid, and Rodriguez Jonathan. (2018). Digital Communications and Networks, 4(2), 87.

[63] Micali, Silvio, Oded Goldreich, and Avi Wigderson. "How to play any mental game." Proceedings of the Nineteenth ACM Symp. on Theory of Computing, STOC. New York, NY, USA: ACM, 1987.

[64] Paillier, Pascal. "Public-key cryptosystems based on composite degree residuosity classes." International conference on the theory and applications of cryptographic techniques. Berlin, Heidelberg: Springer Berlin Heidelberg, 1999.

[65] Hu, Runshan. Dealing with privacy risk: solutions to data sharing under the GDPR for data controllers. Diss. University of Southampton, 2020.

[66] Rodriguez-Garcia, Mercedes, Miguel-Angel Sicilia, and Juan Manuel Dodero. "A privacy-preserving design for sharing demand-driven patient datasets over permissioned blockchains and P2P secure transfer." PeerJ Computer Science 7(2021):e568.

[67] Sabt, Mohamed, Mohammed Achemlal, and Abdelmadjid Bouabdallah. "Trusted execution environment: what it is, and what it is not." 2015 IEEE Trustcom/BigDataSE/Ispa. Vol. 1. IEEE, 2015.

[68] Satya Prakash Yadav, Krishna Kant Agrawal, Bhoopesh Singh Bhati, Fadi Al-Turjmanand Leonardo Mostarda. "Blockchain-based cryptocurrency regulation: An overview." Computational Economics 59.4(2022):1659-1675.

[69] Ji Tan, S. B. Goyal, and Sampathkumar Arumugam. "A Regulated Anticounterfeiting Traceability Metamodel Based on Blockchain in Supply Chain in the Era of IR 4.0." Journal of Nanomaterials 2022(2022).

[70] Huang, Yan, David Evans, and Jonathan Katz. "Private set intersection: Are garbled circuits better than custom protocols?." NDSS. 2012.

[71] Yao, Andrew Chi-Chih. "How to generate and exchange secrets." 27th annual symposium on foundations of computer science(Sfcs 1986). IEEE, 1986.

[72] Zhao, Chuan, Zhao, Shengnan, Zhao Minghao, Chen Zhenxiang, Gao Chong-Zhi, Li Hongwei, and Tan Yu-an. "Secure multi-party computation: theory, practice and applications." Information Sciences 476(2019): 357-372.

[73] Zheng, Liwen, Helu, Xiaohan, Li Mohan and Lu, Hui. "Automatic discovery mechanism of blockchain nodes based on the Kademlia algorithm." Artificial Intelligence and Security: 5th International Conference, ICAIS 2019, New York, NY, USA, July 26-28, 2019, Proceedings, Part I 5. Springer International Publishing, 2019.

本章习题

1. 简述安全多方计算的几大特点。
2. 安全多方计算模型主要由哪些部分组成?
3. 什么是可信执行环境?
4. 联邦学习的分类?
5. 在纵向联邦建模中,银行 B 是拥有需要预测的标签数据 Y(此处 $Y \in \{0, 1\}$,代表为是否发放贷款)的一方,引入其他业务公司 A 与银行联合训练一个机器学习模型,出于数据隐私和数据安全的考虑,银行与其他业务公司不能直接交换数据,因此需要引入可信的第三方合作者 C,即联邦服务器。简述在纵向联邦学习中,将加密的样本对齐后,联邦学习的训练步骤。